船舶与海洋工程结构冰载荷
——现场监测及应用

Ice Loads on Ships and Offshore Structures
Field Monitoring and Applications

季顺迎 陈晓东 著

科学出版社

北京

内 容 简 介

极地船舶与海洋工程结构的冰载荷特性是其抗冰结构设计、冰区安全作业、结构完整性管理的重要研究问题，其中现场监测是解决该问题的有效手段。本书首先阐述了极地航行运输及科学考察、油气开发、新兴能源利用、军事战略等人类活动对结构冰载荷的研究需求，概述了当前极地海冰分布特性及物理力学性质、船舶与海洋工程结构冰载荷的现场测量及模型试验的研究进展，并简要介绍了人工智能在极地海洋工程中的应用；接着对海冰主要类型及物理力学性质的渤海和极地现场试验、船舶与海洋工程结构冰载荷的现场测量研究工作进行了介绍；然后基于实测数据对冰激疲劳寿命的分析方法加以论述；最后针对冰载荷设计和抗冰性能展开讨论。

本书可作为船舶与海洋工程、力学、机械、动力、水利等领域从事极地装备开发、冰载荷研究和抗冰结构设计的科研人员，以及高等院校相关专业的研究生和高年级本科生的参考用书。

图书在版编目(CIP)数据

船舶与海洋工程结构冰载荷：现场监测及应用/季顺迎，陈晓东著.—北京：科学出版社，2023.6
ISBN 978-7-03-073137-1

Ⅰ.①船… Ⅱ.①季… ②陈… Ⅲ.①船舶工程-工程结构-海冰-载荷分析 ②海洋工程-工程结构-海冰-载荷分析 Ⅳ.①U661.4②P75

中国版本图书馆 CIP 数据核字(2022)第 168752 号

责任编辑：刘信力　孔晓慧/责任校对：彭珍珍

责任印制：吴兆东/封面设计：无极书装

科学出版社 出版
北京东黄城根北街 16 号
邮政编码：100717
http://www.sciencep.com

北京建宏印刷有限公司 印刷
科学出版社发行　各地新华书店经销

*

2023 年 6 月第　一　版　开本：720×1000　1/16
2023 年 6 月第一次印刷　印张：21 1/4
字数：423 000

定价：188.00 元
(如有印装质量问题，我社负责调换)

前　言

近年来，随着我国极地海洋活动的扩展，船舶与海洋工程结构冰载荷正成为一个重要的研究热点。冰载荷是极地船舶和海洋工程结构抗冰设计、安全运行的重要环境因素，是极地运输和油气开发中必须面对的重大工程难题。

我国对冰区海洋工程的研究始于 20 世纪 60 年代，而对冰载荷相对系统的研究则是从 20 世纪 80 年代渤海中部和辽东湾的油气开发开始的。经过近 40 年的研究，我国对海洋工程结构，特别是固定式平台结构的冰载荷研究取得了一系列具有国际影响力的重要成果。然而，我国对船舶结构冰载荷的研究起步相对较晚。相对于渤海油气作业区的破冰船，"雪龙"号科学考察船在南北极冰区航行中的冰激结构响应更加显著。虽然我国对极地的科学考察已开展了 30 多年，但对船舶结构冰载荷的研究在近几年我国自主设计和建造极地船舶后才得以重视。尽管如此，我国对极地船舶结构冰载荷的研究，无论在实船监测还是数值计算方面，均取得了很大的进展。

由于不同海域海冰条件的差异，又因为船舶与海洋工程的结构形式对海冰破坏模式的影响，冰载荷的合理确定一直是困扰国内外学者的重要难题。它不仅需要考虑海冰的晶体结构、温度、盐度、加载速率等物理因素，同时也要考虑工程结构的尺寸、形状等结构参数，以及海冰与海水、工程结构之间的多介质耦合效应，因此冰载荷的合理确定需要采用不同的研究途径进行综合分析。理论分析可以对冰载荷的产生机理、基本规律、关键参数进行明确；现场测量可以避免结构的尺寸效应，获得真实的物理信息；模型试验可以对试验条件进行精确控制和优化设计，获得更完备的测量结果；数值分析则可从多视角深入探讨影响冰载荷的主要因素和基本规律；近几年在不同研究领域取得成功应用的人工智能方法则为不同工程结构的冰载荷确定提供了一个全新的思路。本书将围绕船舶与海洋工程结构的冰载荷问题，综合考虑不同的研究途径，对国内外研究成果进行全面系统的归纳整理和深入探讨，为冰载荷研究者提供一个有力参考。

对于海洋工程结构的冰载荷研究，我国基于渤海油气开发中的现场测量、模型试验和数值分析，先后出版了《工程海冰学概论》(丁德文，1999)、《海冰工程学》(杨国金，2000)、《冰区海上结构物的可靠性分析》(方华灿和陈国明，2000)、《工程海冰数值模型及应用》(季顺迎和岳前进，2011) 等。近年来，针对船舶结构冰载荷研究，张健于 2015 年出版了《冰载荷作用下船舶结构动态响应及损伤机理》，王超和叶礼裕于 2019 年出版了《近场动力学方法在冰桨耦合特性研究中的应用》。在国外著作方面，Sanderson (1988) 的 *Ice Mechanics: Risks to Offshore Structures* 最为经典，并侧重于海冰物理力学性质的论述；Schulson 和 Duval (2009) 的 *Creep and Fracture of Ice*、Leppäranta (2011) 的 *The Drift of Sea Ice*、Weiss (2013) 的 *Drift, Deformation, and Fracture of Sea Ice* 则更侧重于从地球物理尺度介绍海冰的基本力学行为或动力学行为；Palmer 和 Croasdale (2012) 的 *Arctic Offshore Engineering* 则侧重于海洋工程中的冰载荷分析。鉴于以上学术论著，本书将针对船舶与海洋工程结构的冰载荷问题进行更加系统的论述，在重点介绍作者研究团队工作的同时，也努力包含国内外相关学者的研究成果，为极地海洋工程问题研究提供全面的参考依据。本书部分图片、资料和素材也来源于网络媒体资源，在此也表达谢意！

本书研究得到国家重点研发计划重点专项 (2018YFA0605902、2017YFE-0111400、2016YCF1401505、2016YFC1402705)、工信部高技术船舶科研项目 (2017-614)、国家自然科学基金项目 (41576179、51639004、U20A20327、42176241、5210-1300、12102083) 等多个项目的资助，也得到大连理工大学工业装备结构分析国家重点实验室的资助。

本书围绕船舶与海洋工程冰载荷问题，分为现场监测及应用、离散元数值分析两册。本册为现场监测及应用部分，共 6 章，第 1 章为绪论，主要介绍船舶与海洋工程结构冰载荷的研究范畴和方法，对国内外的最新研究进展进行简要阐述；第 2 章主要介绍基于我国在北极和渤海现场测量的海冰物理力学性质；第 3 章和第 4 章主要介绍船舶和海洋工程结构冰载荷的现场测量技术，包括海冰参数的图像识别；第 5 章主要介绍船舶与海洋工程结构的冰激疲劳分析方法；第 6 章主要探讨船舶与海洋工程结构的冰载荷设计和抗冰性能。

本书主要内容是大连理工大学极地船舶与海洋工程研究团队近十年在海冰现场测量、冰载荷离散元数值方法等方面的研究工作中不断积累完成的，同时也参考了国内外相关的最新研究成果，以全面系统地反映当前国内外在极地船舶与海洋工程结构冰载荷领域的最新研究进展。本书得到大连理工大学陈晓东、刘璐、卫志军、王延林、王庆凯、崔洪宇、袁奎霖和王宇新，国家海洋环境预报中心王安良，国家海洋环境监测中心许宁，南方科技大学屈衍，以及中国船级社刘圆等的大力支持。季顺迎撰写了第 1 章；陈晓东、王安良和王庆凯撰写了第 2 章；崔洪宇和季顺迎撰写了第 3 章；许宁、王延林、屈衍和刘圆撰写了第 4 章；袁奎霖和季顺迎撰写了第 5 章；季顺迎撰写了第 6 章。

作者特别感谢大连理工大学岳前进教授对海洋平台结构冰载荷现场测量工作的指导。本书的许多内容源于岳前进教授团队的研究成果，包括屈衍、刘圆、许宁、王延林、张大勇、郭峰玮、刘翔、张力、王胜永、王瑞学、王刚等的博士论文工作；毕祥军教授参加了十多个冬季的渤海油气作业区海冰管理和冰载荷现场测量，以及德国汉堡冰水池 (HSVA) 的模型试验研究，积累了大量的数据资料和研究成果；李志军教授团队在极地科学考察中对海冰物理力学性质开展了系统的现场测量，其中王庆凯、卢鹏、雷瑞波、张丽敏、谭冰、韩红卫等的博士论文工作作为本书提供了有力的支持。作者还要真诚地感谢美国克拉克森 (Clarkson) 大学 Hayley Shen 教授和 Hung Tao Shen 教授。在两位教授的指引下，作者于 2002 年开始从事离散元方法研究，2010 年将其与极地船舶与海洋工程结构冰载荷计算密切结合，并在国内外取得了广泛的工程应用。

在本书相关内容的研究过程中，美国船级社刘社文、刘建成、Han Yu、刘翔、陈营营、夏契、谷海博士促进了船舶与海洋工程结构冰载荷的离散元软件研发，作者非常珍惜合作研讨的 7 年时光；中国极地研究中心雷瑞波、李丙瑞、李群等为"雪龙"号科学考察船的多个航次冰载荷现场测量工作提供了有力的支持；国家海洋环境预报中心李宝辉、张林、李春花、刘煜等一直鼓励海冰的数值模拟工作；中国远洋海运集团有限公司蔡梅江、胡冰、殷华兵指导完成北极航行中"天恩"号、"天惠"号货轮的冰载荷现场测量研究；中海油信息科技有限公司宋积文、李辉辉等一直支持渤海油气海洋平台的海冰现场测量工作；中国船级社天津分社徐捷、李晔等，中国船级社上海规范研究所钟晨康、张志刚、曹晶等，中国船舶重工集团公司第七〇二研究所田于逯、王迎晖、赵桥生、王志鹏等，中国船舶工业集团公司第七〇八研究所吴刚、王金宝、于纪军等专家一直指导和支持极地船舶与海洋工程结构的抗冰性能、冰载荷离散元软件、冰载荷测量技术的研究工作。本书的完成还得益于国内外诸多专家学者的悉心指导、交流讨论和大力支持，在此一并致谢。

本书研究内容也得益于中国船级社、国家海洋环境预报中心、中国极地研究中心、中海油信息科技有限公司、中国船舶重工集团公司第七〇二和七一九研究所、中国船舶工业集团公司第七〇八研究所、中国远洋海运集团有限公司、中远海运特种运输股份有限公司、大连船舶重工集团有限公司、辽宁红沿河核电有限公司、上海勘测设计研究院有限公司、哈尔滨工程大学、大连海事大学、天津大学、江苏科技大学，以及美国船级社、韩国船舶与海洋工程技术中心、新加坡 Keppel 海洋与海事技术中心等国内外单位的大力支持，为船舶与海洋工程结构冰载荷的现场测量提供了有力的工作保障，为冰载荷离散元计算分析软件研发和工程应用提供了充分的实践条件。

作者特别感谢大连理工大学极地海洋工程研究团队毕业的博士生王安良、孙珊珊、狄少丞、刘璐、龙雪、王帅霖、陈晓东、孔帅的研究工作，以及在读博士生王键伟、何帅康、杨冬宝、吴捷、王祥对本书编写工作的大力协助；缔造科技 (大连) 有限公司对船舶与海洋工程结构冰载荷的离散元计算分析软件 IceDEM 和冰载荷测量技术提供了大力支持，在此深表感谢。

由于作者水平有限，书中不足之处在所难免，敬请各位专家学者批评指正。

季顺迎
2023 年 2 月 2 日于大连

目 录

前言
第 1 章 绪论 ··· 1
  1.1 船舶与海洋工程结构冰载荷研究的工程需求 ···················· 2
    1.1.1 极地航行运输及科学考察中的冰载荷问题 ················· 2
    1.1.2 渤海冰区及极地油气开发中的冰载荷问题 ················· 6
    1.1.3 其他寒区资源开发中的冰载荷问题 ························ 12
    1.1.4 极地军事战略中的冰载荷问题 ······························ 15
  1.2 极地海冰分布特性及物理力学性质研究 ·························· 18
    1.2.1 海冰分布特性观测 ·· 19
    1.2.2 海冰物理力学性质试验 ······································ 21
  1.3 船舶与海洋工程结构冰载荷的现场测量及模型试验研究 ····· 25
    1.3.1 船舶结构冰载荷的现场测量 ································ 25
    1.3.2 海洋工程结构冰载荷的现场测量 ·························· 31
    1.3.3 船舶与海洋工程结构冰载荷的模型试验 ················· 38
  1.4 人工智能在极地海洋工程中的应用 ································ 42
    1.4.1 人工智能技术 ··· 42
    1.4.2 海冰分类及参数识别 ··· 43
    1.4.3 海冰强度预测及冰载荷识别 ································ 46
    1.4.4 冰区航行风险评估及航线规划 ····························· 47
  1.5 小结 ·· 48
  参考文献 ··· 49
第 2 章 海冰分布类型及物理力学性质 ····································· 59
  2.1 海冰的主要类型 ··· 59
    2.1.1 平整冰 ·· 59
    2.1.2 碎冰 ··· 64
    2.1.3 重叠冰 ·· 66
    2.1.4 冰脊 ··· 68
    2.1.5 多年冰 ·· 71
    2.1.6 冰山 ··· 72

2.2 海冰的物理性质 ··· 74
2.2.1 海冰的晶体结构 ··· 74
2.2.2 海冰物理性质的时空分布特性 ·· 81
2.3 海冰的力学性质 ··· 89
2.3.1 海冰的强度 ··· 89
2.3.2 海冰的摩擦系数 ··· 103
2.3.3 海冰的弹性模量与泊松比 ·· 106
2.4 海冰的热力学和动力学过程 ·· 108
2.4.1 海冰的热力学过程 ·· 109
2.4.2 海冰的动力学过程 ·· 114
2.4.3 海冰热力–动力学过程的数值方法 ··· 122
2.5 小结 ·· 129
参考文献 ·· 130

第 3 章 船舶结构冰载荷的现场测量 ·· 138
3.1 船舶结构冰载荷的监测系统 ·· 138
3.1.1 基于"雪龙"号科学考察船的船舶结构冰载荷监测系统 ··············· 138
3.1.2 航线内冰情监测 ··· 140
3.1.3 船舶结构冰激响应监测 ··· 142
3.2 船舶结构冰载荷的识别方法 ·· 146
3.2.1 基于影响系数矩阵的船舶结构冰载荷识别 ······························· 146
3.2.2 基于格林核函数与正则化算法的船舶结构动载荷识别 ··············· 150
3.2.3 基于支持向量机的船舶结构冰载荷远场识别 ···························· 159
3.2.4 失效测点影响下船舶结构冰载荷的有效识别方法 ····················· 168
3.3 船舶结构冰载荷的测量分析 ·· 173
3.3.1 典型极地船舶的冰载荷测量分析 ·· 173
3.3.2 我国极地科学考察中的冰载荷测量分析 ·································· 185
3.3.3 我国北极货运航行中的冰载荷测量分析 ·································· 190
3.4 小结 ·· 193
参考文献 ·· 194

第 4 章 海洋工程结构冰载荷的现场测量 ··· 201
4.1 基于渤海油气平台的海洋工程结构冰载荷监测系统 ·························· 201
4.1.1 海冰参数观测 ··· 203
4.1.2 冰载荷现场测量 ··· 209
4.2 直立海洋工程结构冰载荷的测量分析 ·· 212
4.2.1 直立结构静冰载荷分析 ··· 213

		4.2.2 直立结构动冰载荷分析 ································· 214
4.3	锥体海洋工程结构冰载荷的测量分析 ····························· 222
	4.3.1	锥体结构静冰载荷分析 ································· 223
	4.3.2	海冰与锥体结构的相互作用机理 ······················· 226
	4.3.3	锥体结构动冰载荷分析 ································· 231
4.4	小结 ··· 235
参考文献 ·· 235

第 5 章 船舶与海洋工程结构的冰激疲劳分析 ······················· 238
5.1 船舶与海洋工程结构冰激疲劳的分析方法 ····················· 238
- 5.1.1 冰激疲劳环境模型 ······································ 238
- 5.1.2 $S\text{-}N$ 曲线和累积损伤模型 ····························· 240
- 5.1.3 热点应力幅值的分析方法 ······························ 243
- 5.1.4 冰激疲劳的评估流程 ··································· 249

5.2 船舶结构的冰激疲劳分析 ·· 250
- 5.2.1 冰激疲劳环境参数与疲劳工况 ························ 251
- 5.2.2 实测冰载荷作用下的船舶结构应力分析 ············· 253
- 5.2.3 船舶结构冰激疲劳损伤评估 ··························· 257

5.3 海洋工程结构的冰激疲劳分析 ·································· 260
- 5.3.1 冰激疲劳环境参数与疲劳工况 ························ 260
- 5.3.2 海洋工程结构的时域冰激疲劳分析 ·················· 263
- 5.3.3 海洋工程结构的频域冰激疲劳分析 ·················· 267

5.4 小结 ··· 271
参考文献 ··· 271

第 6 章 船舶与海洋工程结构的冰载荷设计和抗冰性能 ············ 274
6.1 船舶结构冰载荷 ·· 274
- 6.1.1 基于冰级规范的船舶冰载荷 ··························· 275
- 6.1.2 船舶冰阻力经验公式 ··································· 280
- 6.1.3 船舶冰载荷时空分布特性 ······························ 285

6.2 海洋工程结构冰载荷 ·· 290
- 6.2.1 直立海洋工程结构冰载荷 ······························ 290
- 6.2.2 锥体海洋工程结构冰载荷 ······························ 296
- 6.2.3 非规则结构的冰载荷 ··································· 305

6.3 船舶与海洋工程结构的抗冰性能 ································ 309
- 6.3.1 船舶结构的抗冰性能 ··································· 309
- 6.3.2 海洋工程结构的抗冰性能 ······························ 312

6.4 小结 ···323
参考文献 ···324

第 1 章 绪 论

近年来，全球气候变暖，北极冰雪融化加速。在经济全球化和区域一体化不断深入发展的背景下，北极在战略、经济、科研、环保、航道和资源等方面的价值不断提升，受到国际社会的普遍关注。北极问题已超出北极国家间问题和区域问题的范畴，更涉及北极域外国家的利益和国际社会的整体利益，其攸关人类生存与发展的共同命运。作为国际社会的重要成员，中国在北极国际规则制定和北极治理机制构建方面发挥了积极作用。中国在地缘上为"近北极国家"，是陆上最接近北极圈的国家之一。北极的自然状况及其变化对中国的气候系统和生态环境具有直接影响，关系到中国在农业、林业、渔业和海洋等领域的经济利益。中国发起共建"丝绸之路经济带"和"21 世纪海上丝绸之路"（"一带一路"）重要合作倡议，为促进北极地区互联互通和经济社会可持续发展带来合作机遇。《中国的北极政策》白皮书 (2018) 明确指出，我国将不断深化对北极的探索和认知、保护北极生态环境和应对气候变化、依法合理利用北极资源、积极参与北极治理和国际合作，并促进北极和平与稳定。我国倡导构建人类命运共同体，是北极事务的积极参与者、建设者和贡献者，努力为北极发展贡献中国智慧和中国力量。

我国于 1984 年派出首支南极考察队，开启了中国南极事业的发展历程。自 1985 年成为《南极条约》协商国以来，我国正式参与南极治理已有 38 年历史 (截至 2023 年)。近年来，气候变化与科技发展使南极更易到达，人类活动已大规模涌入，南极保护区、南极旅游与生物勘探等问题成为当前南极治理中的焦点议题。南极大陆未来的开发利用，已经为世界各国所关注。我国目前在南极建成了长城站、中山站、昆仑站和泰山站等四个科学考察站，目前正在建设罗斯海新站。1994 年 "雪龙" 号极地考察船投入使用，2019 年 "雪龙 2" 号首航南极，开启我国 "双龙探极" 的新篇章。每年夏季开展南极科学考察并为科考站补给物资，已成为当前我国南极研究的业务化工作。《中国的南极事业》(2017) 阐述了我国在南极基础建设、文化宣传、科学研究、环境保护、可持续利用、全球治理、国际交流与合作等领域取得的重要成就，也明确提出了我国在国际南极事务中的基本立场、我国南极事业的未来发展愿景和行动纲领。

1.1 船舶与海洋工程结构冰载荷研究的工程需求

极地海域具有极高的国家发展战略价值,各海洋强国均已将其列为未来海洋资源争夺的重点。北极地区蕴含丰富的自然资源,其中原油储量和天然气储量分别占全世界储量的 25%和 41%。南北极地区的渔业资源及淡水资源也相当丰富,磷虾是南大洋的特产,其储量约为 1.25 亿~7.25 亿吨,日本、澳大利亚和挪威等国均有专业化运营团队。另外,两极地区是受到人类影响最小的区域,极地生态系统是地球生态系统重要组成部分,被称为"全球气候变化的驱动器",故两极地区的科研价值也十分重要。此外,极地问题在中国安全战略和外交战略中的地位也日益提升。对正在崛起的中国而言,极地问题涉及政治、经济、安全、科技、气候、环境、资源和海洋等多领域问题。由此可见,极地是影响世界可持续发展和人类生存的新疆域,是未来大国之间围绕利益和影响力竞争的战略制高点。为提升我国在极地航行运输、科学考察、油气开发、资源勘探和军事战略等方面的竞争力,开展船舶与海洋工程结构冰载荷研究具有重要理论意义和工程实用价值。

1.1.1 极地航行运输及科学考察中的冰载荷问题

北极航道的开发利用和我国科考事业的快速推进,为极地船舶与海洋工程装备的设计制造提供了良好的发展契机,但极地海冰环境所引起的复杂力学问题也相应地带来了艰巨的挑战。

1. 极地航行运输

随着全球气候变暖,北极海冰覆盖面积逐渐减小,北极航道的通航时间逐年延长。北极航道大幅缩短了东亚与北欧地区之间的海上运输距离,其商业价值不容忽视,将对世界经济格局产生重大影响 (蔡梅江等, 2020; 李振福等, 2016)。北极航道分东北、西北和中央航道,其中东北航道是中俄共建"冰上丝绸之路"的主要载体,俄罗斯又称其为北方海航道,可将欧洲市场到中国的运输时间缩短 40%。目前该航道每年的窗口期为 3~4 个月,有可能在 2030 年实现全年通航。此外,北极航道的开辟,降低和分担了途经马六甲海峡、巴拿马运河、索马里海域和苏伊士运河等高政治敏感区所带来的政治风险。

我国作为近北极国家,北极航道对我国未来的经济发展和海上运输均具有重要战略意义。"雪龙"号科学考察船分别于 2012 年、2017 年和 2018 年首航东北、西北和中央航道,创造了我国航海史的多项新纪录。北极航道将成为打通中国东北部与欧洲北部的新纽带。2013 年,中国远洋海运集团有限公司"永盛"号货轮首航东北航道,拉开了我国商船北极航行的序幕,目前每年夏季均有 10 个航次左右(胡冰等, 2021)。为保障极地船舶的航行安全,掌握冰区航道信息及冰–船作用机理至关重要。

极地运输船的冰级一般较低,其破冰能力尚不能达到自由通航于北极航道的程度。为保障极地运输船的航行安全、保护北极地区脆弱的生态环境,相关政策规定:除航道无冰或冰况较弱等可以自行通航的情况外,极地运输船需要在破冰船的引航下穿越北极航道。中国远洋海运集团有限公司"天恩"号货轮在俄罗斯破冰船引航下的编队航行如图1.1.1所示。极地运输船需要以一个安全的距离跟随破冰船,在其开辟的尾迹中航行。若距离过远,则航道会被大量碎冰堵塞,导致冰困的发生;若距离过近,则会增加撞船的风险。目前,这一安全距离的设定仍来源于航行经验,如何科学地建立破冰船引航下的编队航行模型已成为极地研究中的难点问题。

图 1.1.1　2019年8月中国远洋海运集团有限公司"天恩"号货轮在俄罗斯破冰船引航下的编队航行

2. 极地科学考察

经过三十余年的积累,我国已逐渐形成极地科学考察的研究支撑体系,为极地科学研究奠定了坚实的基础。科考船和漂流站作为极地运输和观测的主要载体,近年来逐渐受到人们的关注。

1) 科学考察船

我国于1984年11月和1999年7月分别开始第一次南极和北极科学考察,截至2022年4月已完成38次南极科学考察和12次北极科学考察。船舶在冰区航行时会受波浪和海冰等多个环境因素的影响,船舶破冰能力的不足或船员对冰情的误判均会导致冰困的发生。2014年1月,"雪龙"号成功救援在南极冰区受困且有沉没风险的俄罗斯"绍卡利斯基院士"号破冰船后,周边冰情的突变导致其在厚达 3 m 的浮冰阻碍下一时无法脱险，如图 1.1.2(a) 所示 (张林等, 2014)。当船舶受视线不良、风浪过大和操纵性不佳等因素影响时，也会造成与其他船舶或冰山相撞的后果。2019 年 1 月 19 日"雪龙"号在南极阿蒙森海因避让不及而与冰山相撞，导致船首桅杆和部分舷墙发生损坏，如图 1.1.2(b) 所示。因此，掌握冰–船作用机理并确定合理的冰载荷和操纵性能，是极地科学考察的重要研究内容。

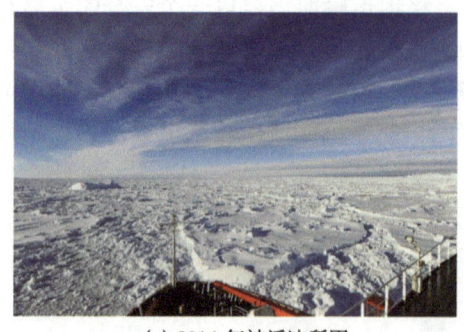

(a) 2014 年被浮冰所困　　　　　　　(b) 2019 年与冰山相撞

图 1.1.2　"雪龙"号在南极遭遇的险情

随着科学考察任务的日益增加，我国对极地科考船的投入逐渐加大，其数量和功能也在增加和完善。"雪龙 2"号项目从 2009 年 6 月国务院批准立项到 2019 年 7 月正式交付，历经 10 年。该船融合了国际新一代考察船的技术功能需求和绿色环保理念，是国际上首艘满足极地规则、具有艏艉双向破冰能力的新一代 PC3 级科考破冰船，船上配有完备的海洋和冰区科考设备，显著提升了我国在两极的科考能力 (吴刚, 2021)。作为我国第一艘自主建造的极地科学考察破冰船，"雪龙 2"号标志着我国极地科考装备迈入独立建设的新时代，也为我国后续开发系列重型破冰船，乃至核动力破冰船奠定了坚实的研究基础。2019 年 10 月 15 日，"雪龙 2"号在我国第 36 次南极科学考察期间首航南极，与"雪龙"号携手开启"双龙探极"时代 (图 1.1.3)，成功执行冰芯取样、海冰物理力学性质试验、船体冰载荷监测识别、艏艉双向破冰等多项科考任务，为极地船舶的结构抗冰设计、冰激疲劳分析和安全航行操作提供了科学依据。

2) 漂流站

科考船在常年连续观测方面的局限性，使基于漂移平台的长期冰站考察的必要性逐渐显现。冰站观测也是研究北冰洋气–冰–海相互作用过程的最直接和最有效手段。苏联自 1937 年就开始实施北极浮冰站建设计划。1997 年，美国自然科学基金委员会支持的 SHEBA 冰站观测项目获得了最为完备的北冰洋气–冰–海相互作用过程全冰季观测数据，并沿用至今。以德国 AWI 研究所为首的科研机构，于 2015 年提议了一项庞大的北极气候研究多学科漂流冰站项目 MOSAiC。该项目依托德国的"极星"号破冰船，于 2020~2021 年成功实施，获得了一年的多学科综合观测数据，是北冰洋中央区域最为全面的观测计划 (雷瑞波, 2020)。

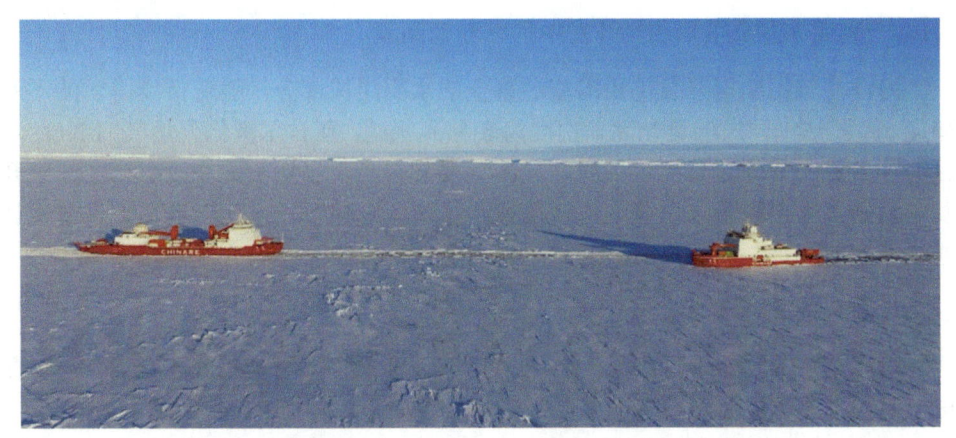

图 1.1.3 "雪龙"号和"雪龙 2"号共同执行南极科学考察任务

随着北极海冰的减少和变薄，在冰上建立营地实施漂流冰站观测计划越来越困难。2017 年，俄罗斯政府决定建造一艘新型考察平台——"北极"号抗冰自航漂流站 (IRSPP)，如图 1.1.4 所示。其可为北极科学考察提供更可靠的观测平台，通过搭载先进的现代化极地海洋考察装备，为科学家考察期间提供更为舒适的工作和生活场所，同时规避在冰上建立营地的风险。该漂流平台可在北极高纬度海域

图 1.1.4 俄罗斯"北极"号抗冰自航漂流站

全年开展复杂的科学研究,为提高北极环境的认知提供广泛的越冬考察数据。该极地漂流站还计划安装冰载荷监测系统,为极地装备的冰载荷特性研究和冰激疲劳损伤分析提供可靠依据 (Svistunov et al., 2019)。

1.1.2 渤海冰区及极地油气开发中的冰载荷问题

海洋油气的勘探开发是我国能源事业的重要组成部分,随着市场需求的不断增加,海洋油气开发的目光逐渐由渤海转移到极地。亚马尔液化天然气 (LNG) 项目的开启成为我国参与极地资源勘采的重要契合点,虽然我国在渤海冰区油气开发中积累了大量经验,但极地油气勘探、生产、运输和安全保障等重大设备设计建造能力的不足,仍严重制约了我国极地油气资源的开发。

1. 渤海冰区油气开发

渤海油气开发始于 20 世纪 60 年代,开发海域由渤海中部向辽东湾扩展。在这一过程中,冰区海洋平台的发展经历了四个阶段,如图 1.1.5 所示。

(a) 第一阶段  (b) 第二阶段

(c) 第三阶段  (d) 第四阶段

图 1.1.5　渤海冰区海洋平台的发展阶段

第一阶段为 1970 年前,"老二号"海洋平台于 1969 年渤海冰封期间在海冰的巨大推力下倒塌。由于当时缺乏对冰载荷的认识,没有对海洋平台结构进行冰载荷设计,致使其不具备抗冰能力。第二阶段为 1970~1986 年,主要是对渤海中

部海域埕北油田的开发期间。在同日本、美国和加拿大相关单位合作研究中，照搬了库克湾海洋平台的结构设计，导致海洋平台的导管架重达 1800 t，极大地增加了油气生产成本。第三阶段为 1987~1999 年，主要是对辽东湾 JZ20-2 海域的油气开发期间。在总结了过于风险与过于保守的平台设计经验教训后，我国同德国开展深入的合作，进行了系统的海冰物理力学性质现场测量和冰载荷模型试验，并提出了适用于渤海直立海洋平台结构冰载荷的 Schwarz 公式。第四阶段为 2000 年至今，为降低直立导管架海洋平台结构的冰激稳态振动现象，对现役直立结构进行了锥体改造，并自主研发了具有出色消减结构冰振技术的单桩锥体海洋平台 JZ20-2 NW 平台。

在渤海冰区油气开发过程中，我国在海冰区划和海冰管理等方面开展了大量研究工作，下面分别简要介绍。

1) 海冰区划

渤海的油气资源主要由边际油田组成，其所处的海洋环境十分复杂和恶劣，遭受着风、浪、流、潮汐、地震等载荷的威胁。在渤海冰区油气开发中，为方便且合理地确定不同油气作业区的海冰设计参数，提出了海冰区划的概念。渤海海冰区划的思想最早形成于 1980 年中日合作期间，将合作研究区域划分为渤海湾、莱州湾和渤海中部三个设计区，并确定了各区不同设计年限的平整冰厚。杨国金 (1994) 根据 1923 年以来的历史冰情资料将渤海划分为 14 个冰区并给出了各区的海冰设计参数，随后又考虑工程设计和生产作业部门的使用方便性，将渤海和黄海北部划分为 21 个冰区 (杨国金, 1998)。吴辉碇等 (2001) 通过 1968~1998 年渤海及黄海北部 30 个冬季的海冰资料对这 21 个冰区的盐度和密度等物理参数，抗压强度、抗拉强度和剪切强度等力学参数，以及冰期、平均和最大冰厚、流冰漂移方向和速度、冰类型和不同重现期的冰厚等冰情参数进行了研究。

2) 海冰管理

海冰管理是一项随渤海油气开发和集输工程发展而来的新技术。该技术通过对海冰进行不同形式的监测来预测冰情发展，进而发出冰害预警以达到防冰减灾的目的，为油气作业管理部门提供保证安全生产的海冰资料，并指导与海冰有关的油气生产施工作业和油气集输 (李桐魁, 1996)。自 1989 年以来，渤海海冰管理系统逐年完善，已成为保障冰期油气生产作业的重要技术手段。针对渤海海洋平台结构冰期作业中的风险问题，大连理工大学岳前进团队从 1990 年开始持续开展海冰现场监测、海冰数值预报、冰激结构振动和冰振风险分析等一系列工作。特别是近年来，采用先进的海冰监测技术、数值模拟方法和机器学习方法，确保了海冰监测信息的精确性、连续性、完备性、同步性和可靠性。在危险冰情发生时，通过破冰船对海洋平台作业区进行合理的破冰是目前最为有效的应急措施，通过将平整冰破为碎冰以降低冰载荷，减弱海洋平台结构的冰激振动响应。为保障冰期作业的安全性，破冰船需在油气作业区 24 小时值守以备应急调用，如图 1.1.6 所示。

图 1.1.6　渤海 JZ9-3 海域海冰管理中的破冰船值守作业

海冰数值预报可为油气生产作业的安全预警提供海冰信息，旨在危险冰情发生前及时采取有效的防冰措施。渤海的海冰数值计算和预报研究是从 20 世纪 80 年代中期开始的。吴辉碇 (1991) 建立了渤海海冰热力–动力模式，并在后续业务化预报中不断发展和完善，目前已成为渤海海冰业务化预报的重要海冰模式。该海冰模式同大气预报模式相配合，可及时地为油气作业区的安全生产提供为期 3~6 天的海冰预报信息 (白珊和吴辉碇, 1998)。针对渤海海冰的强烈动力特性和局部分布规律，并考虑油气作业对海冰预报的精细化工程要求，岳前进等 (2003) 发展了面向油气作业区的局地海冰数值预报模式，并可依据海冰预报信息进行海洋平台结构冰载荷和冰激振动计算，从而更直接地服务于油气安全作业。最近，数字孪生、机器学习和互联网技术也不断应用于海冰管理中，以提高海冰现场监测和数值预报的精确度和可靠性。

2. 北极油气开发

近年来，我国积极参与极地油气的开发。2012 年，中俄合作开发的北极亚马尔液化天然气项目正式启动，标志着中国在参与北极油气资源开发利用方面取得重要进展。极地海洋工程装备在结构抗冰、海冰管理、应急脱险、消防逃生、自给保障能力和环保性能等方面具有特殊要求。师桂杰等 (2021) 通过分析我国极地海洋工程装备的发展需求，将极地海洋工程装备分为油气勘探、生产、运输和保障等四个类别。

1) 油气勘探装备

北极海上油气勘探装备主要包括抗冰钻井船与抗冰半潜式钻井平台，主要设计因素包括海冰、波浪、水深、气象与作业时间，关键系统为钻井装置、海冰控制系统、定位系统、举升系统和水下设备。

极地钻井船具有甲板面积大、自给能力强和机动灵活等特点。2007 年，英国 Stena 钻井公司委托韩国三星重工业有限公司建造的全球首艘极地深水钻井船 DrillMAX Ice IV 号如图 1.1.7(a) 所示，其设计温度为 −40 ℃，冰级为 PC5，设计作业水深 3000 m，最大钻井深度 10000 m，动力定位等级为 DP3。极地半潜钻井平台适用于深水区，仅适用于低冰情区域。师桂杰等 (2021) 统计了 2001~2019 年建造的极地半潜式钻井平台相关信息。2015 年，中集来福士海洋工程有限公司为挪威建造了"维京龙"号极地半潜式钻井平台，如图 1.1.7(b) 所示。这是我国建造的首座适合北极海域作业的深水半潜式钻井平台，其最大工作水深 500 m，可升级到 1200 m，最大钻井深度 8000 m，配置了 DP3 动力定位系统和八点系泊系统，最低服务温度为 −20 ℃。目前北极油气勘探主要使用半潜式平台，而具备储油功能的新型钻井船将是未来的发展方向。

(a) DrillMAX Ice IV 号极地深水钻井船　　　　　(b) "维京龙"号极地半潜式钻井平台

图 1.1.7　典型的北极海上油气勘探装备

2) 油气生产装备

北极油气生产装备包括人工岛、混凝土重力式平台、浮式生产储卸油装置 (FPSO)、浮式平台等 (师桂杰等, 2021)。其中，人工岛主要用在美国、加拿大和俄罗斯北极近海区域，具有建岛速度快、成本低和有效场地面积大等特点，关键技术包括挖泥船冰区吹填、冻土施工和边坡稳定等。混凝土重力式平台是目前北极使用最广泛的生产平台，主要适用于水深低于 100 m 的浅水区，如 Hibernia 平台、Prirazlomnaya 平台、LNG-2 平台等。该类型平台的核心结构为沉箱、立柱和上部甲板，其优点为下部沉箱储油，平台依靠自身重量保持稳定，抵抗海冰环境载荷能力和抗腐蚀能力更强。FPSO 应用于北极冰情不是很严重的区域，其优点包括抗风浪能力强、适应水深范围广、储/卸油能力强、可移动和重复使用等。目前北极在役的 4 个 FPSO 主要集中在加拿大纽芬兰岛东部海域的 Terra Nova 和 White Rose 油田、挪威海的 Balder 油田以及挪威巴伦支海的 Goliat 油田。

目前北极油气生产主要采用人工岛与混凝土重力式平台，未来随着极地油气开发走向深海，FPSO、Spar 平台与水下生产系统将成为主流。考虑到北极后勤保障距离遥远，同时具有勘探与生产功能的平台将受到市场欢迎。图 1.1.8 给出了典型的适用于北极的桁架式、直立腿式、浮式和半潜式海洋平台的概念设计。

(a) 桁架式海洋平台

(b) 直立腿式海洋平台

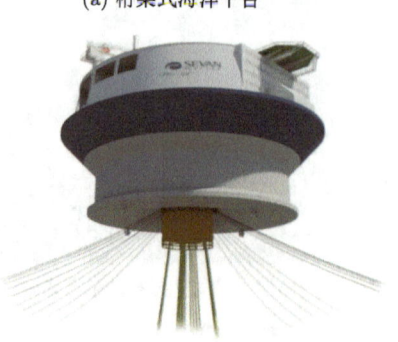

(c) 浮式海洋平台

(d) 半潜式海洋平台

图 1.1.8　典型的北极新型抗冰海洋平台概念设计 (孙丽萍等, 2015)

3) 油气运输装备

北极油气资源的开发带来了开采设备和 LNG 的运输问题，普通的甲板运输船和 LNG 船无法航行于海冰覆盖的区域，需要研制极地重载甲板运输船和破冰型 LNG 船来满足油气开发的工程需求。极地 LNG 船的设计应兼顾常规海况下的快速性、适航性以及冰区海况下的双向破冰性能，通常采用吊舱式全回转电力

推进系统 (师桂杰等, 2021)。2016 年 1 月，由上海船舶研究设计院和广船国际有限公司联合设计的全球首艘 2.5 万吨级极地重载甲板运输船交付，如图 1.1.9(a) 所示，标志着我国在极地重载甲板运输船方面已具备自主研发设计的能力。2016 年 11 月，全球首艘北极专用 LNG 船 Christophe de Margerie 号顺利完工，其冰级为 PC4，连续破冰厚度达 2.1 m，造价约为常规 LNG 船的 2 倍。对于高冰级破冰型 LNG 船，如图 1.1.9(b) 所示，目前仅有韩国大宇造船厂具备独立建造的能力。

(a) 极地重载甲板运输船　　　　　(b) 破冰型 LNG 船

图 1.1.9　极地重载甲板运输船和高冰级破冰型 LNG 船

4) 油气保障装备

在极地油气勘探和生产中，后勤保障措施和安全预警技术至关重要。阿克尔北极技术公司开发的 ARC105 型破冰平台供应船，主要用于为海洋平台和钻井船提供物资及设备，进行破冰/冰区管理作业，具备防火和救援能力，为海洋工程结构提供救援和守护服务。为实现较长的有效作业时间，极地海洋工程装备除具有较强的抗冰能力外，还应配备完整的海冰管理系统。海冰管理是避免浮冰或冰山与海工平台发生碰撞的海上活动总称，包括海冰监测与预报、冰情预警、破冰船舶管理等 (师桂杰等, 2021)。通过研发作业区域周边海域冰情预警系统，建立破冰船智能协同作业管理系统，提高船队的总体破冰效率，用于破碎、拦截、控制海冰，避免其对海洋工程装备的破坏。

采用破冰船对海洋平台附近海冰进行往复式破冰是降低冰载荷的有效措施 (Wright, 2000)。Bakkay 等 (2014) 对双船破冰模式下的浮式平台海冰管理措施进行了探索，如图 1.1.10 所示。在采用双船或多船破冰进行海冰管理时，Lu 等 (2018) 通过数值方法和现场试验研究了不同船舶操作模式下的双船海冰破坏效果，以减小冰块尺寸，有效降低冰载荷。

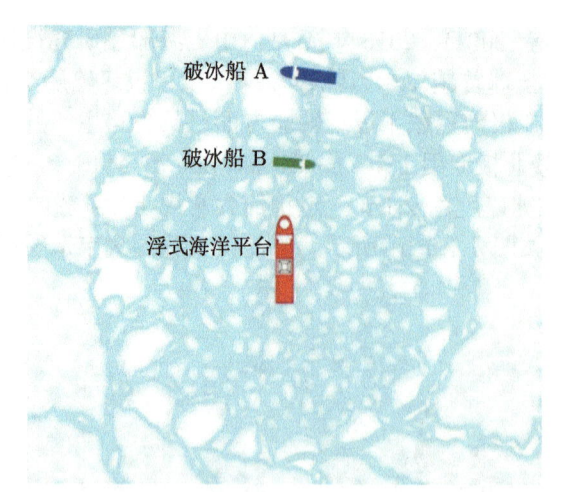

图 1.1.10　海冰管理中双船联合破冰的操作模式优化设计 (Bakkay et al., 2014)

1.1.3　其他寒区资源开发中的冰载荷问题

除油气资源外,寒区还蕴藏着丰富的核电资源、风电资源、旅游资源和渔业资源等,对这些资源的开发过程中也存在着许多亟待重视和亟需解决的冰载荷问题。

1. 核电资源开发

对寒区资源的开发活动日益频繁,导致用电需求激增,越来越多的大型核电工程开始在寒区部署。常见的核电工程设施包括核电站取水口和核动力浮式平台。如何保证冷源取水不受海冰灾害的影响,是冰区核电站正常运行的首要问题。浮冰大量堆积所导致的核电站取水口堵塞是最主要的海冰灾害形式,严重影响核电设施的安全作业。图 1.1.11(a) 展示了渤海辽东湾红沿河核电站取水口面临的海冰堆积问题。海上核电站的概念最初由美国提出,并逐渐被世界各国所采纳。我国也提出了以渤海近海 FPSO 为母型的软刚臂系泊式核动力浮式平台 (孙雷等,

(a) 辽东湾红沿河核电站取水口　　　(b) 核动力浮式平台(孙雷等, 2018)

图 1.1.11　寒区核电站取水口及核动力浮式平台

2018),如图 1.1.11(b) 所示。在寒区核动力浮式平台的结构设计过程中也需考虑冰载荷的影响。

2. 风电资源开发

从世界清洁能源的分布情况来看,北极圈及其周边地区风能资源十分丰富,是全球能源互联网构想"一极一道"清洁能源基地的重要组成部分。2016 年,我国风电新增装机容量已超越英国和德国,成为全球最大的海上风电市场 (Masoud et al., 2017)。传统的海上风机设计主要考虑空气动力、水利环境和抗震设计等外界因素,但是对于渤海及黄海北部寒区海域以及北极地区的风机设计,海冰是无法忽略的重要因素之一。虽然在一些寒区风机抗冰设计中已经采用极端静冰载荷校核风机结构抗冰性能,但是大量现场观测和理论研究表明,冰激振动对海洋工程结构和设备的危害远远超过极端静冰载荷下的结构整体安全问题 (张大勇等, 2018)。图 1.1.12 为渤海寒区海域的风力发电机。

图 1.1.12 渤海寒区海域的风力发电机

3. 旅游资源开发

与低、中低纬度地区相比,高纬度地区在冰冻圈、生态景观、文化结构和政治制度等方面存在较大的差异,具有极大的旅游潜力和价值。一般的极地邮轮由退役后的科考船或破冰船改造,拥有可在极地作业的船舶结构和硬件装备,但在客舱内部环境及服务质量上相对欠缺,极地旅游的兴起必将推动极地探险邮轮等船舶的发展。我国于 2019 年建造的首艘极地探险邮轮"阁默"号,标志着我国已具备自主建造豪华邮轮的技术能力,如图 1.1.13 所示。为对极地邮轮开展结构抗冰设计和冰区航行安全保障工作,同样需要深入研究海冰与邮轮结构的作用机理,确定邮轮的冰载荷分布特性和冰区操纵性能。通过研究海冰作用下邮轮的振动特性可以提高船舶结构及上部设备的安全性以及乘坐的舒适性。

图 1.1.13　我国建造的首艘极地探险邮轮 "阁默" 号 (刘臣和郭歆, 2021)

4. 渔业资源开发

极地的渔业资源同样不可忽视，南极磷虾广泛分布于南极海域，资源储量巨大。自 2009 年南极磷虾被我国列为 "国家经济战略资源" 以来，对设计、建造专业南极磷虾捕捞加工船的需求越来越迫切。随着挪威、俄罗斯、韩国等国家已经建成或计划建造新型的专业南极磷虾捕捞加工船，国内相关企业正面临着越来越大的竞争压力。而中国发展专业南极磷虾捕捞加工船，不仅面临着缺乏设计、建造类似船舶经验的困难，也面临着专业捕捞系统、船载加工装备必须依赖进口的窘境 (王万勇等, 2020)。图 1.1.14 为我国首艘自主建造的南极磷虾专业捕捞加工船 "深蓝" 号，冰级为 DNV ICE-1A。

图 1.1.14　"深蓝" 号南极磷虾捕捞加工船 (王万勇等, 2020)

1.1.4 极地军事战略中的冰载荷问题

北极除了拥有重大经济、地缘价值，还有重要的军事价值。从地理位置上看，北极的地理格局与地中海类似，联结亚、欧、北美，战略意义极为重要。2019 年，美国发表《北极战略展望》，提出建立态势感知、加强运作和加强基于规则的秩序；2020 年，俄罗斯发表《2035 年前国家北极基本政策》，指出了俄罗斯当前在北极地区面临的国家安全方面的主要威胁和挑战，提出 2035 年前在北极地区的国家政策目标、政策实施领域和主要任务，并确定了落实国家北极政策的主要机制。我国在北极地区经济和政治参与度的增加，引起了美国等国家的担忧。我国虽然不是北极圈国家，但在全球化不断发展的进程中，北极战略态势变化与我国发展进程有着千丝万缕的联系，应着力从发展战略规划等工作入手，保障我国在北极地区的发展利益。

1. 渤海冰区的军事活动

渤海曾于 1969 年出现史上罕见的"大冰害"，所有港口被冰封冻，海冰最厚处达 1 m 以上，数百艘中外船只被冰困住、寸步难行。为此，我国建造了第一代军事破冰船"海冰 722"号，如图 1.1.15 所示，后续建造了其姊妹船"海冰 723"号，承担我国黄渤海的海冰调查、电子试验保障、巡逻、警戒和护航等任务。随着中国在北极参与度的不断提高，以上两艘舰艇在冰区勘测航行中也开展了部分海冰物理力学性质测量、冰载荷识别的任务，为我国极地船舶的抗冰设计提供了很好的技术积累。

图 1.1.15 "海冰 722"号破冰船

2. 各国的北极军事战略

随着对北极地理和气候环境研究的深入，人们越来越深刻认识到潜艇在北极地区发挥的政治和军事价值。目前俄罗斯和美国，特别是俄罗斯，是国际北极军事力量的主导者,并侧重于核动力破冰船和极地潜艇的研发和建造。

1) 核动力破冰船

核动力破冰船是以核动力为动力的破冰船,用于破碎冰层以开辟航道、保障舰船进出冰封港口。俄罗斯在技术上遥遥领先,是目前世界上唯一拥有核动力破冰船的国家,至今已发展了四代六型核动力破冰船,分别是:第一代核动力破冰船"列宁"级、第二代核动力破冰船"北极"级和"泰梅尔"级、第三代也是目前建造中的最新一代的核动力破冰船"LK-60"级,以及已经开始研发的第四代核动力破冰船"领袖"级和"LK-40"级。俄罗斯迄今已建成 10 艘核动力破冰船,相关情况列于表 1.1.1,其中的代表性船舶如图 1.1.16 所示。"北极"号核动力破冰船是目前唯一到达北极点的船舶,正在建造的"领袖"级 10510 型"俄罗斯"号重型核动力破冰船计划于 2027 年完工交付使用,可穿越北极最厚的冰层。"五十年胜利"号的艉部经过特殊设计加工,可与随航船舶的艏部相连,如图 1.1.17 所示。这种拖航的辅助航行方式能充分利用核动力破冰船的动力,减少运输船的冰区操作,且无需考虑安全距离的问题。

表 1.1.1 俄罗斯核动力破冰船发展一览表

类别	级别	型号	名称	服役时间
第一代	"列宁"级	92M 型	"列宁"号	1959~1989
第二代	"泰梅尔"级	10580 型	"泰梅尔"号	1989~
			"瓦伊加奇"号	1990~
	"北极"级	1052 型	"北极"号	1975~2012
			"西伯利亚"号	1978~
		10521 型	"俄罗斯"号	1985~2013
			"苏联"号	1989~
			"亚马尔"号	1992~
			"五十年胜利"号	2007~
第三代	"LK-60"级	22220 型	"北极"号	2020.10~
			"西伯利亚"号	2021.12~
			"乌拉尔"号	2022
第四代	"领袖"级	10510 型	"俄罗斯"号	2027(计划)
	"LK-40"级	10570 型	—	—

目前,核动力破冰船正向高冰级、大型化、智能化、多功能和高效安全等方向发展。美国、韩国均在考虑建造先进的核动力破冰船以保障其在北极的国家权益。我国也正筹划建造第一艘核动力破冰综合保障船,以开展北极商业航运的辅助航行、救援等工作。

1.1 船舶与海洋工程结构冰载荷研究的工程需求

(a) "泰梅尔"号

(b) "北极"号

(c) "亚马尔"号

(d) "五十年胜利"号

图 1.1.16 代表性的俄罗斯核动力破冰船

(a) 侧视图

(b) 俯视图

图 1.1.17 "五十年胜利"号的辅助航行方式

2) 极地潜艇

北极海冰的平均厚度可达到 3 m，这种特殊的环境为潜艇的活动提供了绝佳的隐蔽条件 (叶礼裕等, 2018)。北极潜艇活动具有很强的战略威慑作用，但发射导弹或输送物资和兵力时必须破冰上浮。目前美国、俄罗斯等环北极军事大国都成功执行过潜艇冰下航行以及破冰上浮的战术任务 (吴鸿乾等, 2021)。但同时也存在潜艇在破冰上浮中发生事故、引发险情，使潜艇及其人员的安全受到严重威胁的情况，其主要风险仍然来自于未知冰况所导致的极端载荷。

为了满足北极的发展战略，美、俄两国现阶段设计和建造的大部分核潜艇都需要满足破冰要求。1958 年，美国第一艘核动力潜艇"鹦鹉螺"号成功到达北极点。此后，美国海军便开始强化其在北极的水下力量。同样，俄罗斯海军在北极冰下也具有较强的实力。如图 1.1.18 所示，2021 年 3 月北冰洋巴伦支海北部，俄罗斯的三艘战略核潜艇在 300 m 范围内同时撞破 1.5 m 厚的海冰出现在海面。这一强大的北极军事行动震惊了世界，其背后是俄罗斯先进的极地装备技术，包括潜艇的冰下巡航定位能力、上浮破冰能力以及流固耦合等基础研究。

图 1.1.18　2021 年 3 月俄罗斯三艘核潜艇在北极破冰上浮

1.2　极地海冰分布特性及物理力学性质研究

针对极地船舶与海洋工程的冰载荷问题，需对航线或作业区域的海冰条件、海冰物理力学性质、海冰与结构物的作用特性进行系统的研究，从而确定结构物的海冰设计参数和抗冰性能。目前海冰的分布特性主要通过卫星遥感、雷达遥感和现场图像确定，海冰的物理力学性质通过现场和室内试验测定。

1.2.1 海冰分布特性观测

海冰观测的主要目的是获取海冰的分布面积、密集度和厚度等参数信息。海冰参数是开展海冰分布规律、海冰物理过程、大气-海冰-海洋耦合模式研究，以及船舶航线规划和油气作业区海冰管理的依据。当极地特殊的地理位置和恶劣的气候条件限制最直接的人工观测时，卫星遥感、雷达遥感和现场图像是较为常用的观测手段。

1. 卫星遥感

随着卫星遥感技术的发展，许多国家开展了海冰卫星遥感试验，卫星遥感图像具有客观性和直观性，已经成为获取大尺度海冰地球物理特征参数的最有效手段。早期的研究借助卫星可见光和红外通道图像 (NOAA/AVHRR)，但其对天气情况的依赖性较强，无法在有云层覆盖时得到可靠的海冰图像。近年来，随着微波技术的发展，卫星被动微波遥感以其较宽的覆盖区、能够穿透云层、在极夜可分辨出海冰等优势，而成为极地环境研究的关键工具。卫星遥感是目前确定南北极海冰变化的最实用的技术，可获得大尺度全球海冰的分布特征。目前，该技术已经被广泛用于极地大尺度下的海冰密集度 (sea ice concentration, SIC)、海冰分布面积、海冰类型及海冰厚度的观测。

随着卫星遥感技术的飞速发展，1979 年以来，覆盖北极地区的持续海冰遥感资料成为监测北极海冰运动的最有效信息。在海冰密集度方面，人们基于不同的反演算法开展了一系列关于北冰洋海冰密集度的研究。利用基于扫描多通道微波辐射计 (scanning multi channel microwave radiometer, SMMR)、专用传感器微波成像仪 (special sensor microwave imager, SSM/I)、专用传感器微波成像仪/探测仪 (special sensor microwave imager and sounder, SSMIS) 和用于地球观测系统的高级微波扫描辐射计 (advanced microwave scanning radiometer for earth observing system, AMSR-E) 数据的 NT2 算法，可分析多年东北航道沿线海域的海冰密集度变化。Barber 和 Hanesiak (2004) 利用基于 SSMR 和 SSM/I 数据的 NT(NASA team) 算法分析了 1979~2000 年波弗特海南部海域海冰密集度的变化。Deser 和 Teng (2013) 利用基于 SSMR 和 SSM/I 数据的 NT 算法分析了 1979~2007 年北冰洋尺度的海冰密集度变化。以上海冰卫星遥感信息为分析北极海冰的分布特性和演化规律提供了有力的数据支撑。

卫星遥感在极地海域具有覆盖范围广、重访周期短、时效性高等特点，可大范围、快速、周期性地获取航道上的海冰信息，其在北极航道的适航性分析、安全航行预警及航道规划中发挥了重要作用 (季青等, 2021; 胡冰等, 2021)。我国利用"北京一号"卫星对渤海海冰进行了监测，建立了基于卫星图像的冰-水、冰缘线的识别模型，可估算海冰面积及预测海冰发展趋势，从而判别海冰灾害的严重

程度 (李宝辉等, 2013)。海冰卫星遥感也是渤海油气作业区冬季海冰管理的重要组成部分。

2. 雷达遥感

船基雷达的最初作用是识别冰山以保障冰期航行安全。随着寒区海上石油大规模开发的工程需求，船基雷达被用于区分当年冰与多年冰。雷达的全天候感知能力突破了夜间和恶劣天气的影响，是理想的冰区现场观测手段。目前，一般船舶在航行过程中均配备三部以上的导航雷达，即波长 3 cm、5 cm 和 10 cm 的 X 波段、C 波段和 S 波段导航雷达，分别在海面目标观测过程中发挥着不同的功能。三种波段类型的船载雷达应用于海冰观测时，其相应特点也决定了其各自用途和使用条件的不同。目前主要利用 X 波段雷达和 S 波段雷达进行海冰观测。S 波段雷达的探测距离远，常被用于冰山、冰川的探测识别，以便于船舶对冰川和冰山进行及时规避。由于冰川和冰山冰层形成时间很长，盐分含量很低，孔隙率也很低，表面粗糙度良好，对雷达波的回波较强，在雷达显示屏上通常形成一个或一片亮斑。X 波段雷达常用于近距离 6 n mile (1 n mile = 1.852 km) 以内的海面平整冰观测。

为研究渤海海冰的热力–动力演化过程，也为油气作业区提供相应的海冰观测信息，我国在辽东湾 JZ20-2 和 JZ9-3 海洋平台上建立了海冰雷达监测系统。季顺迎等 (2013) 采用数字图像处理技术对海冰雷达遥感图像进行了分析和软件开发，可对海冰密集度、速度和冰块面积等海冰参数进行提取，通过海冰雷达的现场连续观测，获得了该海域多个冬季的全冰期海冰速度分布，为海冰疲劳参数的构造提供了翔实的数据资料。此外，岸基及车载雷达海冰观测也在渤海冰区港口航运和核电站海冰现场观测中得到很好的工程应用 (袁帅等, 2017; 宋丽娜等, 2021)。

3. 现场图像

随着数字图像处理技术的发展，数字摄像和摄影技术开始广泛地应用于极地科学考察、冰区航运和油气开发中。作为一种较为直接的海冰观测手段，海冰现场图像观测发挥着不可替代的作用。海冰数字图像具有很高的分辨率，可获得中小尺度下海冰的分布特征。1999 年，我国第 1 次北极科学考察就将该技术应用到海冰观测。此外，利用船基海冰图像观测资料，可对比验证并提高卫星遥感的分辨精度 (卢鹏, 2007)，并为船舶冰区航行中的冰载荷反演识别提供可靠的海冰信息 (Kong et al., 2020a, b; 何帅康等, 2021)。图 1.2.1(a) 为我国第 7 次北极科学考察中"雪龙"号观测到的海冰图像。在油气作业区的海冰管理中，海冰图像观测一直是确定作业海域海冰参数的重要途径，也为海洋工程结构冰载荷的确定提供了有力的参考。季顺迎等 (2011b) 通过数字图像技术对海冰厚度、速度和

1.2 极地海冰分布特性及物理力学性质研究

密集度提取进行了算法开发和软件研制，可实现油气作业区全冰期的连续观测。图 1.2.1(b) 为渤海 JZ20-2 海域的海冰观测图像。

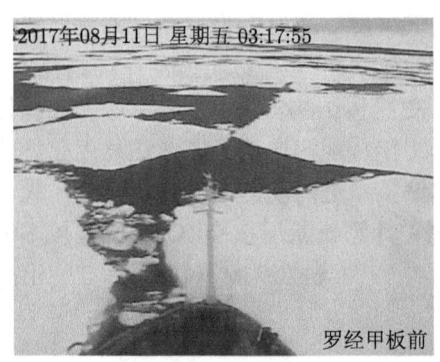

(a) 北极科学考察中的海冰图像　　(b) 渤海油气作业区中的海冰图像

图 1.2.1　北极科学考察和渤海油气作业区观测到的海冰图像

1.2.2　海冰物理力学性质试验

海冰的物理性质包括冰晶结构、温度、密度、盐度、电导率和热导率等，海冰的力学参数包括强度特性、摩擦系数、弹性模量及泊松比等。由于海冰生长环境及生长过程的随机性，海冰物理力学性质表现出较大差异，现场试验是获取海冰物理力学性质分布规律的最准确、最可靠方法。

1. 物理性质

海冰生长过程中所处的自然环境 (风、波浪、气温等) 会显著影响到细观尺度上冰晶结构的形态。海冰的晶体结构主要包括晶体形态、晶体粒径和晶体 C 轴分布等。最常见的海冰晶体结构形式包括粒状和柱状。在自然条件下，海冰在水平方向的尺度远大于竖直方向，通常可将海冰生长过程的热力学过程简化为一维过程。在海水向海冰的相变过程中，被冰晶析出的盐分在重力作用下在竖直方向排出，因此竖直方向能够形成联系稳定的冰晶结构，即所谓的"柱状冰结构" (Soons and Greenland, 1970)。Jeffries 等 (1993) 认为，海冰生长过程中在冰水界面处形成的超冷层以及薄片结构是柱状结构的本质成因。对于平整冰而言，无论是当年冰还是多年冰，其生长周期中经历的动力学过程较少，均具有较为明显的柱状冰结构特点，这种结构特点也使其具有显著的各向异性。

当年平整冰、多年平整冰与多年冰脊在竖直方向上的冰晶结构具有明显差别。平整冰的生长周期较为简单，在初期以降雪或凝核方式形成具有颗粒状的表层后，逐渐向下以柱状结构稳定生长。在多年平整冰中，所经历的若干消融季节使其表层形成盐度较低的大粒径冰晶，而下层仍保留着当年平整冰的柱状结构。相比之下，冰脊的内部结构则明显较为复杂。北冰洋多年冰的晶体结构往往表现出循环特征 (李志军等, 2003)，其典型的生长过程为：冬季海冰在已有冰层的底面生长，首先生长成粒状冰，而后生长为柱状冰；冬季热力学生长结束后，冰层表面在太阳辐射作用下融化，融冰水汇聚和下渗；底部冰层受海洋动力扰动，部分柱状冰破碎再冻结形成碎屑凝聚冰。这些过程周而复始，形成多年冰特殊的循环结构 (李志军和康建成, 2001)。典型的北极多年冰细观晶体结构如图 1.2.2 所示。在晶体结构观测技术方面，目前普遍使用的是费氏旋转台观测方法。该方法利用晶体的双折射现象，通过两个正交偏振片产生显色偏振，进而观测晶体形状、粒径大小和 C 轴。近年来随着微结构观测技术的发展，计算机断层扫描 (CT) 成像技术和核磁共振成像技术等也已经应用于海冰内部结构的观测 (Cho et al., 2002; 王庆凯, 2019)。

图 1.2.2　典型的北极多年冰细观晶体结构 (Timco and Weeks, 2010)

海冰温度是影响其力学性质的主要因素，同时也是计算气–冰–水能量交换的重要参数。冰温测量主要有两种方式：一种是采样测量，即首先钻取冰样，随后在冰样上测量温度；另一种是温度链测量，即先在冰层上钻孔，随后布放温度链测量温度。陈晓东 (2019) 研发的温度链传感器可用于渤海冰温梯度的测量。在北冰洋中央海域也曾通过采样测量方式在融冰期测量了 6 处冰层温度，通过对冰温剖面做归一化分析发现：当相对深度 (深度与冰厚之比) 小于 0.1 时，冰温随冰厚的增加而线性增加；当相对深度大于 0.1 时，冰温随冰厚的增加而线性降低。

海冰密度是极地船舶冰阻力计算的输入参数之一，同时也是卫星测高所需的主要海冰物理参数。海冰密度的测量方法主要有质量/体积法和排液法等。Timco 和 Frederking(1996) 综合了以往海冰密度的测量数据，得出海冰密度变化范围为

720~940 kg/cm³，其中当年冰水上部分密度为 840~910 kg/cm³，多年冰水上部分密度为 720~910 kg/cm³，当年冰和多年冰水下部分密度均为 900~940 kg/cm³。Pustogvar 和 Kulyakhtin (2016) 认为利用净水称重法测量海冰密度可以达到更高的精度，并得出平整的当年冰水下部分密度为 894~921 kg/cm³，多年冰的密度为 863~929 kg/cm³。

海冰盐度测量的方法为先钻取冰样，待其融化后使用盐度计测量融冰水的盐度。在弗拉姆海峡测量的 51 组海冰盐度剖面表明，夏季当年冰的盐度高于多年冰，得出冰层平均盐度 $\overline{S}$ 与冰厚 h_i 的关系为：对于多年冰，$\overline{S} = 1.58 + 0.18 h_i$；对于当年冰，$\overline{S} = 3.75 + 0.22 h_i$。Cox 和 Weeks (1974) 对北冰洋多年冰生长期盐度的测量发现：当 $h_i < 0.40$ m 时，$\overline{S} = 14.24 - 19.39 h_i$；当 $h_i > 0.40$ m 时，$\overline{S} = 1.58 - 0.18 h_i$。对巴芬湾附近海冰盐度的长期观测表明，生长期内冰层表层和底层的盐度均高于中间层。

2. 力学性质

关于海冰力学性质的研究是随着冰区油气资源的开发需要而发展起来的，其主要目的是合理地预测海洋工程结构上的冰载荷。国外的研究起步于 20 世纪 70 年代末，主要研究单位包括美国陆军寒区研究和工程实验室 (CRREL) 与加拿大国家研究委员会 (NRC)。国内的研究起步稍晚，在 20 世纪 80 年代中期随着渤海油气平台的发展而兴起，研究单位包括大连理工大学、天津大学、国家海洋环境监测中心和中国海洋石油集团有限公司天津分公司等。近年来，韩红卫 (2016)、王庆凯 (2019) 在我国北极和南极科学考察中系统地开展了极地夏季海冰的物理力学性质研究，陈晓东等 (2018)、王安良等 (2016) 也对环渤海海冰的物理力学性质进行了系统的测量。在海冰力学参数的研究中主要开展了海冰单轴压缩强度、弯曲强度、弹性模量、泊松比和动摩擦系数等现场和室内试验研究。

海冰强度的合理确定有助于研究船舶与海洋工程结构的冰载荷、海冰的重叠和堆积特性、海冰的断裂和运移规律等，以评估并降低各项活动实施过程中的海冰风险。然而，受海冰温度、密度、盐度、冰晶结构等海冰自身因素，以及加载方向和速率、边界条件、破坏方式和试样尺度等外界条件的影响，海冰的强度特性差异较大。近几十年来，国内外学者依据不同海域海冰现场测试与室内试验的结果，建立了一系列海冰强度与其影响参数的函数关系。在海冰强度的诸多强度关系表达式中，卤水体积和加载速率是两个被广泛采用的影响参数。

由于冰是一种弹塑性材料，其单轴压缩强度随应变速率的增加而发生变化。诸多学者对海冰单轴压缩强度进行了深入的研究，试图解释冰的压缩行为。Sinha (1978) 将冰单轴压缩时的应变分为瞬时弹性应变、迟滞弹性应变和塑性应变，并提出了柱状冰韧性破坏时的本构模型；Schulson (1990) 认为冰的脆性破坏是由内部裂纹扩展导致的，并提出翼型裂纹模型，给出了冰脆性破坏的本构模型。孔隙率是冰内卤水体积分数和空气体积分数之和，是海冰温度、盐度和密度的函数，被认为是评价海冰单轴压缩强度较为合理的主要内部因子 (Moslet, 2007)。Timco 和 Frederking (1990) 对海冰单轴压缩强度和孔隙率的关系进行大量试验探究后建立了海冰发生韧性破坏时的经验模型。然而，对海冰单轴压缩强度研究最多的还是其在不同加载速率下的韧–脆转变特性 (Li et al., 2011)。最近，陈晓东 (2019) 对渤海海冰的单轴压缩强度试验表明，海冰的韧–脆转变过程与其在不同加载速率下的多裂纹韧性破坏、劈裂破坏与碎裂破坏等破坏模式密切相关。此外，对于海冰在不同加载方向、约束条件下的压缩强度，国内外也开展了深入系统的研究，为海洋工程结构的抗冰设计提供了可靠的依据 (Timco and Weeks, 2010; 张丽敏, 2012; 王安良, 2014)。

由于海冰在同斜面、锥体结构作用时主要发生弯曲破坏，海冰的破坏模式和结构冰载荷均与弯曲强度密切相关。海冰的弯曲强度试验主要包括悬臂梁试验和简支梁弯曲试验两种方式。其中，悬臂梁试验可获得原位环境中真实温度梯度和冰厚条件下的冰弯曲强度；根据国际水利与环境工程学会 (IAHR) 规定，悬臂梁试验的冰梁长度为冰厚的 7~10 倍，宽度为冰厚的 1~2 倍 (Schwarz et al., 1981)。简支梁弯曲试验则需要将冰样从天然海冰中取出，然后在现场或低温实验室内进行，其包括三点和四点弯曲试验。Timco 和 O'Brien (1994) 对比了悬臂梁试验和简支梁试验得出的冰弯曲强度，发现前者得到的冰弯曲强度明显低于后者。季顺迎等 (2011a) 对渤海海冰弯曲强度进行了测试，发现其随温度的降低而线性增加。Timco 和 Weeks (2010) 汇总了 2495 个海冰弯曲强度试验数据，发现其与卤水体积呈较高的负指数关系，但与加载速率没有表现出明显的相关性；同时也指出，卤水体积对弯曲强度的影响只适用于温度较低的海冰而不适用于极地夏季海冰，此时应将孔隙率作为分析海冰弯曲强度的主要参数。

海冰的弹性模量同样由悬臂梁试验或简支梁试验测定。Lainey 和 Tinawi (1984) 采用这两种方法测试海冰的弹性模量，发现其随加载速率的增加而增加，随卤水体积的增加而降低。由于海冰的弯曲强度和弹性模量测定在取样及试验方面相对复杂，因此学者们试图建立这两个参数与海冰物理性质或单轴压缩强度之间的关系，从而得到更快速的确定方法。李志军等 (2006) 确定了渤海海冰弹性模量与孔隙率、弯曲强度与单轴压缩强度之间的关系。

对海冰泊松比的研究相对较少。Langleben 和 Pounder (1963) 曾用声学方法测定了海冰的泊松比，并给出参考取值为 0.295±0.009。海冰单轴压缩试验结果也表明，当加载速率从 0.01 MPa/s 增加至 5.00 MPa/s 时，泊松比从 0.10 增加至 0.48。

冰摩擦研究最初多集中于探究冰–冰摩擦系数的影响因素。Schulson 和 Fortt

(2012) 在温度为 −10 ℃ 和滑动速度为 10^{-4} m/s 的条件下，测试了表面粗糙度在 0.1~12.0 μm 的冰–冰动摩擦系数，结果发现动摩擦系数和表面粗糙度呈幂函数关系。Pritchard 等 (2012) 以及 Sukhorukov 和 Løset (2013) 曾在天然冰层上进行海冰动摩擦系数原位测试。随着寒区工程建设的发展，人们也开始关注海冰与钢材、混凝土、木材等工程材料之间的摩擦特性。此外，在试验观测的基础上，一些学者试图从冰摩擦的物理过程入手建立数学模型以定量地计算冰的动摩擦系数 (Makkonen and Tikanmäki, 2014)。Liukkonen (1989) 曾在破冰船上测量了冰区航行时船体与冰之间的摩擦力。

1.3 船舶与海洋工程结构冰载荷的现场测量及模型试验研究

任何复杂海洋环境载荷，如风、波浪、海流载荷的力学模型和计算方法，都需要通过实测数据进行检验才能评价其合理性。对船舶与海洋工程结构的冰载荷问题而言，现场测量试验显得同样重要。然而，由于原型结构的现场测量具有测量成本高、环境因素随机性高和试验难以重复等缺点，无法大规模应用于冰载荷研究中，所以模型试验成为冰载荷研究手段中不可缺少的一部分。

1.3.1 船舶结构冰载荷的现场测量

实船的现场监测是获取冰载荷信息最准确、最直接和最可靠的途径。目前，挪威、芬兰、加拿大、美国、俄罗斯等环北极国家，以及中国、日本、韩国等近北极国家，都在南、北极对各自的极地船舶开展了多年的冰载荷现场测量试验。挪威 (Leira et al., 2008)、芬兰 (Lensu and Hänninen, 2003)、美国 (Choi et al., 2009) 和韩国 (Jo et al., 2017) 等已开发出成熟的极地船舶冰载荷现场监测与预警系统 (ILMS)。我国也为 "雪龙 2" 号极地考察船设计了船体监测及辅助决策系统 (孙慧等, 2019)，可对海冰冲击事件作出实时反馈与辅助决策，提高冰区航行的安全性。

船–冰相互作用是一个复杂的动力学耦合过程，现阶段还难以通过现场测量直接获取冰载荷。目前通行的做法有两种：一种是在与海冰频繁接触的船体局部结构，如艏部、艏肩、艉肩处的外板、肋骨和纵桁等结构上安装应变传感器，由测得的局部结构应变通过影响系数矩阵法 (Riska et al., 1983; Kujala, 1989)、支持向量机 (support vector machine, SVM) 法 (Kong et al., 2020b) 和格林函数法 (孔帅, 2020) 等反演方法间接确定船舶结构的局部冰载荷；另一种是在船舶重心附近安装惯性测量单元，由测得的六自由度运动参数通过运动参数法 (Johnston et al., 2003) 或功能关系法 (Suyuthi et al., 2011) 间接确定船舶结构的总体冰载荷。

1. 局部冰载荷的现场测量

在船舶结构局部冰载荷的测量方面，挪威于 2007 年在巴伦支海对 KV Svalbard 号海警船进行了冰载荷监测系统的测试 (Leira et al., 2009; Suyuthi et al., 2014)；芬兰于 2012 年在波罗的海对 PSRV S.A. Agulhas II 号极地补给考察船进行了全船冰载荷、冰激振动、噪声等的测量 (Suominen et al., 2017; Kotilainen et al., 2017)；加拿大于 2001 年在纽芬兰岛东北海岸对 CCGS Terry Fox 号海警船进行了小冰山撞击试验 (Frederking et al., 2008)；韩国于 2010~2017 年间在楚科奇海对 IBRV Araon 号破冰考察船进行了多次海冰测量和破冰性能研究 (Lee et al., 2014; Kwon et al., 2015; Jeon et al., 2017)；日本于 1999 年在鄂霍次克海南部冰区对 PM Teshio 号破冰巡视船进行了破冰模式与冰载荷关系的研究试验 (Uto et al., 2005)。国内的现场测量主要针对"雪龙"号、"雪龙 2"号科学考察船的极地科考航行和中国远洋海运集团有限公司"天"字号极地运输船的北极商业航行，进行了冰激振动加速度、应变信息的测量及分析 (季顺迎等，2017；何帅康等，2021)。

近 30 年来，国内外局部冰载荷现场测量试验的典型船舶如图 1.3.1 所示，试验的开展时间、试验海域、测量设备和传感器安装位置等信息汇总于表 1.3.1。目前用于测量局部结构应变的传感器主要为电阻应变片，部分船舶，如 KV Svalbard 号海警船、MV Timofey Guzhenko 号极地穿梭油轮和 IBRV Araon 号破冰考察船等采用光纤光栅传感器；极少数船舶，如 CCGS Terry Fox 号海警船等采用外

(a) 挪威 KV Svalbard 号海警船
(Broman et al., 2013)

(b) 韩国 IBRV Araon 号破冰考察船
(Lee et al., 2018)

(c) 日本 Shirase 号破冰船
(Yamauchi et al., 2011)

(d) 加拿大 CCGS Terry Fox 号海警船
(Johnston et al., 2003)

(e) 俄罗斯 MV Timofey Guzhenko 号极地穿梭油轮(Choi et al., 2009)

(f) 瑞典 Frej 号、Oden 号破冰船 (Lubbad and Løset, 2016)

(g) 中国"雪龙"号科学考察船

(h) 中国"雪龙2"号科学考察船

图 1.3.1 国内外局部冰载荷现场测量的典型船舶

部冲击板。传感器的安装位置集中在艏部、艏肩、艉肩部舷侧的肋骨、纵桁、横梁和外板等构件，极地船舶局部冰载荷现场测量试验中的典型应变传感器布置方案如图 1.3.2 所示。

2. 总体冰载荷的现场测量

自 21 世纪初以来，国外对船舶结构总体冰载荷的现场测量愈发频繁。2000年，加拿大开始将 MOTAN 惯性测量单元应用于包括 USCGC Healy 号、CCGS Louis S. St. Laurent 号、CCGS Terry Fox 号海警船在内的 5 艘极地船舶在冰区航行中的六自由度运动参数的测量，并尝试通过测得的运动参数确定总体冰载荷(Johnston et al., 2004)。韩国 (Lee et al., 2018)、俄罗斯 (Krupina and Chernov, 2009)、芬兰 (Valkonen, 2013)、挪威 (Broman and Nordqvist, 2013; Nyseth et al., 2013; Ringsberg et al., 2014) 等北极周边国家紧随其后，近 20 年来推出了一系列与 MOTAN 功能类似的惯性测量单元，并对各自的极地船舶开展了总体冰载荷现场测量试验。我国目前已对"雪龙"号极地考察船在我国第 32 次南极考察期间的冰激振动加速度进行了测量分析 (季顺迎等, 2017)，但尚未开展针对总体冰载荷的研究工作。2019 年 10 月以来，"雪龙 2"号极地考察船也在我国第 36 次南极考察期间进行了冰激振动加速度的测量以确定总体冰载荷。

表 1.3.1　国内外极地船舶局部冰载荷现场测量汇总

试验国家	船名	年度	试验海域	测量设备	传感器安装位置
挪威	KV Svalbard	2007	巴伦支海	光纤光栅	船首左/右舷肋骨 船中左舷肋骨
芬兰	PSRV S. A. Agulhas II (南非籍)	2012	波罗的海	应变片	船首/艏肩/艉肩右舷肋骨/外板
		2013	南极	应变片	船首/艏肩/艉肩肋骨/外板
	MT Uikku	2003	芬兰湾 波的尼亚湾	应变片	船首肋骨
美国	MV Timofey Guzhenko (俄罗斯籍)	2009, 2010	巴伦支海	光纤光栅	艏肩肋骨/艉肩纵桁
	Frej (瑞典籍)	2015	斯瓦尔巴群岛	应变片	船首舷侧/肩部左舷肋骨
加拿大	Oden (瑞典籍)	1991	斯匹次卑尔根岛	应变片	船首右舷纵骨
	CCGS Terry Fox	2001	纽芬兰岛	应变片 外部冲击板	船首左舷横梁/纵桁
	CCGS Louis S. St. Laurent	1994	楚科奇海 弗拉姆海峡	应变片	艏/肩/艉部肋骨
		1995	圣劳伦斯湾	应变片	船首肋骨
	Arctic LNG	2017	—	应变片	1号货舱分段
			—	应变片	纵桁/肋骨/腹板/外板
韩国	IBRV Araon	2010	楚科奇海 波弗特海	应变片	船首左舷外板
		2012	阿蒙森海	应变片	船首左/右舷外板
		2013	北冰洋	应变片	船首左舷外板/肋骨
		2016	楚科奇海 东西伯利亚海	应变片 光纤光栅	船首左舷外板/肋骨
日本	PLH Soya	2005~2007	鄂霍次克海	应变片	从艏至艉右舷外板/肋骨
	PM Teshio	1999	鄂霍次克海	应变片 光学传感器	从艏至艉肩外板/肋骨
	Shirase	2009	吕佐夫-霍尔姆湾	应变片	肩部右舷肋骨
俄罗斯	Kapitan Dranitsyn	1999	西伯利亚海	应变传感器	冰带区纵桁/肋骨
中国	"雪龙"号	2014以来	南北极	应变片	船首舷侧肋骨/纵桁/外板
	"雪龙2"号	2019以来	南北极	光纤光栅	艏肩肋骨

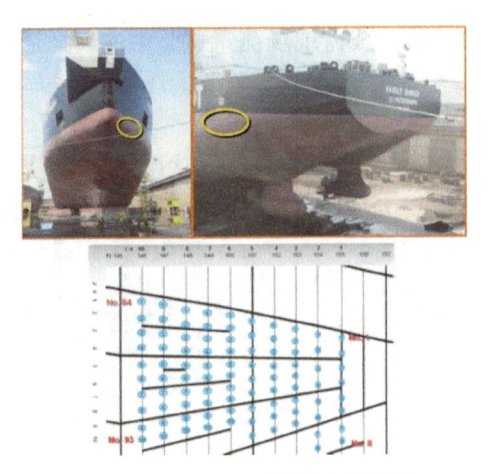

1.3 船舶与海洋工程结构冰载荷的现场测量及模型试验研究

(a) 俄罗斯 MV Timofey Guzhenko 号极地穿梭油轮(Liu et al., 2009)

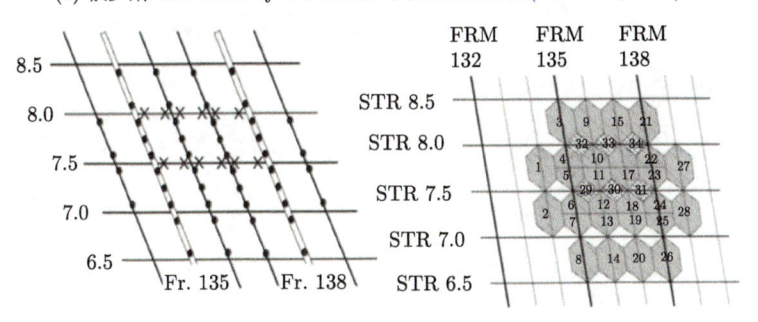

(b) 加拿大 CCGS Terry Fox 号海警船(Ritch et al., 2008)

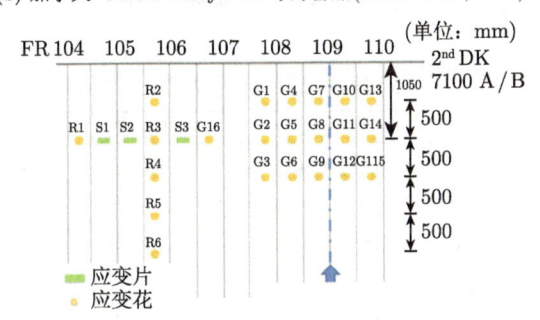

(c) 韩国 IBRV Araon 号破冰船(Lee et al., 2015, 2016)

图 1.3.2 极地船舶局部冰载荷现场测量试验中的典型应变传感器布置方案

近 20 年来，总体冰载荷现场测量的典型船舶如图 1.3.3 所示，试验的开展时间、试验海域、测量设备和传感器安装位置等信息汇总于表 1.3.2。由表可知，目前用于测量六自由度运动参数的传感器为惯性测量单元 (IMU)，如 MOTAN、MotionPak 和 MRU 等。传感器的安装位置集中在船舶重心附近的舱壁、甲板和横梁等构件,极地船舶总体冰载荷现场测量试验中的典型运动传感器布置方案如图 1.3.4 所示。

(a) 加拿大 CCGS Louis S. St. Laurent 号海警船(Johnston ct al., 2003)

(b) 美国 USCGC Healy 号海警船(Johnston et al., 2003)

(c) 俄罗斯 Kapitan Nikolaev 号破冰船(Krupina et al., 2009)

(d) 南非 PSRV S.A.Agulhas Ⅱ 号极地补给考察船

图 1.3.3　总体冰载荷现场测量试验的典型船舶

表 1.3.2　国内外极地船舶总体冰载荷现场测量汇总

试验国家	船名	年度	试验海域	测量设备	传感器安装位置
挪威	KV Svalbard	2012	弗拉姆海峡	MRU-H	重心附近服务器机房纵舱壁
芬兰	PSRV S. A. Agulhas Ⅱ (南非籍)	2012	波罗的海	MRU-H	重心附近中线处,横舱壁
加拿大	CCGS Terry Fox	2001	纽芬兰岛	MOTAN	船首/重心附近
加拿大	CCGS Louis S. St. Laurent	2000	惠灵顿海峡	MOTAN	重心附近机舱区域,舱壁
	USCGC Healy (美国籍)	2000	哈利法克斯–努克航线	MOTAN	重心附近冷藏机房,舱壁
韩国	IBRV Araon	2011	楚科奇海	MotionPak Ⅱ	重心附近
		2015	楚科奇海 东西伯利亚海	MotionPak Ⅱ	重心附近 H 型梁背板
俄罗斯	Kapitan Nikolaev	2008	巴伦支海	DKV-21BIM-003.12	重心附近横舱壁正上方甲板

续表

试验国家	船名	年度	试验海域	测量设备	传感器安装位置
中国	"雪龙"号	2014以来	南北极	加速度计	船首
	"雪龙2"号	2019以来	南北极	加速度计	船首/船中/上层建筑

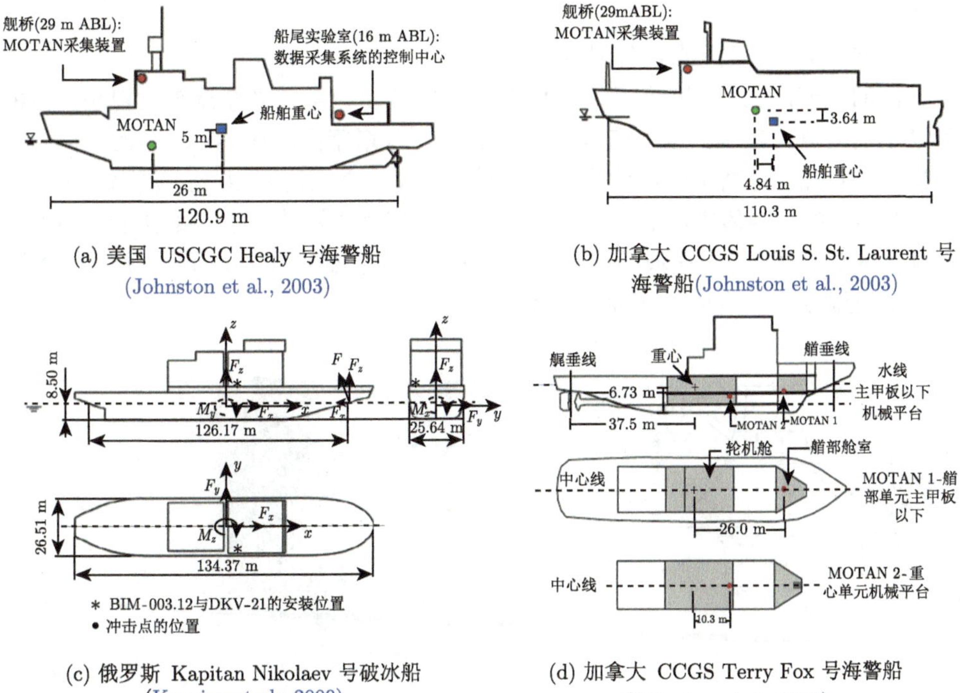

(a) 美国 USCGC Healy 号海警船 (Johnston et al., 2003)

(b) 加拿大 CCGS Louis S. St. Laurent 号海警船 (Johnston et al., 2003)

(c) 俄罗斯 Kapitan Nikolaev 号破冰船 (Krupina et al., 2009)

(d) 加拿大 CCGS Terry Fox 号海警船 (Johnston et al., 2004)

图 1.3.4 极地船舶总体冰载荷现场测量试验中的典型运动传感器布置方案

1.3.2 海洋工程结构冰载荷的现场测量

对海洋工程结构的冰载荷问题而言，现场测量所获得的第一手冰力数据可用于结构抗冰设计以及结构作业安全的实时评估，对冰力模型的建立和改进具有重要的指导意义。国外对海洋工程结构冰载荷现场测量系统的研发起步较早且日趋成熟，目前已成功应用于灯塔、桥墩、导管架或沉箱式平台、钻井船等结构的冰载荷长期监测，测量系统的功能普遍包括冰载荷、结构振动、结构变形等响应的测量，以及冰厚、密集度等冰情信息的观测和记录，此外，气象、水文等信息的采集也有所涉及。对应上述功能，系统中包含的测量设备主要包括压力盒、加速度计、应变传感器、声呐、摄像头、温度计和水位计等。

1. 波罗的海灯塔的冰载荷测量

波的尼亚湾位于瑞典和芬兰之间，属于波罗的海的北部。该海域虽然到目前为止没有发现可观的油气储量，但是早期建造了很多灯塔和航标，这类结构属于柔性结构，其作用是在冰期引导航船。由于早期冰载荷设计数据的缺乏，这类结构发生了多次倾斜甚至被冰推倒的事故。为研究这类柔性结构的冰载荷和抗冰性能，研究人员先后在波罗的海的 Kemi-I 和 Norströmsgrund 灯塔上开展了现场测量工作。

1) Kemi-I 灯塔的冰载荷测量

波的尼亚湾的冰期一般为 11 月末至第二年 5 月末，受潮流影响很小，冰的运动主要受风的控制，运动速度较慢。Kemi-I 灯塔距离岸边 40 km，距离固定沿岸冰约 20 km。灯塔上的锥体为浮式锥体，水面处直径约为 10 m，斜面与水平面的夹角为 56°，锥体底部放置于 8 个水平刚度很小的橡胶垫上，锥体上部与灯塔桩腿之间放置了 16 个充液的橡胶袋，具体安装位置如图 1.3.5 所示。灯塔上的冰载荷通过测量橡胶袋内的液体压力得到。

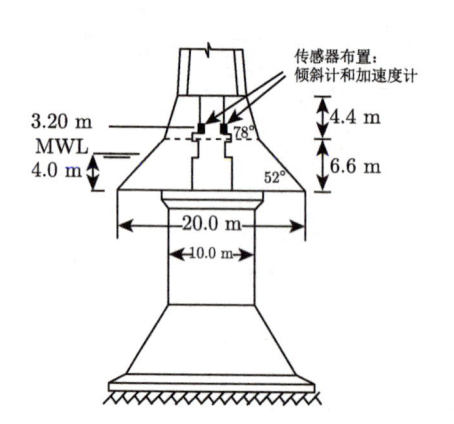

图 1.3.5 Kemi-I 灯塔锥体的安装位置及现场照片

Kemi-I 灯塔上的锥体冰力测量始于 1984~1985 年冬季，当年测得的最大平整冰厚为 86 cm，重叠冰厚为 1.5 m。该试验的测量结果包括 65 组冰载荷数据、约 50 h 的视频数据以及一些现场观测记录。虽然这个试验开展得比较早，但对试验数据的深入分析却是在 1994 年才开始。Määttänen (1996)、Brown 和 Määttänen (2002) 对 Kemi-I 灯塔实测数据的分析结果表明，结构振动也由于加锥而显著减小。平台的振动主要为瞬态振动，实测最大瞬态振幅为 0.6 m/s²，频率为 2~3 Hz。

2) Norströmsgrund 灯塔的冰载荷测量

该灯塔位于波的尼亚湾瑞典吕勒奥港东南 60 km 处,附近海域水深约为 13 m。如图 1.3.6(a) 所示,灯塔为钢筋混凝土圆柱腿结构 (Ervik et al., 2019),结构总高度为 42.3 m,共 9 层,水面处直径为 7.52 m。早在 20 世纪 70 年代,瑞典工程师 Engelbrektson 就根据该灯塔的结构响应实测数据,比较系统地分析了动冰载荷和冰激结构振动问题。随后欧盟多个国家的学者组织了 LOLEIF 和 STRICE 项目,在 Norströmsgrund 灯塔上建立了较为完备的监测系统 (Nord et al., 2016, 2018),如图 1.3.6(b) 所示。该系统包含的测量设备和相应的功能列于表 1.3.3。

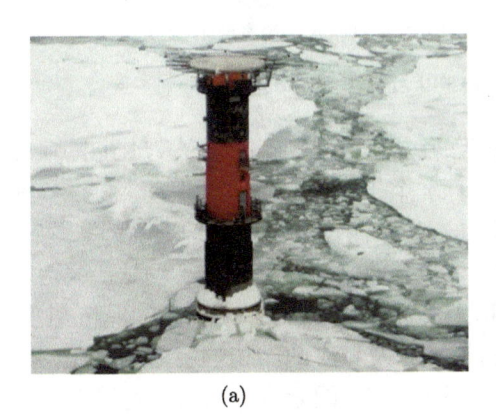

图 1.3.6 Norströmsgrund 灯塔 (a) 及其冰力测量系统 (b)(Nord et al., 2016, 2018)

表 1.3.3 Norströmsgrund 灯塔冰力测量系统的组成及功能

测量设备	功能
压力盒	测量冰载荷
加速度计	测量结构响应
声呐、电磁波	测量冰厚
摄像头	测量冰厚、记录冰情

安装在 Norströmsgrund 灯塔上的压力盒分为大、小两种,如图 1.3.7 所示。其中,大压力盒由瑞典吕勒奥大学设计,由 1 个刚性垫板、4 个应变片式测力传感器和 1 个刚性盖板组成,有效测量面积为 1.2 m×1.6 m,每个传感器的测量范围为 0~500 kN,测量系统在该范围内的线性误差小于 0.1%;小压力盒由德国 HSVA 实验室设计,每个压力盒测量范围为 0~1000 kN,有效测量面积为 0.5 m×0.37 m。

(a) 瑞典吕勒奥大学设计的大压力盒　　(b) 德国 HSVA 实验室设计的小压力盒

图 1.3.7　安装在 Norströmsgrund 灯塔上的两种压力盒

LOLEIF 项目中没有进行冰激结构振动响应的测量，而随后的 STRICE 项目对这一内容进行了补充，在灯塔上共安装了 4 个拾振器测量结构振动。2 个拾振器为一组，分别测量南北、东西方向的振动。为了测量作用在结构上的静冰载荷，在第 3 层和第 8 层甲板上布置了倾斜计，对平台的倾斜角度进行了测量。这两套系统的数据与冰载荷数据同步存储在数据采集计算机中。对 Norströmsgrund 灯塔的冰载荷现场测量为分析不同的冰载荷模式以及相应的结构响应提供了完备的高质量实测数据，并基于欧盟 LOLEIF 和 STRICE 国际合作项目取得了一系列的研究成果 (Haas, 2000; Jochmann and Schwarz, 2001; Kärnä and Jochmann, 2003)。

2. 加拿大 Confederation 大桥的冰载荷测量

加拿大 Confederation 大桥位于加拿大圣劳伦斯湾的南部，连接爱德华王子岛和新不伦瑞克省，属于后张加强混凝土桥梁。如图 1.3.8(a) 所示，该桥是目前世界上冰区水域最长的桥梁，全长 12.9 km，宽 11 m，高 40 m，共有 44 个桥墩，跨距为 250 m。该海域冰期为 1 月初到 4 月末，最大平整冰厚可以达到 0.8 m。由于海峡较窄，只有 13 km，所以水流速度快，平均冰速约 20 cm/s。Confederation 大桥桥墩锥体水线处直径 14 m，属于宽大锥体。由于锥体较宽，冰的上表面潮湿且摩擦力大，造成冰堆积现象明显，如图 1.3.8(b) 所示。自 1997 年起，加拿大卡尔加里大学便对 Confederation 大桥开展冰载荷测量的工作 (Brown, 2007; Brown and Määttänen, 2002; Mayne and Brown, 2000)。对桥墩上冰载荷的现场测量可为桥梁的维护提供参考，还可为同类桥梁设计提供冰载荷资料。

针对加拿大 Confederation 大桥的研究内容包括冰载荷、结构动力响应、冰破碎行为及冰堆积形成和冰脊–桥梁相互作用等。为了测量作用于桥墩上的冰载荷，Brown 等 (2010) 在两个桥墩上安装了用于测量桥墩位移和冰压力的装置。为了确定总体冰载荷，在墩身安装了 3 个倾斜计来测量桥墩的结构响应，冰压力通过安装在锥体和锥体下方桥墩上的压力盒来测量。为标定桥墩的响应，用已知大小的力对其中一个桥墩进行了拖拉实验 (Shrestha and Brown, 2018)。尽管安装了压力盒，但在分析冰载荷时采用的却是倾斜计与加速度计的数据，并结合标定过的大桥有限元模型计算结果。

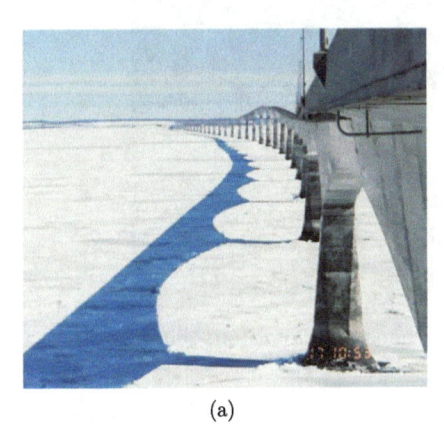

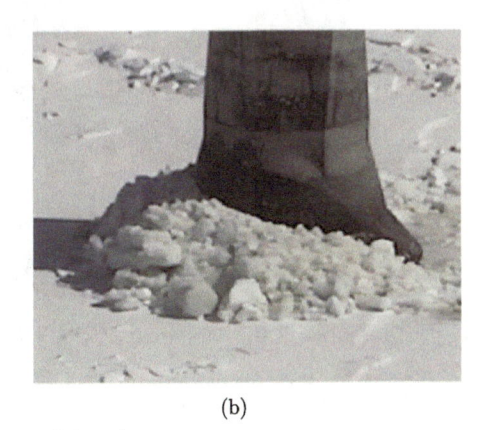

图 1.3.8 Confederation 大桥 (a) 及桥墩处的冰堆积现象 (b)(Brown and Määttänen, 2002)

3. 加拿大 Molikpaq 沉箱式平台的冰载荷测量

在所有开展原型试验的结构中，数据最完备、质量最好的就是著名的沉箱式平台 Molikpaq (图 1.3.9)(Cornett and Timco, 1998; Wright and Timco, 2001; Timco et al., 2006)。该结构的侧面角度分别为 67° 和 81°，水线处尺度最大为 111 m。Molikpaq 平台曾经应用于波弗特海，现在应用于萨哈林岛 (库页岛) 海域。在设计波弗特海域的抗冰结构时，由于缺乏冰载荷的设计数据，所以设计人员采用了较为保守的方案，并且通过引入一些经验性的观测结果，适当降低设计冰载荷，因而提高了结构设计的经济性。为了给以后的抗冰结构设计提供充分的数据和信息，研究人员针对波弗特海上的结构开展了大量的实测工作，主要任务之一就是获取冰载荷的现场测量数据。为此，相关的石油公司和科研部门研制了可直接测量冰载荷的 MEDOF 冰压力盒，安装在结构侧面和冰接触的区域。

在 Molikpaq 平台上设计安装了一整套完备的原型测量系统，其中包括：直接测量冰载荷的冰压力盒、测量结构响应的倾斜计和加速度计、测量结构变形的应变计等。安装在该结构上的冰压力盒如图 1.3.10 所示，其中的 N1、N2 代表独立的冰压力盒，N 和 E 分别代表北向和东向。由此可知，冰压力盒在垂直方向上布置了上、中和下三层，其目的是适应潮位的变化，不论冰作用面在垂直方向上如何变化，始终都有压力盒可以测量冰载荷。

图 1.3.9　Molikpaq 沉箱式平台 (Timco and Johnston, 2004)

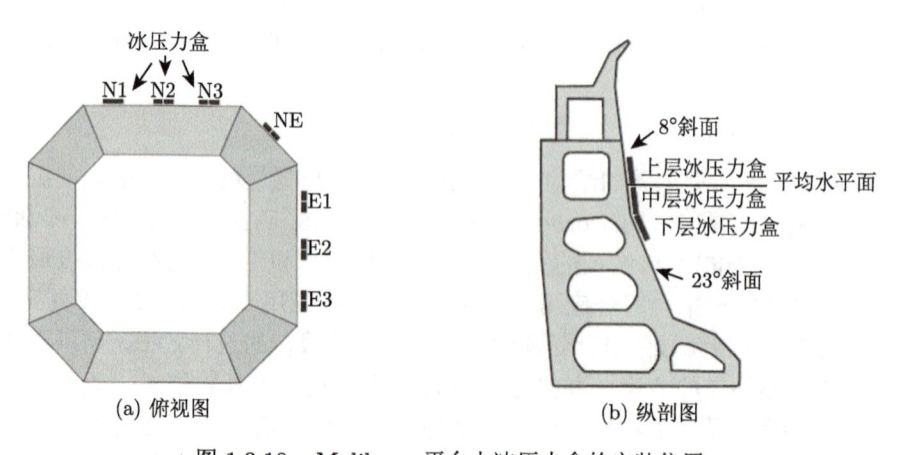

图 1.3.10　Molikpaq 平台上冰压力盒的安装位置

除了用于直接测量冰载荷的压力盒以外，Molikpaq 平台上还安装了很多其他测量设备，用于记录结构响应、冰情信息、气象信息以及水文信息等。整个监测系统的组成如表 1.3.4 所示，详细的介绍可参考相关文献 (Timco and Johnston, 2004; Frederking et al., 2006; Sudom and Frederking, 2005; Wright and Timco, 2001)。

1.3 船舶与海洋工程结构冰载荷的现场测量及模型试验研究

表 1.3.4　Molikpaq 平台监测系统的组成及功能

测量设备	功能
MEDOF 冰压力盒	直接测量冰载荷
应变计	测量结构局部变形
引伸计	测量沉箱变形
加速度计	测量结构振动响应
水位计	测量水线位置
温度计	测量气温
摄像头	采集和记录图像资料

4. 阿拉斯加库克湾导管架平台的冰载荷测量

阿拉斯加库克湾的海冰为一年薄冰，冰块尺寸较大，单块尺寸可达 1/4 mile (1 mile = 1609.344 m)。如图 1.3.11(a) 所示的库克湾导管架平台是较早应用于冰区的工程结构，最初主要遇到两个问题：一是平整冰条件下会发生非常强烈的结构稳态振动问题，对结构安全造成巨大威胁，这是最严重的问题；二是冰脊或海冰堆积问题。库克湾导管架平台上的冰载荷测量工作在历史上曾经在很多个冬季开展过，也曾在不同结构上安装冰载荷测量装置和冰情观测装置 (Blenkarn, 1970)。

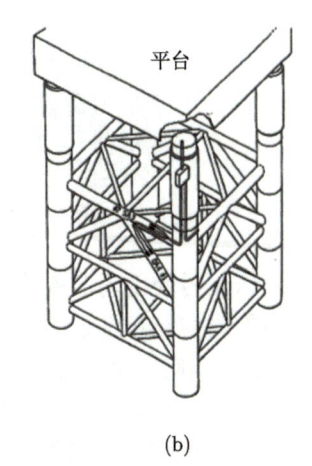

图 1.3.11　库克湾导管架平台 (a) 及用于测量冰载荷的平台结构 (b)

以 1963~1964 年为例，安装了 2 个测量设备。其中，应变传感器安装在下层导管架上，该传感器经过了反复多次的详细标定，测量误差控制在 10% 以内。作为辅助，在桩腿旁安装了一个辅助梁结构，顶端连接压力传感器。考虑到端部应力集中效应，测量冰载荷会比实际冰载荷高 30%。此外，整个冬季测量过程中也同步观测并记录了冰情。当现场为平整冰时，试验人员会在流冰冰面投放标志物，以用于直升机观测冰速、冰厚和其他海冰参数。1964~1965 年冬季，在现场安装了一座如图 1.3.11(b) 所示的专门用于测量冰载荷的平台结构，海冰参数测量方法与 1963~1964 年冬季相同。

5. 加拿大 Kulluk 号钻井船的冰载荷测量

Kulluk 号是一艘冰区加强圆台形极地钻井船 (图 1.3.12)，最初用于加拿大北极地区的石油勘探。该船在水线面附近具有向下的坡度，可使来冰产生弯曲破坏，同时在底部具有向外伸展的摆裙，可排开水下碎冰以使其远离锚链系统和月池。Kulluk 号的锚泊系统具有 12 根锚链，呈放射状对称分布，系泊系统总体刚度为 1.191 MN/m，作业水深为 50 m。

图 1.3.12　Kulluk 号钻井船 (Wright, 2000)

Kulluk 号的现场监测系统可获取不同冰况下的冰载荷、冰与结构相互作用过程，并提供海冰管理技术 (Wright, 2000)，具体内容包括：系泊系统 (系泊线的数量、长度、方向、使用的锚点及预张力)、海冰参数 (浮冰的密集度、厚度、大小、速度、方向、冰脊的高度及遭遇频率)、海冰管理 (海冰预警等用于保障船舶安全运行的详细信息)、冰–船相互作用 (由船上的监控延时视频系统单独记录)、加载和响应 (系泊线张力、船舶六自由度运动等)。

1.3.3　船舶与海洋工程结构冰载荷的模型试验

冰载荷的模型试验一般于室内冰水池进行。冰水池是一种服务于极地装备设计、建造的模型试验水池，通过模拟海面的冻结状态使各种环境条件下的冰力学性质相似，实现船舶与海洋工程结构模型在冰区作业工况下主要参数的试验测量。

1955 年，苏联列宁格勒 (现圣彼得堡) 北极和南极研究所建造了世界上首座冰水池实验室。20 世纪 70~80 年代，加拿大、芬兰、德国、日本等国也都相继建造了冰水池,在极地船舶与海洋工程结构的冰水池模型试验方面积累了大量的经验和数据。表 1.3.5 汇总了国内外部分冰水池实验室的基本情况,其中的典型代表如图 1.3.13 所示。

表 1.3.5　国内外部分冰水池实验室的基本情况

建成时间	国家	所在地	所有者	冰池尺寸/(m×m×m)
1955	苏联	圣彼得堡	北极和南极研究所 水文气象及环境保护委员会	13.5×1.9×1.7
1969	芬兰	赫尔辛基	瓦锡兰船舶建造局	37.0×4.8×1.2
1971	德国	汉堡	汉堡船舶模拟试验水池	30.0×6.0×1.2
1973	韩国	大田	韩国船舶与海洋工程研究所	42.0×32.0×2.5
1974	美国	哥伦比亚	阿克尔北极技术公司	30.0×3.7×1.5
1977	加拿大	安大略	阿克尔北极技术公司	30.0×4.9×1.5
1979	美国	汉诺威	寒冷地区研究和工程实验室 陆军工程师协会	37.0×9.2×2.5
1980	加拿大	渥太华	国家科学研究院 水力学实验室	21.0×7.0×1.2
1981	日本	东京	日本船舶研究学会 运输部	35.0×6.0×1.8
1981	日本	津市	津市研究实验室	20.0×6.0×1.8
1982	美国	艾奥瓦	艾奥瓦水力研究学会	20.0×5.0×1.3
1982	挪威	特隆赫姆	挪威水动力实验室	25.0×2.5×1.0
1983	芬兰	赫尔辛基	瓦锡兰北极研究中心 瓦锡兰船舶建造局	77.3×6.5×2.3
1984	德国	汉堡	汉堡船舶模拟试验水池	78.0×10.0×2.5
1985	加拿大	纽芬兰岛	国家科学院 北极船舶与海事研究所	80.0×12.0×3.0
1987	中国	天津	天津大学冰工程实验室	5.45×2.0×1.0
1995	中国	天津	天津大学冰工程实验室	20.0×5.0×1.8
2005	芬兰	赫尔辛基	阿克尔北极技术公司	75.0×8.0×2.1
2010	芬兰	赫尔辛基	阿尔托大学	40.0×40.0×2.8
2016	中国	天津	天津大学冰工程实验室	40.0×6.0×1.8
2016	中国	无锡	中国船舶科学研究中心	8.0×2.0×1.0

在过去的几十年中,模型试验是冰区船舶快速性与操纵性设计方面的重要支撑,国内外已进行了多项涉及船舶冰阻力、功率、破冰能力、回转能力预报的冰水池模型试验,与之相关的试验方法也已写入国际拖曳水池会议(ITTC)制定的技术规程。此外,通过将海洋工程结构冰载荷的模型试验与现场原型测量相结合,

建立的锥体结构冰力函数已被国际规范 ISO 19906 所采纳。

(a) 德国 HSVA 冰水池

(b) 加拿大 IOT 冰水池

(c) 芬兰阿尔托大学冰水池

(d) 韩国 KRISO 冰水池

(e) 中国天津大学冰水池

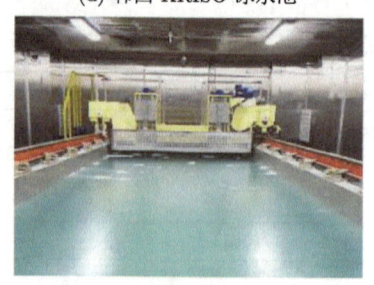

(f) 中国船舶科学研究中心冰水池

图 1.3.13　国内外冰水池中的典型代表

最近，为深入开展海冰力学性能、海冰与海洋工程结构相互作用、低温装备防冻性能、覆冰机理以及防寒保温的关键技术研究，大连理工大学设计并建造了如图 1.3.14(a) 所示的极地环境模拟实验室。该实验室的测试空间为 5 m×7 m× 2.5 m，分为两部分，可分别实现 −28 ℃ 和 −55 ℃ 的温度控制，可将相对湿度 (RH) 控制在 30%~95%，风速控制在 0~15 m/s。作者所在团队通过该实验室开展了海冰物理力学性质的系统测试，还通过制备模型冰开展了柔性结构冰激振动、宽大结构冰压力分布特征的测试研究，分别如图 1.3.14(b) 和 (c) 所示。该实验室还可构造不同的覆冰环境条件以开展极地装备、风机叶片等覆冰机理的试验研究，如图 1.3.14(d) 所示。此外，还搭建了面向极地环境条件的海洋工程装备常用构件对流换热实验平台，开展了极地装备构件在不同风速、温度下对流换热系数的测量。

(a) 极地环境模拟实验室

(b) 柔性结构冰激振动试验　　(c) 宽大结构冰压力试验　　(d) 风机叶片覆冰试验

图 1.3.14　大连理工大学极地环境模拟实验室及相关模型试验

按研究目的可将模型试验分为研究性试验和设计性试验。研究性试验主要用于分析某些参数对冰力的影响或建立冰载荷的力学模型。在锥体结构冰载荷研究的初期，此类模型试验广泛开展，对于试验技术、相似率问题等有很大的推动作用 (Hirayama and Obara, 1986)。设计性试验主要用于确定特定工程结构的冰载荷问题，以指导结构抗冰设计、分析冰害事故或保障结构安全运行等实际工程应用问题。这类模型通常有明确的模拟结构、海域海冰参数，但由于其针对特定海域和结构进行，所得结论也具有一定局限性。目前锥体结构冰载荷的模型试验技术较为成熟，试验系统也更为完善。芬兰赫尔辛基大学北极近海研究中心针对渤海 JZ9-3 沉箱平台进行了 1:20 的模型试验，分析了结构在平整冰作用下的总冰力和冰堆积现象；针对丹麦大贝尔特海峡桥墩 (Timco et al., 1995) 和渤海 JZ20 海洋平台 (Timco et al., 1992)，加拿大水利研究中心 (CHC-NRC) 开展了系统的试验研究；为确定锥体结构的动冰力函数和冰力谱，德国 HSVA 冰水池进行了一系列上锥体和下锥体的冰载荷测量，并同渤海现场测量结果进行了对比分析 (Qu et al., 2006; Yue et al., 2007)。

1.4 人工智能在极地海洋工程中的应用

人工智能 (AI) 是指研究人类智能活动的规律，并用人工的方法在机器、计算机、软件、网络等一系列非生物载体中模拟、实现、替代和扩展人类智慧的一门技术科学。早在 1950 年，"人工智能之父" 图灵在其划时代的论文《计算机器与智能》中，预言了创造出具有真正智能的机器的可能性，并提出了验证机器是否具有智能的方法，即图灵测试 (Turing, 1950)，这是人工智能方面第一个严肃的提案。1956 年夏天，在美国达特茅斯大学举办的长达 2 个多月的有关用机器模拟人类智能的研讨中，人工智能被首次正式提出。随着人工智能的不断发展，很多学科开始重视该技术的研究，使其逐渐发展成一门交叉型、复合型及前沿型学科。

1.4.1 人工智能技术

人工智能技术主要包括专家系统、机器学习、模式识别和数据挖掘等。专家系统是依靠人类专家已有的知识建立起来的知识系统，是一种具有特定领域内大量知识与经验的程序系统。目前专家系统是人工智能研究中开展较早、最活跃、成效最多的领域，广泛应用于医疗诊断、地质勘探、文化教育等各方面。在极地海洋工程领域，黄东 (2013) 基于一种改进支持向量机算法，并在决策函数中加入计算海洋灾害发生的概率步骤，最终建立了海洋灾害预警系统；通过专家系统等人工智能技术可建立基于智能地理信息系统的北极海域船舶在危险冰况下的航线规划方法。此外，Jiménez 等 (2019) 基于多种分类算法建立的风机叶片结冰检测与诊断系统，以及我国 "雪龙 2" 号科学考察船配备的船体监测与辅助决策系统 (吴浩, 2020; 孙慧等, 2019) 均属于专家系统。

机器学习指计算机通过分析和学习大量已有数据，模拟或实现人类的学习行为以获取新的知识或技能，并重新组织已有知识结构以不断改善自身性能，从而拥有预测判断和做出最佳决策的能力，是人工智能技术的核心。传统机器学习算法包括各种回归和分类等有监督学习和聚类等无监督学习算法，其中较为著名的如逻辑回归、决策树、贝叶斯、随机森林、支持向量机 (SVM) 和人工神经网络等，均已被广泛应用于解决各种实际问题。2006 年提出的深度学习主要基于深度神经网络。该算法提高了从海量数据中自行归纳数据特征的能力以及多层特征提取、描述和还原的能力，解决了很多复杂的模式识别难题，在语音和图像识别方面取得的效果远超先前相关技术。在极地海洋工程领域，Kellner 等 (2019) 使用决策树算法来理解和预测海冰破坏模式，从而建立冰力学实验数据库以服务于冰材料建模。此外，Cannata 等 (2019) 采用极限随机树算法探究了地震波与南极海冰分布之间的联系。

模式识别是研究如何使机器具有感知能力，主要应用于视觉模式和听觉模式的识别，在日常生活各方面以及军事上都有广泛的用途。近些年迅速发展起来的应用模糊数学模式、人工神经网络模式的方法逐渐取代了传统的统计模式和结构模式识别方法,特别是神经网络方法在模式识别中取得较大进展。在极地海洋工程领域,Barbat 等 (2019) 提出了一种用于高分辨率合成孔径雷达 (SAR) 图像的高精度自动大规模冰山识别方法,该方法基于集成学习和增量学习,可将大小为 $0.1\sim4567.82\ \text{km}^2$ 的冰山从隐藏在图像里的模糊物体中准确区分出来,区分精度高达 $(97.5\pm0.6)\%$,极大提高了船舶在冰区航行的安全性。此外,更多学者将模式识别技术广泛应用于海冰分类、海冰宏观参数识别、海冰运动趋势和海冰生消趋势预测等方面。

当前全球产生的数据总量呈爆发式增长,海量的数据为人工智能的学习和发展提供了非常好的基础。数据挖掘的目的就是从海量的、有噪声的、随机生成的实际应用数据中挖掘有价值的信息,并对其进行分析以找出有意义的模式。在极地海洋工程领域,前向观察系统可为海冰遥感数据采集提供数据保障,同时在极地上空探测期间接收大量合成孔径雷达数据,通过大数据为开发数据收集和处理系统提供独特需求 (Knepper et al., 2015);Han 等 (2017) 针对 SAR 增强宽条带模式数据,开发了基于随机森林算法的海冰测绘模型,该模型可挖掘数据间的区别和联系,从而具备区分海冰与海水并准确计算海冰密集度的能力。

人工智能在极地海洋工程中的应用主要包括海冰分类及参数识别、海冰强度预测及冰载荷识别、冰区航行风险评估及航线规划。下面分别对上述应用进行概括性介绍。

1.4.2 海冰分类及参数识别

语义分割是计算机视觉中的热点问题,是真正对图像进行像素级分类的任务。针对海冰遥感图像分类问题中标签样本获取困难、标注成本较高导致海冰分类精度难以提高的问题,韩彦岭等 (2020) 提出了一种主动学习与半监督学习相结合的方式用于海冰分类。该方法可通过主动学习选择一批最具信息量的标签样本建立标签样本集;并充分利用大量的未标签样本信息建立半监督分类模型;最终将主动学习方法和直推式支持向量机相结合构建协同分类模型实现海冰图像分类。如图 1.4.1 所示,协同主动学习和直推式支持向量机 (cooperative active learning and transductive support vector machine, CATSVM) 不仅可用于区分厚冰、薄冰和海水,对于白冰、灰冰和灰白冰也能很好地分类。相对于其他方法,该方法在只有少量标签样本的情况下,即可获得更高的分类精度,可有效解决遥感海冰分类问题。

张明等 (2018) 提出了一种改进的 SAR 海冰分类方法。该方法选用灰度共生矩阵提取特征值,通过实验得到适用于海冰分类的多特征组合,在此基础上利用支持向量机开展 SAR 海冰类型的分类研究,可以实现对海冰 SAR 图像中一年冰、多年冰和海水三种类型识别。如图 1.4.2 可知,与传统的海冰分类方法神经网络和最大似然法相比,使用支持向量机分类方法结合纹理特征开展海冰类型监测具有较高的分类精度,为海冰分类提供了一种新思路。

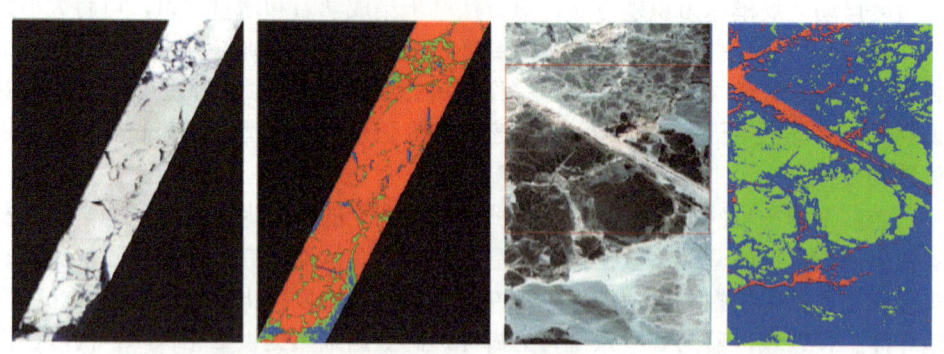

(a) 厚冰(红)、薄冰(绿)和海水(蓝)　　(b) 白冰(红)、灰冰(绿)和灰白冰(蓝)

图 1.4.1　CATSVM 方法分类结果 (韩彦岭等, 2020)

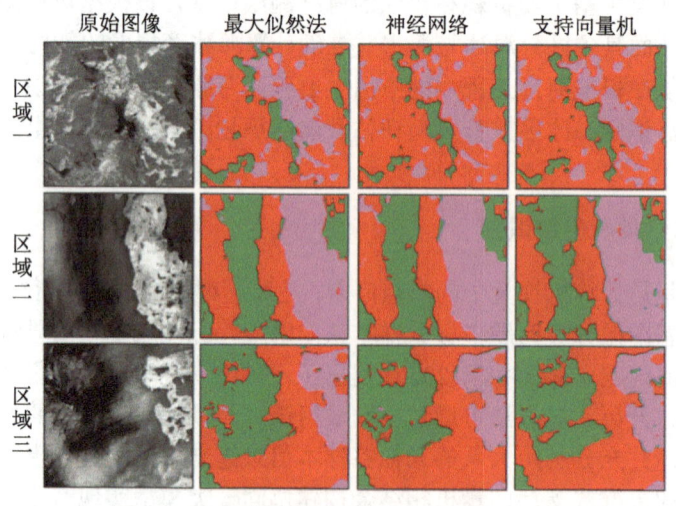

图 1.4.2　三种分类结果对比 (张明等, 2018)

　　Kalke 和 Loewen (2018) 采用支持向量机算法,并结合图像分割算法简单线性迭代聚类 (simple linear iterative clustering, SLIC) 替代传统的阈值处理方式区分冰和水。传统的阈值处理方式需要人为指定阈值等参数,因此图像处理结果存在极强的主观性,支持向量机算法的引入不仅减少了人为因素对结果的影响,并且提高了冰、水分类的准确性。类似地,支持向量机算法还可用于区分海冰中的冰晶和沉积物,准确度高达 98% (McFarlane et al., 2019),也可结合特征选择算法区分海冰和海水 (Yan and Huang, 2019)。

1.4 人工智能在极地海洋工程中的应用

使用大型训练数据集的深度神经网络是机器学习中快速发展的领域,在语音识别、视觉、自然语言等领域已经远远超过了传统机器学习。海冰厚度与海冰密集度是最基本和最重要的海冰参数。Chi 和 Kim (2017) 使用北极海冰数据所组成的庞大数据集来训练一个深度神经网络,然后将其用于预测北极海冰密集度,而无需结合任何物理数据。如图 1.4.3 所示,该深度学习模型相比于传统自回归模型,尤其是对于夏季低密集度和海冰融化地区的海冰密集度的识别效果更好。该深度学习模型可生成不依赖于时间或区域的准确海冰密集度值,有助于开发更准确的气候模型 (Chi et al., 2019)。

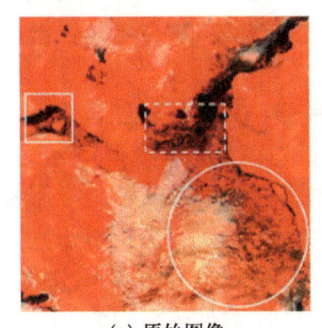

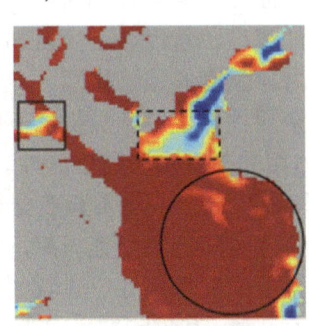

(a) 原始图像　　　　(b) 自回归模型识别结果　　　　(c) 深度学习模型识别结果

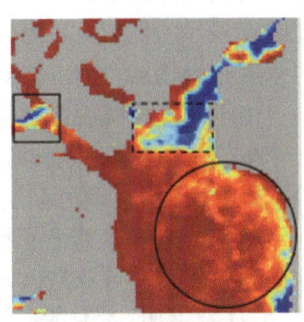

图 1.4.3　两种识别结果对比 (Chi et al., 2019)

在冰雪覆盖的海域航行期间,破冰船的安全性受冰况的影响较大。破冰船将船首推到海冰上,利用其自身重力破冰,这种搁浅动作经常导致碎冰块向破冰船舷侧的船体旋转,通过人眼观察旋转的冰块来估计冰厚无疑是烦琐、耗时且具有主观性的。为了准确而快速地识别冰厚,Kim 和 Nam (2020) 开发了一种通过图像颜色变化的特征识别冰块横截面的下边界曲线的方法。通过支持向量机函数和径向基核函数 (RBF) 区分可见冰厚的区域,通过图像卷积和特定的滤波器提取下边界曲线,提高了冰块横截面下边界曲线的识别成功率。图 1.4.4(a) 和 (b) 分别为通过该方法检测到的可见冰厚区域和冰块横截面下边界曲线。

(a) 可见冰厚区域(图中红框)　　　　(b) 冰块横截面下边界曲线(图中红线)

图 1.4.4　支持向量机算法检测结果 (Kim and Nam, 2020)

1.4.3 海冰强度预测及冰载荷识别

海冰强度受冰晶结构、温度、盐度、密度等物理因素的影响，对海冰强度的研究一般需要现场采集冰样，并通过相关力学实验方法测定。冰晶结构对海冰强度的影响主要体现在冰晶形状、海冰加载时的冰晶方向等方面。针对海冰强度与多种影响因素的复杂非线性关系，可采用机器学习的方法进行研究。决策树方法结合主成分分析 (PCA) 方法可对海冰强度的主要影响因素做出决策 (Kellner et al., 2019)，确定冰晶加载方式及卤水体积影响海冰强度的方式。而在同一种晶粒尺寸的加载方式下，对具体海冰强度值的预测研究，可利用神经网络在处理复杂非线性关系的优点，将海冰的温度、盐度、密度及加载速率作为参数输入，海冰的强度作为输出，训练得到海冰强度的预测模型。

由于海冰材料固有的复杂属性以及实验数据的不完整，海冰材料建模仍然是一个挑战，这通常会限制海冰相关模拟实验的准确性。针对冰的材料模型，Kellner 等 (2019) 应用决策树算法和统计学方法将实验数据与海冰模型及其冰力学属性联系起来，建立了基于现有海冰实验的大型数据库，并对数据进行分析以识别海冰破坏模式。其目标是确定温度或晶粒尺寸等参数如何影响峰值应力和海冰破坏模式。研究表明：对海冰的韧性破坏，其预测准确率为 76.1%，脆性破坏则为 91.2%，即模型对韧性破坏的预测质量低于脆性破坏；对淡水冰韧性破坏，其预测准确率为 84.8%，脆性破坏则为 93.7%，即模型对韧性破坏与脆性破坏均可进行高质量的预测。总体而言，海冰破坏模式的整体预测准确率为 78.2%，淡水冰破坏模式的整体预测准确率为 91.4%，即对淡水冰破坏模式的预测质量高于海冰。

由于直接测量冰载荷的难度较大，因此普遍采用载荷识别方法确定冰载荷，但都避免不了复杂的动力学运算和烦琐低效的模态矩阵、质量矩阵及刚度矩阵计算。支持向量机具有小样本学习和强泛化性等算法特征，可有效解决模型选择、过学习、非线性、维数灾难和局部极值性等问题，适用于冰载荷识别过程中非线性映射关系的反演。孔帅等 (2020) 针对"雪龙"号科学考察船在北极的航行，开发了冰载荷的实船测量系统，对冰区航行中的船体应变进行测量。通过建立基于支持向量机的参数识别模型，实现了对船舶结构上的冰载荷进行远场识别分析。海冰作用下船舶结构的实测应变时程与通过支持向量机识别出的船舶结构冰载荷时程如图 1.4.5 所示。基于支持向量机的远场载荷识别方法是对传统船舶结构冰载荷识别方法的扩展，可以实现对冰载荷的远场识别，以扩大监测的范围，更加有效地揭示冰载荷的变化规律。该方法的不足之处在于目前仅能识别出一个区域的总体冰载荷，尚不能分辨出加载区域的冰压分布，后续可采用泛化学习能力更强的深度学习算法。

(a) 海冰作用下船舶结构的实测应变　　(b) 支持向量机识别出的船舶结构冰载荷

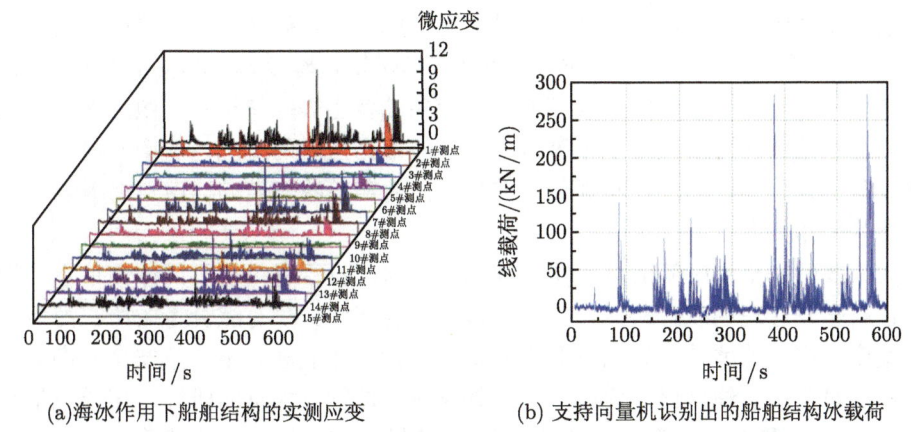

图 1.4.5　"雪龙"号科学考察船的结构应变与冰载荷时程 (孔帅等, 2020)

1.4.4　冰区航行风险评估及航线规划

船舶在极地水域航行时面临复杂海冰、地磁干扰、大风、低能见度等复杂环境条件的考验和船员操作不当、设备故障等不可控的人为因素影响。因此，为减少冰区航行事故的发生，有效开展风险判断，就需要有力的风险分析和管理工具来提供决策支持。在众多的风险评估方法中，层次分析法以其定性和定量相结合处理各种评价因素的特点，以及系统、灵活、简洁的优点被广泛使用。Khan 等 (2018) 基于贝叶斯网络模型对船舶碰冰概率进行动态预测，通过层次分析和逐模块分析对冰区事故进行简化；Kum 和 Sahin (2015) 对北极 1993~2011 年的航运事故原因进行深入探究，应用模糊故障树法对船舶交通事故进行分析，最终确定 13 个根本原因都与船员有关，船员状态在海上事故原因中具有较高的优先级；Zhang 等 (2017) 在统计分析破冰船护航下的船舶碰撞事故的基础上构建了破冰船护航下的船舶碰撞风险因素层次模型，并结合专家知识实现破冰船护航下的船舶碰撞风险因素识别。

船体周围冰况及其自身运动和受力状态是影响航行安全的直接因素，必须对其进行实时监测，并针对航行过程中可能遇到的紧急情况作出及时预警、提供正确决策 (Heyn et al., 2020)。近年来，国内外的船体监测系统发展迅速，许多国家的船体应力监测系统在破冰船上都有实际应用 (孙慧等, 2019; Min et al., 2016)。

"雪龙 2"号科学考察船是我国第一艘安装智能船体监测系统的船舶，该智能系统是通过在船舶结构中植入传感器，结合数据采集、数据预处理、屈服强度评估、疲劳强度评估、总纵强度评估、冰载荷反演、艏部砰击、振动监测、数据库管理以及辅助决策等技术，形成具备船舶结构健康自诊断功能的系统。该系统能够实时监测船舶指定区域的结构状态，对危险应力进行报警；能给船员提供及时有效的辅助决策信息，从而降低在恶劣海况下航行以及破冰作业时可能出现的结构安全风险 (吴浩, 2020)。冰区航行过程中，当船舶结构应力情况发生报警时，系统能作出是否需要改变航向、改变航速以及船舶姿态等操作指令；敞水航行过程中，当船舶结构应力情况发生报警时，系统能根据当时的海况、航向、航速，对船体载荷进行总体计算分析与评估，并作出是否需要改变航向、改变航速以及船舶姿态等操作指令。

如何兼顾安全和时间成本，实时地为船舶冰区航行提供重要的冰情信息，规划设计科学且合理的航行路线，成为亟待解决的问题。只有综合考虑所在海域海冰密集度和厚度等冰情信息以及航行距离等因素，才能规划出一条安全并高效的航线。针对船舶航线优化的问题，国内外学者已进行了大量的研究，主要包括基于单元格方法的 A-star 和 Dijkstra 算法、三维动态规划法、遗传算法和时空网络算法 (Kim et al., 2016; Zaccone et al., 2017)，而这些方法在海冰覆盖区域的适用性尚未得到验证。

Nam 等 (2013) 提出了一种改进的算法来确定北极地区的最优航线。该导航系统由数值海冰模型、过境模型和航线优化模型组成，可使燃料油、运营费、港务费、破冰费和资金成本的总成本最小。此外，采用该模型还可预测北冰洋海冰行为的不确定性。Wang 等 (2020) 将路线规划问题视为多准则决策问题，提出了一种改进的 A-star 算法，考虑了航行时间、经济效益和航行安全，并将海冰预测的多模型和多专家知识作为路径优化模型的输入。季青等 (2019) 采用 16 方向邻域网构建极地海域航行路网，融合遥感技术反演的海冰密集度和厚度，并根据地理信息系统 (geographic information system, GIS) 技术空间计算的路径距离来赋予路网属性，应用数据库技术管理栅格和矢量数据集，进而利用 Dijkstra 算法计算最优路径，分析规划出安全且高效的航行路线。

1.5 小　　结

我国在极地船舶与海洋工程领域开展了长期、系统的科学研究，并面临着当前极地认识、开发和利用的挑战，其中结构冰载荷的合理确定是重要内容。本章简要介绍了船舶与海洋工程结构冰载荷研究的工程需求，从极地航行运输、科学考察、油气开发、核电和旅游资源开发，以及极地军事战略等方面说明了对结构冰载荷研究的必要性和紧迫性。在此基础上，对极地海冰的分布规律、物理力学性质进行了介绍，并重点分析了极地船舶与海洋工程结构冰载荷的现场测量研究进展；最后，对目前极地海洋工程中采用的人工智能技术进行了说明，包括海冰分类及参数识别、海冰强度预测、结构冰载荷识别和冰区航行风险评估与航线规划等。通过本章对国内外有关极地船舶与海洋工程发展现状的总结分析，明确了结构冰载荷研究的紧迫性和重要性。

参 考 文 献

白珊, 吴辉碇. 1998. 渤海的海冰数值预报 [J]. 气象学报, 56(2): 139-151.

蔡梅江, 曹伟. 2020. 北极东北航道航行实践与安全性研究 [J]. 交通信息与安全, 38(3): 17-22.

陈晓东. 2019. 海冰与海水间热力作用过程及海冰单轴压缩强度特性的试验 [D]. 大连: 大连理工大学.

陈晓东, 王安良, 季顺迎. 2018. 海冰在单轴压缩下的韧–脆转化机理及破坏模式 [J]. 中国科学: 物理学力学天文学, 48(12): 24-35.

国家海洋局. 2017. 中国的南极事业 [R].

国务院新闻办公室. 2018. 中国的北极政策 [R].

韩红卫. 2016. 极区航道海冰时空分布及其物理力学性质研究 [D]. 大连: 大连理工大学.

韩彦岭, 赵耀, 周汝雁, 等. 2020. 协同主动学习和半监督方法的海冰图像分类 [J]. 海洋学报, 42(1): 123-135.

何帅康, 陈晓东, 孔帅, 等. 2021. 基于动力效应的船体远场冰载荷测量与识别 [J]. 中国舰船研究, 16(5): 54-63.

胡冰, 于淼, 李志远, 等. 2021. 基于实船观测的北极东北航线窗口期海冰冰情研究 [J]. 船舶力学, 25(8): 1001-1009.

黄东. 2013. 基于改进支持向量机的海洋灾害预警方法 [J]. 计算机仿真, 30(3): 335-338.

季青, 庞小平, 陈亦卓, 等. 2019. 极地冰区航行航线自动规划系统的设计与实现 [C]. 第六届高分辨率对地观测学术年会论文集 (上): 346-361.

季顺迎, 陈晓东, 刘煜, 等. 2013. 基于油气平台的海冰雷达监测图像处理及冰速测量 [J]. 海洋学报, 35(3): 119-127.

季顺迎, 雷瑞波, 李春花, 等. 2017. "雪龙" 号科考船在冰区航行的船体振动测量研究 [J]. 极地研究, 29: 427-435.

季顺迎, 王安良, 苏洁, 等. 2011a. 环渤海海冰弯曲强度的试验测试及特性分析 [J]. 水科学进展, 22(2): 266-272.

季顺迎, 王安良, 王宇新, 等. 2011b. 渤海海冰现场监测的数字图像技术及其应用 [J]. 海洋学报, 33(4): 79-87.

孔帅. 2020. 船体结构冰载荷的离散元分析及监测识别方法 [D]. 大连: 大连理工大学.

孔帅, 崔洪宇, 季顺迎. 2020. 船舶结构海冰载荷的实船测量及反演方法研究 [J]. 振动与冲击, 39(20): 8-16.

雷瑞波. 2020. 我国参与 MOSAiC 气候多学科漂流冰站计划的概况 [J]. 极地研究, 32(4): 576-600.

李宝辉, 侯一筠, 孙从容, 等. 2013. "北京一号" 小卫星图像在渤海海冰监测中的应用 [J]. 海洋学报, 35(4): 201-207.

李桐魁. 1996. 渤海油田海冰管理系统的应用 [J]. 中国海上油气 (工程), 8(4): 36-45.

李振福, 闫倩倩, 刘翠莲. 2016. 北极航线经济腹地范围和等级的划分研究 [J]. 世界地理研究, 25(5): 22-28.

李志军, Devinder S S, 卢鹏. 2006. 渤海海冰工程设计参数分布 [J]. 工程力学, 23(6): 167-172.
李志军, 康建成. 2001. 北极生长的多年海冰晶体结构分析 [J]. 冰川冻土, 23(4): 383-388.
李志军, 康建成, 蒲毅彬. 2003. 渤海和北极海冰组构及晶体结构特征分析 [J]. 海洋学报 (中文版), 25(6): 48-53.
刘臣, 郭歆. 2021. 极地探险邮轮市场分析与船型发展趋势 [J]. 船舶工程, 43(7): 14-23.
卢鹏. 2007. 基于图像分析的海冰几何参数和拖曳系数参数化研究 [D]. 大连: 大连理工大学.
师桂杰, 冯加果, 康美泽, 等. 2021. 极地海洋工程装备的应用现状及关键技术分析 [J]. 中国工程科学, 23(3): 144-152.
宋丽娜, 王紫竹, 赵博强, 等. 2021. 面向核电冷源安全的雷达海冰监测系统设计 [J]. 海洋环境科学, 40(4): 619-624.
孙慧, 赵炎平, 汪大立, 等. 2019. "雪龙 2" 船体监测及辅助决策系统设计 [J]. 舰船科学技术, 41(8): 55-58.
孙雷, 罗贤成, 姜胜超, 等. 2018. 适用于渤海海域浮式核电平台水动力特性研究基础与展望 [J]. 装备环境工程, 15(4): 19-27.
孙丽萍, 王冬庆, 艾尚茂. 2015. 浮式抗冰平台设计理念及水动力特性研究 [J]. 船舶工程, (S1): 230-233.
王安良. 2014. 基于强度试验和立体监测的海冰离散元模型及工程应用 [D]. 大连: 大连理工大学.
王安良, 许宁, 毕祥军, 等. 2016. 卤水体积和应力速率影响下海冰强度的统一表征 [J]. 海洋学报, 38(9): 126-133.
王庆凯. 2019. 北极航道融冰期海冰物理和力学工程参数研究 [D]. 大连: 大连理工大学.
王万勇, 刘怡锦, 谢宁. 2020. 南极磷虾捕捞加工船及装备发展现状和趋势 [J]. 船舶工程, 42(7): 33-39.
吴刚. 2021. 从"雪龙 2"号研制谈中国极地装备发展 [J]. 船舶工程, 43(7): 4-10.
吴浩. 2020. "雪龙 2"号船体监测与辅助决策系统监理 [J]. 设备监理, (1): 19-22.
吴辉碇. 1991. 海冰的动力–热力过程的数学处理 [J]. 海洋与湖沼, 20(2): 321-327.
吴辉碇, 杨国金, 张方俭, 等. 2001. 渤海海冰设计作业条件 [M]. 北京: 海洋出版社.
吴鸿乾, 张韧, 闫恒乾, 等. 2021. 气候变化背景下北极潜艇冰区航行风险评估与实验区划 [J]. 指挥控制与仿真, 43(2): 91-97.
杨国金. 1994. 渤海抗冰结构设计中的若干问题 [J]. 中国海上油气 (工程), 6(3): 5-10.
杨国金. 1998. 中国近海工程环境参数区划 [J]. 海洋预报, 15(3): 132-139.
叶礼裕, 王超, 郭春雨, 等. 2018. 潜艇破冰上浮近场动力学模型 [J]. 中国舰船研究, 13(2): 51-59.
袁帅, 刘永青, 刘雪琴, 等. 2017. 基于岸基雷达数据的鲅鱼圈海域冰情基本特征 [J]. 海洋通报, 32(5): 528-531.
岳前进, 毕祥军, 于晓, 等. 2003. 锥体结构的冰激振动与冰力函数 [J]. 土木工程学报, 36(2): 16-19.
张大勇, 王国军, 王帅飞, 等. 2018. 冰区海上风电基础的抗冰性能分析 [J]. 船舶力学, 22(5): 615-627.

参考文献

张丽敏. 2012. 冰单轴压缩强度与影响因素试验研究 [D]. 大连: 大连理工大学.

张林, 李春花, 柴先明, 等. 2014. 2014 年初雪龙船在南极被海冰围困期间海洋气象环境分析 [J]. 极地研究, 26(4): 487-495.

张明, 吕晓琪, 张晓峰, 等. 2018. 结合纹理特征的 SVM 海冰分类方法研究 [J]. 海洋学报, 40(11): 149-156.

Bakkay B E, Coche E, Riska K. 2014. Efficiency of ice management for Arctic offshore operations [C]. Proceedings of the ASME 2014 33rd International Conference on Ocean, Offshore and Arctic Engineering (OMAE2014), San Francisco, California, USA.

Barbat M M, Wesche C, Werhli A V, et al. 2019. An adaptive machine learning approach to improve automatic iceberg detection from SAR images [J]. ISPRS Journal of Photogrammetry and Remote Sensing, 156: 247-259.

Barber D G, Hanesiak J M. 2004. Meteorological forcing of sea ice concentrations in the southern Beaufort Sea over the period 1979 to 2000 [J]. Journal of Geophysical Research: Oceans, 109(C6): 14-30.

Blenkarn K A. 1970. Measurement and analysis of ice forces on Cook Inlet structures [C]. Proceedings of the 2nd Offshore Technology Conference, Houston, USA.

Broman M, Nordqvist P. 2013. Global Response of Ship Hull During Ramming of Heavy Ice Features [M]. Göteborg: Chalmers University of Technology.

Brown T G. 2007. Analysis of ice event loads derived from structural response [J]. Cold Regions Science and Technology, 47: 224-232.

Brown T G, Määttänen M. 2002. Comparison of KEMI-I and Confederation Bridge cone ice load measurement results [C]. Proceedings of the IAHR Symposium on Ice, New Zealand.

Brown T G, Tibbo J S, Tripathi D, et al. 2010. Extreme ice load events on the Confederation Bridge [J]. Cold Regions Science and Technology, 60: 1-14.

Cannata A, Cannavò F, Moschella S, et al. 2019. Exploring the link between microseism and sea ice in Antarctica by using machine learning [J]. Scientific Reports, 9: 13050.

Chi J, Kim H. 2017. Prediction of Arctic sea ice concentration using a fully data driven deep neural network [J]. Remote Sensing, 9(12): 1305.

Chi J, Kim H, Lee S, et al. 2019. Deep learning based retrieval algorithm for Arctic sea ice concentration from AMSR2 passive microwave and MODIS optical data [J]. Remote Sensing of Environment, 231(4): 111204.

Cho H, Shepson P B, Barrie L A, et al. 2002. NMR investigation of the quasi-brine layer in ice/brine mixtures [J]. Journal of Physical Chemistry B, 106: 11226-11232.

Choi J, Park G, Kim Y, et al. 2009. Ice load monitoring system for large Arctic shuttle tanker [C]. Proceedings of the International Conference on Ship and Offshore Technology, Busan, Korea, 1: 39-43.

Cornett A M, Timco G W. 1998. Ice loads on an elastic model of the Molikpaq [J]. Applied Ocean Research, 20: 105-118.

Cox G F N, Weeks W F. 1974. Salinity variations in sea ice [J]. Journal of Glaciology, 13(67): 109-120.

Deser C, Teng H. 2013. Evolution of Arctic sea ice concentration trends and the role of atmospheric circulation forcing, 1979-2007 [J]. Geophysical Research Letters, 35(2): L02504.

Ervik Å, Nord T S, Høyland K V, et al. 2019. Ice-ridge interactions with the Norströmsgrund lighthouse: Global forces and interaction modes [J]. Cold Regions Science and Technology, 158: 195-220.

Fetterer F, Knowles K, Meier W N, et al. 2017. Sea Ice Index, Version 3 [R]. Boulder, Colorado USA. NSIDC: National Snow and Ice Data Center.

Frederking R, Johnston M. 2008. Comparison of local ice pressures on the CCGS Terry Fox with other data [C]. Proceedings of the 18th International Ocean and Polar Engineering Conference, Vancouver, BC, Canada.

Frederking R, Sudom D. 2006. Maximum ice force on the Molikpaq during the April 12, 1986 event [J]. Cold Regions Science and Technology, (46): 147-166.

Haas C. 2000. EM ice thickness measurements at the lighthouse Norströmsgrund [R]. Luleå, Sweden.

Han H, Hong S H, Kim H, et al. 2017. A study of the feasibility of using KOMPSAT-5 SAR data to map sea ice in the Chukchi Sea in late summer [J]. Remote Sensing Letters, 8(5): 468-477.

Heyn H M, Blanke M, Skjetne R. 2020. Ice condition assessment using onboard accelerometers and statistical change detection [J]. IEEE Journal of Oceanic Engineering, 45(3): 898-914.

Hirayama K, Obara I. 1986. Ice forces on inclined structures [C]. Proceedings of the 5th International Offshore Mechanics and Arctic Engineering, Tokyo, Japan.

Jeffries M O, Weeks W F, Shaw R, et al. 1993. Structural characteristics of congelation and platelet ice and their role in the development of Antarctic land-fast sea ice [J]. Journal of Glaciology, 39(132): 223-238.

Jeon M, Min J K, Choi K, et al. 2017. Estimation of local ice load by analyzing shear strain data for the IBRV Araon [C]. Proceedings of the 24th International Conference on Port and Ocean Engineering under Arctic Conditions, Busan, Korea.

Jiménez A A, Márquez F P G, Moraleda V B, et al. 2019. Linear and onlinear features and machine learning for wind turbine blade ice detection and diagnosis [J]. Renewable Energy, 132: 1034-1048.

Jo Y C, Choi J H, Park S G, et al. 2017. Sensor arrangement for ice load monitoring to estimate local ice load in Arctic vessel [C]. Proceedings of the 24th International Conference on Port and Ocean Engineering under Arctic Conditions, Busan, Korea.

Jochmann P, Schwarz J. 2001. Ice force measurements at lighthouse Norströmsgrund [R]. Hamburg, Germany.

Johnston M, Frederking R, Timco G W, et al. 2003. Ice-induced global loads on USCGC Healy and CCGS Louis S. St. Laurent as determined from whole-ship motions [R]. Ottawa: Canadian Hydraulics Centre, National Research Council of Canada.

Johnston M, Frederking R, Timco G W, et al. 2004. Using MOTAN to measure global accelerations of the CCGS Terry Fox during bergy bit trials [C]. Proceedings of the International Conference on Offshore and Mechanics and Arctic Engineering, Vancouver, British Columbia, Canada.

Kärnä T, Jochmann P. 2003. Field observations on ice failure modes [C]. Proceedings of the 17th International Conference on Port and Ocean Engineering under Arctic Conditions (POAC'03), Trondheim, Norway.

Kalke H, Loewen M. 2018. Support vector machine learning applied to digital images of river ice conditions [J]. Cold Regions Science and Technology, 155: 225-236.

Kellner L, Stender M, Polach R, et al. 2019. Establishing a common database of ice experiments and using machine learning to understand and predict ice behavior [J]. Cold Regions Science and Technology, 162: 56-73.

Khan B, Khan F, Veitch B, et al. 2018. An operational risk analysis tool to analyze marine transportation in Arctic waters [J]. Reliability Engineering & System Safety, 169: 485-502.

Kim D H, Nam J H. 2020. Determination of the lower boundary of a rotating ice patch for ice thickness estimation using image convolution and machine learning [J]. Cold Regions Science and Technology, 173(3): 103009.

Kim E C, Kang K J, Lee H J. 2016. A Study on the database generation of propulsion performance for ships optimum routing system [J]. Journal of Navigation and Port Research, 40(3): 97-103.

Knepper R, Standish M, Link M. 2015. Big data on ice: the forward observer system for in-flight synthetic aperture radar processing [C]. Proceedings of the ICCS 2015 International Conference on Computational Science, Reykjavik, Iceland.

Kong S, Cui H Y, Tian Y, et al. 2020a. Identification of ice loads on shell structure of icebreaker with Green kernel and regularization method [J]. Marine Structures, 74: 102820.

Kong S, Cui H Y, Wu G, et al. 2020b. Full-scale identification of ice load on ship hull by least square support vector machine method [J]. Applied Ocean Research, 106(171): 102439.

Kotilainen M, Vanhatalo J, Suominen M, et al. 2017. Predicting ice-induced load amplitudes on ship bow conditional on ice thickness and ship speed in the Baltic Sea[J]. Cold Regions Science and Technology, 135: 116-126.

Krupina N A, Chernov A V. 2009. Measuring global ice forces during the full-scale ice impact study of icebreaker Kapitan Nikolaev [C]. Proceedings of the 20th International Conference on Port and Ocean Engineering under Arctic Conditions, Luleå, Sweden.

Krupina N A, Likhomanov V A, Chernov A V, et al. 2009. Full-scale ice impact study of icebreaker Kapitan Nikolaev: General description [C]. Proceedings of the 19th International Ocean and Polar Engineering Conference, Osaka, Japan.

Kujala P. 1989. Results of long-term ice load measurements on board chemical tanker Kemira during the winters 1985 to 1988 [R]. Espoo: Technical Research Centre of Finland Ship Laboratory, Helsinki University of Technology Laboratory of Naval Architecture and Marine Engineering.

Kujala P, Jiang Z Y, Li F, et al. 2019. Long term prediction of local ice loads on the hull of S. A. Agulhas II [C]. Proceedings of the 25th International Conference on Port and Ocean Engineering under Arctic Conditions, Delft, Netherlands.

Kum S, Sahin B. 2015. A root cause analysis for Arctic Marine accidents from 1993 to 2011 [J]. Safety Science, 74: 206-220.

Kwon Y H, Lee T K, Choi K. 2015. A study on measurements of local ice pressure for ice breaking research vessel "Araon" at the Amundsen Sea [J]. International Journal of Naval Architecture and Ocean Engineering, 7: 490-499.

Lainey L, Tinawi R. 1984. The mechanical properties of sea ice—A compilation of available data [J]. Canadian Journal of Civil Engineering, 11(4): 884-923.

Langleben M P, Pounder E R. 1963. Elastic Parameters of Sea Ice [M]// Kingery W D. Ice and Snow. Cambridge, MA, USA: MIT Press.

Lee J H, Hwang M R, Kwon S W, et al. 2015. Analysis of local ice load signals measured on an Arctic voyage in 2013 [C]. Proceedings of the 23rd International Conference on Port and Ocean Engineering under Arctic Conditions, Trondheim, Norway.

Lee J H, Kwon Y H, Rim C W, et al. 2016. Characteristics analysis of local ice load signals in ice-covered water[J]. International Journal of Naval Architecture and Ocean Engineering, 8: 66-72.

Lee S C, Park S, Choi K, et al. 2018. Prediction of ice loads on Korean IBRV Araon with 6-DOF inertial measurement system during trials of Chukchi and east Siberian Seas[J]. Ocean Engineering, 151: 23-32.

Lee S W, Song J M. 2014. Economic possibilities of shipping through northern sea route[J]. The Asian Journal of Shipping and Logistics, 30(3): 415-430.

Leira B J, Børsheim L. 2008. Estimation of ice loads on a ship hull based on strain measurements [C]. Proceedings of the 27th International Conference on Offshore Mechanics and Arctic Engineering, Estoril, Portugal.

Leira B J, Børsheim L, Espeland Ø, et al. 2009. Ice-load estimation for a ship hull based on continuous response monitoring [C]. Proceedings of the Institution of Mechanical Engineers Part M Journal of Engineering for the Maritime Environment, 223(4): 529-540.

Lensu M, Hänninen S. 2003. Short term monitoring of ice loads experienced by ships[C]. Proceedings of the 17th International Conference on Port and Ocean Engineering under Arctic Conditions, Trondheim, Norway.

Li Z J, Zhang L, Lu P, et al. 2011. Experimental study on the effect of porosity on the uniaxial compressive strength of sea ice in Bohai Sea [J]. Science China-Technological Sciences. 54(9): 2429-2436.

Liu S W, Yu H, Won D. 2009. FEA for determination of data reduction matrix and critical stress influence matrixes [R]. ABS.

Liukkonen S. 1989. Friction panel measurements in full-scale and model-scale icebreaking ship tests [J]. Journal of Offshore Mechanics and Arctic Engineering, 111: 251-253.

Lu W, Lubbad R, Løset S. 2018. Parallel channels' fracturing mechanism during ice management operations. Part II: Experiment [J]. Cold Regions Science and Technology, 156: 117-133.

Lubbad R, Løset S. 2016. Oden Arctic Technology Research Cruise 2015 [C]. Proceedings of the Arctic Technology Conference, St. John's, NL, Canada.

Määttänen M. 1996. Ice failure and ice loads on a conical structure-Kemi-I cone full scale ice force measurement data analysis [C]. Proceedings of the 13th International Symposium on Ice (IAHR-Ice), Beijing, China, 1: 8-17.

Makkonen L, Tikanmäki M. 2014. Modeling the friction of ice [J]. Cold Regions Science and Technology, 102: 84-93.

Masoud G, Najafian A, Ahmad S. 2017. A review on computational fluid dynamic simulation techniques for Darrieus vertical axis wind turbines [J]. Energy Conversion and Management, 149: 87-100.

Mayne D C, Brown T G. 2000. Comparison of flexural failure ice-force models [C]. Proceedings of the 19th International Conference on Offshore Mechanics & Arctic Engineering, New Orleans, USA.

McFarlane V, Loewen M, Hicks F. 2019. Field measurements of suspended frazil ice. Part I: A support vector machine learning algorithm to identify frazil ice particles [J]. Cold Regions Science and Technology, 165: 102812.

Min J K, Choi K, Cheon E J, et al. 2016. Ice load estimation procedures for IBRV ARAON by analyzing shear strain data measured in Arctic Sea [J]. Journal of Ocean Engineering & Technology, 30(6): 468-473.

Moslet P O. 2007. Field testing of uniaxial compression strength of columnar sea ice [J]. Cold Regions Science and Technology, 48(1): 1-14.

Nam J H, Park I, Lee H J, et al. 2013. Simulation of optimal arctic routes using a numerical sea ice model based on an ice-coupled ocean circulation method [J]. International Journal of Naval Architecture & Ocean Engineering, 5(2): 210-226.

Nord T S, Øiseth O, Lourens E M. 2016. Ice force identification on the Norströmsgrund lighthouse [J]. Computers and Structures, 169: 24-39.

Nord T S, Samardžija I, Hendrikse H, et al. 2018. Ice-induced vibrations of the Norströmsgrund lighthouse [J]. Cold Regions Science and Technology, 155: 237-251.

Nyseth H, Frederking R, Sand B. 2013. Evaluation of global ice load impacts based on real-time monitoring of ship motions [C]. Proceedings of the 22nd International Conference on Port and Ocean Engineering under Arctic Conditions, Espoo, Finland.

Pritchard R S, Knoke G S, Echert D C S. 2012. Sliding friction of sea ice blocks [J]. Cold Regions Science and Technology, 76-77: 8-16.

Pustogvar A, Kulyakhtin A. 2016. Sea ice density measurements. Methods and uncertainties [J]. Cold Regions Science and Technology, 131: 46-52.

Qu Y, Yue Q, Bi X, et al. 2006. A random ice force model for narrow conical structures [J]. Cold Regions Science and Technology, 45: 148-157.

Ringsberg J W, Broman M, Nordqvist P. 2014. Development of a model for global response of ship hull during ramming of heavy ice features [C]. Proceedings of the 33rd International Conference on Ocean, Offshore and Arctic Engineering, San Francisco, California, USA.

Riska K, Kujala P, Vuorio J. 1983. Ice load and pressure measurements on board I. B. Sisu [C]. Proceedings of the 7th International Conference on Port and Ocean Engineering under Arctic Conditions, Helsinki, Finland.

Ritch R, Frederking R, Johnston M, et al. 2008. Local ice pressures measured on a strain gauge panel during the CCGS Terry Fox bergy bit impact study [J]. Cold Regions Science and Technology, 52: 29-49.

Schulson E M. 1990. The brittle compressive fracture of ice [J]. Acta Metallurgica et Materialia, 38(10): 1963-1976.

Schulson E M, Fortt A L. 2012. Friction of ice on ice [J]. Journal of Geophysical Research: Solid Earth, 117: 12204.

Schwarz J, Frederking R, Gavrillo V, et al. 1981. Standardized testing methods for measuring mechanical properties of ice [J]. Cold Regions Science and Technology, 4(3): 245-253.

Shrestha N, Brown T G. 2018. 20 years of monitoring of ice action on the Confederation Bridge piers [J]. Cold Regions Science and Technology, 151: 208-236.

Sinha N K. 1978. Rheology of columnar-grained ice [J]. Experimental Mechanics, 18(12): 464-470.

Soons J M, Greenland D E. 1970. Observations on the growth of needle ice [J]. Water Resources Research, 6(2): 579-593.

Sudom D, Frederking R. 2005. A preliminary analysis of Molikpaq local ice pressures and ice forces at Amauligak I-65 [C]. Proceeding of the 18th International Conference on Port and Ocean Engineering under Arctic Conditions.

Sukhorukov S, Løset S. 2013. Friction of sea ice on sea ice [J]. Cold Regions Science and Technology, 94: 1-12.

Suominen M, Kujala P, Romanoff J, et al. 2017. Influence of load length on short-term ice load statistics in full-scale [J]. Marine Structures, 52: 153-172.

Suyuthi A, Leira B J, Riska K. 2011. Full scale measurement on level ice resistance of icebreaker [C]. Proceedings of the 30th International Conference on Ocean, Offshore and Arctic Engineering, Rotterdam, Netherlands, 1: 983-989.

Suyuthi A, Leira B J, Riska K. 2014. A generalized probabilistic model of ice load peaks on ship hulls in broken-ice fields [J]. Cold Regions Science and Technology, 97: 7-20.

Svistunov I A, Maksimova P V, Likhomanov V A, et al. 2019. Experimental-analytical study of the platform "North Pole" stability under the conditions of intensive ice pressures [C]. Proceedings of the 25th International Conference on Port and Ocean Engineering under Arctic Conditions. Delft, Netherland.

Timco G W, Frederking R M W. 1990. Compressive strength of sea ice sheets [J]. Cold Regions Science and Technology, 17(3): 227-240.

Timco G W, Frederking R M W. 1996. A review of sea ice density [J]. Cold Regions Science and Technology, 24: 1-6.

Timco G W, Irani M B, Tseng J, et al. 1992. Model tests of the dynamic ice loading on the Chinese JZ-20-2 jacket platform [J]. Canadian Journal of Civil Engineering, 19: 819-832.

Timco G W, Johnston M. 2004. Ice loads on the caisson structures in the Canadian Beaufort Sea [J]. Cold Regions Science and Technology, 38: 185-209.

Timco G W, Nwogu O G, Christensen F T. 1995. Compliant model tests with the great belt west bridge piers in ice. Part 1: Test methods and key results [J]. Cold Regions Science and Technology, 23(2): 149-164.

Timco G W, O'Brien S. 1994. Flexural strength equation for sea ice [J]. Cold Regions Science and Technology, 22: 285-298.

Timco G W, Weeks W F. 2010. A review of the engineering properties of sea ice [J]. Cold Regions Science and Technology, 60(2): 107-129.

Timco G W, Wright B D, Barker A, et al. 2006. Ice damage zone around the Molikpaq: Implications for evacuation systems [J]. Cold Regions Science and Technology, 44: 67-85.

Turing A M. 1950. Computing machinery and intelligence [J]. Mind, (59): 433-460.

Uto S, Oka S, Murakami C, et al. 2005. Ice load exerted on the hull of icebreaker PM Teshio in the south Sea of Okhotsk [C]. Proceedings of the 18th International Conference on Port and Ocean Engineering under Arctic Conditions, Potsdam, NY, USA.

Valkonen J. 2013. Uncertainty of a methodology to estimate global ship loads during interaction events with ice features [C]. Proceedings of the 22nd International Conference on Port and Ocean Engineering under Arctic Conditions, Espoo, Finland.

Wang S, Mu Y, Zhang X, et al. 2020. Polar tourism and environment change: Opportunity, impact and adaptation [J]. Polar Science, 25(2): 100544.

Wright B D. 2000. Full scale experience with Kulluk station keeping operations in pack ice [R]. The National Research Council of Canada.

Wright B D. Timco G W, 2000. First-year ridge interaction with the Molikpaq in the Beaufort Sea [J]. Cold Regions Science and Technology, (32): 27-44.

Yamauchi Y, Mizuno S, Tsukuda H. 2011. The icebreaking performance of Shirase in the maiden Antarctic voyage [C]. Proceedings of the 21st International Ocean and Polar

Engineering Conference, Maui, Hawaii, USA.

Yan Q, Huang W. 2019. Detecting sea ice from TechDemoSat-1 data using support vector machines with feature selection [J]. IEEE Journal of Selected Topics in Applied Earth Observations and Remote Sensing, 12(5): 1409-1416.

Yue Q, Qu Y, Bi X, et al. 2007. Ice force spectrum on narrow conical structures[J]. Cold Regions Science and Technology, 49: 161-169

Zaccone R, Figari M. 2017. Energy efficient ship voyage planning by 3D dynamic programming [J]. Journal of Ocean Technology, 12(4): 49-71.

Zhang M Y, Zhang D, Fu S S, et al. 2017. Safety distance modelling for ship escort operations in Arctic ice-covered waters [J]. Ocean Engineering, 146: 226-235.

第 2 章　海冰分布类型及物理力学性质

在冷空气作用下，海水中的能量流失后发生相变并形成海冰。由于海冰的形态受水文、气象等条件的影响较为明显，所以表现出多种不同的物理形态与力学特征。近年来，极地海洋工程的发展极大地促进了海冰的相关研究。海冰的分布类型是海冰工程学的基础，冰区海洋平台的抗冰设计和冰区船舶的航线规划均需考虑海冰的时空分布特性。北极圈国家早在 19 世纪末就开始了对极地海冰的现场观测研究，后续针对海冰的生成、生长、分布和形态等方面进行了细致的研究。我国较为系统的海冰观测调查工作始于 20 世纪 70 年代，出于军事、航运和港口建设的需求，对渤海和黄海沿岸的海冰开展了定点观测工作。海冰的物理力学性质和热力动力过程也是现场观测工作中的重点内容。近几十年来，国内外学者根据不同海域海冰原位试验与室内试验结果，建立了一系列海冰物理力学参数与其影响因素之间的函数关系。下面将从海冰的主要类型、物理性质、力学性质和热力动力过程等四方面加以介绍。

2.1　海冰的主要类型

国际气象组织 (WMO) 对海冰类型进行了较为系统的命名与划分。根据海冰的生长阶段，可分为新生冰、尼罗冰、莲叶冰、灰冰、灰白冰、当年冰和多年冰等；根据海冰的表层形态特点，可分为平整冰与变形冰，其中变形冰又可以进一步分为重叠冰、冰脊和碎冰等。由于海冰的分类较为复杂、烦琐，这里将不对所有海冰类型进行阐述。由于冰载荷的分布特性主要由海冰形态所决定，所以以表层形态作为主要划分依据。下面重点介绍极地船舶与海洋工程结构在冰区航行或作业时面临的几种主要海冰类型：平整冰、碎冰、重叠冰、冰脊、多年冰与冰山。

2.1.1　平整冰

平整冰可定义为上下表面未变形的海冰，是未受外力作用、没有变形的一次连续形成的单层冰 (或称为未变形冰)，其厚度相对均匀，上层为粒状冰，下层为贯穿大部分厚度的柱状冰，上下层之间存在一个过渡区 (ISO 19906, 2010)。

1. 平整冰的形成机理与主要形态

平整冰是热力生长的冰。在极地冰区，一年生平整冰的厚度可达 1~2 m，多年生平整冰的厚度可达 3~4 m；在季节性冰区，平整冰的厚度一般小于 1 m。平整冰的生长取决于当时的环境条件 (Eicken and Lange, 1989)。当水面较平静时，首先形成薄的初生冰层，随后冰晶向下冻结生长。当水动力条件较强时，首先生成水内冰晶，这些冰晶在表层湍流作用下自由运动，在浮力的作用下相互结合形成固态片状冰。表面冰层形成后，冰晶自上而下冻结增长生成柱状冰。针对极地海冰，平整冰可进一步根据生长阶段分为初生冰 (厚度约 10 cm)、初期冰 (厚度 10~30 cm)、薄当年冰 (厚度 30~70 cm)、中当年冰 (厚度 70~120 cm) 和厚当年冰 (厚度大于 120 cm)(杨国金, 2000)。典型的平整冰形态如图 2.1.1 所示。

(a) 南极普里兹湾的平整冰　　　　(b) 我国第 7 次北极科考中拍摄的平整冰

图 2.1.1　典型的平整冰形态

2. 平整冰在极地海洋工程中的关注点

工程中最受关注的是海冰与结构的相互作用过程。海冰对结构的作用非常复杂，受到多种因素的制约。海冰作用力的大小，与冰的固有特性、破碎方式、冰厚、冰速、结构的几何形状和尺寸、材料与表面粗糙度、刚度、质量、阻尼等，以及冰与结构相互作用的形式和复杂的环境条件 (如波浪、海流、风等) 都有关系。

平整冰是破冰船冰区航行时首要考虑的分布类型。大范围平整冰与船舶结构的作用过程可以描述为：船首或舷侧与冰层发生作用，冰–船接触位置的边缘逐渐发生破碎；当接触区域受到的作用力足够大时，距离接触边缘一定范围内的冰层产生弯曲破坏，从而形成第一个半月形的破碎区；随后产生一系列连续的破碎区域，最终在平整冰面上形成边缘形状粗糙的破冰船航道。由此，冰–船相互作用过程可以大致分为初步接触阶段、挤压和弯曲阶段、破碎阶段以及翻转阶段，这四个阶段统称为冰层的破碎周期。黄焱等 (2016) 在冰水池试验中也发现了与以上描述一致的海冰破碎过程。而当船舶航行于中小范围的平整冰区或即将驶出大范围平整冰区时，船–冰作用力在水平方向上的分量导致海冰发生全局劈裂破坏。上述过程均涉及平整冰的压缩强度、弯曲强度、弹性模量、拉伸强度和动摩擦系数等力学性质；此外，海冰的尺寸和边界约束等也是影响船–冰作用过程的重要因素。

2.1 海冰的主要类型

Lu 等 (2016) 通过对海冰理想化模型的研究，总结了船舶与平整冰作用过程中的海冰破坏模式分布。如图 2.1.2(a) 所示，在不考虑海冰局部挤压破碎的情况下，随着海冰的尺寸或边界约束的增加，平整冰的破坏模式出现"直接翻转—径向/环向裂纹—劈裂破坏—径向裂纹和环向裂纹"的转化过程。图 2.1.2(b) 描述了各种破坏模式在不同平整冰尺寸下的竞争机制。由此可见，平整冰的尺寸和厚度是工程设计中较为关注的形状参数。

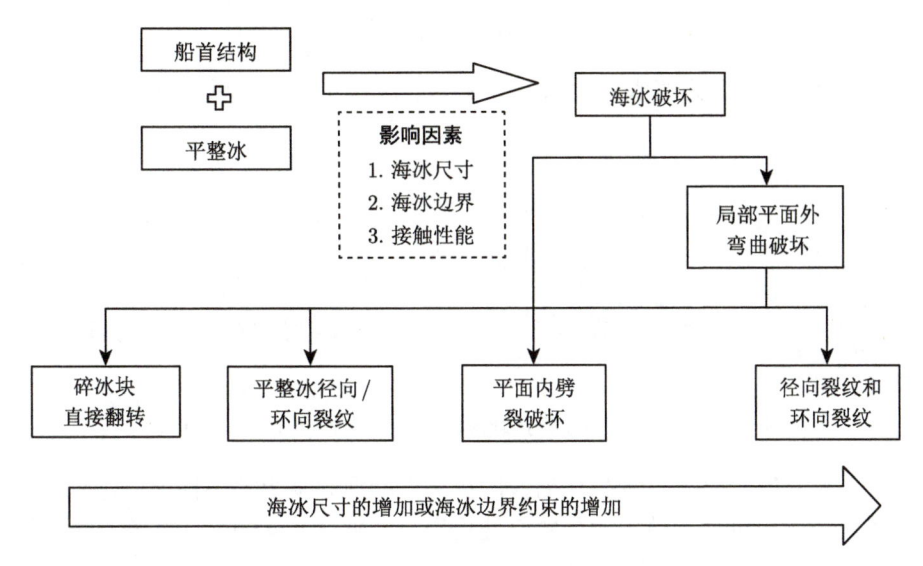

(a) 海冰破坏模式的转化过程

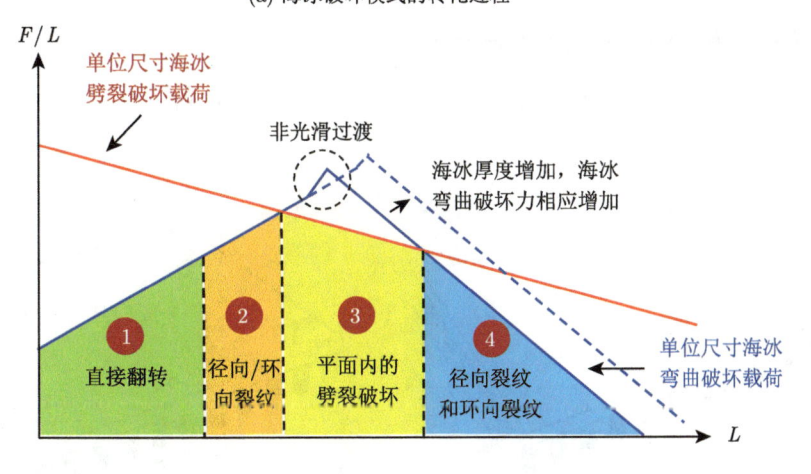

(b) 海冰破坏模式的竞争机制

图 2.1.2　平整冰与船舶结构作用时的破坏模式

研究海冰与船舶结构作用下的破坏模式，其目的是确定船–冰作用下的结构受力，以下给出了针对不同破坏模式的理论冰力计算模型。

当平整冰尺寸足够小时，其与船首作用时仅会产生翻转，而不会导致破碎。理想化的平整冰如图 2.1.3 所示，将小块平整冰假设为作用在文克勒 (Winkler) 型地基上的有限尺寸短梁。选择干舷 $w_\mathrm{f} = 1 - \dfrac{\rho_\mathrm{i}}{\rho_\mathrm{w}}$ 作为加载点的临界挠度，则小块平整冰发生直接翻转所需的最大载荷 F_{z_1} 可表示为

$$F_{z\_1} = \frac{1}{4} w_\mathrm{f} \rho_\mathrm{w} gBL = \left(1 - \frac{\rho_\mathrm{i}}{\rho_\mathrm{w}}\right) \frac{t}{4} \rho_\mathrm{w} gBL \qquad (2.1.1)$$

式中，ρ_w 和 ρ_i 分别为海水和海冰的密度；t、B 和 L 分别为海冰的厚度、宽度和长度。

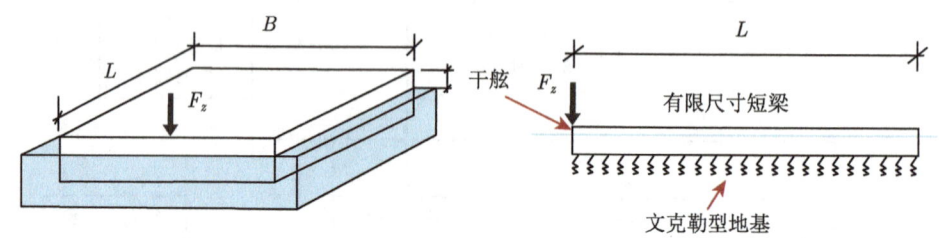

图 2.1.3 小块平整冰直接翻转的理想化模型 (Lu et al., 2016)

有限尺寸的平整冰可理想化为作用在文克勒型地基上的弹性薄板，其与船舶结构的作用过程可视为薄板边界中心处受到一个垂直方向的力，其静态等效加载系统如图 2.1.4 所示。选择干舷 $w_\mathrm{f} = 1 - \dfrac{\rho_\mathrm{i}}{\rho_\mathrm{w}}$ 作为加载点的临界挠度，考虑到归一化位移，海冰的失效准则可表示为

$$W = \frac{w_\mathrm{f} D}{F_{z\_2} L^2} = \frac{D}{F_{z\_2} L^2} \left(1 - \frac{\rho_\mathrm{i}}{\rho_\mathrm{w}}\right) t \qquad (2.1.2)$$

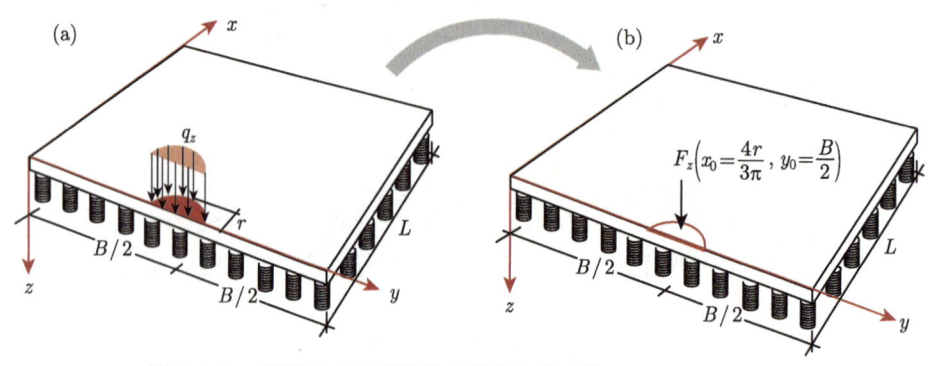

图 2.1.4 有限尺寸平整冰静态等效加载系统 (Lu et al., 2016)

2.1 海冰的主要类型

因此，有限尺寸平整冰的失效载荷 F_{z_2} 可表示为

$$F_{z\_2} = \frac{D}{WL^2}\left(1 - \frac{\rho_i}{\rho_w}\right)t \tag{2.1.3}$$

式中，D 为抗弯刚度；W 为薄板中平面的横向位移；L 为薄板尺寸。

半无限平整冰的径向和环向裂纹模式如图 2.1.5 所示，在径向裂纹和环向裂纹的联合作用下，海冰破碎为楔形块的形式。采用近似楔形梁破坏时对应力的简化形式，将楔形梁破坏模式下的临界垂直力 F_{z_3} 表示为

$$F_{z\_3} = \frac{2m}{6}\tan\left(\frac{\pi}{2m}\right)\sigma_f t^2 \left[1.05 + 2.0\left(\frac{r}{\ell}\right) + 0.50\left(\frac{r}{\ell}\right)^3\right] \tag{2.1.4}$$

式中，m 为环向裂纹破坏模式下产生楔形梁的数目；σ_f 为海冰的弯曲强度；ℓ 为理想化薄板的特征长度，$\ell = \left[\dfrac{Et^3}{12\rho_w g(1-\nu^2)}\right]^{0.25}$；$r$ 为环向裂纹半径。

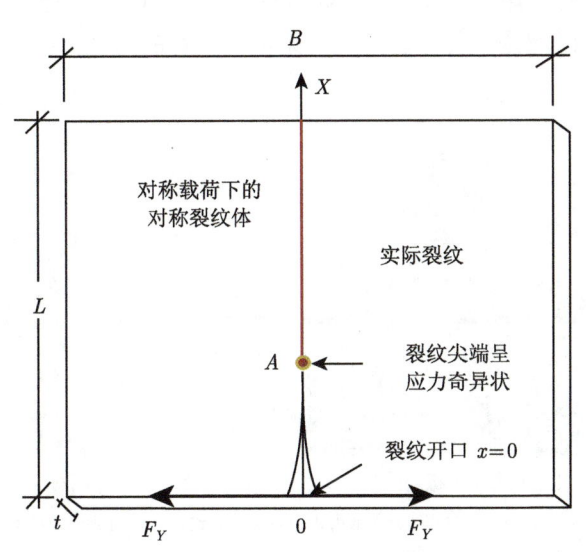

图 2.1.5 平整冰劈裂破坏模式下的形状参数 (Lu et al., 2015)

平整冰的劈裂破坏被认为是一种载荷释放机制，与局部连续的弯曲破坏模式相比，其发生降低了全局的总冰力。平整冰劈裂破坏模式下的形状参数如图 2.1.5 所示。Dempsey 和 Mu (2014) 给出了理想状态平整冰劈裂破坏模式下的载荷计算公式：

$$\frac{F_Y(\alpha)}{tK_{IC}\sqrt{L}} = \frac{1}{H(\alpha, 0)} \tag{2.1.5}$$

式中，$F_Y(\alpha)$ 为标准裂纹深度 $\alpha = \dfrac{A}{L}$ 下的劈裂载荷，A 为裂纹深度；t 为海冰厚度；K_{IC} 为海冰的断裂韧性；$H(\alpha,0)$ 为裂口处受劈裂力作用时的权重函数。

2.1.2 碎冰

在真实环境中，海冰受风、浪、流等环境的作用，很难稳定地生长，特别是进入消融季节后，大面积连续的海冰在洋流作用下，漂移至开阔水域后相互分离形成碎冰。此外，在海洋工程结构的海冰管理系统中，破冰船会通过辅助破冰将平整冰转化为碎冰，以降低冰载荷。

1. 碎冰的形成机理与主要形态

碎冰常见于海冰消融季与生长季的季节交替期。在生长季初期，海面上逐渐形成海冰，但此时海冰无法将海面完全覆盖而以碎冰的形式存在；在消融季节，海冰被洋流冲刷至开阔水域后发生断裂形成碎冰。典型的碎冰如图 2.1.6(a) 所示，图 2.1.6(b) 为研究人员在巴伦支海碎冰区中放置的惯性测量单元 (IMU) 传感器，用于研究海冰漂移运动特性 (Marchenko and Eik, 2012)。碎冰主要分布在冰缘线区域，该区域是目前冰区油气开采最为活跃的地区，因此其研究意义十分重要。

(a) 我国第 8 次北极科考中拍摄的碎冰　　(b) 在碎冰区布放 IMU 传感器

图 2.1.6　典型的碎冰形态 (Marchenko and Eik, 2012)

在海洋工程结构的海冰管理系统中，破冰船提前破除平整冰或重叠冰是海冰管理的重要任务之一。当系统监测到有大范围平整冰或重叠冰漂移经过时会发出预警，此时需要破冰船协助提前破冰，将危险的海冰工况转化为较为安全的碎冰工况，以保障结构的安全。海冰管理下的碎冰形态如图 2.1.7 所示，在破冰船的人为干预下，平整冰被分割为碎冰。

图 2.1.7　海冰管理下的碎冰形态 (Wright, 2000)

2. 碎冰在极地海洋工程中的关注点

碎冰通常可视为离散的平整冰，因此其小尺度的力学性质和物理性质与平整冰是相似的。但在工程尺度下，碎冰与平整冰相比又增加了密集度与尺寸分布两个重要参数。在低密集度的碎冰区中，船舶或海洋工程结构的冰阻力主要由碎冰对结构的作用位置决定，碎冰间并不产生相互影响。当碎冰密集度较高时，结构在与碎冰相互作用的同时，还要承受由海冰之间相互碰撞而导致的作用力。因此密集度是影响碎冰区结构冰载荷的重要参数。在结构与单个碎冰的相互作用过程中，碎冰的尺寸越大，则结构所受的惯性力越大，因此碎冰尺寸也是影响冰阻力的重要指标 (Liu and Ji, 2018)。

ISO 19906 (2010) 依据海冰密集度对工业活动的影响以及航行的安全等级，将海冰密集度分为 7 个不同等级，列于表 2.1.1。在无冰区中不需要考虑海冰的影响；进入开阔水域后，虽然航行仍不受影响，但需要关注密集度的进一步变化；在非常稀疏流冰中，船舶或海洋工程结构已处于可受到冰载荷的条件中；在稀疏流冰中，结构已受到明显的冰载荷作用，但此时碎冰之间的相互接触较少，因此冰阻力与密集度之间的相关系数较小；进入密集流冰后，由于碎冰之间接触后所引起的互锁等作用，冰阻力与密集度之间的相关系数大幅提升；非常密集流冰与密结流冰的密集度均为 100%，主要区别为，前者是冻结前的碎冰，受到挤压后会形成堆积现象，而后者为冻结后的碎冰，受到结构作用时会发生破碎，因此两者应采用不同的冰阻力计算方式 (Kim et al., 2019)。

表 2.1.1 海冰密集度的分级指标 (ISO 19906, 2010)

密集度等级	密集度	定义
无冰区	0	海面上无海冰存在
开阔水域	>10%	可观测到海冰，但船舶航行不受影响
非常稀疏流冰	10%~30%	海面上以开阔水域为主
稀疏流冰	40%~60%	存在大量冰间湖或冰间水道，大部分浮冰间并未相互接触
密集流冰	70%~80%	大部分浮冰与其他浮冰相互接触
非常密集流冰	100%	几乎观测不到水面
密结流冰	100%	碎冰相互冻结在一起

2.1.3 重叠冰

海冰在风、浪、流等外力作用下可发生漂移运动，并在挤压作用下相互重叠或形成冰脊。重叠冰是指在动力作用下，一层冰叠至另一层冰上所形成的冰面较为平坦的海冰，具有两个或多个平整冰叠加的海冰特征 (ISO 19906, 2010)。

1. 重叠冰的形成机理与主要形态

海冰在风、浪、流和潮汐等动力作用下，不断发生断裂、重叠和堆积现象。重叠冰由平整冰直接发展而成，其形成不需要较长的热力过程，但其厚度却是平整冰的几倍以上，给冰区油气开发中的施工、运输和生产作业带来很大的影响。因此，对重叠冰形成过程的分析和处理便成为渤海海冰数值模拟和预测工作中的一个重要内容。

重叠冰的形成过程如图 2.1.8 所示。平整冰发生漂移时，其内部将产生一定的内应力。内部的作用力使海冰发生屈曲变形，并可导致某一部分产生破坏。海冰破坏后，一部分平整冰俯冲至另外一部分平整冰的底部形成重叠冰。在初冰期冰厚较小时，多易形成指状重叠冰。与一维重叠冰不同，指状重叠冰在形成过程中，两个冰盖之间除摩擦力外，其交界处还伴随着相互剪切或挤压的破坏过程 (Hopkins et al., 1999)。一般条件下，指状重叠冰是多个且并排出现的，因此在指状重叠冰的力学模型中，需要考虑多个指状冰的情况。在渤海和阿蒙森海观测到的指状重叠冰形态如图 2.1.9 所示。

(a) 一维重叠冰的形成过程　　(b) 二维指状重叠冰的形成过程

图 2.1.8 重叠冰的形成过程 (Sanderson, 1988)

(a) 渤海的指状重叠冰　　　　　　　　(b) 阿蒙森海的指状重叠冰 (Weeks, 2010)

图 2.1.9　典型的指状重叠冰形态

2. 重叠冰在极地海洋工程中的关注点

与平整冰的稳定生长过程不同，重叠冰与碎冰的固结过程伴随着较为强烈的热量传递，从而抑制了盐分的转移 (Bailey et al., 2010)。由于重叠冰的渗透性较差，形成的高盐度冻结层使其总体强度低于平整冰。对于自然条件下形成的重叠冰，其在低加载速率下的单轴压缩强度高于平整冰。Høyland (2007) 对冰脊固结层海冰所开展的单轴压缩试验表明，固结层海冰随着加载速率的变化同样表现出韧性和脆性两种破坏模式。为研究冰块之间的冻结层对海冰整体力学性质的影响，Shafrova 等 (2008) 在现场环境中模拟了冻结层的形成过程，并对其力学性质进行了测试。一般认为，在已形成的固态海冰缝隙或孔隙之间再次冻结而成的部分，具有不同的冰晶结构与力学性质，该部分海冰可统称为冻结层。虽然该试验是在真实的冰区海洋中进行的，但冰块试样制作过程中的人为切割行为破坏了海冰表面的结构。根据 Bailey 等 (2012) 的模型试验可知，冻结层的强度受固结程度，特别是冻结层内部卤水分布的影响十分显著。Shafrova 等 (2008) 的试验虽然模拟了海冰冻结过程的环境条件，但冻结层的细观结构已经被破坏。然而试验中并未对冻结层冰晶结构进行测试，无法得知试样与真实冻结层之间的差异。而 Bonath 等 (2018) 在斯瓦尔巴群岛海域所采集到的冰脊固结层试样显示，冻结后的平整冰之间存在一层明显的粒状冰晶。这说明，海冰表面经过切割后所制作的海冰冻结层与自然形成的海冰冻结层之间存在明显的结构差异。

目前，ISO 19906 (2010) 中对平整冰与重叠冰采用相同的计算方法，主要基于以下两个原因：首先，重叠冰内部的细观结构和材料特点与平整冰较为相似，因为重叠冰就是由平整冰重叠而成；其次，与平整冰相比，重叠冰力学性质的实测数据相对较少。

2.1.4 冰脊

冰脊是指碎冰在挤压或剪切作用下形成的一排具有一定长度和宽度的山脊状堆积冰。厚度接近的浮冰在挤压作用下相互重叠并在内部形成不均匀的应力分布，发生破坏堆积后形成最初形态的冰脊。北极海域的海冰以该类型为主，而均匀规律的平整冰分布较少 (Ekeberg et al., 2015)。与平整冰相比，冰脊的热力学过程更为复杂，且内部结构明显不同。随着对平整冰研究的逐渐深入与成熟，冰脊等复杂类型海冰所引起的冰载荷已成为极地船舶与海洋工程的研究前沿 (Kuuliala et al., 2017; Croasdale et al., 2018)。

1. 冰脊的形成机理与主要形态

冰脊的形成由动力学过程与热力学过程两部分组成。在动力学过程中，平整冰在外力作用下相互挤压或剪切，冰内应力达到极限强度后发生破坏与堆积。在动力学过程完成后，随着内部碎冰的重新冻结，冰脊进入热力学阶段。依据其受力特点可分为压力冰脊和剪切冰脊，图 2.1.10 为两种冰脊的形成过程。一般来说，从冰脊形成至第一个融冰末期称为当年冰脊；在第一个融冰期后，若冰脊仍未融化则成为二年冰脊；同样地，在第二个融冰期后则转变为多年冰脊。当年冰脊与二年冰脊或多年冰脊的主要区别是固结层的厚度与盐度。冰脊的生长周期越长，其固结层的厚度越大且盐度越低。通过动力过程所形成的冰脊，其厚度可远大于周围的平整冰层，如图 2.1.11 所示，Timco 和 Burden (1997) 在波弗特海观测到的冰脊长度约为 400 m，仅冰面上的脊帆就达到 13 m。

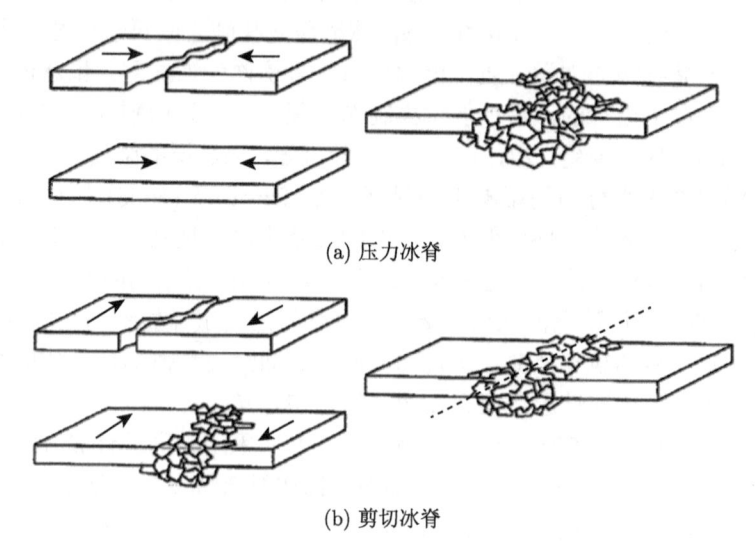

(a) 压力冰脊

(b) 剪切冰脊

图 2.1.10　两种冰脊的形成过程 (Sanderson, 1988)

2.1 海冰的主要类型

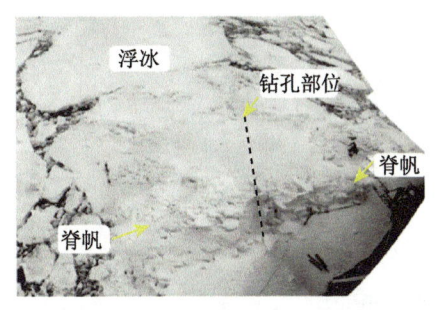

(a) 巴伦支海的冰脊(Høyland, 2007)

(b) 波弗特海的冰脊(Timco et al., 2017)

(c) 我国第 7 次北极科考中的冰脊

(d) 渤海的冰脊

图 2.1.11　典型的冰脊形态

冰脊由龙骨、固结层与脊帆三部分组成，在固结过程中龙骨逐渐冻结并向固结层演化，典型的冰脊结构如图 2.1.12 所示。大量的现场实测资料表明，冰脊的几何尺寸都有较为稳定的比例关系，如脊帆和龙骨的尺寸、角度等。

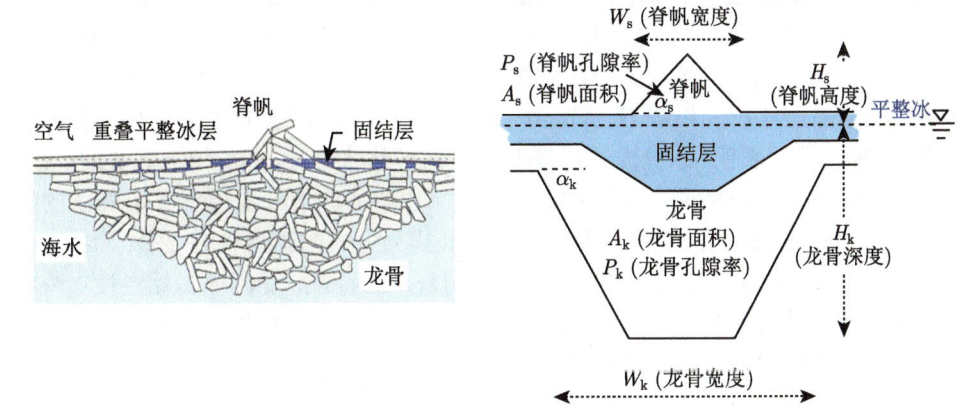

图 2.1.12　典型的冰脊结构 (Timco and Burden, 1997; Obert and Brown, 2011)

脊帆和龙骨各尺寸参数之间存在以下关系：

$$H_{\mathrm{k}} = \left[\frac{\rho_{\mathrm{i}}}{\rho_{\mathrm{w}}} - \left(1 - \frac{\rho_{\mathrm{i}}}{\rho_{\mathrm{w}}}\right)\sqrt{\frac{\rho_{\mathrm{i}}}{\rho_{\mathrm{w}} - \rho_{\mathrm{i}}}}\right] h_{\mathrm{i}} + \sqrt{\frac{\rho_{\mathrm{i}}}{\rho_{\mathrm{w}} - \rho_{\mathrm{i}}}} H_{\mathrm{s}} \qquad (2.1.6)$$

$$\frac{W_{\mathrm{k}}}{W_{\mathrm{s}}} = \sqrt{\frac{\rho_{\mathrm{i}}}{\rho_{\mathrm{w}} - \rho_{\mathrm{i}}}} \qquad (2.1.7)$$

$$\frac{A_{\mathrm{k}}}{A_{\mathrm{s}}} = \frac{\rho_{\mathrm{i}}}{\rho_{\mathrm{w}} - \rho_{\mathrm{i}}} \frac{1 - k_{\mathrm{s}}}{1 - k_{\mathrm{k}}} \qquad (2.1.8)$$

式中，H、W、A 和 k 分别为高度、宽度、剖面面积和孔隙率；下标 k 和 s 分别代表龙骨和脊帆；ρ_{i} 为冰脊密度；ρ_{w} 为海水密度；h_{i} 为平整冰厚度。

Timco 和 Burden (1997) 通过对 112 个当年冰脊的观测得出如下关系：

$$H_{\mathrm{k}} = 3.95 H_{\mathrm{s}} \quad \text{或} \quad H_{\mathrm{k}} = 4.60 H_{\mathrm{s}}^{0.88} \qquad (2.1.9)$$

$$A_{\mathrm{k}} = 7.96 A_{\mathrm{s}} \quad \text{或} \quad A_{\mathrm{k}} = 17.46 A_{\mathrm{s}}^{0.82} \qquad (2.1.10)$$

Tucker 和 Govoni (1981) 通过对普拉德霍湾 30 个压力冰脊尺寸特征的研究发现，脊帆高度与冰厚平方根呈线性关系：

$$H_{\mathrm{s}} = 3.69\sqrt{h_{\mathrm{i}}} \qquad (2.1.11)$$

2. 冰脊在极地海洋工程中的关注点

冰脊的固结过程以平整冰的动力破坏与重组为起点，通过孔隙中海水的冻结将碎冰重新组织并形成固结层 (Leppäranta et al., 1995)。现场实测数据显示，冰脊的固结层由柱状冰晶与粒状冰晶两种结构组成，且柱状冰晶尺寸与冰脊附近平整冰内部的冰晶尺寸极为相似 (Høyland, 2007)。同时，固结层的厚度也与平整冰密切相关。统计数据表明，冰脊固结层厚度通常为平整冰的 2~3 倍 (Strub-Klein and Sudom, 2012)。一般来说，龙骨的宏观孔隙率由中心向边缘表现出逐渐降低的趋势，这说明龙骨形成过程中碎冰所受压力对其排列方式的影响较为显著 (Shafrova and Høyland, 2008)。固结层的细观冰晶结构与形态特征，受碎冰初始温度、海水流动性与固结时间等多种因素影响。由于固结层内部两种类型冰晶的形成机理不同，所以两者的比例与冰脊形成时的堆积形式密切相关。

在 ISO 19906 (2010) 中，针对当年冰脊的结构特性采用不同的公式来描述龙骨碎冰与固结层所引起的冰阻力，冰脊所引起的阻力则为两者的合力，即

$$F = F_{\mathrm{c}} + F_{\mathrm{k}} \qquad (2.1.12)$$

式中，F_c 和 F_k 分别为固结层和龙骨碎冰引起的冰阻力。

由于固结层与平整冰的力学性能较为相似，所以 F_c 采用平整冰的计算公式。F_k 则根据龙骨区域的相关参数进行计算，即

$$F_k = \mu_\phi h_k w \left(\frac{h_k \mu_\phi \gamma_e}{2} + 2c \right) \left(1 + \frac{h_k}{6w} \right) \tag{2.1.13}$$

式中，μ_ϕ 为抗压系数，$\mu_\phi = \tan\left(45° + \frac{\phi}{2}\right)$，$\phi$ 为碎冰内摩擦角；c 为碎冰间黏聚系数；w 为结构宽度；γ_e 为浮力参数，$\gamma_e = (1-e)(\rho_w - \rho_i)g$，其中 e 为龙骨孔隙率，ρ_w 和 ρ_i 分别为水密度与冰密度。

2.1.5 多年冰

多年冰是指至少经历过一个夏季融冰期的海冰 (ISO 19906, 2010)。极地的当年冰厚度可生长至 1~2.5 m，当夏季到来，气温和海水温度升高，当年冰开始融化，未融化完的海冰在经历再冻结过程后转变成二年冰。二年冰重复该过程形成多年冰，由于二年冰和多年冰较为相似、难以区分，一般将二年冰也归结在多年冰的范围中。

1. 多年冰的形成机理与主要形态

多年冰的过程中伴随着重叠冰、压力冰脊的退化和固结，导致多年冰上存在大量的冰丘，多年冰的平均厚度高达 6 m。从初期冰到多年冰的演变过程 (Sanderson, 1988) 中可知，多年冰在形成中存在两种形态：含融池的平整冰和多年冰脊形成的冰丘。

图 2.1.13 展示了在波弗特海观测到的典型多年冰形态。图 2.1.13(a) 中平整冰上表面的融池由海冰表面的积雪融化而形成，颜色呈现出蓝色或蓝绿色，盐度较低；图 2.1.13(b) 中的冰丘经历压密、退化、固结和风化等过程而发生高度变形。

(a) 含融池的平整冰　　　　　　　　(b) 高度变形的冰丘

图 2.1.13　在波弗特海观测到的典型多年冰形态 (Johnston et al., 2009)

2. 多年冰在极地海洋工程中的关注点

多年冰由于其厚度大、强度高的特点，是冰区油气开发和航运的重要挑战之一。近年来，随着波弗特海的逐步开发，多年冰的重要性被逐渐重视，沉箱结构 Molikpaq 曾与多年冰作用，产生目前为止海洋工程结构上测得的最大冰载荷 (Johnston et al., 2009)。海冰的厚度影响着结构与海冰的作用面积和海冰破坏模式，从而影响到结构受到的整体、局部冰载荷。在针对多年冰的抗冰结构设计中，冰厚成为最关键的控制因素。Johnston 等 (2009) 统计了 51 年内的 5000 组多年冰测量数据，发现多年冰在北极地区也较为常见，较平整的多年冰平均厚度达到 (5.6 ± 2.2) m，多年冰脊的厚度甚至达到 40 m，具体的厚度统计列于表 2.1.2。

表 2.1.2　北极地区的多年冰厚度统计

地区	测量次数	(平均冰厚 ± 标准差)/m	最大冰厚/m	最小冰厚/m	超越概率 10^{-2} 对应冰厚/m	超越概率 10^{-3} 对应冰厚/m
所有北极范围	4987	6.2 ± 3.4	40.2	0.9	18	27
波弗特海（加拿大）	638	7.2±5.7	40.2	0.9	27	—
极北地区	306	5.7 ± 3.1	>16.6	0.9	16	—
斯韦德鲁普盆地	3240	6.2 ± 2.9	23.1	3.1	15	21
波弗特海（阿拉斯加）	419	6.4 ± 3.0	17.4	1.2	15	—
加拿大北极地区中部	183	6.7±3.1	16.9	0.9	15	—
加拿大北极地区东部	150	4.6 ± 1.6	>10.0	2.0	10	—
弗拉姆海峡	32	2.9 ± 0.9	5.7	2.0	—	—
加拿大东部拉布拉多半岛	19	7.7 ± 4.4	>18.5	1.5	—	—

2.1.6　冰山

冰山是指断裂或崩解下来的冰川或陆架冰 (ISO 19906, 2010)。与上述海冰类型相比，冰山较为特殊，其本质上属于淡水冰，其内部并不含有盐分，因此冰山的物理力学性质与卤水冰具有较大区别。虽然冰山内部构造特点与其他海冰类型不同，但其主要分布于海水中，因此是寒区海洋工程环境载荷的研究对象之一，在冰山活跃海域中的应对策略也是海冰管理的重要任务。

1. 冰山的形成机理与主要形态

冰山是冰川运动的产物之一。冰川由纯净的降雪压缩后形成，并在环境作用下由陆地向海水滑动；在失去陆地的支撑后，海面上的部分冰川折断落入海水形成冰山。一般分为块状冰山和平顶冰山。块状冰山直接从冰川或冰盖上断裂进入海洋，块状冰山的厚度直径比一般在 1:1~1:2；平顶冰山由冰川从陆地流向海湾时形成的大面积浮冰产生，也称为冰架，平顶冰山的厚度直径比高达 1:10，两种冰山的形成过程如图 2.1.14 所示。

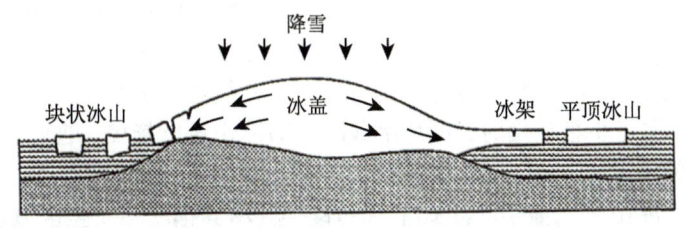

图 2.1.14 块状冰山和平顶冰山的形成过程 (Sanderson, 1988)

冰山进入海水后，上、下表面会分别因为较高的气温和水温而融化，可根据融化后的形态将冰山分为圆顶形冰山和船坞形冰山，如图 2.1.15 所示。随着冰山融化和老化过程的进行，根据尺寸和质量划分的冰山类型列于表 2.1.3。

(a) 新地岛附近的圆顶形冰山　　　　(b) 新地岛附近的船坞形冰山

图 2.1.15　典型的圆顶形冰山和船坞形冰山形态 (Andersson et al., 2018)

表 2.1.3　根据尺寸和质量划分的冰山类型 (Sanderson, 1988)

冰山类型	水上部分高度/m	长度/m	质量/t
小冰山	<1.5	<5	10^2
	1.5~5	5~15	10^3
	5~15	15~60	10^5
中冰山	15~50	60~120	10^6
大冰山	50~100	120~220	10^7
巨大冰山	>100	>220	$>10^7$

2. 冰山在极地海洋工程中的关注点

冰山的体量与强度均远高于其他的海冰类型，因此其所引起的瞬间冰载荷也远大于平整冰、冰脊等其他海冰类型。通常船舶或海洋工程结构与冰山发生直接碰撞时会引发灾难性后果，因此目前采取的策略主要是主动避让 (Marchenko and Eik, 2012)。冰山的水下部分体积较大，大型冰山进入浅海区域后即被搁浅，因此浅海的固定式平台受冰山的威胁较小。但对于加拿大北部地区一些近海的海底油气管道，冰山搁浅过程中对海床的冲击将造成致命威胁。因此对于这种机动性较差的海底管道，在设计时要充分考虑使用寿命中冰山可能带来的威胁。

在深水区作业的浮式平台与船舶，其遭遇大型冰山的概率较大。船舶的机动性较强，在观测到冰山后一般直接选择绕行。浮式平台面对冰山时主要采取拖曳与避让两种策略。面对小型冰山时，可利用破冰船对冰山进行拖曳，通过改变冰山的漂移轨迹来避免碰撞。该操作对船舶的动力与拖曳操作的要求较高，不适用于大型冰山。面对大型冰山时，需切断浮式平台的锚链并将其拖动至安全区域以实现避让，但这种方式的操作周期较长且带来的经济损失较大。在冰山海域作业时，对冰山的观测及预警工作显得尤为重要。由于冰山的体积较大，在冰山与结构相互作用时，结构很难将冰山完全破坏。此时强度理论不再适用于对冰山所引起载荷的计算，一般采用以动能定理为基础的能量法计算。目前极地海洋工程中对冰山的研究，主要集中在冰山观测技术、冰山漂移轨迹预测以及冰山拖曳力等三个方面。

2.2 海冰的物理性质

海冰的物理性质与其力学性质、冰载荷特征密切相关。对海冰物理性质的研究有助于理解海冰的结构特点，从而更好地掌握海冰的力学性质。下面从细观结构的角度介绍海冰的组成及特点，然后对海冰的温度、盐度与密度等物理性质进行阐述。

2.2.1 海冰的晶体结构

海冰在不同的生长阶段可形成多种类型的冰晶结构，冰晶结构不仅能够体现海冰形成过程中所经历的热力学过程，也有助于理解其力学特点。典型的冰晶结构包括粒状冰晶、柱状冰晶以及混合型冰晶，下面将针对冰晶结构的形成机理和典型冰晶结构特点进行简单描述。

1. 冰晶结构的形成机理

为理解海冰的细观结构，首先需要了解海冰的微观结构及形成机理。在自然的气压与温度条件下，水向冰凝结的过程是水分子由无序向有序转变的过程。在冰的凝结过程中，水分子形成了有序的六面体结构 (Weeks and Ackley, 1986)。正

2.2 海冰的物理性质

是这种规则且紧密的排列使海水中的盐分无法嵌入冰的分子中而以卤水或结晶盐的形式独立存在。这种冰-盐之间的排斥使海冰随温度的变化表现出极为复杂的物理力学性质。在图 2.2.1 所示的分子结构中，由两组氢-氧原子组成的六边形基底沿一维方向有序发展。该一维方向也称为冰的主轴或 C 轴。图 2.2.1 左侧三维分子结构中标出了 C 轴的方向，该方向能够反映出海冰在生长过程中的具体方向，这也是造成海冰各向异性的最根本原因。

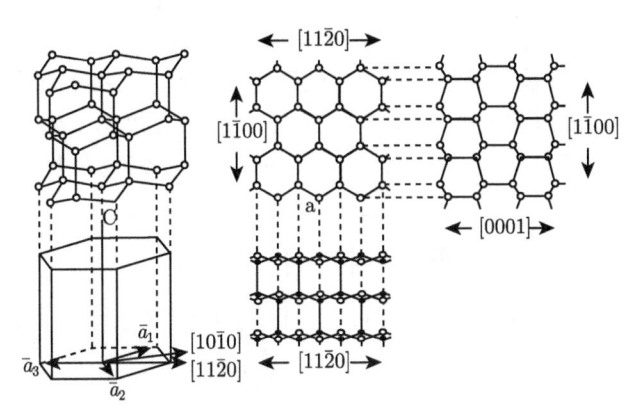

图 2.2.1 海冰内部原子结构 (Weeks and Ackley, 1986)

Weeks 和 Gow (1978, 1980) 对阿拉斯加海域的海冰主轴方向进行了测试，结果如图 2.2.2 所示。试验中沿海冰生长方向，即竖直方向，对其进行了分段取样。可以看出，随着海冰厚度的增加，冰晶 C 轴方向愈发集中到两个轴向。这是由于在海冰生长过程中，影响 C 轴方向的最主要因素为海水流动，即潮汐运动方向。随着海冰厚度的增加，空气-海冰的热传递作用逐渐减弱，而潮汐的作用得以凸显。因此，随着海冰厚度的增加，潮汐的两向特征逐渐体现在冰晶 C 轴方向上。

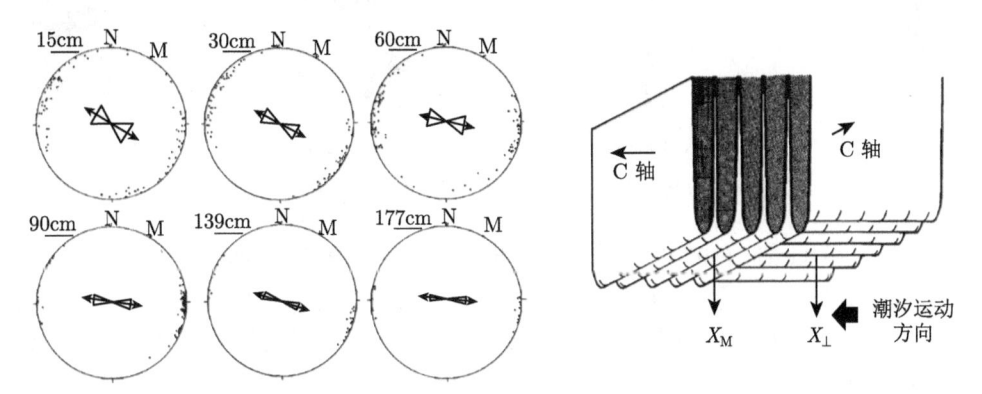

图 2.2.2 潮汐流动对海冰中冰晶 C 轴方向的影响 (Weeks and Gow, 1978)

Michel 和 Ramseier (1971) 根据细观结构对海冰进行了分类。自然条件形成的海冰属于 S 型，即柱状冰。根据冰晶 C 轴的方向，S 型海冰又进一步分为 S1、S2 和 S3 型。这里 C 轴方向主要依赖于生长过程中的水流方向，其中 S1 为平静条件下所生成的柱状冰，其主轴方向集中于中部；S2 型柱状冰的主轴则集中于外侧且方向较为随机；S3 型柱状冰的主轴也分布于外侧但集中于两个主要方向。被关注最多的是自然条件下生成的 S2 型柱状冰。

在结冰过程中，盐分由于无法嵌入排列紧密且有规律的水分子中而被不断析出，所以在海冰的生存周期内均伴随着盐分的稀释与析出过程，其主要表现为海冰生长阶段冰–水界面处的排盐与融化阶段卤水的迁移。陈晓东 (2019) 通过对卤水冻结过程的试验研究了结冰过程中冰–水界面的变化，图 2.2.3 展示了冰–水界面由平整到粗糙，再到明显的针状结构，最后针状结构逐渐消失并恢复为平滑形状的过程。

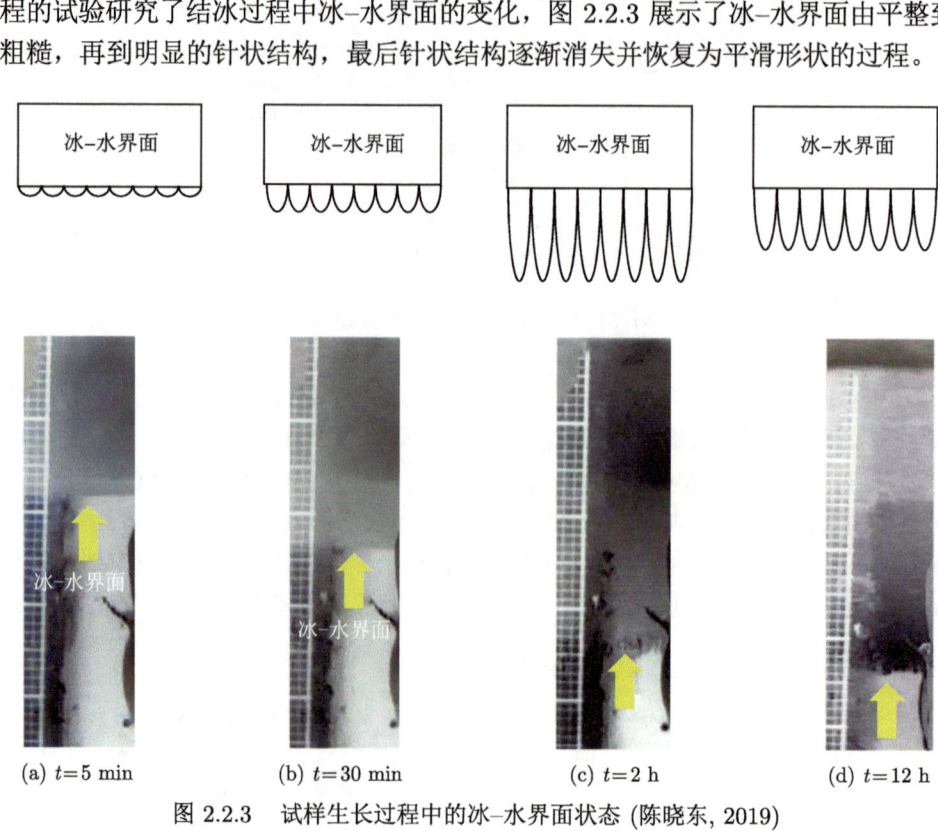

(a) $t=5$ min　　(b) $t=30$ min　　(c) $t=2$ h　　(d) $t=12$ h

图 2.2.3　试样生长过程中的冰–水界面状态 (陈晓东, 2019)

Lake 和 Lewis (1970) 通过图像处理技术可清晰地观测到海冰内部的卤水通道分布，如图 2.2.4 所示。在重力作用下，卤水沿重力方向形成通道结构，该结构多为细长形状。值得注意的是，在对约 1.2 m 厚平整冰的观测中，并没有发现卤水通道能够贯穿整个试样。这说明冰层表面的盐度与海水并未连通，因此其季节性盐度变化主要通过降水与蒸发作用完成。

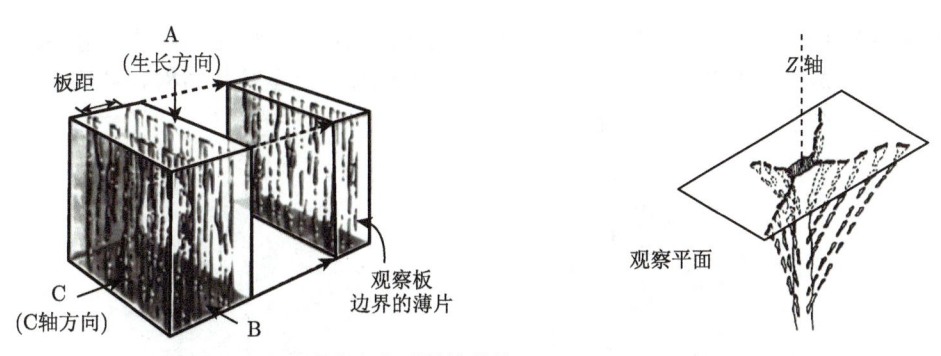

2.2 海冰的物理性质

图 2.2.4 海冰内卤水通道的结构 (Lake and Lewis, 1970)

2. 典型的冰晶结构形态

1) 柱状冰晶结构

在稳定的环境中，海冰内部热传递与生长均为准一维方向，因此稳定环境下的海冰内部以柱状结构为主。不仅如此，对于水位稳定的湖水与河水，其表面所形成的淡水冰也多为柱状结构 (Ji et al., 2020; Gratz and Schulson, 1997)。图 2.2.5 中给出了两种典型的柱状冰晶结构。柱状结构海冰的特点是：冰晶沿冰厚方向的尺寸远大于垂直于冰厚方向。也正因为这种冰晶结构特点，柱状结构海冰具有各向异性 (Ji et al., 2020)。

(a) 渤海海冰(Ji et al., 2020) 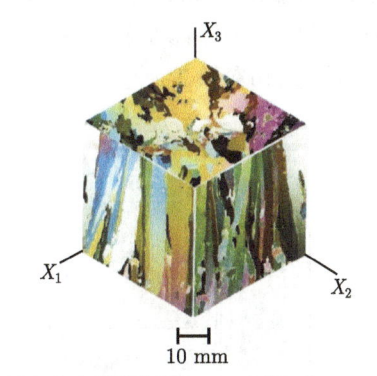　　(b) 室内模型冰(Gratz and Schulson, 1997)

图 2.2.5　典型的柱状冰晶结构

2) 粒状冰晶结构

复杂的自然环境中存在很多不稳定的生长条件，由此形成的粒状结构海冰也是一种常见的海冰类型，图 2.2.6 中给出了两种典型的粒状冰晶结构。图 2.2.6(a) 为在辽东湾采集的粒状海冰，较强的风、浪、流使海面产生较大的波澜而无法形成平稳的表面。此时海面上形成大量的絮状海冰，絮状海冰堆积后冻结，表现为粒状结构的冰晶。图 2.2.6(b) 为冰山内部的冰晶结构，冰山是由冰川断裂落入海水中所形成，而冰川是由离散积雪所形成，因此总体上呈粒状结构。粒状冰晶并没有明显的方向性，因此表现出各向同性。

(a) 辽东湾海冰(陈晓东等, 2020)　　(b) 冰山内部

图 2.2.6　典型的粒状冰晶结构

3) 混合型冰晶结构

海冰的动力过程不仅改变了其外形结构，也改变了内部的冰晶结构。图 2.2.7 中给出了冰脊与重叠冰内部的冰晶结构。海冰的动力过程导致了冰层的重叠或冰块的堆积。冰层或冰块本身的柱状结构冰晶并未发生变化，但它们之间的海水重新冻结后表现为粒状结构的冰晶。海冰的动力与热力过程使复杂的海冰内部形成了粒状与柱状的混合型冰晶结构。相比于柱状结构与粒状结构，对混合型结构海冰的力学性质研究相对较少。

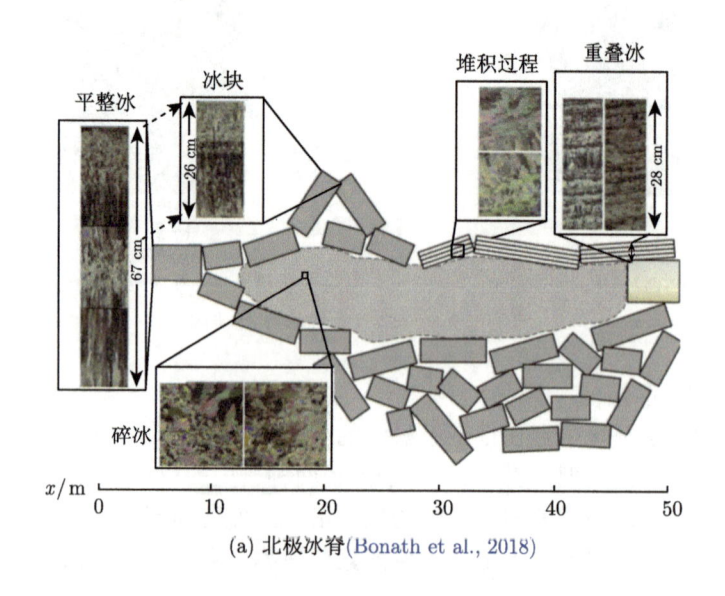

(a) 北极冰脊(Bonath et al., 2018)

(b) 巴伦支海冰脊固结层(Høyland, 2007) 　　　(c) 渤海辽东湾重叠冰(陈晓东等,2020)

图 2.2.7　混合型冰晶结构

3. 南极海冰的晶体结构

南极海冰以当年冰为主。我国第 36 次南极考察期间，在普里兹湾钻取了完整冰芯，其晶体结构如图 2.2.8 所示。冰芯在表层 0~28 cm 处为雪冰，晶体的粒径小于 1 mm。雪冰广泛存在于南极海冰，其主要形成机制为：冰层表面积雪较厚，将冰的上表面浸没至水面以下，积雪被海水浸湿后冻结而成。冰芯在 28~150 cm 处为热力学生长的柱状冰，平均粒径为 14 mm。

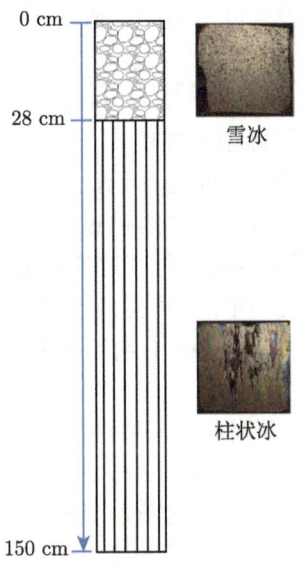

图 2.2.8　南极普里兹湾当年冰的冰晶结构

Eicken 和 Lange (1989) 根据南极威德尔海沿岸区域的海冰调查,将该区域海冰晶体分为五种类型,并分别对应不同晶体形态和成因,列于表 2.2.1。其中,雪冰的晶体为多边形粒状冰,而圆形粒状冰为冰最初形成时的冰花堆积;过冷却水在冰–水界面冻结形成的冰晶体介于粒状、柱状之间;动力作用会导致粒状、柱状混合型冰晶;碎冰在原有冰层底部堆积则会形成板状冰。上述五种类型冰晶体中,粒状冰含量最多,占 35%;柱状冰其次,占 33%;混合冰含量最少,占比小于 1%。

表 2.2.1　南极威德尔海沿岸海冰晶体结构分类 (Eicken and Lange, 1989)

晶体	粒径/mm	晶体形态
粒状	<10	均匀,边界角 120°(多边形); 均匀,圆滑边界 (圆形)
柱状	>100	拉长的
介于粒状、柱状之间	10~100	轻微拉长、互相交错
粒状、柱状混合	<10 和 >100	二者混合的
板状	<10 和 10~100	板状的

4. 北极海冰的晶体结构

我国第 4~9 次北极科学考察期间,在太平洋扇区累计观察了 28 根冰芯晶体结构。当年冰和多年冰的晶体结构表现出明显差异 (Huang et al., 2013; Han et al., 2016; Wang et al., 2018a)。如图 2.2.9(a) 所示,当年冰的晶体结构表现为粒状冰较少且分布在冰芯表层,表层以下为柱状冰。由于北极 (尤其是太平洋扇区) 降雪少于南极,所以北极海冰中雪冰含量较少。由于冰芯采集时间处于融冰期,表层融化导致的冰芯表层粒状冰边界模糊,但其粒径大于图 2.2.8 中的南极冰芯表层雪冰晶体的粒径。北极多年冰由于经历多个生长周期,受到动力作用,晶体结构通常表现出不连续性。如图 2.2.9(b) 所示,冰芯在 0~115 cm 处表现出粒状冰和柱状冰交替,为一个生长周期;在 115~166 cm 处为第二个生长周期,同时在 122~131 cm 处受到动力作用,表现为柱状冰倾斜插入粒状冰。综合而言,北极海冰柱状冰含量高于粒状冰,且当年冰中柱状冰含量多于多年冰。我国第 4~9 次北极科学考察冰芯晶体结构观测结果显示,当年冰柱状冰平均含量为 85%,而多年冰柱状冰平均含量为 66%。

表 2.2.2 汇总了近年来的北极海冰晶体结构的观测结果 (Meese, 1989; Tucker et al., 1999; Perovich et al., 2009; Wang et al., 2020)。可以看出,除 2005 年观测结果偏高外,其余结果均为柱状冰含量明显多于其他冰晶类型。但也注意到粒状冰和其他类型冰晶体结构含量有小幅升高,这与北极海冰融化导致开阔水域增多有关。

2.2 海冰的物理性质

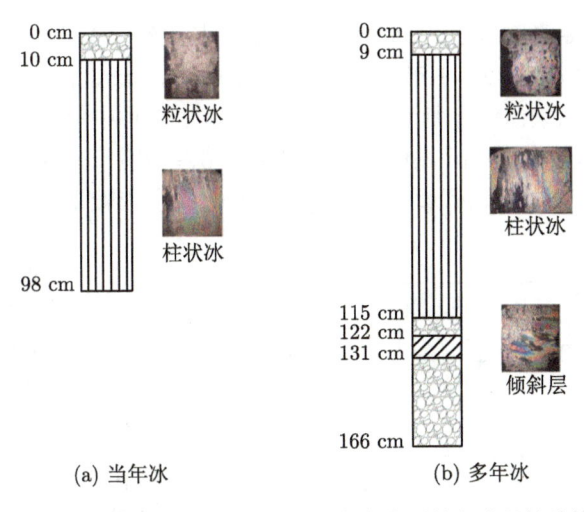

(a) 当年冰　　　　(b) 多年冰

图 2.2.9　我国第 4~9 次北极考察中典型的海冰晶体结构

表 2.2.2　北极海冰中柱状冰、粒状冰和其他冰晶类型的含量

(Meese, 1989; Tucker et al., 1999; Perovich et al., 2009; Wang et al., 2020)

年度	柱状冰/%	粒状冰/%	其他冰晶类型/%	海域
1986~1987	92	8	0	波弗特海
1994	93	2	5	楚科奇海
	85	7	8	中央海域
2005	9	55	36	楚科奇海
	56	39	5	中央海域
2012~2018	81	6	13	波弗特海
	78	13	9	楚科奇海
	72	11	17	中央海域

2.2.2　海冰物理性质的时空分布特性

根据海冰的形成过程可知，海冰对生长条件较为敏感。海洋环境具有较强的时空分布特性，不同地域的水温、气象条件对海冰具有较大的影响。下面将重点介绍海冰温度、盐度、密度和孔隙率等物理性质的时空分布特性。

1. 海冰温度的时空分布特性

海冰在某一时刻的温度可以通过在采集的冰芯上快速钻孔测温获得；为获得海冰温度的连续变化，需要通过链式热敏电阻传感器进行监测。海冰温度受气温、辐射、积雪和水温等条件影响。由于冰下水温相对稳定，所以底层冰温变化较小，与水温保持一致，而表层冰温随气温波动而变化。积雪的存在相对于海冰而言起到了保温层的作用。当气温升高时，积雪融化吸收热量；当气温降低时，融化的雪水重新冻结，释放热量。因此，积雪使辐射和气温对冰温的影响减小，冰下水温成为冰温的主要影响因子，冰温趋近水温并且在整个厚度内趋于一致 (丁德文，1999)。图 2.2.10(a) 为 2008 年在巴罗海峡 (Barrow Strait) 测得的海冰垂直剖面上的冰温分布，三条曲线分别表示当年 2 月中旬、5 月中旬和 5 月底的海冰剖面在 24 h 内的温度变化范围。图中深度正值表示积雪和空气的温度，深度负值表示海冰和海水的温度。可见海冰温度的季节性变化完全依赖于气温的改变。

(a) 巴罗海峡海冰垂直剖面季节性冰温
(Thomas and Dieckmann, 2009)

(b) 渤海海冰垂直剖面当日冰温
(李志军等，1989)

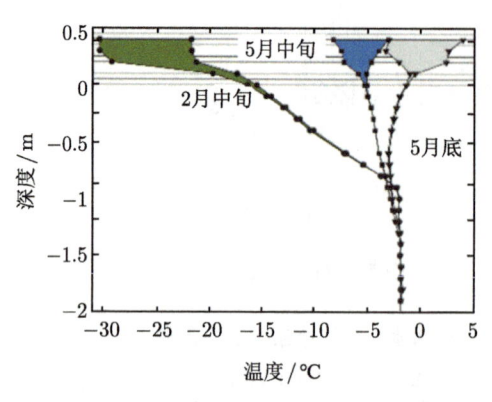

图 2.2.10　海冰温度的时空分布特性

图 2.2.10(b) 为李志军等 (1989) 在渤海测量的海冰垂直剖面上的当日冰温变化。凌晨 1 时，整个冰层处于放热状态，之后气温升高，冰温从表面开始向下逐渐升高并随气温的持续而影响更深处的冰温。受高气温影响的极限深度以上的冰层吸收热量，以下则放出热量，这时出现相对 "冷中间层"，并且 "冷中间层" 以下的冰温比凌晨时冰温低，这是气温与冰温交换的结果，该层随气温的持续而向下移动。15 时~16 时，顶部冰温达到最高值，"冷中间层" 已处于 30 cm 深度以下并消失，整个冰层又形成一致的热流方向。此后，顶部冰温又因 1 h 前的气温降低而从顶部开始降低，这时又会形成相对 "热中间层"，该层也随低气温的持续而向下移动，至凌晨又恢复到整个冰层的放热状态。

2008~2018 年，我国北极科学考察对融冰期北极海冰温度进行了现场观测 (Wang et al., 2020)，结果表明：当年冰冰温范围为 $-3.1 \sim -0.1$ ℃，平均冰温 -0.8 ℃；多年冰冰温范围为 $-2.5 \sim -0.1$ ℃，平均冰温 -0.7 ℃。北极夏季降雪较少，积雪对冰层的保温作用可以忽略。受气温、辐射的影响，融冰期北极海冰温度垂直剖面共有如下三种类型，如图 2.2.11(左图为当年冰，右图为多年冰)。类型 I：表层海冰出现等温层且冰温接近 0 ℃，而下部冰温变化表现为线性；类型 II：从表层至底部，冰温剖面呈线性降低；类型 III：表层冰温呈正温度梯度，这是

2.2 海冰的物理性质

由海冰次表层融化所引起，太阳辐射进入次表层，引起该部分海冰发生融化，而表层海冰温度由于长波辐射而降低。

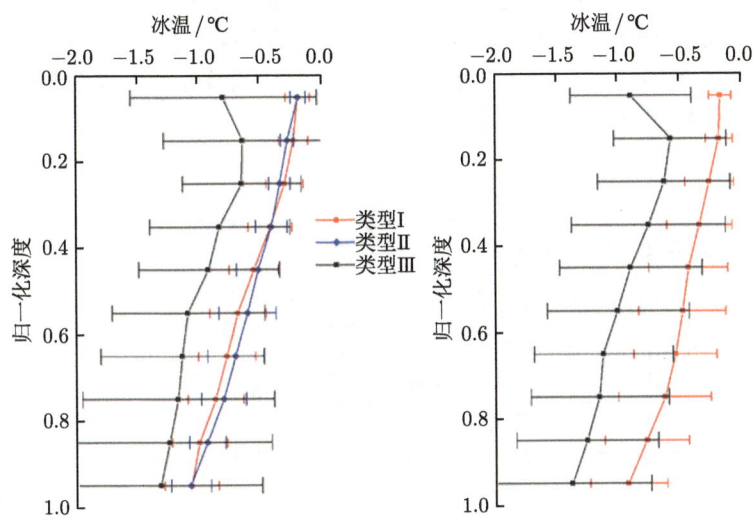

图 2.2.11　融冰期北极海冰温度垂直剖面

2. 海冰盐度的时空分布特性

海冰盐度是指每千克海冰中包含的盐分质量 (g)，以质量分数表示，通常通过测量融冰水的盐度来获取。海冰的盐度小于冻结时海水的盐度，大部分盐分在海冰冻结时从冰-水界面排出。海冰的初始排盐过程可由有效隔离系数表示 (Cox and Weeks, 1975)：

$$S_{i,0} = k_{eff} S_w \tag{2.2.1}$$

式中，$S_{i,0}$ 为初始海冰盐度；S_w 为海冰盐度；k_{eff} 为有效隔离系数，与海冰生长速率 V 有关。当 $V > 3.6 \times 10^{-5} \text{cm/s}$ 时，$k_{eff} = \dfrac{0.26}{0.26 + 0.74 e^{-0.7243V}}$；当 $2.0 \times 10^{-6} \leqslant V \leqslant 3.6 \times 10^{-5} \text{cm/s}$ 时，$k_{eff} = 0.8925 + 0.0568 \ln V$；当 $V < 2.0 \times 10^{-6} \text{cm/s}$ 时，$k_{eff} = 0.12$。

在海冰的生长过程中，随着卤水的排泄作用，海冰盐度及其垂直剖面不断变化。海冰形成后，通常上部温度低而下部温度高，温度梯度使卤水形成对流，高盐度卤水胞向上移动。由于冰的密度小于卤水，随着海冰温度降低，卤水胞周围形成冰壁，卤水体积的减小产生压力将卤水挤出。同时，温度梯度也会使卤水产生密度梯度；上部密度较大的卤水胞在重力作用下向冰层下部移动。研究发现，当柱状冰内卤水体积分数超过 5%～7% 时，海冰呈可渗透状态，卤水胞可以在重力作用下自由移动。而在融冰期，表层海冰融水的冲刷也会使卤水发生排泄 (Notz and Worster, 2009)。图 2.2.12(a) 为当年冰在不同月份的盐度垂直剖面，当年冰生长期的盐度垂直剖面通常呈 "C" 形，随着海冰的生长，排盐过程持续进行，盐度逐步降低；而到了融冰期，由于积雪的融化，海冰表面盐度急剧下降至接近于 0，盐度垂直剖面变为 "?" 形。图 2.2.12(b) 为典型的多年冰盐度垂直剖面曲线，在多年冰形成过程中，融池的盐度接近于淡水，导致再冻结后的表层盐度大多接近于 0，且总体盐度也较低。

(a) 当年冰盐度垂直剖面的季节性变化
(Thomas and Dieckmann, 2009)

(b) 多年冰的典型盐度垂直剖面
(Notz and Worster, 2009)

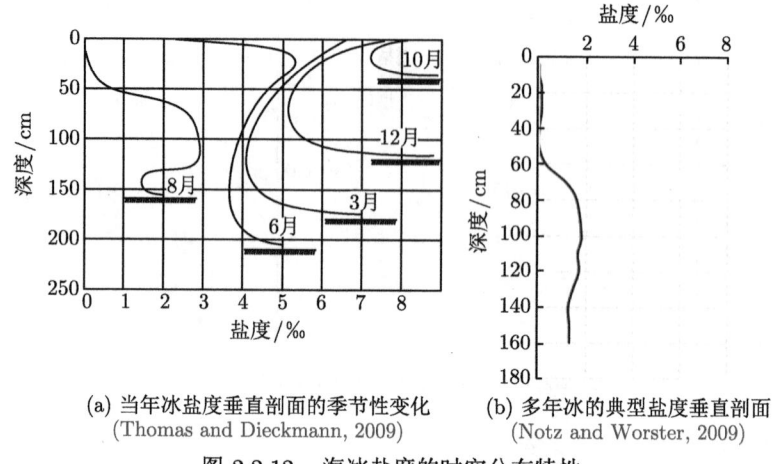

图 2.2.12　海冰盐度的时空分布特性

渤海海冰盐度垂直剖面在连续冻结的冰层内呈 "C" 形，即盐度在冰的表层和底层偏高，且底层盐度略高于表层。而且，整个冰层的盐度随冰厚的增加而减小。对渤海冰情的长期调查给出了冰层表、中、底部盐度与冰层厚度的关系 (李志军等, 2003)：

$$S_i = \begin{cases} 27.428h^{-0.349}, & 0 \leqslant d \leqslant 0.3h \\ 18.949h^{-0.438}, & 0.3h \leqslant d < 0.7h \\ 27.428h^{-0.439}, & 0.7h \leqslant d \leqslant 1.0h \end{cases} \tag{2.2.2}$$

式中，S_i 为每层海冰平均盐度；h 为海冰厚度；d 为深度。

2008～2018 年，我国北极科学考察对融冰期北极海冰盐度进行了现场观测 (Wang et al., 2020)，结果表明：当年冰盐度范围为 0.4‰ ～ 3.2‰，平均盐度为 1.9‰；多年冰盐度范围为 0.4‰ ～ 2.4‰，平均盐度为 1.3‰。这里将海冰厚度进行归一化处理，对当年冰、多年冰盐度垂直剖面进行如图 2.2.13 所示的回归分析，得到盐度垂直剖面的参数化方程。

对于当年冰：

$$S(z) = 1.6\left[1 - \cos\left(\pi z^{\frac{0.407}{z+0.573}}\right)\right] \tag{2.2.3}$$

对于多年冰：
$$S(z) = 1.25 \left[1 - \cos\left(\pi z^{\frac{0.76}{z+0.58}}\right)\right] + 0.41 \tag{2.2.4}$$

式中，S 为海冰盐度；z 为归一化深度 $(0 \leqslant z \leqslant 1)$。

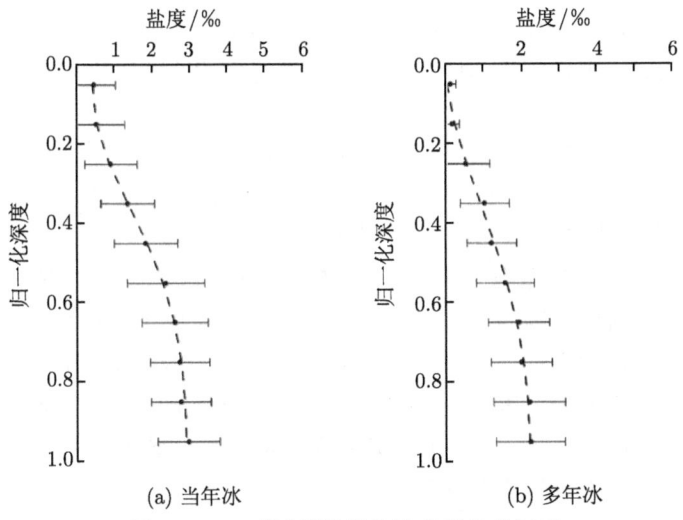

(a) 当年冰 (b) 多年冰

图 2.2.13　融冰期北极海冰盐度垂直剖面

Cox 和 Weeks (1974) 在研究中发现，北极海冰平均盐度与其厚度呈线性关系。对于生长期海冰，平均盐度随冰厚的增加而降低，参见式 (2.2.5)；对于融冰期海冰，平均盐度随冰厚的增加而增加，参见式 (2.2.6)。

$$\bar{S} = \begin{cases} 14.24 - 19.36h, & h \leqslant 0.4\text{m} \\ 7.88 - 1.59h, & h > 0.4\text{m} \end{cases} \tag{2.2.5}$$

$$\bar{S} = 1.58 + 0.18h \tag{2.2.6}$$

式中，$\bar{S}$ 为海冰平均盐度；h 为海冰厚度。

3. 海冰密度的时空分布特性

海冰密度的测量方法主要包括：质量/体积法、排液法、比重法和干舷高度法。Hutchings 等 (2015) 认为质量/体积法的精度最高。测量时，首先获取完整冰坯，随后将其分层加工成规则的立方块，再分别测量其质量和体积。需要说明的是，冰坯采集时冰内卤水的排泄使密度测量值降低 5%~20%。Timco 和 Frederking (1996) 通过汇集大量数据，给出海冰密度的变化区间为 720~940 kg/m³，平均值为 910 kg/m³。在海冰干舷部分，一些发生排泄的卤水胞会被空气占据，导致干舷部分的海冰密度较小。对于当年冰，干舷部分密度为 840~910 kg/m³，干舷以下部分密度为 900~940 kg/m³；对于多年冰，干舷部分密度为 720~910 kg/m³，干舷以下部分密度与当年冰相同。

渤海海冰密度的多年观测资料表明，其海冰密度垂直剖面没有明显梯度变化，但不同冰龄和类型的密度差异较大 (李志军等, 2003)。平整冰在生长期和稳定期的密度范围为 867~992 kg/m³，平均值为 913.2 kg/m³；在融冰期的密度范围为 728~884 kg/m³，平均值为 816.9 kg/m³。岸边搁浅冰的密度取融化期的平整冰密度。

2008~2018 年，我国北极科学考察对融冰期北极海冰密度进行了测量 (Wang et al., 2020)，测量方法为质量/体积法，结果表明：当年冰密度范围为 600~900 kg/m³，平均密度为 793 kg/m³；多年冰密度范围为 686~903 kg/m³，平均密度为 810 kg/m³。当年冰干舷部分密度范围为 491~874 kg/m³，平均密度为 718 kg/m³；多年冰干舷部分密度范围为 521~885 kg/m³，平均密度为 701 kg/m³。当年冰干舷以下部分密度范围为 583~907 kg/m³，平均密度为 804 kg/m³；多年冰干舷以下部分密度范围为 690~906 kg/m³，平均密度为 825 kg/m³。这里将海冰密度进行归一化处理，对当年冰、多年冰密度垂直剖面进行如图 2.2.14 所示的回归分析，得到密度垂直剖面的参数化方程为

$$\rho(z) = Az^2 + Bz + \rho(0) \qquad (2.2.7)$$

式中，ρ 为海冰密度；z 为归一化深度 ($0 \leqslant z \leqslant 1$)；$A$、$B$ 和 $\rho(0)$ 均为拟合系数，对于当年冰分别取 -103.4 kg/m³、231.5 kg/m³ 和 710.1 kg/m³，对于多年冰分别取 -218.1 kg/m³、423.1 kg/m³ 和 672.5 kg/m³。

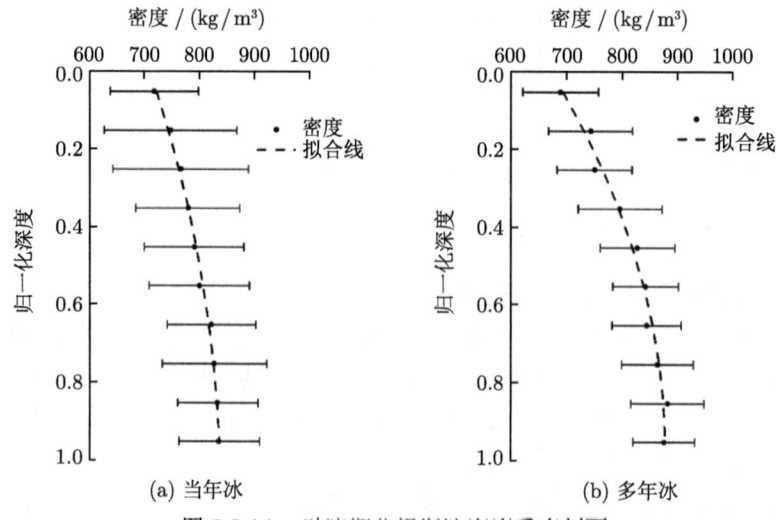

图 2.2.14　融冰期北极海冰密度垂直剖面

2.2 海冰的物理性质

4. 海冰空气体积和卤水体积的时空分布特性

海冰是由纯冰晶、卤水、固体盐和气体等组成的混合物。海水冻结时,部分卤水来不及流出而被封闭在冰晶间隙中形成卤水胞;同样地,来不及释放的气体被封闭在冰晶间隙中形成气泡。随着海冰温度发生变化,冰内卤水体积相应地发生变化以保持海冰各组分之间的平衡。当冰温降低时,卤水胞周围冰壁冻结使卤水体积减小、盐度增加。当冰温升高时,卤水胞周围冰壁融化使卤水体积增加、盐度降低,同时形成气泡。图 2.2.15 展示了标准海冰卤水成分随温度的变化规律。

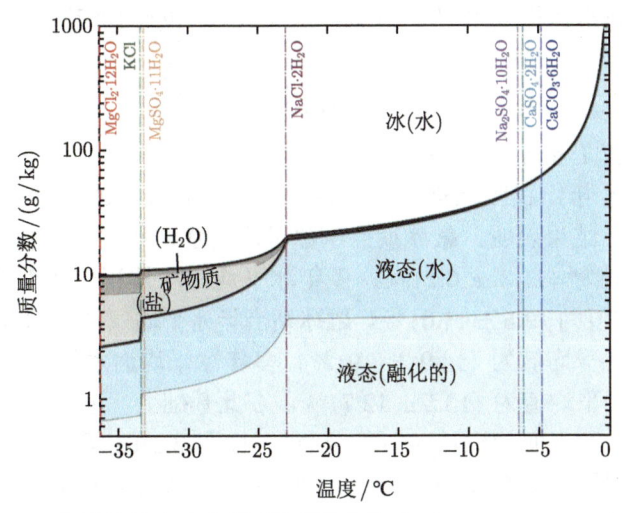

图 2.2.15 标准海冰卤水成分随温度的变化 (Vancoppenolle et al., 2019)

直接测量冰内卤水和气体的体积较难实现,因此通常用卤水体积分数和空气体积分数来表征冰内卤水和空气的含量,两者分别定义为冰内卤水和空气体积与海冰体积的比值,将卤水体积和空气体积之和定义为海冰的孔隙率。Cox 和 Weeks (1983) 与 Leppäranta 和 Mainnnen (1988) 分别给出了低温和高温海冰的空气体积分数 v_a 与卤水体积分数 v_b 的计算方法:

$$v_a = 1 - \frac{\rho}{\rho_i} + \rho S \frac{F_2(T)}{F_1(T)} \tag{2.2.8}$$

$$v_b = \frac{\rho S}{F_1(T)} \tag{2.2.9}$$

式中,ρ 为海冰密度 (g/cm³);S 为海冰盐度;T 为海冰温度;ρ_i 为纯冰密度 (g/cm³),$\rho_i = 0.917 - 1.403 \times 10^{-4} T$;$F_1(T)$ 和 $F_2(T)$ 为关于海冰温度的三次多项式,$F_1(T) = a_0 + a_1 T + a_2 T^2 + a_3 T^3$,$F_2(T) = b_0 + b_1 T + b_2 T^2 + b_3 T^3$,其中的参数取值列于表 2.2.3。

表 2.2.3　$F_1(T)$ 和 $F_2(T)$ 中的系数取值

多项式	温度/℃	a_0	a_1	a_2	a_3
$F_1(T)$	$-2 \sim 0$	-4.122×10^{-2}	-1.841×10^{1}	-5.840×10^{-1}	2.145×10^{-1}
	$-22.9 \sim -2$	-4.732	-2.245×10^{1}	-6.397×10^{-1}	-1.074×10^{-2}
	$-30 \sim$	-9.899×10^{3}	1.309×10^{3}	5.527×10^{1}	7.160×10^{-1}
$F_2(T)$	$-2 \sim 0$	9.031×10^{-2}	-1.611×10^{-2}	1.229×10^{-4}	1.360×10^{-4}
	$-22.9 \sim -2$	8.903×10^{-2}	-1.763×10^{-2}	-5.330×10^{-2}	-8.801×10^{-6}
	$-30 \sim$	8.547	1.089	4.518×10^{-2}	5.819×10^{-4}

上述卤水体积分数的确定需要海冰密度的准确测量值。此外, 也可由海冰温度和盐度估算卤水体积分数 (Frankenstein and Garner, 1967), 即

$$v_b = S \left(\frac{49.185}{|T|} + 0.532 \right) \quad (2.2.10)$$

式中, 海冰温度 T 介于 $-22.9 \sim -0.5$℃。

2008~2018 年, 我国北极科学考察对融冰期北极海冰温度、盐度和密度进行了现场测量, 结果表明: 融冰期当年冰平均卤水体积分数变化范围为 2.0%~25.9%, 平均值为 $(11.3 \pm 6.2)\%$; 多年冰平均卤水体积分数变化范围为 2.2%~21.4%, 平均值为 $(9.5 \pm 11.0)\%$。融冰期当年冰平均气体体积分数变化范围为 2.7%~35.4%, 平均值为 $(14.9 \pm 7.9)\%$; 多年冰平均卤水体积分数变化范围为 3.6%~26.1%, 平均值为 $(13.5 \pm 12.7)\%$。在此基础上, 进一步计算了冰芯的卤水和气体体积分数剖面 (Wang et al., 2020), 如图 2.2.16 所示。大部分的卤水和气体体积分数剖面如图 2.2.16(a) 所示, 即冰层上部气体含量多于卤水含量, 而冰层下部相反; 少部分的卤水和气体体积分数剖面如图 2.2.16(b) 所示, 在整个冰层深度范围内, 气体体积分数均高于卤水体积分数。

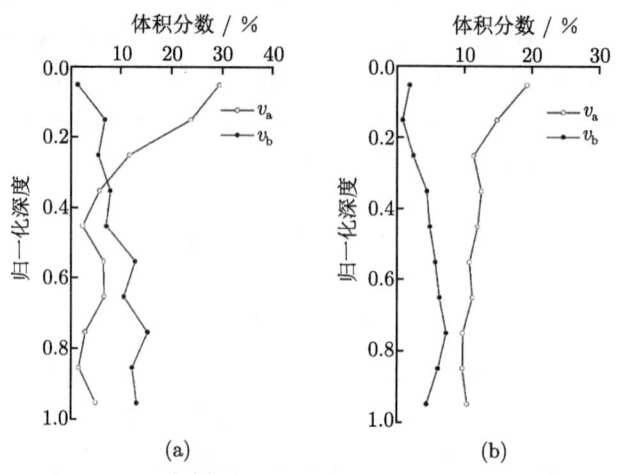

图 2.2.16　融冰期北极海冰卤水和气体体积分数剖面

2.3 海冰的力学性质

海冰的力学性质是冰区船舶与海洋工程结构设计所需的重要参数。自然形成的海冰由空气、卤水、固态冰与固态盐分组成，属于多孔、多相、各向异性的复杂材料，其力学性质受温度、盐度、卤水体积与加载条件等多种参数的影响，并且每种力学性质对这些参数的敏感性也有所差异。下面针对极地海洋工程中所关注的海冰力学性质的测试方法及各种力学参数的分布范围进行全面和系统的介绍。

2.3.1 海冰的强度

在结冰海域，海冰在与油气平台、破冰船和沿岸建筑物的相互作用中会发生挤压、屈曲、径向开裂、弯曲等不同破坏模式，并由此产生相应的冰载荷。根据加载方式和破坏模式的不同，海冰的强度包括单轴压缩强度、侧限压缩强度、弯曲强度、拉伸强度和剪切强度等。

1. 海冰的压缩强度

海冰的压缩破坏是最常见，也是产生最大冰载荷的作用形式，海冰压缩强度的确定对冰区船舶与海洋工程的结构设计具有十分重要的意义。海冰的压缩强度包括单轴压缩强度和侧限压缩强度，以下将针对单轴压缩强度和侧限压缩强度的测试方法和强度范围进行介绍。

1) 海冰单轴压缩强度的测试方法

国际水利与环境工程学会建议，海冰单轴压缩强度试样采用边长或直径 7~10 cm 的立方体或圆柱体，且试样长度为边长或直径的 2.5 倍。现场采集冰样时，如冰厚较小，则可以使用链锯采集冰坯，随后再按照加载方向进一步分为垂直冰面方向和平行冰面方向加载试样，使用锯骨机将其加工成标准试样。当冰厚超过 100 cm 时，需要采用冰芯钻钻取冰样，然后再通过车床加工成标准试样。海冰的单轴压缩试验如图 2.3.1 所示。

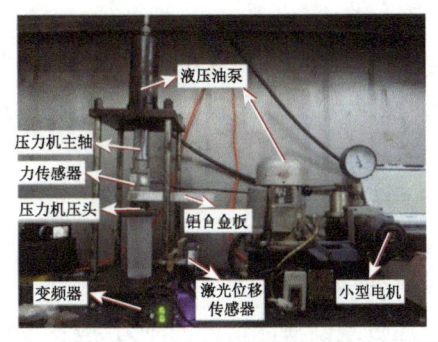

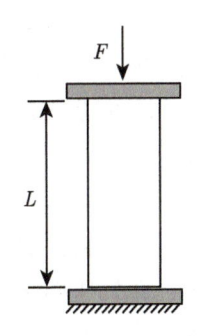

图 2.3.1　海冰的单轴压缩试验 (王庆凯, 2019; 王安良等, 2014)

理论上，材料的强度应定义为材料开始产生基本破坏时的应力。由于冰在加载力增加的同时，内部缺陷也开始发展，直到最后发生破碎，所以不存在明显的破坏起始点，试验中也很难测出该点的应力。工程中常用冰的强度来确定冰的最大抗力，所以一般并不考虑冰内部微观结构的破损，而是通过试验得到极限应力作为冰的单轴压缩强度。试验过程中的载荷–时间曲线如图 2.3.2 所示。这里将最大载荷除以试样初始横截面积视为海冰的单轴压缩强度，即

$$\sigma_c = \frac{F_{\max}}{S} \tag{2.3.1}$$

式中，σ_c 为海冰单轴压缩强度；$F_{\max}$ 为加载力–时间曲线中的最大载荷；S 为试样横截面积。

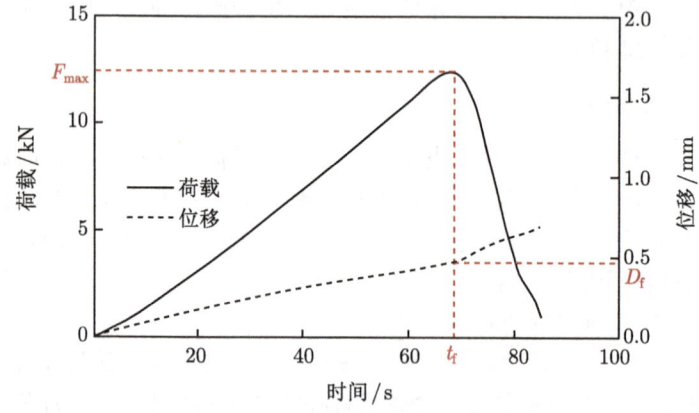

图 2.3.2　海冰单轴压缩试验中的加载力–时间、位移–时间曲线 (脆性破坏)

应变速率是应变对时间的变化率。对于可以保持恒定加载速度的压力机，将试验机压头的位移速率与试样的高度比值定义为试验的应变速率，即

$$\dot{\varepsilon} = \frac{\dot{X}}{L} \tag{2.3.2}$$

式中，$\dot{\varepsilon}$ 为应变率；$\dot{X}$ 为试验机压头位移速率；L 为试样的高度。

对于无法保持恒定加载速度的压力机，定义最大载荷发生时试样的应变与时间之比为平均应变速率，即

$$\dot{\varepsilon} = \frac{D_f}{Lt_f} \tag{2.3.3}$$

式中，D_f 和 t_f 分别为最大载荷发生时试样的位移与加载时间。

2) 海冰单轴压缩试验中的韧–脆转化现象

在海冰的单轴压缩试验中，一般通过观察海冰试样的应力–应变曲线或海冰试样的崩塌情况来判断海冰的韧性或脆性的破坏过程。Schulson 和 Buck (1995)、

2.3 海冰的力学性质

Schulson (2001) 最早提出海冰的韧性破坏和脆性破坏之间存在过渡区的概念，如图 2.3.3 所示。海冰在不同应变率下表现出由韧性破坏向脆性破坏转化的特点，并且在韧–脆转化区间存在最高的压缩强度 (Schulson and Buck, 1995)。海冰的韧–脆转化行为也有明确的工程应用背景，当海冰与结构发生挤压破坏时，最大冰力与冰速分别对应韧–脆转化点处的海冰强度与冰速 (岳前进等, 2005; 陈晓东等, 2018)。通常认为发生韧–脆转化时的应变速率为 $10^{-4} \sim 10^{-3}\ \mathrm{s}^{-1}$ (Schulson, 2001)。

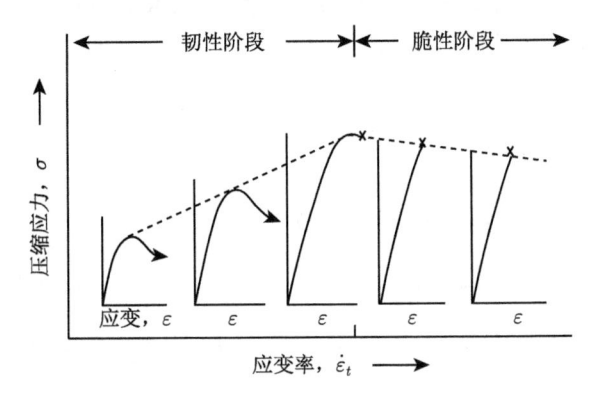

(a) 不同应变率下的海冰应力-应变关系

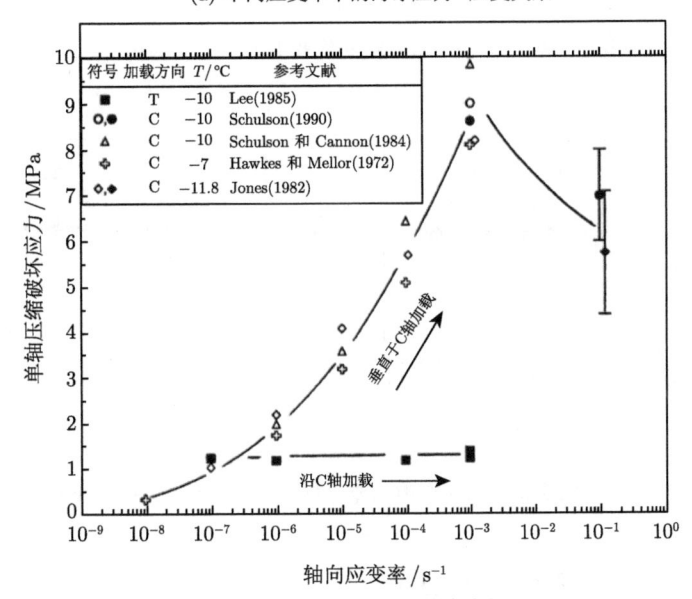

(b) 海冰单轴压缩强度随应变率的变化

图 2.3.3　海冰单轴压缩试验中的韧–脆转化现象 (Schulson, 2001)

李志军等 (2011) 和陈晓东等 (2018) 在渤海辽东湾进行的海冰单轴压缩试验也得出了相似的结论。李志军等 (2011) 将应力–应变曲线的特征分为四类：曲线 A~D 分别反映冰的脆性、韧–脆转化、韧性和蠕变破坏特征，如图 2.3.4(a) 所示。陈晓东等 (2018) 结合试验中海冰试样的破坏模式，将应力–应变曲线分为韧性、韧–脆转化和脆性三个类别，分别对应海冰试样的多裂纹韧性破坏、劈裂破坏和碎裂破坏。试验中典型的应力–应变曲线如图 2.3.4(b) 所示。图 2.3.5 为单轴压缩强度的试验结果，(a) 和 (b) 两图均符合 Schulson (1995, 2001) 发现的最大压缩强度出现在韧–脆转化区间的规律。

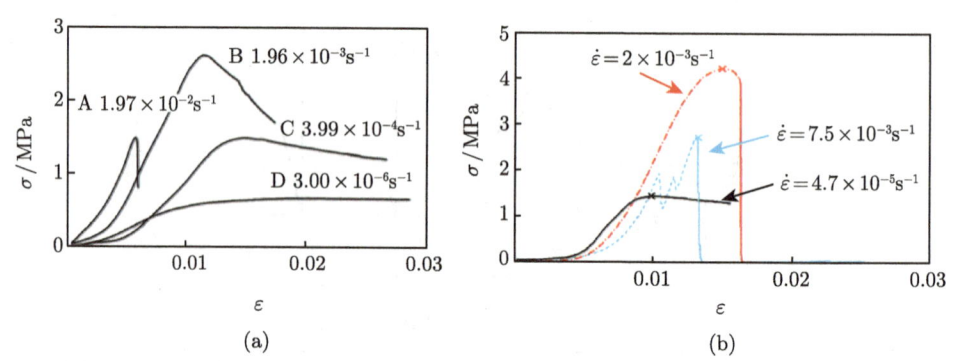

图 2.3.4　不同应变率下的海冰应力–应变关系 (李志军等, 2011; 陈晓东等, 2018)

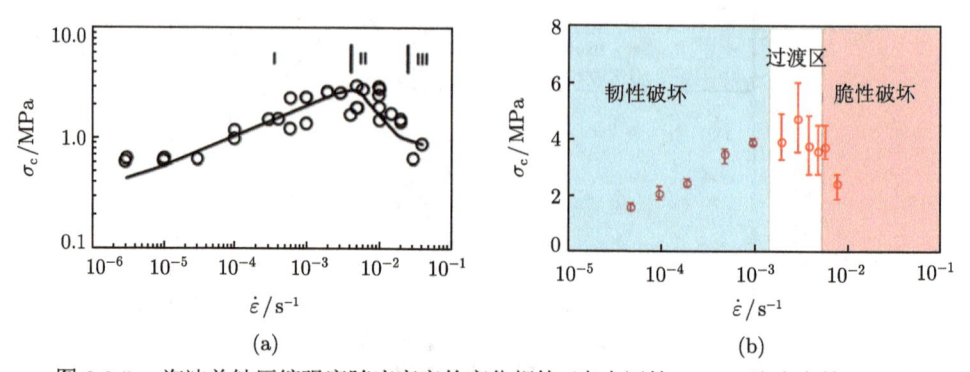

图 2.3.5　海冰单轴压缩强度随应变率的变化规律 (李志军等, 2011; 陈晓东等, 2018)

3) 海冰单轴压缩强度的经验公式

海冰单轴压缩强度的影响因素包括冰温、晶体粒径、冰内相成分等内部条件，以及应变速率、加载方向等外部条件。由于海冰力学行为的复杂特性，难以从理论上推导海冰单轴压缩强度的计算公式。目前，通常基于试验方法得到海冰单轴压缩强度的经验公式，ISO 19906 (2010) 采用 Timcohe 和 Frederking (1990) 给出的经验公式来计算当年冰的单轴压缩强度。

对于平行于冰面方向加载的柱状冰,其单轴压缩强度 $\sigma_{c,h}$ 为

$$\sigma_{c,h} = 37\dot{\varepsilon}^{0.22} \left[1 - \left(\frac{v}{270}\right)^{0.5}\right] \quad (2.3.4)$$

对于垂直于冰面方向加载的柱状冰,其单轴压缩强度 $\sigma_{c,v}$ 为

$$\sigma_{c,v} = 160\dot{\varepsilon}^{0.22} \left[1 - \left(\frac{v}{200}\right)^{0.5}\right] \quad (2.3.5)$$

对于粒状冰,其单轴压缩强度 $\sigma_{c,g}$ 为

$$\sigma_{c,g} = 49\dot{\varepsilon}^{0.22} \left[1 - \left(\frac{v}{280}\right)^{0.5}\right] \quad (2.3.6)$$

式中,v 为孔隙率。

对于多年冰的单轴压缩强度,ISO 19906 (2010) 给出其取值范围为 4~12 MPa,与加载应变速率有关。冰温较低 (<20 °C) 的多年冰,其强度与当年冰相当,冰温较高的多年冰,其强度远高于当年冰。李志军等 (2011) 根据渤海海冰单轴压缩强度提出宽应变速率范围内的统一表达式:

$$\sigma_c = A\dot{\varepsilon}^B (1+v)^C \quad (2.3.7)$$

式中,A、B、C 为经验系数,其取值与海冰破坏形式有关,列于表 2.3.1。

表 2.3.1 经验系数 A、B、C 的取值

破坏形式	A	B	C
韧性破坏	112.844	0.2418	−0.753
韧–脆转化	3.900	−0.3692	−0.796
脆性破坏	48.816	0	−1.138

4) 海冰侧限压缩强度的测试方法

在船舶或海洋工程结构与海冰的相互作用中,海冰单元处于受侧限约束的状态,其压缩强度和侧限应力密切相关 (季顺迎等, 2014)。根据加载方向和侧限方向,可将海冰的侧限压缩试验分为五种类型,如图 2.3.6 所示。

加载方向垂直于海冰生长方向,侧限平行或垂直于冰厚方向,称为 A 或 B 型;加载方向平行于海冰生长方向,侧限平行于冰厚方向,称为 D 型;无侧限,加载方向垂直或平行于海冰生长方向,称为 C 或 E 型。侧限压缩试验也称为多轴压缩试验。

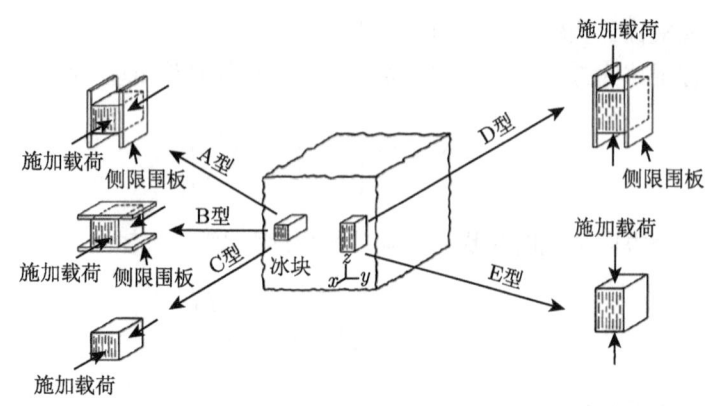

图 2.3.6 海冰侧限压缩试验的五种类型 (Timco and Weeks, 2010)

5) 海冰侧限压缩强度的经验公式

在海冰与船舶或海洋工程结构作用过程中,冰盖的上、下表面多为自由面,受力方向一般垂直于冰厚方向,即 A 型。海冰的分布类型和晶体结构对其力学性质也有显著的影响。淡水冰的 A 型侧限压缩强度值对冰晶结构和加载方式极其敏感,并且侧限压缩强度高于单轴压缩强度,应变率为 10^{-7} s^{-1} 时可达单轴压缩强度的 4 倍;粒状海冰的 A 型侧限压缩强度比单轴压缩强度高 20%。此外,B、C 型压缩强度随加载速率和侧向载荷的增加呈明显的上升趋势,而温度的升高会使强度降低 (Gratz and Schulson, 1997);但 A 型受加载速率的影响并不明显 (Timco and Frederking, 1986)。Schulson 和 Buck(1995) 发现,当应变率低于某一数值后,同样存在由脆性到韧性的转化过程。

季顺迎等 (2014) 针对渤海海冰设计并开展了 A 型侧限压缩试验,综合考虑了卤水体积和应力率对侧限压缩强度的影响,拟合得到海冰侧限强度 σ_{cc} 的变化曲面,其表达式为

$$\sigma_{cc} = 0.41\dot{\sigma}^{-0.03}\sqrt{v_b}^{-1.05} \tag{2.3.8}$$

式中,$\dot{\sigma}$ 为应力率;v_b 为卤水体积。

2. 海冰的弯曲强度

海冰与斜体结构,如锥体导管架平台、斜面护坡或破冰船相互作用时,弯曲破坏是主要的海冰破坏模式,海冰的弯曲强度在很大程度上决定了冰载荷的幅值。此外,海冰在波浪作用下的动力破碎、重叠和堆积特性,以及冰面承载力,均与海冰的弯曲强度密切相关 (季顺迎等, 2011)。

1) 海冰弯曲强度的测试方法

海冰弯曲强度的测试方法主要包括悬臂梁试验和简支梁试验。其中,悬臂梁试验一般在现场进行大尺度原位测试,通过在冰面上制作悬臂梁模型测得在真实

2.3 海冰的力学性质

温度梯度和冰厚下的海冰弯曲强度；简支梁试验包括三点和四点弯曲试验，其需要的试样尺寸相对较小且操作简单，是室内试验的主要手段 (季顺迎等，2011)。

在现场悬臂梁试验中，将冰切割成梁的三条边，第四条边未切割，并与漂浮的冰盖连接。不断增加的垂向载荷作用于梁的自由端，直到根部发生断裂，如图 2.3.7 所示。通常采用简单弹性梁理论对试验结果进行分析 (Timco and O'Brien, 1994)，海冰的弯曲强度 σ_f 可表示为

$$\sigma_f = \frac{6F_{\max}l}{bh^2} \tag{2.3.9}$$

式中，$F_{\max}$ 为加载力的最大值；l、b 和 h 分别为海冰试样的长度、宽度和高度。

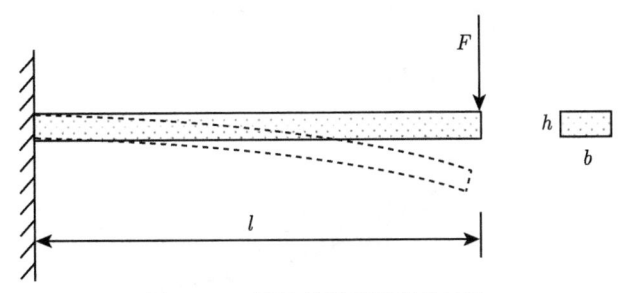

图 2.3.7　海冰的悬臂梁弯曲试验

对于简支梁弯曲试验，海冰梁完全脱离冰盖，并在三个或四个等距点上加载，使中心载荷与梁的两端载荷平行，如图 2.3.8 所示。三点弯曲试验和四点弯曲试验中海冰的弯曲强度 σ_f 可分别表示为 (Datt et al., 2020; Han et al., 2016)

$$\sigma_f = \frac{3F_{\max}L_0}{2bh^2} \tag{2.3.10}$$

$$\sigma_f = \frac{3F_{\max}L_s}{bh^2} \tag{2.3.11}$$

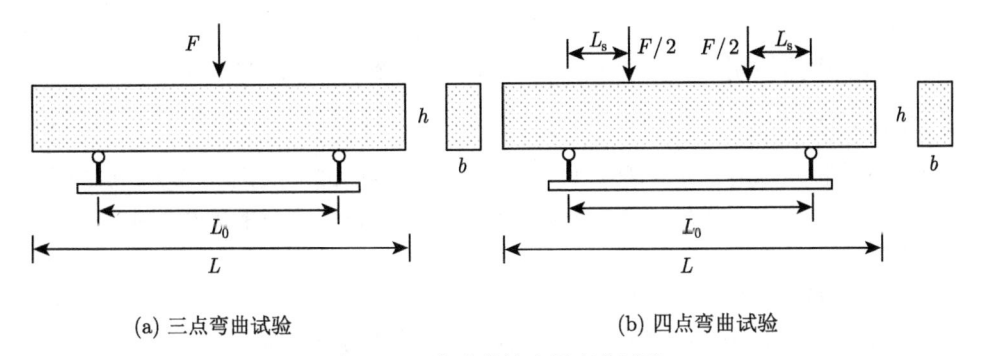

(a) 三点弯曲试验　　　　　　　　(b) 四点弯曲试验

图 2.3.8　海冰的简支梁弯曲试验

2) 海冰弯曲强度的经验公式

海冰弯曲强度的影响因素包括温度、盐度、冰晶结构、晶粒尺寸、试验类型、加载方向、加载速率、梁的尺寸等。国外学者尝试建立海冰弯曲强度和卤水体积或孔隙率之间的拟合关系，并在试验中发现：随着卤水体积或孔隙率的增加，弯曲强度降低。Timco 和 O'Brien (1994) 总结了大量的当年淡水冰和当年海冰的试验数据，如图 2.3.9 所示，并给出了拟合公式：

$$\sigma_f = 1.76 e^{-5.88\sqrt{v_b}} \tag{2.3.12}$$

式中，σ_f 为弯曲强度；v_b 为卤水体积。

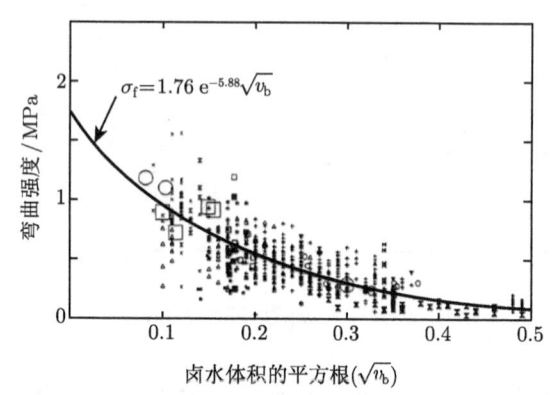

图 2.3.9　当年冰弯曲强度随卤水体积的变化规律 (Timco and O'Brien, 1994)

季顺迎等 (2011) 依据渤海海冰弯曲强度现场和室内测试的 155 个试验结果，拟合了海冰弯曲强度与卤水体积、应力率之间的对应关系：

$$\sigma_f = 2.61 e^{-5.58+2.09\dot{\sigma}}\sqrt{v_b} \tag{2.3.13}$$

多年冰的弯曲试验较少，与当年冰相比，多年冰的盐度较低，因此强度高于相同温度下的当年冰，但低于相同温度下的淡水冰。Timco 和 Weeks (2010) 对多年冰弯曲强度的预测为：冬季 0.8~1.1 MPa，夏季 0.4~0.6 MPa。

3. *海冰的拉伸强度*

海冰的拉伸强度决定了海冰的破碎尺寸、结构的冰力周期等特征。劈裂破坏也是海冰与结构相互作用下的主要破坏模式之一，该模式下的冰载荷由海冰的拉伸强度决定。

1) 海冰拉伸强度的测试方法

一般来说，单轴拉伸试验是获取材料拉伸强度的最直接手段。但由于海冰材料本身的脆性特点，试样受到单轴拉伸时的破坏位置容易发生在夹持部位而导致

2.3 海冰的力学性质

试验失败。为提高试验的成功率,需将拉伸试样打磨成中间截面较小的"哑铃"状以使其从中部发生破坏 (陈晓东等, 2020)。在该过程中,试样的加工制备需要大量时间而严重影响了试验效率,因此也并不适用于现场试验环境。为此,陈晓东等 (2020) 借鉴岩土力学中拉伸强度的测试方法,通过对圆盘形状的试样施加对称的轴向压缩载荷,使其中心部位形成强烈的拉伸应力并最终发生劈裂破坏,以此计算其拉伸强度,该试验又称为巴西盘劈裂试验 (Rocco et al., 1999)。海冰的巴西盘试验如图 2.3.10(a) 所示,加载机对试样施加轴向压力,由于圆盘的厚度远小于直径,若不考虑加载面与圆盘之间的接触状态,则可将圆盘的应力状态简化为准二维问题。此时,接触部位的线载荷则可视为点载荷,对称点载荷作用下圆盘内部的应力分布如图 2.3.10(b) 所示。

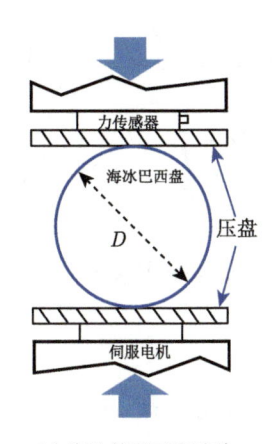

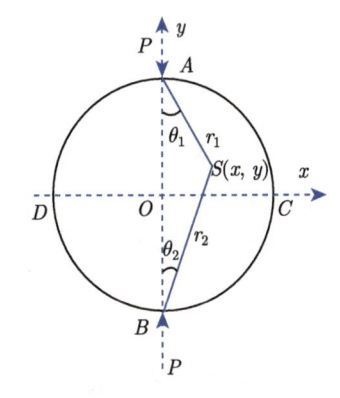

(a) 海冰的巴西盘试验　　　(b) 对称点载荷作用下圆盘内部的应力分布

图 2.3.10　海冰巴西盘试验的基本原理

对称集中载荷作用下圆盘任意坐标点 $S(x,y)$ 的应力状态方程为

$$\sigma_x = \frac{2P}{\pi L}\left(\frac{\sin^2\theta_1 \cos\theta_1}{r_1} + \frac{\sin^2\theta_2 \cos\theta_2}{r_2}\right) - \frac{2P}{\pi DL} \tag{2.3.14}$$

$$\sigma_y = \frac{2P}{\pi L}\left(\frac{\cos^3\theta_1}{r_1} + \frac{\cos^3\theta_2}{r_2}\right) - \frac{2P}{\pi DL} \tag{2.3.15}$$

式中,σ_x 与 σ_y 分别为点 S 在 x 和 y 方向上的正应力;r_1 与 r_2 为该点到载荷施加点 A 与 B 的距离;θ_1 与 θ_2 为连接线与 y 轴的夹角。

当点 S 位于试样 y 轴,即 $x=0$ 时,该点处的水平拉应力 σ_x 与垂向正应力 σ_y 为

$$\sigma_x = \frac{2P}{\pi DL} \tag{2.3.16}$$

$$\sigma_y = \frac{2P}{\pi L}\left(\frac{1}{r_1} + \frac{1}{r_2}\right) - \frac{2P}{\pi DL} \tag{2.3.17}$$

由式 (2.3.15)，通常认为试样发生破坏时所达到的拉伸强度 σ_b 为

$$\sigma_b = -\frac{2P_{\max}}{\pi DL} \tag{2.3.18}$$

此外，Rocco 等 (1999) 在考虑变形后引入修正系数对式 (2.3.18) 进行了改进：

$$\sigma_b\,(\beta < 0.16) = \frac{2P_{\max}}{\pi DL}\left(1 - \beta^2\right)^{\frac{3}{2}} \tag{2.3.19}$$

式中，β 为修正系数，$\beta = \dfrac{w}{D}$；w 为圆盘加载变形后的宽度，$w = \sqrt{\left(\dfrac{D}{2}\right)^2 - r_f^2}$（这里，$r_f$ 为试样破坏时加载面至圆盘中心的距离，$r_f = \dfrac{D - \int v\,\mathrm{d}t}{2}$；$D$ 为圆盘直径）。

2) 海冰拉伸强度的经验公式

Timcohe 和 Weeks (2010) 总结了当年柱状冰拉伸试验中拉伸强度与孔隙率的关系：

$$\sigma_b = 4.278 v_T^{-0.6455} \tag{2.3.20}$$

陈晓东等 (2020) 基于渤海粒状冰的巴西盘拉伸试验，将 40 组试验结果与 Timco 和 Weeks (2010) 总结的规律进行了对比，如图 2.3.11 所示。结果表明，前者的粒状冰拉伸强度略高于后者。由于国内外拉伸试验的相关研究较少，其规律性还有待进一步发现与探讨。

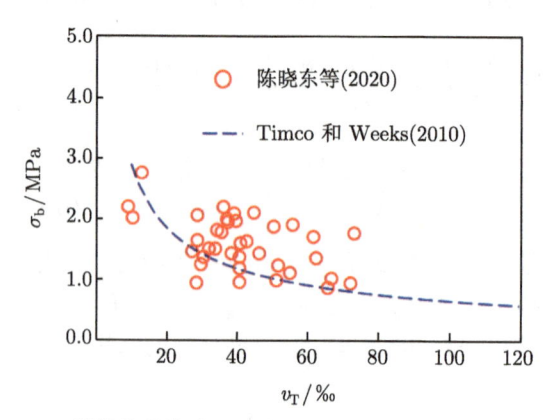

图 2.3.11　渤海粒状海冰巴西盘拉伸试验结果 (陈晓东等, 2020)

4. 海冰的剪切强度

剪切强度也是海冰的基本力学性质之一，其表示海冰在破坏前所能承受的最大剪切应力。在海冰与结构相互作用时，剪切强度是分析海冰内部复杂应力状态的重要指标。

1) 海冰剪切强度的测试方法

由于海冰在低加载速率下表现出较强的塑性，所以对海冰施加剪切力的难度较大。目前对于海冰剪切强度的测试尚无统一的标准，人们在研究过程中采用了不同的测试装置。图 2.3.12 为一种双剪试验装置，试样两端通过圆环形的夹具进行约束，通过中间部位的移动对海冰试样施加剪切力。试样在受力过程中，内部出现了两个剪切面，如图中虚线所示，因此形成了双剪的形式。这种装置的设计与实施均较为简单，但存在的两个剪切面影响了剪切应力的计算精度。

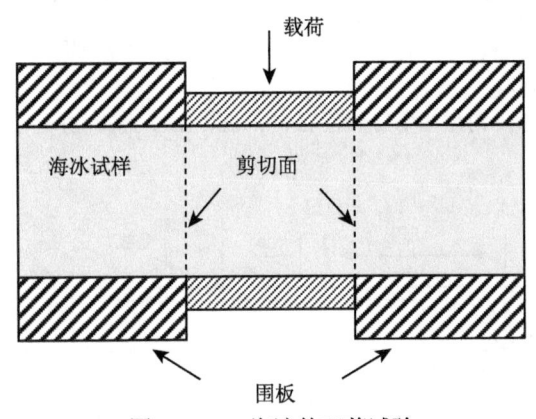

图 2.3.12 海冰的双剪试验

Paige 和 Lee (1967) 采用非对称的半圆形夹具对冰芯试样施加了错位的压力，从而实现对冰芯中心截面的剪切作用，如图 2.3.13 (a) 所示。同样地，Ji 等 (2013) 通过类似的方法设计了适用于长方体试样的装置，如图 2.3.13 (b) 所示。这种装置虽然只形成了一个剪切面，但由于侧限约束的存在抑制了海冰的剪胀作用，剪切面处于复杂的应力状态而非纯剪切状态。为避免海冰的剪胀作用，在夹具侧面设计了试样压力的释放孔，但仍无法完全消除复杂的应力状态。这一点在测试结果中也有所体现，约束作用提高了剪切强度。

为了避免侧限约束所产生的正应力对剪切试验结果的影响，Frederking 和 Timco (1984) 对四点弯曲装置进行改进，设计了新型的剪切试验装置。如图 2.3.14 所示，在长方体试样上的四个点施加载荷，所对应的试样中间部位形成了明显的剪切带，最终在试样中间形成剪切破坏。该方法对试验尺寸的要求较为苛刻。如果试样尺寸过细即长高比过高，则可能发生弯曲破坏而非剪切破坏；若试样的宽高比过高,则可导致加载部位发生局部挤压破坏 (Bailey et al., 2012)。尽管该装置避免了正应力的影响,但试样中心部分仍受到弯曲正应力而非处于纯剪切状态。

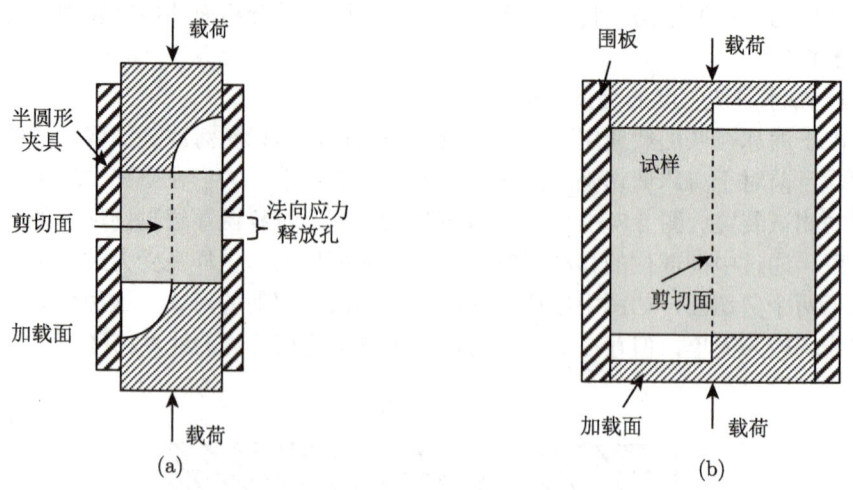

图 2.3.13　海冰的单剪试验 (Paige and Lee, 1967; Ji et al., 2013)

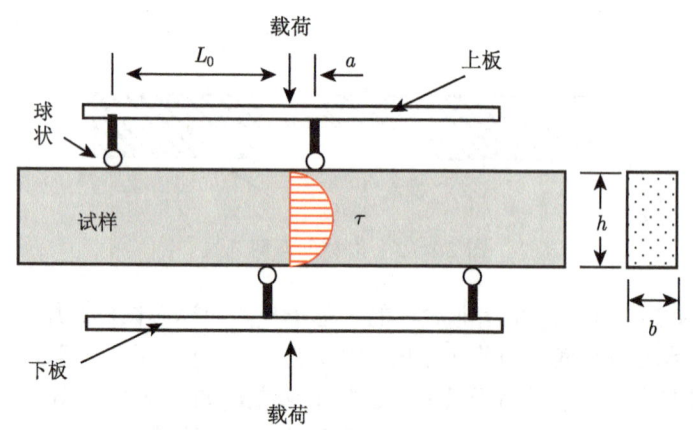

图 2.3.14　海冰的不对称四点加载剪切试验 (Frederking and Timco, 1984; Bailey et al., 2012)

2) 海冰剪切强度的经验公式

剪切强度除海冰本身的物理性质外还受到试验方法的影响。不同的加载装置均有可能对试验数据产生一定的影响。Frederking 和 Timco (1986) 结合了 Paige 和 Lee (1967) 的剪切测试数据,拟合了柱状海冰剪切强度和孔隙率之间的关系:

$$\tau = 1500 \left(1 - \sqrt{\frac{v_\mathrm{T}}{390}}\right) \tag{2.3.21}$$

式中，τ 为剪切强度；v_T 为孔隙率。

综合不同海冰剪切强度的试验结果，从温度、卤水体积和应力率的角度分析其对海冰剪切强度的影响，结果如图 2.3.15 所示。除卤水体积与温度外，剪切强度还与加载速率有关。一般来说，目前所采用的加载装置使剪切位置受到较强的正应力。此外，由于名义弹性模量与加载速率或应力率有关，剪切强度也受到名义弹性模量的影响。

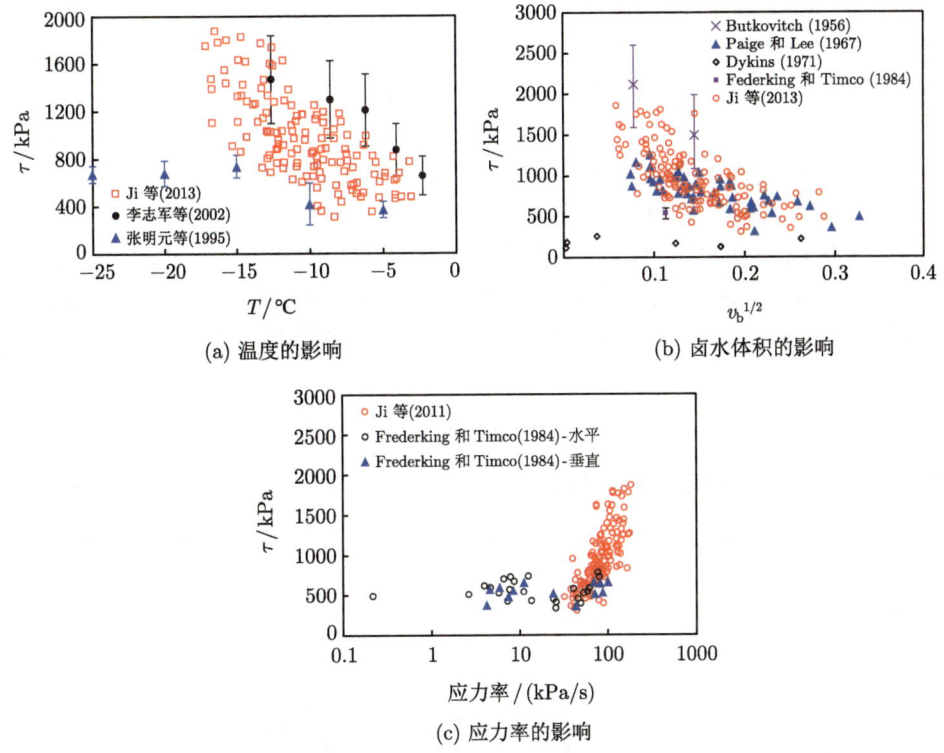

图 2.3.15 海冰剪切强度的影响因素分析

(a) 温度的影响
(b) 卤水体积的影响
(c) 应力率的影响

5. 海冰的断裂韧度

海冰的断裂韧度是近海结构冰载荷分析的重要参数，也是影响海冰断裂、重叠和堆积等动力学行为的主要力学特性。

1) 海冰断裂韧度的测试方法

首先按照预计的尺寸要求，使用带锯将采集的冰样精加工成断裂韧度试样，并在下侧面的中部沿原始冰的厚度切出一定深度 a 的切口，且具有尖端裂纹。海冰的断裂试验利用三点弯曲装置进行。海冰试样的加载方式及结构尺寸如图 2.3.16 所示。

图 2.3.16 海冰的断裂试验

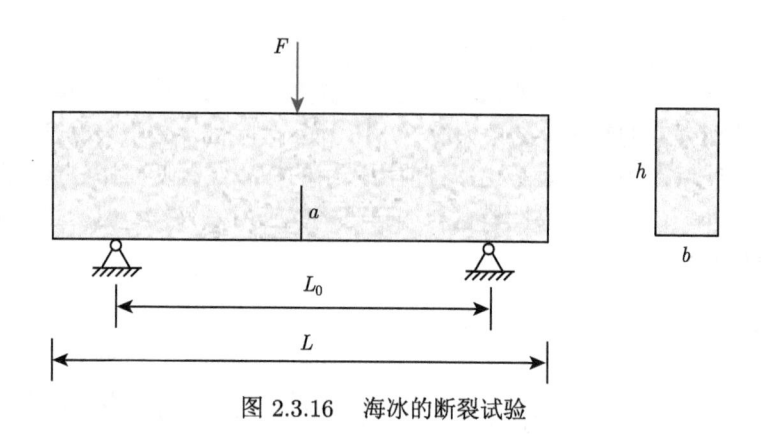

平面应变断裂韧度是材料在平面应变和小变形范围屈服条件下，张开型裂纹发生失稳扩展时的临界应力强度因子。其表征材料在线弹性范围内，具有初始裂纹时抵抗断裂的能力。对不同试样尺寸的海冰断裂试验结果进行对比后发现，尺寸相差较大的冰样的断裂韧度存在一定的差异 (Mulmule and Dempsey, 2000)。Guinea 等 (1998) 深入讨论了三点弯曲试验中应力强度因子的一般性确定方法。

对于 $3 \leqslant \dfrac{L_0}{h} \leqslant 5$ 且 $0.4 \leqslant \dfrac{a}{h} \leqslant 0.6$ 的非常规尺寸试样，应力强度因子可采用下式确定 (李洪升和朱元林, 2002)：

$$K_{\mathrm{IC}} = y\left(\frac{a}{h}\right)\frac{FL_0}{4bh^{\frac{3}{2}}} \tag{2.3.22}$$

其中，

$$y\left(\frac{a}{h}\right) = \left[7.30 + 0.21\sqrt{\frac{L_0}{h} - 2.9}\right]\sec\left(\frac{\pi a}{2h}\right)\sqrt{\tan\frac{\pi a}{2h}} \tag{2.3.23}$$

式中，F 为施加的载荷；L_0、b 和 h 分别为跨距、试样宽度和高度；K_{IC} 为张开型裂纹的应力强度因子，单位为 $\mathrm{kPa \cdot m^{0.5}}$。当 K_{IC} 达到临界值时，裂纹就会失稳扩展而发生断裂，该临界值即为断裂韧度。因为海冰的断裂是脆性破坏，所以临界载荷即为试验的最大载荷 $F_{\max}$。

Mulmule 和 Dempsey (2000) 讨论了海冰断裂试验中线弹性断裂的尺寸要求，并指出：海冰试样不满足尺寸条件时，所确定的 K_{IC} 不能代表真实的海冰材料属性。而对于平面应变断裂韧度的测试研究，裂纹尖端的塑性区变形尺寸一定要远小于试样的其他尺寸，当加载速率和试样厚度减小到一定程度时，都会使之转变为平面应力状态。为满足平面应变和小范围屈服条件，对试样尺寸的要求如下：

$$a, b, h - a \geqslant 2.5 \left(\frac{K_{\text{IC}}}{\sigma_{\text{b}}}\right)^2 \tag{2.3.24}$$

式中，σ_{b} 为拉伸强度。经有效性检验后，满足条件的 K_{IC} 才是海冰的平面应变断裂韧度。

2) 海冰断裂韧度的经验公式

早年的测试结果认为，海冰的断裂韧度取决于加载速率和海冰类型，受温度和冰晶尺寸的影响较小，小样本测量结果表明：海冰断裂韧度的典型值为 115 kPa·m$^{0.5}$。大规模原位海冰断裂试验表明：对于当年冰，断裂韧度约为 250 kPa·m$^{0.5}$，与小样本测量结果的差距较大。

季顺迎等 (2013) 根据渤海沿岸海冰的断裂试验结果，针对卤水体积和加载速率分别进行单因素分析和双因素分析，如图 2.3.17 所示。断裂韧度 K_{IC} 与卤水体积 v_{b} 和加载速率 $\dot{F}$ 的拟合关系可写为

$$K_{\text{IC}} = \left(294.12 + 1025.92\dot{F}\right) \text{e}^{\left(-3.58 - 33.4\dot{F}\right)\sqrt{v_{\text{b}}}} \tag{2.3.25}$$

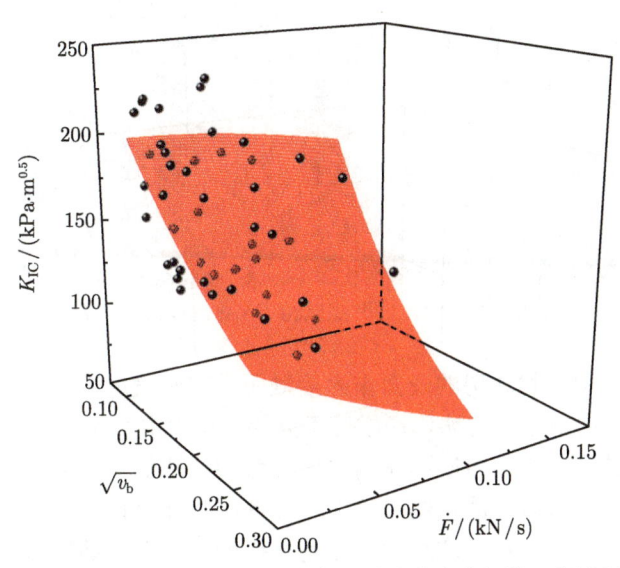

图 2.3.17　海冰断裂韧度随卤水体积和加载速率的变化规律 (季顺迎等，2013)

2.3.2　海冰的摩擦系数

在海冰与结构的相互作用中，海冰与结构的摩擦以切向力作用于结构的暴露面，在计算冰载荷时常常成为一个重要的计算参量，如冰脊作用力的水平分量、平整冰弯曲破坏中的摩擦力参量等。

1. 海冰摩擦系数的测试方法

Wang 等 (2018b) 为研究海冰摩擦系数所设计的现场试验如图 2.3.18 所示。该试验采用电机拖拽方式,通过钢丝绳拖拽钢架从而拖动冰块运动。试验中通过拉压力传感器测量正压力和钢丝绳拉力,从而计算出海冰的动摩擦系数 μ_k:

$$\mu_k = \frac{F_f}{F_n} \tag{2.3.26}$$

式中,F_f 为海冰滑块运动后的拉力平均值;F_n 为正压力。

图 2.3.18 海冰的摩擦试验 (Wang et al., 2018b)

冰顶滑道使用天然冰层的表面作为接触面。冰底滑道使用冰层底面作为接触面;加工时首先用电链锯将冰层切成若干冰块,在水中将冰块翻转使其底面朝上,待冰块全部冻结在一起后将底面作为滑道接触面。冰侧平滑道将冰块的侧面用作接触面,在翻转冰块时将冰块侧面朝上,并使柱状冰晶体生长方向平行于滑道长度方向。冰侧垂滑道同样将冰块的侧面用作接触面,但在翻转冰块时使柱状冰晶体生长方向与滑道长度方向垂直。滑道加工完成后,人工修整滑道表面,用铲子清除明显的凸起,以防止滑动中产生较大颠簸。

2. 海冰摩擦系数的经验公式

相比于压缩、弯曲等海冰力学性质的研究,海冰的摩擦系数受到的关注较少。为了了解海冰的摩擦行为,研究人员设计并开展了冰与冰、冰与金属、冰与涂层、

2.3 海冰的力学性质

冰与有机玻璃、冰与玻璃和冰与橡胶的摩擦试验,研究了滑移速度、温度和晶粒结构等因素对海冰摩擦系数的影响。

王庆凯等 (2019) 在研究中讨论了法向压强、冰晶结构、接触材料、滑动速度和气温对海冰摩擦系数的影响。海冰动摩擦系数随法向压强的增加而降低,与滑动方向是否垂直或平行于柱状冰晶体生长方向无关。表面粗糙度不同的物体与同一物体摩擦时具有不同的动摩擦系数,其与表面粗糙度呈幂函数关系。滑动速度对摩擦系数的影响较为复杂,由于摩擦热所融化的水膜是影响海冰摩擦行为的主要原因:当滑动速度较小时,摩擦产生的热量仅能融化产生少部分水膜,这部分水膜起到润滑的作用,导致冰–冰动摩擦系数随滑动速度的增大而减小;当滑动速度足够大时,摩擦热融化产生较多的水膜,水膜的拖曳力反而增加了摩擦阻力,导致动摩擦系数随滑动速度的增大而增大。气温的升高增加了水膜融化量,进而增大了动摩擦系数。此外,该试验的研究对象为海冰,冰层融化的水膜为卤水,其中的盐分也会影响海冰的动摩擦系数。随着海冰温度的降低,卤水中部分固体盐会析出,接触面之间的有效连接会由于盐分的存在而降低,进而降低海冰的动摩擦系数。

Lishman 等 (2011) 在冰池摩擦试验结果的基础上,引入岩石滑动摩擦的速度–状态本构模型来描述海冰动摩擦系数 μ_k 与滑动速度 V 的关系。该模型的表达式为

$$\mu_k = \mu_0 + A \ln \frac{V}{V_1} + B\theta \tag{2.3.27}$$

$$\frac{d\theta}{dt} = -\frac{V}{L}\left(\theta + \ln \frac{V}{V_1}\right) \tag{2.3.28}$$

式中,V_1 为使公式量纲一致的参数;μ_0、A 和 B 为经验系数;θ 为与时间和速度有关的状态变量;L 为特征长度。

当滑动速度为常数时,运动状态稳定,θ 为常量,此时

$$\frac{d\theta}{dt} = 0 \tag{2.3.29}$$

$$\theta = -\ln \frac{V}{V_1} \tag{2.3.30}$$

$$\mu_k = \mu_0 + (A - B) \ln \frac{V}{V_1} \tag{2.3.31}$$

由此,根据式 (2.3.31) 选用不同的经验系数可以描述低速和高速滑动时速度与海冰动摩擦系数的关系。图 2.3.19 给出了渤海海冰原位试验得到的喷漆钢

板、不锈钢钢板和海冰三种材料与海冰之间动摩擦系数随速度的变化趋势，在 $0.2\sim2.0\,\mathrm{m/s}$ 的滑动速度区间内，动摩擦系数随速度的增加而增加。

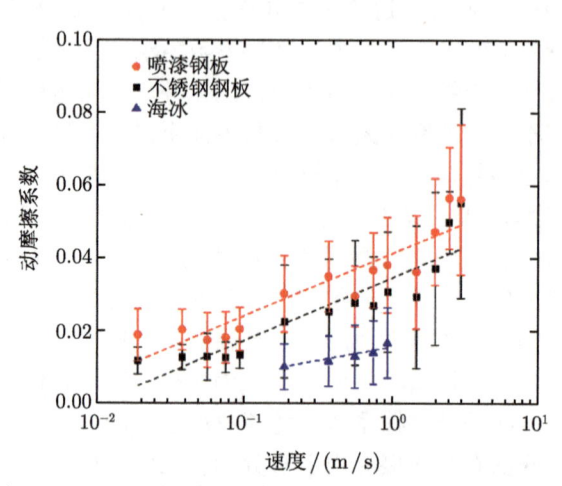

图 2.3.19　不同材料下海冰动摩擦系数随速度的变化规律

2.3.3　海冰的弹性模量与泊松比

材料的弹性模量定义为弹性过程中应力与应变的比值，泊松比定义为单轴加载条件下均匀材料的横向应变与纵向应变的比值。在海冰的流变学中，海冰的总应变是原子键长度变化引起的弹性变形、晶界滑动延迟弹性、晶粒内位错运动引起的黏性变形和冰中微裂缝产生的变形的总和 (Sinha, 1984)。因此海冰的弹性模量和泊松比与一般材料之间存在较大差异，除非在只涉及弹性响应的情况下使用高频技术测量，否则将应力和应变的比值、横向应变与纵向应变的比值分别称为等效弹性模量和等效泊松比更为合适。

1. 海冰弹性模量的测试方法

早年的研究人员采用原位的波传播法测量海冰的弹性模量，波传播法采用高频的扰动激励试样，从而在试样某个方向上产生单一的脉冲，如图 2.3.20 所示。该脉冲的中心频率远大于试样的共振频率，且波长约为试样尺寸的 1/10 甚至更小。通过测量脉冲经过试样的时间 (两个换能器一发一收测量)，或者测量脉冲经过试样一个端部再次返回的时间 (单换能器脉冲回波测量) 来计算波速，然后根据波速与弹性常数的关系进一步计算弹性模量。此时被测样品的波速 v 与弹性模量 E 之间满足以下关系：

$$v = \sqrt{\frac{E(1-\mu)}{(1+\mu)(1-2\mu)\rho}} \tag{2.3.32}$$

式中，μ 为泊松比；ρ 为密度。

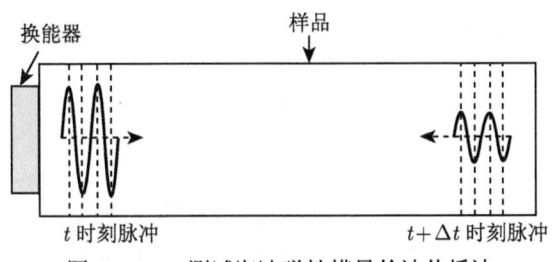

图 2.3.20　测试海冰弹性模量的波传播法

2. 海冰弹性模量的经验公式

Weeks 和 Assur (1968) 总结波传播法的海冰弹性模量测量结果后发现：随着温度的降低或卤水体积的减少，弹性模量的值显著升高。通过归纳分析不同试验者对海冰弹性模量的动力测试结果，可建立弹性模量 E 和卤水体积 v_b 之间的对应关系，即

$$E = 10 - 0.035 v_b \tag{2.3.33}$$

在加拿大艾萨克森 (Isachsen) 开展的试验结果表明，多年冰的弹性模量比当年冰低约 5%，两者随卤水体积的变化规律如图 2.3.21 所示。

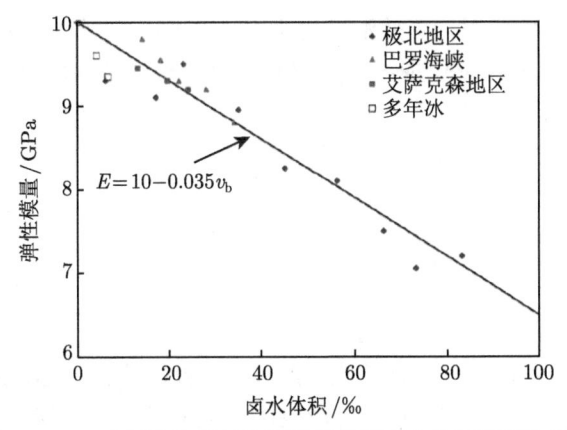

图 2.3.21　多年冰和当年冰弹性模量随卤水体积的变化规律

3. 海冰泊松比的测试方法

高频测量技术通常通过对冰层的地震波或冰芯的超声波测量完成 (Timco and Weeks, 2010)。超声波测量主要通过测定冰层中的横波速度和纵波速度来进行计算，试验中使用两个换能器，一个作为发射器，另一个作为接收器。从发射

器发射的脉冲信号垂直透射到接收器,然后让反射回来的脉冲信号再去触发发射电路,再发射下一个脉冲,这样不断地循环。只要测出它的循环周期,就等于测到声波的传播时间,从而获取横波和纵波的波速 (王大雁等, 2002)。海冰泊松比 μ 可表示为

$$\mu = \frac{V_p^2 - 2V_s^2}{2\left(V_p^2 - V_s^2\right)} \tag{2.3.34}$$

式中,V_p 和 V_s 分别为试验中测定的纵波波速和横波波速。

高频测量对测量频率的要求较高,一般需要几千到几兆赫兹,因此较多的学者采用等效泊松比的测量方法研究其分布规律。

4. 海冰泊松比的经验公式

Langleben 和 Pounder (1963) 测量了海冰冰芯的脉冲速度和共振,并利用弹性理论确定了泊松比的平均值为 0.009~0.295。Weeks 和 Assur (1968) 分析了高频测量技术的地震波测量结果,提出了海冰的动态泊松比方程:

$$\mu_D = 0.333 + 0.06105 e^{\frac{T_i}{5.48}} \tag{2.3.35}$$

式中,μ_D 为动态泊松比;T_i 为冰温。

对简支梁弯曲变形时纵向和横向应变的同步测量结果表明,泊松比随着应力率的增加和温度的降低而减小。当应力率为 0.01 MPa/s 时,等效泊松比为 0.48;当应力率为 0.6 MPa/s 时,等效泊松比为 0.35~0.4。此外,根据对等效泊松比分布曲线的拟合,提出了等效泊松比 μ_E 和应力率 $\dot{\sigma}$、应变率 $\dot{\varepsilon}$ 的拟合公式:

$$\mu_E = 0.24 \left(\frac{\dot{\sigma}}{\dot{\sigma}_1}\right)^{-0.29} + \mu_D \tag{2.3.36}$$

$$\mu_E = 0.0024 \left(\frac{\dot{\varepsilon}}{\dot{\varepsilon}_1}\right)^{-0.29} + \mu_D \tag{2.3.37}$$

式中,$\dot{\sigma}_1$ 为应力率;$\dot{\varepsilon}_1$ 为应变率。

海冰的等效泊松比受到加载速率、温度、晶粒尺寸、晶粒结构、加载方向、微裂纹状态等众多因素的影响,其与各影响因素之间的变化规律还有待进一步发现,尤其是多年冰的泊松比测量工作仍需进一步开展。

2.4 海冰的热力学和动力学过程

海冰和大气、海洋之间不断地进行着热量、动量、质量和盐度的交换,这些过程相互耦合且极为复杂。为数值模拟和预报海冰的生消运动过程,人们从 20 世

纪 70 年代开始，相继发展了海冰的热力学和动力学模型并建立了相应的数值方法。海冰动力学方程的建立和完善，海冰与大气/海洋的相互作用及其参数化，动力学方程的计算方法和本构模型，是目前海冰热力学和动力学研究中的重要问题。海冰运动的动量方程决定了海冰在外界强迫和内力作用下的漂移规律，以及其形变、破碎、重叠和堆积的基本特性。

2.4.1 海冰的热力学过程

极地海冰的热力生长和消融是经典的地球物理学问题，对海冰生长与消融过程的研究，有利于完善海冰的热力学模式并提高海冰热力学模型的数值计算能力，从而准确模拟冰厚的季节性变化。

1. 海冰生消的热力学模型

在不考虑海冰动力学作用的情况下，海冰生长和消融的过程主要受大气–海冰界面、海冰内部以及海冰–海水界面的光通量和热通量影响。海冰生消过程伴随着冰内盐分迁移和脱盐作用，同时受到冰底海洋热通量的影响 (雷瑞波, 2009)。海冰的热力学模型是由 Maykut 和 Untersteiner (1971) 最早开始正式研究并提出的，简称 MU 模型。该模型引入了积雪、海冰温度/盐度/密度的垂向变化、冰内卤水体积/空气体积、短波辐射透射、热导率和比热容等影响因素，用表面热平衡决定海冰增长率，以扩散方程控制冰内热传导，是迄今为止考虑最全面的一维海冰热力学模型。

海冰的热力学 MU 模型如图 2.4.1 所示。图中，F_s 为入射的太阳短波辐射通量；α 为雪面反照率；αF_s 为雪面反射的短波辐射通量；F_d 为向下的长波辐射通量；F_b 为向上的长波辐射通量；F_h 为感热湍流热通量；F_l 为潜热湍流热通量；I 为传输进入积雪层的光通量；k_o 为表面积雪层的热导率；k_s 为积雪层底部的热导率；k_i 为海冰层的热导率；H_s 为积雪层厚度；H_i 为海冰层厚度；F_w 为冰底海水层的热通量。Perovich (1998) 针对海冰给出了不同冰/雪表面反照率的大致范围，如图 2.4.2 所示。

能量的变化发生在积雪层、海冰层的上、下表面。上表面的能量变化会导致积雪和海冰的融化或雪层的积累，下表面的能量变化会导致积雪和海冰的消融或者积聚。MU 模型利用热平衡方程，把朝向或远离表面的各种能量、通量与海冰的冻结或融化的速率联系起来。积雪层上表面的能量平衡方程可表示为

$$(1-\alpha)F_s - I + F_d - F_b + F_h + F_l + k_o \left(\frac{\partial T}{\partial z}\right)_o = \begin{cases} 0, & T_o < 273\mathrm{K} \\ -\left[q\dfrac{\mathrm{d}}{\mathrm{d}t}(H_s + H_i)\right]_o, & T_o = 273\mathrm{K} \end{cases}$$

(2.4.1)

式中，T_o 为积雪表层温度。

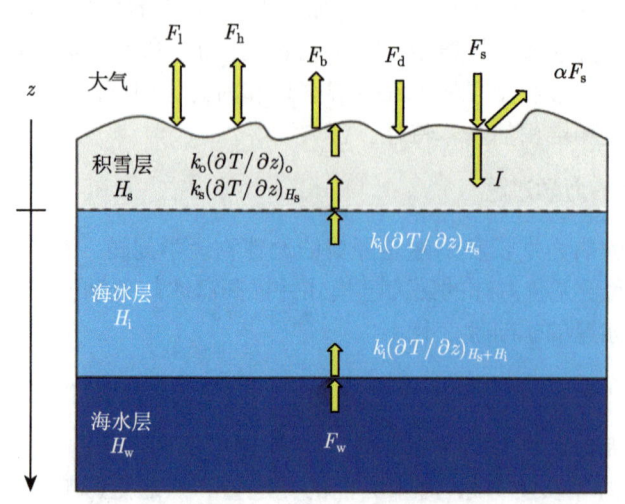

图 2.4.1 海冰的热力学 MU 模型 (Perovich, 1998)

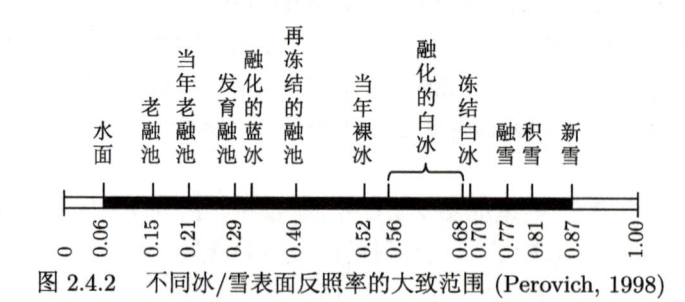

图 2.4.2 不同冰/雪表面反照率的大致范围 (Perovich, 1998)

当积雪层的表面温度低于海冰的结冰点时，积雪层上表面处于平衡状态；而当表面温度达到或超过海冰的结冰点时，平衡状态被打破，积雪层开始融化。积雪层的质量变化也会影响到表面的能量平衡，若假设冰-雪界面的热传导是连续的，则积雪层和海冰层交界面的能量平衡方程可表示为

$$k_s\left(\frac{\partial T_s}{\partial z}\right)_{H_s} = k_i\left(\frac{\partial T_i}{\partial z}\right)_{H_i} \tag{2.4.2}$$

式中，T_s 和 T_i 分别为积雪层和冰层内温度。

根据比尔 (Beer) 或布格-朗伯 (Bouguer-Lambert) 定律，光束在海冰层内会发生指数衰减，因此海冰层内部的能量平衡可表示为

$$\rho_i c_i \frac{\partial T_i}{\partial t} = k_i \frac{\partial^2 T_i}{\partial z^2} + I e^{-\kappa_i z} \tag{2.4.3}$$

2.4 海冰的热力学和动力学过程

式中，c_i 为海冰的比热容，这里取 $c_i = c_0 + 0.0172 S_i T_i^2$（其中 c_0 为经验系数，S_i 为海冰盐度）；κ_i 为海冰的消光系数，指入射光束在无限薄介质内的垂直衰减率与该薄层厚度之比。

海冰层和海水层的热力学作用过程主要表现在两个方面：海冰生长时，盐分的析出导致冰底海水密度的改变，驱动对流的发生，形成海冰–海水混合层；冰底海水对流给冰–水界面带来热量，阻碍海冰生长。在海冰层与海水层的边界处，只有两种通量需要考虑：来自海水的湍流热通量和靠近海冰层边界的传导热通量。两种热通量的大小相近，在不同季节会出现不同的热通量占主导地位。边界处的能量平衡可表示为

$$k_i \left(\frac{\partial T}{\partial z}\right)_{H_s+H_i} - F_w = \left[q \frac{\mathrm{d}}{\mathrm{d}t}(H_s + H_i)\right]_{H_s+H_i} \qquad (2.4.4)$$

其中，冰底海洋的热通量 F_w 可表示为

$$F_w = \rho_w c_w \left(K_w \frac{\partial T_w}{\partial z}\right)_{H_s+H_i} \qquad (2.4.5)$$

式中，ρ_w 为海水的密度；c_w 为海水的比热容；K_w 为海水的涡流扩散系数。

冰底海洋热通量是影响海冰生消过程的重要参数。Perovich 等 (2002) 基于北极海冰现场观测项目 SHEBA 的观测数据，对不同类型海冰的冰底海洋热通量进行了估算，结果表明：多年平整冰的冰底海洋热通量的年均值为 7.5 W/m²，融池冰为 10.4 W/m²，老冰脊为 12.4 W/m²，夏季冰底热通量明显高于其他季节。

雷瑞波 (2009) 全面统计了 2009 年以前的现场观测数据，给出了各海域不同类型冰区的冰底海洋热通量的大致范围 (Maykut and McPhee, 1995; Perovich et al., 2002; Shirasawa et al., 1997; Launiainen and Cheng, 1998; 季顺迎和岳前进, 2000; Lytle and Ackley, 1996; Purdie et al., 2006)，列于表 2.4.1。

表 2.4.1　各海域不同类型冰区的冰底海洋热通量大致范围

冰区描述	冰底海洋热通量
北极浮冰区	年平均：5~13 W/m² 年最大：40~60 W/m²
鄂霍次克海北海道泻湖区固定冰区	夜间：75 W/m² 日间：33 W/m²
波罗的海	约 1 W/m²
渤海辽东湾	初冰期：200 W/m² 以上 融冰期：接近 0 W/m²
南极威德尔海	2~6 月：(7±2) W/m²
南极麦克默多湾固定冰区	−30 ~ 30 W/m²

2. 海冰厚度的简化公式

在平静水面，冰的静态生长主要是热力学过程。如果不考虑来自水体的热通量和太阳的短波辐射，海冰生长速率取决于冰底热传导。假定海冰层中的冰温为线性分布，海冰生长则主要依赖于表面温度和冰厚。Stefan 给出了海冰生长的计算模式 (雷瑞波, 2009):

$$\frac{\mathrm{d}H_\mathrm{i}}{\mathrm{d}t} = -\frac{k_\mathrm{i}}{H_\mathrm{i}\rho_\mathrm{i}L_\mathrm{i}}(T_0 - T_\mathrm{f}) \tag{2.4.6}$$

式中，H_i 为海冰厚度；k_i 为海冰的热导率；ρ_i 为海冰密度；L_i 为海冰的融解潜热；T_0 为海冰表面温度；T_f 为冰底温度，即海水的冻结温度。

海冰的热导率 k_i 主要与海冰温度、盐度有关，根据 Untersteiner (1961) 和 Yen (1981) 拟合的经验公式，其可表示为

$$k_\mathrm{i} = 1.16\left(1.91 - 8.66\times 10^{-3}T_\mathrm{i} + 2.97\times 10^{-5}T_\mathrm{i}^2\right) + 0.13\frac{S_\mathrm{i}}{T_\mathrm{i} - 273.15} \tag{2.4.7}$$

式中，T_i 为海冰温度；S_i 为海冰盐度。

由于海冰含有卤水，其融解潜热比淡水冰低。海冰融解潜热 L_i 依赖于海冰的温度和盐度 (Ono, 1968):

$$L_\mathrm{i} = 4.187\left(79.68 - 0.505T_\mathrm{i} - 0.0273S_\mathrm{i} + 4.3115\frac{S_\mathrm{i}}{T_\mathrm{i}} - 0.0008S_\mathrm{i}T_\mathrm{i} - 0.009T_\mathrm{i}^2\right) \tag{2.4.8}$$

海水的冻结温度 T_f 取决于海水盐度 S_w:

$$T_\mathrm{f} = -0.054S_\mathrm{w} \tag{2.4.9}$$

将式 (2.4.6) 对时间积分，得

$$H_\mathrm{i} = \sqrt{\frac{2k_\mathrm{i}}{L_\mathrm{i}\rho_\mathrm{i}}}\sqrt{\int_0^t (T_\mathrm{f} - T_0)\mathrm{d}t} \tag{2.4.10}$$

引入参数 a 和 θ:

$$a = \sqrt{\frac{2k_\mathrm{i}}{L_\mathrm{i}\rho_\mathrm{i}}} \tag{2.4.11}$$

$$\theta = \int_0^t (T_\mathrm{f} - T_0)\mathrm{d}t \tag{2.4.12}$$

2.4 海冰的热力学和动力学过程

当积分的时间步长取 1 天时，θ 即为冰冻度日累积数。由此，冰厚可表示为

$$H_\text{i} = \sqrt{H_0^2 + a^2\theta} \tag{2.4.13}$$

冰表面温度的观测比较困难，一般采用气温代替冰表面温度。然而气温和冰表面温度往往存在差异，在温度比较低、风力比较弱时，这种差异更加明显。为此，根据北极海冰的观测数据，给出修正的海冰厚度计算公式：

$$H_\text{i} = \sqrt{(H_0 + 25)^2 + a^2\theta} - 25 \tag{2.4.14}$$

Leppäranta (1993) 也给出了类似的修正公式：

$$H_\text{i} = \sqrt{H_0^2 + a^2\theta + \left(\frac{k_\text{i}}{k_\text{a}}\right)^2} - \frac{k_\text{i}}{k_\text{a}} \tag{2.4.15}$$

式中，k_a 为大气边界层的热交换系数。

当 $\dfrac{k_\text{i}}{k_\text{a}} = 10$ 时，即为 Anderson 给出的冰厚经验公式：

$$H_\text{i} = \sqrt{H_0^2 + a^2\theta + 100} - 10 \tag{2.4.16}$$

积雪层的隔热作用对海冰生长规律的影响也被考虑进冰厚的计算公式中。将海冰生长的微分方程推广到含积雪层的海冰系统中，同样假设积雪层内的温度呈线性分布，则海冰生长的计算公式为 (Leppäranta, 1993)

$$\frac{\mathrm{d}H_\text{i}}{\mathrm{d}t} = -\frac{k_\text{i}(T_0 - T_\text{f})}{\rho_\text{i}L_\text{i}\left(H_\text{i} + \dfrac{k_\text{i}}{k_\text{s}}H_s\right)} \tag{2.4.17}$$

假设积雪层的热导率是恒定的，且积雪层的厚度与海冰层的厚度高度相关，即

$$H_\text{s} \approx \lambda H_\text{i} \tag{2.4.18}$$

由此可推导出含积雪层的海冰厚度计算公式：

$$H_\text{i}^2 = \frac{2k_\text{i}\theta}{L_\text{i}\rho_\text{i}\left(1 + \lambda\dfrac{k_\text{i}}{k_\text{s}}\right)} \tag{2.4.19}$$

将考虑积雪层的隔热作用计算出的厚度结果与 Stefen 公式计算的裸冰厚度进行比较，结果表明：积雪层的存在制约了海冰的热力生长，海冰厚度减少至无积雪

影响下的 $\dfrac{1}{\sqrt{1+\lambda\dfrac{k_i}{k_s}}}$。一般情况下，$k_i \approx 10 k_s$，$\lambda \leqslant \dfrac{\rho_w - \rho_i}{\rho_s} \approx 0.3$，因此积雪层对海冰厚度的减少系数一般为 0.5~1。

雪冰的形成是降雪对海冰热力生长过程的另一种影响方式。当积雪层的重量足够大时，海冰层下沉至海平面以下，积雪会与海水混合形成雪泥。由于混合物中已经含有冻结的雪或水，结冰时需要释放的热量较少从而很容易结冰。此时，雪冰生长过程中的厚度 H_{si} 可表示为 (Lepp äranta, 1993)

$$\frac{dH_{si}}{dt} = -\frac{k_s(T_0 - T_f)}{\rho_i L_i \left(1 - \dfrac{\rho_s}{\rho_i}\right) H_s} \tag{2.4.20}$$

实际上，当雪冰开始冻结时，新生的薄冰会覆盖在雪泥上阻碍雪冰的继续生成。假设持续的降雪量恰好能在雪冰层生成时产生新的雪泥，此时积雪的热传导仍是海冰生长的决定性因素。因此，积雪层与雪冰层的厚度之间有如下关系：

$$H_s = \frac{\rho_w - \rho_i}{\rho_s} H_{si} \tag{2.4.21}$$

从而将式 (2.4.20) 对时间积分可得

$$H_{si}^2 = \frac{2\rho_s k_s \theta}{L_i \rho_i \left(1 - \dfrac{\rho_s}{\rho_i}\right)(\rho_w - \rho_i)} \tag{2.4.22}$$

同样地，将雪冰厚度的计算公式与 Stefen 公式计算出来的裸冰厚度进行比较。雪冰产生对冰厚的影响系数可表示为

$$\sqrt{\frac{k_s}{k_i}\left[\rho_s(\rho_w - \rho_i)\right]\left(1 - \dfrac{\rho_s}{\rho_i}\right)} \tag{2.4.23}$$

当 $\dfrac{k_s}{k_i} = \dfrac{1}{10}$ 且 ρ_s、ρ_w、ρ_i 分别为 0.3 g/cm³、1.0 g/cm³ 和 0.9 g/cm³ 时，影响系数为 0.71。也就是说，在相同的冰冻度日累积数下，适当降雪量下热力生长的雪冰冰厚大于积雪层覆盖下的热力生长的海冰冰厚，小于裸冰热力生长情况下的冰厚。

2.4.2 海冰的动力学过程

在海冰的生消运移过程中，海冰的动力学特性对其漂移规律以及海冰类型的动力转化具有重要影响。在自然条件下，海冰主要受风和流的拖曳力、科氏 (Coriolis) 力、潮汐引起的海面倾斜力以及海冰内力作用。其中的海冰内力需要通过建立合理的本构模型进行描述，这一直是海冰数值模拟工作的重点和难点。

1. *海冰漂移的动力学模型*

在海冰动力学数值模拟中，海冰漂移的动力方程为 (Hibler, 1979)

$$M\frac{\mathrm{d}\boldsymbol{V}_\mathrm{i}}{\mathrm{d}t} = -Mf\boldsymbol{K}\times\boldsymbol{V}_\mathrm{i} + \boldsymbol{\tau}_\mathrm{a} + \boldsymbol{\tau}_\mathrm{w} - Mg\nabla\xi_\mathrm{w} + \nabla\bar{h}\boldsymbol{\sigma} \quad (2.4.24)$$

式中，M 为单位面积海冰质量；$\boldsymbol{V}_\mathrm{i}$ 为海冰速度矢量；f 为科氏参数；$\boldsymbol{K}$ 为垂直于海面的单位矢量；$\boldsymbol{\tau}_\mathrm{a}$ 和 $\boldsymbol{\tau}_\mathrm{w}$ 分别为风和流对海冰的拖曳力；g 为重力加速度；ξ_w 为瞬时海面高度；$\boldsymbol{\sigma}$ 为海冰应力矢量。海冰在漂移过程中的受力情况如图 2.4.3 所示。

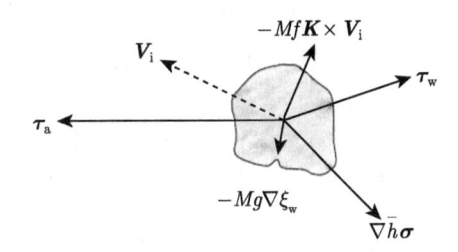

图 2.4.3 海冰在漂移过程中的受力情况

风和流对海冰的拖曳力可分别写作

$$\begin{cases} \boldsymbol{\tau}_\mathrm{a} = \rho_\mathrm{a} C_\mathrm{a} |\boldsymbol{V}_\mathrm{ai}| \boldsymbol{V}_\mathrm{ai} \\ \boldsymbol{\tau}_\mathrm{w} = \rho_\mathrm{w} C_\mathrm{w} |\boldsymbol{V}_\mathrm{wi}| \boldsymbol{V}_\mathrm{wi} \end{cases} \quad (2.4.25)$$

式中，ρ_a 和 ρ_w 分别为空气和海水的密度；C_a 和 C_w 分别为风和流对海冰的拖曳系数；$\boldsymbol{V}_\mathrm{ai}$ 为相对风速；$\boldsymbol{V}_\mathrm{wi}$ 为相对流速。由海冰内应力引起的冰间相互作用又称为海冰内力，其是影响海冰流变特性的关键因素，也是海冰动力学研究的核心内容。

2. *海冰的动力学本构模型*

自 20 世纪 70 年代起，人们在不同尺度下建立了一系列的海冰动力学本构模型用于数值模拟和预测，主要包括线黏性 (Glen, 1970)、弹塑性 (Coon et al., 1974; Pritchard, 1975)、黏塑性 (Hibler, 1979) 和各向异性 (Coon et al., 1998; Pritchard, 1998; Hibler, 2001) 损伤模型。特别是 Hibler 黏塑性模型不断发展和完善，在极区及亚极区的大、中尺度海冰数值模拟和预测中得到了广泛的应用，并取得了理想的计算结果 (Hunke and Dukowicz, 1997)。为模拟小尺度 (或冰块尺度) 下海冰断裂、重叠、堆积的方位，以及浪波作用下冰块碰撞、破碎等海冰动力学问题，自 20 世纪 80 年代中期，针对海冰的离散分布特性及其类似于颗粒介质的力学行为，基于颗粒介质理论的海冰动力学本构模型也相继发展起来 (Shen et al., 1987; Sedlacek et al., 2007)。在不同海域的海冰动力学研究中，人们对 Hibler 黏塑性模型的屈服准则 (Ip et al., 1991)、海冰发生塑性屈服时的压力 (季顺迎等, 2005) 和屈服前的弹性力学行为 (Hunke, 2001) 进行了一系列的改进。

1) 黏塑性模型

在目前的海冰动力学本构模型中，应用范围最广的是 Hibler 黏塑性模型 (Hibler, 1979)。该模型考虑海冰在大、中尺度下表现出来的连续分布和塑性流变特性，将海冰应力和屈服曲线视为应变率的函数。该模型实现了对北极海冰在计算网格为 100 km、时间步长为 24 h 的大尺度条件下的热力–动力耦合模拟 (Hibler, 1979)。近年来，人们采用黏塑性模型对极区及亚极地海冰的动力演化过程进行了大量的数值计算，其网格尺度一般在 10~100 km (Lindsay et al., 2003; Wang and Ikeda, 2004)。

海冰进入塑性前按线黏性计算，进入塑性后采用正交流动法则，并取用如图 2.4.4 所示的椭圆屈服函数，其可表述为 (Hibler, 1979)

$$F(\sigma_1, \sigma_2, P) = (\sigma_1 + \sigma_2 + P)^2 + e^2(\sigma_1 - \sigma_2)^2 - P^2 \tag{2.4.26}$$

式中，σ_1 和 σ_2 分别为第一和第二主应力；e 为海冰屈服曲线的椭圆率，一般取 2.0；P 为海冰发生塑性流动时的压力，其是海冰密集度的函数，有

$$P = P^* e^{-C(1-A)} \tag{2.4.27}$$

这里，A 为海冰密集度；C 为经验常数，一般取 20.0；P^* 为 $A = 1.0$ 条件下海冰发生塑性流动时的压力，其在不同海域的取值有很大差异。

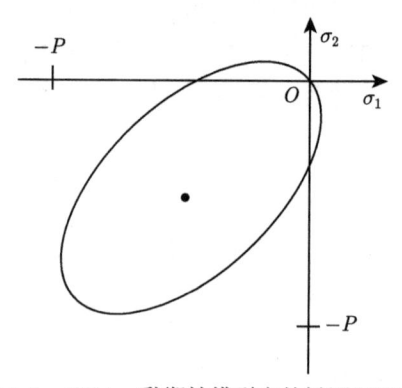

图 2.4.4　Hibler 黏塑性模型中的椭圆屈服函数

2.4 海冰的热力学和动力学过程

在海冰的黏塑性模型中，将海冰在水平方向上简化为平面应力问题，其二维应力张量按下式计算：

$$\sigma_{ij} = 2\eta\dot{\varepsilon}_{ij} + (\zeta - \eta)\dot{\varepsilon}_{kk}\delta_{ij} - \frac{P\delta_{ij}}{2} \quad (2.4.28)$$

式中，σ_{ij} 为二维应力张量；$\dot{\varepsilon}_{ij}$ 和 $\dot{\varepsilon}_{kk}$ 为二维应变率张量；δ_{ij} 为克罗内克 (Kronecker) 算子；ζ 和 η 分别为非线性体积和切变黏性系数，$\eta = \dfrac{\zeta}{e^2}$。为使 ζ 和 η 在零应变率处得到定义，将海冰按线黏性流体处理，即对 ζ 的最大值加以限制 (Hibler, 1979)：

$$\zeta = \min\left(\frac{P}{2\Delta}, \zeta_{\max}\right) \quad (2.4.29)$$

式中，$\Delta = \sqrt{\dot{\varepsilon}_{\text{I}}^2 + \dfrac{\dot{\varepsilon}_{\text{II}}^2}{e^2}}$，这里 $\dot{\varepsilon}_{\text{I}}$ 和 $\dot{\varepsilon}_{\text{II}}$ 为主应变率，$\dot{\varepsilon}_{\text{I}} = \dot{\varepsilon}_{xx} + \dot{\varepsilon}_{yy}$，$\dot{\varepsilon}_{\text{II}} = \sqrt{(\dot{\varepsilon}_{xx} - \dot{\varepsilon}_{yy})^2 + 4\dot{\varepsilon}_{xy}^2}$；$\zeta_{\max}$ 为海冰在小应变率下发生线黏性流动时的最大体积黏性系数。

由此可见，当应变速率较小时，ζ 和 η 均为常数，即 $\zeta = \zeta_{\max}$，$\eta = \dfrac{\zeta_{\max}}{e^2}$，此时黏塑性模型简化为线黏性模型；当应变率较大时，海冰进入塑性流动状态，ζ 和 η 为应变率张量的非线性函数，据此计算的海冰主应力位于椭圆屈服函数之上。当海冰发生塑性流动时，海冰的塑性应变率张量 $\dot{\varepsilon}_{ij}^{\text{p}}$ 为

$$\dot{\varepsilon}_{ij}^{\text{p}} = \frac{1}{2\eta}\sigma_{ij} + \frac{\eta - \zeta}{4\eta\zeta}\sigma_{kk}\delta_{ij} + \frac{P}{4\zeta}\delta_{ij} \quad (2.4.30)$$

在自然条件下，当海冰不受外界强迫而静止或均匀运动时 (即应变率为 0)，不存在冰内应力。这与原黏塑性模型计算的应力处于椭圆中心处相矛盾。为此将海冰压力改为应变率的函数 (Hibler et al., 2000)：

$$P = 2\Delta\zeta \quad (2.4.31)$$

这里，

$$\zeta = \min\left(\frac{P^*}{2\Delta}, \zeta_{\max}\right) \quad (2.4.32)$$

在传统的黏塑性模型中，海冰的强度一般定义为密集度的函数。这里考虑海冰重力和浮力的影响，并应用土力学中主动和被动土压力的极限分析理论，建立海冰在辐合和辐散时的压力计算公式 (季顺迎等, 2005)：

$$P_{\text{p,a}} = \tan^2\left(\frac{\pi}{4} \pm \frac{\beta}{2}\right)\left(1 - \frac{\rho_{\text{i}}}{\rho_{\text{w}}}\right)\frac{\rho_{\text{i}} g h_{\text{i}}}{2}\left(\frac{A}{A_{\max}}\right)^j \quad (2.4.33)$$

式中，h_i 为海冰厚度；β 为内摩擦角，一般取 46°；j 为经验系数，一般取 15；$A_{\max}$ 为最大密集度，在海冰中取 100%。这里的 "+" 和 "−" 分别表示海冰在辐合和辐散运动时的被动和主动冰内压力 P_p 和 P_a。

为研究海冰在波浪作用下的碰撞，Shen 等 (1987) 将颗粒流体动力学理论应用于海冰动力学，并建立了二维的冰块碰撞流变学模型。在最初的二维海冰碰撞流变学中，海冰被离散为大小相同的圆盘，并在运动中相互碰撞、摩擦。冰块间的相互作用采用 Hibler 黏塑性模型，其中的黏性系数和海冰强度是冰块大小、厚度和回弹系数等的函数，分别写作

$$\zeta = 3\eta = \frac{\gamma(1+e_p)}{\pi}\frac{v'}{d} \tag{2.4.34}$$

$$P = \frac{\gamma\sqrt{2}(1+e_p)}{\pi^2}\left(\frac{v'}{d}\right)^2 \tag{2.4.35}$$

这里，

$$\gamma = \frac{\rho_i D^2 h_i}{4}\frac{C^{2.5}}{C_0^{0.5}-C^{0.5}} \tag{2.4.36}$$

式中，ζ 和 η 分别为体积和剪切黏性系数；e_p 为回弹系数；v' 为冰块运动的波动分量；d 为冰块直径；C_0 为海冰的质量密度。

2) 黏弹−塑性模型

Hilber 黏塑性模型在大、中尺度下对海冰的动力学过程具有很强的适用性。这主要是因为海冰在大、中尺度下因重叠和堆积而导致的塑性变形远大于弹性变形，进而表现出很强的塑性流变行为。针对中、小尺度下海冰动力作用过程中的漂移、重叠和堆积特征，季顺迎等 (2005) 基于连续介质力学理论建立了黏弹−塑性模型。该模型可考虑海冰在小应变和小应变率条件下的黏弹性力学行为，以及在大应变条件下的塑性流变性质。基于莫尔−库仑 (Mohr-Coloumb) 准则的黏弹−塑性模型主要包括四部分，即考虑海冰在屈服前黏性和弹性力学行为的 Kelvin-Vogit 黏弹性模型、海冰塑性屈服的 Mohr-Coulomb 准则、海冰屈服后相关联的正交流动法则和影响海冰强度的静水压力。

• 海冰屈服前的 Kelvin-Vogit 黏弹性模型

海冰在不同的尺度和条件下表现出不同的流变学特征。这里选用 Kelvin-Vogit 黏弹性模型描述海冰屈服前的流变特征，并考虑海冰在大应变或大应变率条件下的塑性破坏，建立如图 2.4.5 所示的黏弹−塑性模型，其中弹簧、黏壶和滑块分别表示海冰的弹性、黏性和塑性流变模型。

考虑海冰动力学中的静水压力影响，该模型的二维张量形式可表述为

$$\sigma_{ij} = 2\eta_V\dot{\varepsilon}_{ij} + (\zeta_V-\eta_V)\dot{\varepsilon}_{kk}\delta_{ij} + 2G\varepsilon_{ij} + (K-G)\varepsilon_{kk}\delta_{ij} - P_r\delta_{ij} \tag{2.4.37}$$

2.4 海冰的热力学和动力学过程

式中, K 和 G 分别为海冰的块体弹性模量和剪切弹性模量; ζ_V 和 η_V 分别为海冰的块体黏性系数和剪切黏性系数; P_r 为静水压力。

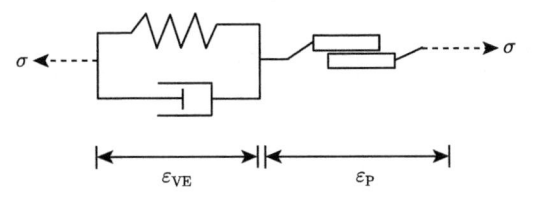

图 2.4.5 Kelvin-Vogit 黏弹–塑性模型

海冰的弹性模量和黏性系数与密集度密切相关。基于海冰黏塑性模型中压力项与密集度的函数关系, 可建立如下关系 (Hibler, 1979; Shen et al., 1990):

$$E = E_0 \left(\frac{A}{A_{\max}}\right)^j \tag{2.4.38}$$

或

$$E = E_0 e^{-C(1-A)} \tag{2.4.39}$$

式中, A 为海冰密集度; $A_{\max}$ 为最大密集度; E_0 为密集度为 $A_{\max}$ 时海冰的弹性模量; C 和 j 均为经验系数, 一般取 $C=20$, $j=15$。海冰黏性系数与密集度亦有上述类似关系。

- 海冰塑性屈服的 Mohr-Coulomb 准则

近年来, 在海冰的动力学本构模型研究中借鉴了土力学中广泛应用的如图 2.4.6 所示的 Mohr-Coulomb 准则:

$$|\tau_n| = c - \sigma_n \tan\varphi \tag{2.4.40}$$

这里,

$$\sigma_n = \frac{1}{2}(\sigma_1 + \sigma_2) + \frac{1}{2}(\sigma_1 - \sigma_2)\sin\varphi \tag{2.4.41}$$

$$\tau_n = \frac{1}{2}(\sigma_1 - \sigma_2)\cos\varphi \tag{2.4.42}$$

式中, τ_n 和 σ_n 分别为剪切面上的剪应力和正应力; c 为黏结力; φ 为内摩擦角; σ_1 和 σ_2 分别为第一和第二主应力。将式 (2.4.41) 和式 (2.4.42) 代入式 (2.4.40) 中有

$$f(\sigma_1, \sigma_2) = \sigma_1 - \sigma_2 + (\sigma_1 + \sigma_2)\sin\varphi - 2c\cos\varphi = 0 \tag{2.4.43}$$

三维空间内的 Mohr-Coulomb 屈服面是如图 2.4.6(b) 所示的正六面锥体, 其屈服面函数可写作

$$\left\{(\sigma_1-\sigma_2)^2+[(\sigma_1+\sigma_2)\sin\varphi-2c\cos\varphi]^2\right\}$$
$$\cdot\left\{(\sigma_2-\sigma_3)^2+[(\sigma_2+\sigma_3)\sin\varphi-2c\cos\varphi]^2\right\} \tag{2.4.44}$$
$$\cdot\left\{(\sigma_1-\sigma_3)^2+[(\sigma_1+\sigma_3)\sin\varphi-2c\cos\varphi]^2\right\}=0$$

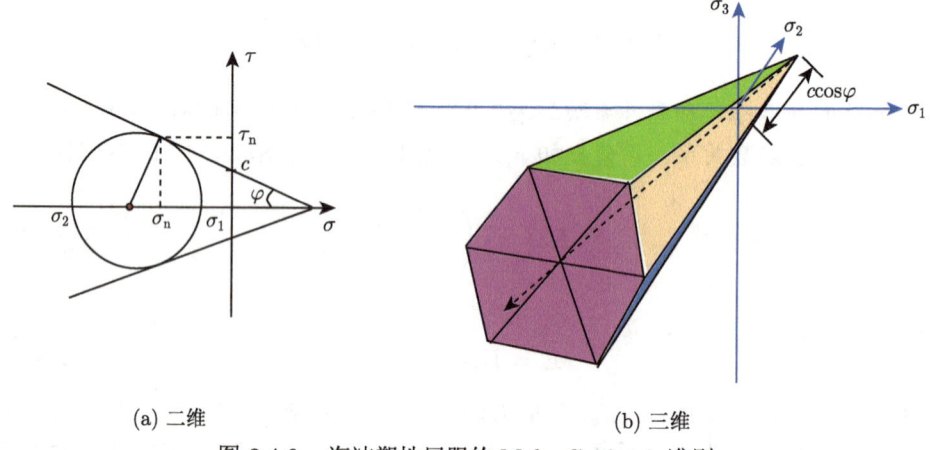

(a) 二维　　　　　　　　　　　　(b) 三维

图 2.4.6　海冰塑性屈服的 Mohr-Coulomb 准则

如果取第三主应力为静水压力，即 $\sigma_3=-P_0$，则其与上述正六面锥体相交可得到如图 2.4.7 所示的二维 Mohr-Coulomb 屈服曲线。该曲线由摩擦角 φ、黏结力 c 和静水压力 P_0 三个参数确定。在海冰的弹塑性和黏塑性模型中可分别令 P_0 和 c 等于 0 (Ip et al., 1991; Coon et al., 1998)。不同海冰条件下对应的摩擦角 φ 也有所不同，在海冰模拟中可取 52°(Coon et al., 1998)。

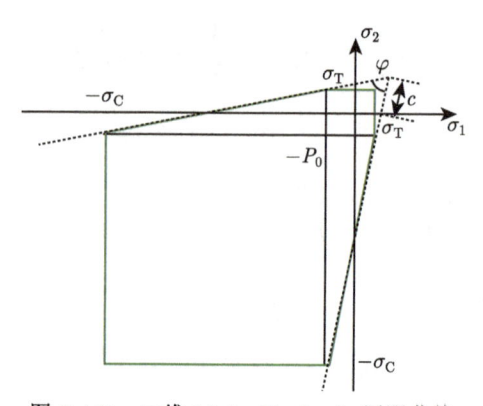

图 2.4.7　二维 Mohr-Coulomb 屈服曲线

2.4 海冰的热力学和动力学过程

Mohr-Coulomb 屈服曲线分别由剪切、辐合和辐散 (或拉伸和压缩) 破坏面组成。剪切屈服函数 σ_1 可表述为

$$\sigma_1 = K_D \sigma_2 + 2c\sqrt{K_D} \tag{2.4.45}$$

这里，

$$K_D = \frac{1-\sin\phi}{1+\sin\phi} = \tan^2\left(\frac{\pi}{4} - \frac{\phi}{2}\right) \tag{2.4.46}$$

海冰在辐散和辐合过程中的屈服函数 σ_T 和 σ_C 可分别表述为

$$\sigma_T = -K_D P_0 + 2c\sqrt{K_D} \tag{2.4.47}$$

$$\sigma_C = -K_C P_0 - 2c\sqrt{K_C} \tag{2.4.48}$$

这里，

$$K_C = \frac{1+\sin\phi}{1-\sin\phi} = \tan^2\left(\frac{\pi}{4} + \frac{\phi}{2}\right) \tag{2.4.49}$$

- 海冰屈服后相关联的正交流动法则

当海冰发生塑性屈服后，主应力将处于屈服面上。在处理海冰塑性流变行为时采用相关联的正交流动法则，即塑性势函数取用 Mohr-Coulomb 屈服函数，海冰的塑性应变率方向与屈服面正交。海冰屈服的总应变包括弹性应变和塑性应变两部分，其增量形式可写作

$$d\varepsilon_{ij} = d\varepsilon_{ij}^e + d\varepsilon_{ij}^p \tag{2.4.50}$$

式中，$d\varepsilon_{ij}^e$ 和 $d\varepsilon_{ij}^p$ 分别为弹性应变增量和塑性应变增量。根据塑性力学增量流变理论，海冰的塑性应力增量的张量形式可写作

$$d\sigma_{ij} = \boldsymbol{D}^{el}(d\varepsilon_{ij} - d\varepsilon_{ij}^p) \tag{2.4.51}$$

式中，$\boldsymbol{D}^{el}$ 为材料的弹性模量矩阵。当材料处于弹性阶段时，$d\varepsilon_{ij}^p = 0$，而塑性阶段的塑性应变或应变率可由德鲁克 (Drucker) 公式确定。

根据 von Mises 塑性位势流动理论，塑性增量与塑性势函数正交，即正交流动法则：

$$d\varepsilon_{ij}^p = d\lambda \frac{\partial \Psi}{\partial v_{ij}} \tag{2.4.52}$$

式中，$d\lambda$ 为塑性标量因子，可由塑性应变的一致性条件确定；Ψ 为塑性势函数，若 Ψ 取为屈服函数 $f(\sigma_{ij})$，则称为与屈服函数相关联的流动法则，否则，称为非关联的流动法则。

● 影响海冰强度的静水压力

在平整、重叠或堆积冰区，由于受到重力和浮力的作用，海冰在竖直方向上都会产生应力，其平均值 $\bar{\sigma}_z$ 可由下式计算：

$$\bar{\sigma}_z = \frac{1}{t_\text{i}} \int_{-t_2}^{t_1} \sigma_z \text{d}z = \frac{1}{2}\rho_\text{i}\left(1 - \frac{\rho_\text{i}}{\rho_\text{w}}\right)gt_\text{i} \tag{2.4.53}$$

式中，t_i 为海冰厚度。

考虑海冰密集度的影响，海冰在竖直方向上的平均压力 P_0 可由下式计算 (Shen et al., 1990)：

$$P_0 = \left(1 - \frac{\rho_\text{i}}{\rho_\text{w}}\right)\frac{\rho_\text{i}gt_\text{i}}{2}\left(\frac{N}{N_{\max}}\right)^j \tag{2.4.54}$$

水平方向上的静水压力 P_r 可由竖直方向平均应力转化而来：

$$P_\text{r} = K_0 P_0 \tag{2.4.55}$$

式中，K_0 为压力项转换系数，通过试验确定。

为精确模拟海冰重叠、堆积和断裂过程中的方位特征，人们也分别发展了各向异性断裂和损伤模型，对冰脊和冰隙发生的方向和尺度进行了初步研究。特别是在北极海冰动力学联合实验（AIDJEX）中，通过对海冰应力和应变的现场测量，将海冰在大、中尺度下视为二维连续介质，建立了海冰的弹塑性模型 (Coon et al., 1998; Hibler, 2001)。考虑到海冰断裂的尺度效应，研究了大尺度下的海冰各向异性力学行为与室内模型试验中冰内裂纹的产生和扩展的相似性 (Weiss, 2001; Schulson, 2004)。在极区大尺度海冰现场观测和室内模型试验的基础上，发展了考虑定向损伤的海冰各向异性模型，用于模拟海冰堆积、断裂的动力学过程 (Hibler and Schulson, 2000; Hibler, 2001)。现场观测和室内试验结果均表明：海冰的压缩强度、拉伸强度、弹性模量、断裂韧度等力学参数与海冰的温度、盐度、卤水体积等参数均密切相关；此外，海冰的温盐特性又与其所处海域的气象、水文条件以及海冰的生长消融过程和冰期密切相关 (Lewis, 1998)，因此将海冰的温盐特性引入海冰动力学的本构模型具有重要意义。

2.4.3 海冰热力-动力学过程的数值方法

20 世纪 70 年代以来，人们分别在欧拉坐标、拉格朗日坐标以及欧拉-拉格朗日坐标耦合条件下对海冰的数值方法进行了深入研究。欧拉坐标下的有限差分法 (FDM) 是发展最早，也是目前应用范围最广的海冰数值方法 (Hibler, 1979; Zhang and Rothrock, 2000, 2005)。为提高有限差分法在海冰数值模拟中的计算效率，线性超松弛迭代法 (LSOR)、交替方向隐式法 (ADI) 以及适用于并行计算

2.4 海冰的热力学和动力学过程

的共轭梯度法被进一步应用于海冰动力学的数值计算中 (Hunke and Dukowicz, 1997; Zhang and Hibler, 1997)。

1. 有限差分方法

在海冰动力学数值模拟中,发展最早、应用范围最广的是欧拉坐标下的有限差分法。有限差分计算模式一般包括动量方程、连续方程和本构模型。

1) 动量方程

对海冰动量方程在 x 方向和 y 方向进行分解:

$$\begin{cases} \dfrac{\partial U_\mathrm{i}}{\partial t} + U_\mathrm{i}\dfrac{\partial U_\mathrm{i}}{\partial x} + V_\mathrm{i}\dfrac{\partial U_\mathrm{i}}{\partial y} = fV_\mathrm{i} - g\dfrac{\partial \xi_\mathrm{w}}{\partial x} + \dfrac{\tau_\mathrm{ax} + \tau_\mathrm{wx} + F_x}{M} \\ \dfrac{\partial V_\mathrm{i}}{\partial t} + U_\mathrm{i}\dfrac{\partial V_\mathrm{i}}{\partial x} + V_\mathrm{i}\dfrac{\partial V_\mathrm{i}}{\partial y} = -fU_\mathrm{i} - g\dfrac{\partial \xi_\mathrm{w}}{\partial y} + \dfrac{\tau_\mathrm{ay} + \tau_\mathrm{wy} + F_y}{M} \end{cases} \quad (2.4.56)$$

x 方向和 y 方向的海冰内力分别为

$$\begin{cases} F_x = \dfrac{\partial}{\partial x}\sigma_{xx}\bar{h} + \dfrac{\partial}{\partial y}\sigma_{xy}\bar{h} \\ F_y = \dfrac{\partial}{\partial y}\sigma_{yy}\bar{h} + \dfrac{\partial}{\partial x}\sigma_{yx}\bar{h} \end{cases} \quad (2.4.57)$$

式中,各应力分量 σ_{xx}、σ_{xy}、σ_{yy} 和 σ_{yx} 可由海冰动力学本构模型计算。

2) 连续方程

在海冰数值模拟和预报中,采用平整冰、堆积冰和开阔水三要素描述同一网格内冰的分布,从而将连续方程转化为平均平整冰厚 $\bar{h}_\mathrm{l}$、平均堆积冰厚 $\bar{h}_\mathrm{r}$ 和密集度 A 的预报方程组:

$$\begin{cases} \dfrac{\partial A}{\partial t} = -\boldsymbol{V}\cdot\nabla A + \psi_A + \Phi_A \\ \dfrac{\partial \bar{h}_\mathrm{l}}{\partial t} = -\boldsymbol{V}\cdot\nabla \bar{h}_\mathrm{l} + \psi_\mathrm{l} + \Phi_\mathrm{l} \\ \dfrac{\partial \bar{h}_\mathrm{r}}{\partial t} = -\boldsymbol{V}\cdot\nabla \bar{h}_\mathrm{r} + \psi_\mathrm{r} + \Phi_\mathrm{r} \end{cases} \quad (2.4.58)$$

式中,ψ_A、ψ_l、ψ_r 为形变函数;Φ_A、Φ_l、Φ_r 为热力增长函数,表示连续方程中来自大气、海洋的热力强迫项。

开阔水面净热量损失引起的增长率 f_0、冰面和冰底的增长率 $f_1\left(\bar{h}\right)$ 和 $f_2\left(\bar{h}\right)$ 分别为

$$\begin{cases} f_0 = -\dfrac{Q_O}{Q_I} \\ f_1(\bar{h}) = -\dfrac{Q_{IS}}{Q_I} \\ f_2(\bar{h}) = -\dfrac{Q_{IB}}{Q_I} \end{cases} \quad (2.4.59)$$

式中，Q_O 为开阔水面热通量；Q_{IS} 和 Q_{IB} 分别为冰面和冰底热通量；Q_I 为冰融解热。

热力学过程引起冰厚变化率为

$$\Phi_h = \left[f_1(\bar{h}) + f_2(\bar{h}) \right] A + (1-A) f_0 \quad (2.4.60)$$

引入参数 R 进行冰脊参数化表述：

$$\begin{cases} \Phi_r = R\Phi_h \\ \Phi_l = (1-R)\Phi_h \end{cases} \quad (2.4.61)$$

由于冰脊和堆积冰的形成属于次网格物理过程，因此模式不直接预报其分布区域。当开阔水域净热量损失引起水面降温时，可能导致初生冰形成，在这种情况下需考虑密集度的变化；然而冰面净热量损失通常不会引起密集度的变化，只有当其造成冰融化时才需考虑。模式中引入密集度热力函数：

$$\Phi_A = \Phi_{A1} + \Phi_{A2} \quad (2.4.62)$$

$$\Phi_{A1} = \begin{cases} \dfrac{f_0(1-A)}{h_{cr}}, & f_0 > 0 \\ 0, & f_0 < 0 \end{cases} \quad (2.4.63)$$

$$\Phi_{A2} = \begin{cases} 0, & \Phi_h > 0 \\ \dfrac{A\Phi_h}{\beta \bar{h}}, & \Phi_h < 0 \end{cases} \quad (2.4.64)$$

如果只考虑平整冰厚的变化，则海冰的连续方程简化为

$$\begin{cases} \dfrac{\partial \bar{h}}{\partial t} + \dfrac{\partial}{\partial x}(\bar{h} U_i) + \dfrac{\partial}{\partial y}(\bar{h} V_i) = \Phi_{\bar{h}} + \psi_{\bar{h}} + \text{扩散项} \\ \dfrac{\partial A}{\partial t} + \dfrac{\partial}{\partial x}(A U_i) + \dfrac{\partial}{\partial y}(A V_i) = \Phi_A + \psi_A + \text{扩散项} \end{cases} \quad (2.4.65)$$

2.4 海冰的热力学和动力学过程

式中，ψ_A 和 ψ_h 分别为海冰密集度和厚度的动力变形函数；Φ_A 和 Φ_h 分别为海冰密集度和厚度的热力增长函数；U_i 和 V_i 分别为海冰在 x 方向和 y 方向上的速度分量。

3) 本构模型

为研究北极大尺度下海冰的演化过程，Hibler (1979) 建立了黏塑性模型并采用有限差分方法进行数值模拟。该方法中的海冰变量采用如图 2.4.8 所示的 Arakaws-B 网格模式。图中，u 和 v 分别为 x 方向和 y 方向上的冰速；m 为单位面积海冰质量；h 和 A 分别为海冰厚度和密集度；P 为冰内压力项；ζ 和 η 分别为海冰块体黏性系数和剪切黏性系数；$\dot{\varepsilon}$ 为海冰应变率；D_1 和 D_2 分别为计算中的一阶和二阶扩散系数。

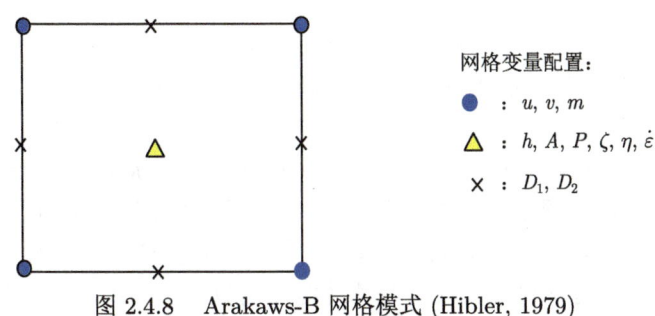

网格变量配置：
● : u, v, m
▲ : $h, A, P, \zeta, \eta, \dot{\varepsilon}$
× : D_1, D_2

图 2.4.8　Arakaws-B 网格模式 (Hibler, 1979)

计算中采用隐式的超松弛迭代方法求解动力方程以确定冰速，采用修正的半隐式 Lax-Wendroff 方法求解连续方程以确定冰厚和密集度分布，进而可采用较长的时间步长。在对北极海冰的数值模拟中，x 方向和 y 方向的网格尺度均为 125 km，时间步长为 24 h，开阔水和海冰的临界冰厚为 0.5 m。经实测资料验证，该方法能够很好地模拟北极海冰的动力演化过程 (Hibler, 1979)。

Hibler 有限差分模式还被进一步应用于冰缘区 (MIZ)、波罗的海和渤海的中尺度海冰动力学模拟 (Leppäranta and Hibler, 1987; 吴辉碇, 1991)。在 Hibler 超松弛迭代运算中，对每个网格点处的冰速进行逐个迭代求解，因此可称作点超松弛迭代 (PSOR)。计算中繁多的迭代过程在一定程度上限制了海冰动力学的计算效率。近年来发展的线超松弛迭代法 (LSOR) 和交替方向隐式法 (ADI) 使海冰动力学的模拟效率有了很大提高 (Zhang and Rothrock, 2000, 2005)。

在我国面向北极航道海冰的精细化预报的海冰数值模式研究中，同样采用有限差分方法对海冰的厚度和密集度分布进行精确的数值预报。国家海洋环境预报中心研发的北极海冰预报系统通过获取北极 AMSR2 海冰密集度、SMOS 冰厚数据、Cryosat-2 冰厚数据和海表温度卫星观测数据，将生成的 12 个预报场均值作为集合预报的预报场，从而提供海冰的密集度、厚度、漂移、表面温度等信息。对我国第 8 次北极科学考察中海冰预报能力的检验评估表明，该系统对海冰密集度和厚度的预报误差分别小于 20% 和 0.36 m，如图 2.4.9 所示 (Mu et al., 2018)。该系统可为北极商业航行提供海冰预测结果和适航窗口建议，为商船顺利完成年度东北航道规模化通行提供可靠的预报保障和决策支持。

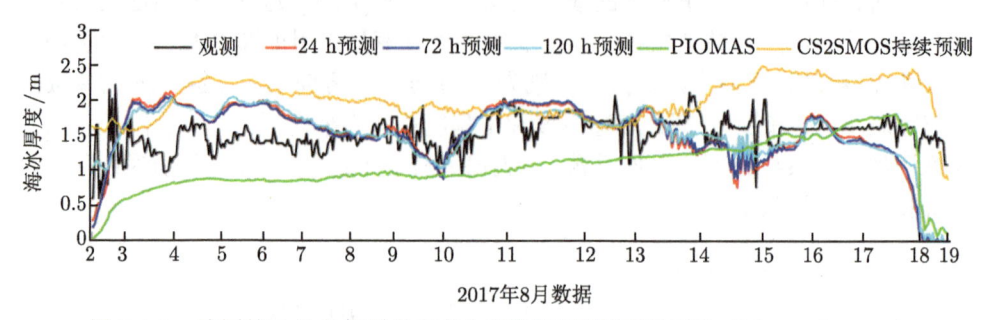

图 2.4.9 我国第 8 次北极科学考察中实测和预报冰厚的对比 (Mu et al., 2018)

自然条件下，海冰一般表现为冰、水两相介质共存状态，冰缘线的位置也极不规则。为合理地处理海冰动力学中冰、水介质的两相流问题，同时又能够精确模拟冰边缘线演化的动力学过程，人们发展了欧拉–拉格朗日坐标耦合的计算方法。例如，采用自适应网格方法跟踪冰边缘线的分布，并用于白令海峡的海冰计算 (Pritchard et al., 1990)。在欧拉–拉格朗日坐标耦合方法中，最著名的是 Flato (1993) 对波弗特海的海冰动力学模拟中建立的质点网格 (PIC) 方法。虽然 PIC 方法在欧拉网格和拉格朗日质点间相互插值过程中仍存在数值发散情况，但其同时具有欧拉方法和拉格朗日方法的优点，既可合理地计算海冰动力学过程的流变行为，又可理想地处理冰水混合现象和冰缘线位置。PIC 方法的另一个重要优点是，对重点分析区域可采用较多的质点进行精确计算，而在其他区域只保持较少的质点以减小计算量。

海冰的现场监测和卫星遥感资料表明，海冰在极区及其冰缘区、亚极区等不同海域均更多地表现出离散分布的特点，且平整冰、堆积冰、重叠冰、水道以及开阔水相互交织出现 (Schulson, 2004)。为更好地描述海冰在离散状态下的动力特性，拉格朗日坐标下的海冰动力学计算方法有了很大的发展，其中最有代表性的是光滑粒子流体动力学 (SPH) 方法。目前，该方法已被应用于北极和渤海的海冰动力学数值模拟中 (Lindsay and Stern, 2004; 季顺迎等, 2005)。在海冰动力学的 SPH 计算中，各海冰质点的速度通过海冰动量方程在拉格朗日坐标下求解，因此不存在有限差分中的数值扩散现象，且能够精确地处理冰缘线的移动位置。由于 SPH 方法在进行冰间相互作用计算时需要大量的循环计算和相邻质点的不断搜索，计算时效限制了其在海冰数值预测和长期数值模拟中的适用性。因此，提

2.4 海冰的热力学和动力学过程

高 SPH 方法的计算效率将会进一步推进其在海冰动力学中的应用。

2. 离散元方法

海冰在不同尺度下均呈现出很强的离散特性，尤其表现为小尺度下的断裂、重叠和堆积现象，以及大、中尺度下的非连续流变行为。为合理地描述海冰在不同尺度下的非连续分布特性和复杂动力学行为，有关海冰动力学的离散元方法有了迅速的发展。离散单元模型不但用于小尺度下冰块间的碰撞模拟，在中尺度下冰脊的形成、冰隙的产生以及冰缘区的海冰演化过程中也有所发展 (Hopkins, 1996, 1998; Shen et al., 2004)。当考虑海冰单元因冻结而产生的黏结作用时，离散元方法又被进一步应用于极区大尺度下的海冰动力学中 (Hopkins et al., 2004)。Hopkins 等 (1999) 利用海冰重叠和堆积的离散元方法，对冰池内海冰堆积过程的物理实验进行了数值模拟，采用块体离散单元模型模拟了冰脊的形成过程，发现当薄冰与厚冰相互挤压时易形成冰脊，如图 2.4.10 所示。

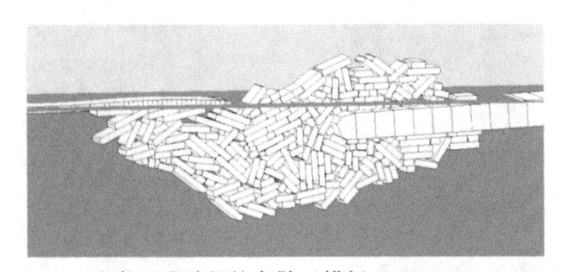

图 2.4.10　冰脊形成过程的离散元模拟 (Hopkins et al., 1998)

Hopkins (1996) 采用块体离散单元模型对中尺度下 (10~100 km) 浮冰的断裂和冰隙生成过程进行了数值模拟，如图 2.4.11 所示。通过该尺度下冰脊形成及局部海冰破碎特性的离散元数值模拟，研究了在纯剪切和均匀压缩条件下海冰的本构模型，获得了不同初始密集度、临界堆积冰厚和冰块摩擦系数下的海冰屈服曲面。

图 2.4.11　中尺度下浮冰断裂和冰隙生成过程的离散元模拟 (Hopkins, 1996)

此外,该模型还进一步应用于大尺度下极地海冰动力学过程的数值模拟 (Hopkins et al., 2004; Wilchinsky and Feltham, 2006; Hopkins and Thorndike, 2006)。将 1998 年 1 月 20 日的北极海冰区域离散为 42000 个块体单元,海冰离散单元的初始分布及风速气温场如图 2.4.12 所示。计算中的时间步长 $\mathrm{d}t = \dfrac{\pi}{L}\sqrt{\dfrac{\rho_\mathrm{i}}{E}}$,冰单元平均长度为 7 km,海冰弹性模量为 1.0 GPa,压缩强度 $\sigma_\mathrm{c} = \sqrt{\dfrac{E\rho_\mathrm{w}gh_{\min}^3}{12}}$。计算结果表明,海冰在风场、流和边界约束下,经 24 h 动力作用后,大约有 300 万个接触点发生断裂。对海冰动力演化过程中冰块尺寸进行统计分析,可获得不同时刻海冰破碎特性的演化规律。1998 年 1 月 22~25 日海冰的剪切速率和涡旋运动分布如图 2.4.13 所示,计算结果与卫星遥感资料在海冰演化趋势上相吻合。

(a) 北极海冰的离散元初始分布 (b) 北极风速气温场

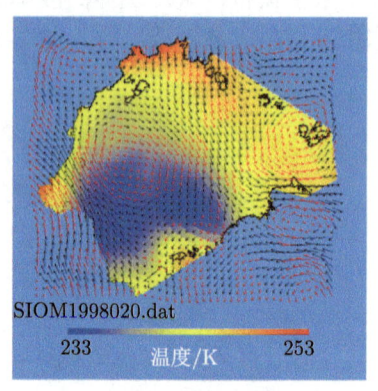

图 2.4.12 北极海冰离散单元的初始分布及风速气温场 (Hopkins et al., 2004)

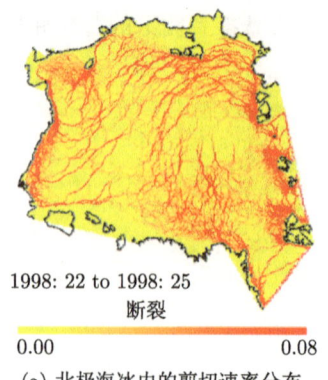

(a) 北极海冰内的剪切速率分布 (b) 北极海冰内的涡旋运动

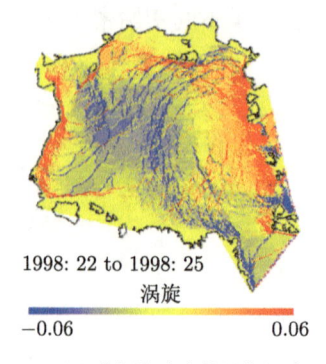

图 2.4.13 北极海冰剪切速率及涡旋运动的离散元模拟结果 (Hopkins et al., 2004)

海冰动力学的离散元模式 SIKU 是一种在球坐标系下基于二维凸多边形单元的离散元方法，适用于局部和全球的海冰动力学过程模拟 (Kulchitsky et al., 2017)。该模式采用二维凸多边形离散单元模拟分散于地球表面的浮冰块体，块体具有厚度、体积及质量等属性，且能够在外力拖曳作用下进行漂移、运动及相互作用，单元间的分散、挤压效果可模拟自然界中浮冰块的堆积、碰撞和破坏现象。大连理工大学采用 SIKU 模拟了极地海冰的动力学过程，采用有限差分模式 CICE 考虑海冰的热力学过程，发展 SIKU-CICE 耦合海冰模式，实现了对北极海冰的动力-热力学过程的数值模拟。为保证 SIKU 与 CICE 间冰厚、密集度等物理量的守恒，SIKU 的海冰信息通过对其单元所处位置的 CICE 网格相应参数线性插值的方式给出。

2.5 小　　结

本章详细阐述了海冰的分布类型、物理性质、力学性质以及热力学和动力学过程。根据海冰的轮廓结构特点，其分为平整冰、碎冰、重叠冰、冰脊、多年冰和冰山等六种类型，具体介绍了各种类型海冰在热力或动力作用下的形成机理和主要形态，并细致分析了极地海洋工程中的关注点。在海冰的物理性质方面，从微观角度解释了海冰晶体的形成机理，介绍了典型的柱状、粒状、混合型冰晶的结构形态，并基于实测数据给出南北极当年和多年海冰晶体结构的分布特点；温度、盐度、密度、卤水体积和空气体积是海冰的重要物理参数，汇总国内外测量结果总结了上述参数在时间和空间上的分布特性，并给出相应的垂直剖面及参数化方程。极地海洋工程中关注的海冰力学参数包括压缩强度、弯曲强度、拉伸强度、剪切强度、断裂韧度、摩擦系数、弹性模量和泊松比，针对这些力学参数具体介绍了原位试验或室内试验的测试方法，并根据国内外测试结果总结了各参数的分布规律和经验公式；尽管海冰力学性质的试验研究开展较早且进行了大量分析，仍存在许多规律待进一步发现和证实。针对海冰生长和消融的热力学过程，阐述了数值模拟和理论计算中典型的热力学模型，并据此给出海冰厚度的简化公式；重点探讨了海冰漂移的动力学模型以及描述海冰内部相互作用的黏塑性和黏弹-塑性本构模型；针对海冰的热力-动力学过程，简要介绍了目前海冰数值模式中广泛采用的有限差分方法和离散元方法，通过将海冰动力学的离散元模式 SIKU 与海冰热力学的有限差分模式 CICE 相耦合，可实现对极地海冰演化规律的数值模拟和冰厚、密集度变化的准确预报。

参 考 文 献

陈晓东. 2019. 海冰与海水间热力作用过程及海冰单轴压缩强度特性的试验研究 [D]. 大连: 大连理工大学.

陈晓东, 崔海鑫, 王安良, 等. 2020. 基于巴西盘试验的海冰拉伸强度研究 [J]. 力学学报, 52(3): 625-634.

陈晓东, 王安良, 季顺迎. 2018. 海冰在单轴压缩下的韧–脆转化机理及破坏模式 [J]. 中国科学: 物理学力学天文学, 48(12): 24-35.

丁德文. 1999. 工程海冰学概论 [M]. 北京: 海洋出版社.

黄焱, 李伟, 王迎晖, 等. 2016. 大型运输船极地浮冰区航行阻力的模型试验 [J]. 中国造船, 57(3): 26-35.

季顺迎, 刘宏亮, 许宁, 等. 2013. 渤海海冰断裂韧性试验 [J]. 水科学进展, 24(3): 386-391.

季顺迎, 沈洪道, 王志联, 等. 2005. 基于 Mohr-Coulomb 准则的粘弹塑性海冰动力学本构模型 [J]. 海洋学报, 27(4): 19-30.

季顺迎, 王安良, 刘宏亮. 2014. 渤海海冰侧限压缩强度的影响因素分析 [J]. 海洋通报, 33(4): 371-376.

季顺迎, 王安良, 苏洁, 等. 2011. 环渤海海冰弯曲强度的试验测试及特性分析 [J]. 水科学进展, 22(2): 266-272.

季顺迎, 岳前进. 2000. 辽东湾冰期海洋热通量的确定与分析 [J]. 海洋通报, 19(2): 8-14.

雷瑞波. 2009. 冰层热力学生消过程现场观测和关键参数研究 [D]. 大连: 大连理工大学.

李洪升, 朱元林. 2002. 冻土断裂力学及其应用 [M]. 北京: 海洋出版社.

李志军, 孟广琳, 高树刚, 等. 2002. 辽东湾 S2 冰侧限剪切强度的试验研究 [J]. 海洋工程, 20(1): 20-24.

李志军, 隋吉学, 严德成, 等. 1989. 辽东湾平整固定冰冰温及其他物理特性的测定与分析 [J]. 海洋学报 (中文版), (4): 525-533.

李志军, 吴紫汪, 高树刚, 等. 2003. 渤海连续冰层关键力学参数预报模式 [J]. 大连理工大学学报, 43(2): 238-242.

李志军, 张丽敏, 卢鹏, 等. 2011. 渤海海冰孔隙率对单轴压缩强度影响的实验研究 [J]. 中国科学: 技术科学, 41(10): 1329-1335.

王安良, 许宁, 季顺迎. 2014. 渤海沿岸海冰单轴压缩强度的基本特性分析 [J]. 海洋工程, 32(4): 82-88.

王大雁, 朱元林, 赵淑萍, 等. 2002. 超声波法测定冻土动弹性力学参数试验研究 [J]. 岩土工程学报, (5): 612-615.

王庆凯. 2019. 北极航道融冰期海冰物理和力学工程参数研究 [D]. 大连: 大连理工大学.

吴辉碇. 1991. 海冰的动力-热力过程的数学处理 [J]. 海洋与湖沼, 20(2): 321-327.

杨国金. 2000. 海冰工程学 [M]. 北京: 石油工业出版社.

岳前进, 任晓辉, 陈巨斌. 2000. 海冰韧脆转变实验与机理研究 [J]. 应用基础与工程科学学报, 13(2): 36-42.

张明元, 孟广琳, 严德成. 1995. 渤海湾海冰及黄河口河冰的剪切性质 [J]. 海洋学报, 17(3): 92-95.

Andersson L E, Scibilia F, Copland L, et al. 2018. Comparison of statistical iceberg forecast models[J]. Cold Regions Science and Technology, 155: 69-89.

Bailey E, Feltham D L, Sammonds P R. 2010. A model for the consolidation of rafted sea ice[J]. Journal of Geophysical Research: Oceans, 115(C4): 1-14.

Bailey E, Sammonds P R, Feltham D L. 2012. The consolidation and bond strength of rafted sea ice[J]. Cold Regions Science and Technology, 83-84: 37-48.

Bonath V, Petrich C, Sand B, et al. 2018. Morphology internal structure and formation of ice ridges in the sea around Svalbard[J]. Cold Regions Science and Technology, 155: 263-279.

Butkovitch T R. 1956. Strength studies of snow, ice and permafrost[R]. Snow Ice and Permafrost Research Establishment (SIPRE), U.S. Army Research Report RR20. Wilmette, IL, USA.

Coon M D, Knoke G S, Echert D C et al. 1998. The architecture of an anisotropic elastic-plastic sea ice mechanics constitutive law[J]. Journal of Geophysical Research, 1032 (C10): 21915-24572.

Coon M D, Maykut S A, Pritchard R S, et al. 1974. Modeling the pack ice as an elastic plastic material[J]. AIDJEX Bull, 24:1-105.

Cox G F N, Weeks W F. 1974. Salinity variations in sea ice[J]. Journal of Glaciology, 13(67): 109-120.

Cox G F N, Weeks W F. 1975. Brine drainage and initial salt entrapment in sodium chloride ice[R]. Cold Regions Research and Engineering Laboratory, Hanover, New Hampshire, USA.

Cox G F N, Weeks W F. 1983. Equations for determining the gas and brine volumes in sea-ice samples[J]. Journal of Glaciology, 29(102): 306-316.

Croasdale K, Brown T, Li G, et al. 2018. The action of short multi-year ridges on upward sloping conical structures[J]. Cold Regions Science and Technology, 154: 142-154.

Datt P, Chandel C, Kumar V, et al. 2020. Analysis of acoustic emission characteristics of ice under three-point bending[J]. Cold Regions Science and Technology, 174: 103063.

Dempsey J P, Mu Z. 2014. Weight function for an edge-cracked rectangular plate [J]. Engineering Fracture Mechanics, 132: 93-103.

Dykins J E. 1971. Ice engineering—Material properties for a limited range of conditions[R]. US Navy Civil Engineering Laboratory, Technical Report R720, Port Hueneme, CA.

Eicken H, Lange M A. 1989. Development and properties of sea ice in the coastal regime of the southeastern Weddell Sea[J]. Journal of Geophysical Research Oceans, 94(C6): 8193-8206.

Ekeberg O C, Høyland K V, Hansen E. 2015. Ice ridge keel geometry and shape derived from one year of upward looking sonar data in the Fram Strait[J]. Cold Regions Science and Technology, 109: 78-86.

Flato G M. 1993. A particle-in-cell sea-ice mode[J]. Atmosphere and Oceanography, 31(3): 339-358.

Frankenstein G, Garner R. 1967. Equations for determining the brine volume of sea ice from −0.5°C to −22.9°C[J]. Journal of Glaciology, 6(48):943-944.

Frederking R, Timco G W. 1984. Measurement of shear strength of granular/discontinuous-columnar sea ice[J]. Cold Regions Science and Technology, 9(3): 215-220.

Frederking R, Timco G W. 1986. Field measurements of the shear strength of columnar-grained sea ice[C]. Proceedings of the 8th International Association for Hydraulic Research Symposium on Ice, Iowa, USA.

Glen J W. 1970. Thoughts on a viscous model for sea ice[J]. AIDJEX Bulletin, 2: 18-27.

Gratz E, Schulson E. 1997. Brittle failure of columnar saline ice under triaxial compression[J]. Journal of Geophysical Research: Solid Earth, 102(B3): 5091-5107.

Guinea G V, Pastor J Y, Planas J, et al. 1998. Stress intensity factor, compliance and CMOD for a general three-point-bend beam[J]. International Journal of Fracture, 89: 103-116.

Høyland K V. 2007. Morphology and small-scale strength of ridges in the North-western Barents Sea[J]. Cold Regions Science and Technology, 48(3): 169-187.

Han H, Jia Q, Huang W, et al. 2016. Flexural strength and effective modulus of large columnar-grained freshwater ice[J]. Journal of Cold Regions Engineering, 30(2): 040-15005.

Hibler W D. 1979. A dynamic and Thermodynamic sea ice model[J]. Journal Physical Oceanography, 9: 815-846.

Hibler W D. 2001. Sea ice fracturing on the large scale[J]. Engineering Fracture Mechanics, 68: 2013-2043.

Hibler W D, Schulson E M. 2000. On modeling the anisotropic failure and flow of flawed sea ice.[J] Journal of Geophysical Research, 105(C7): 17105-17120.

Hopkins M A. 1996. On the mesoscale interaction of lead ice and floes[J]. Journal of Geophysical Research, 101(C8): 18315-18326.

Hopkins M A. 1998. Four stages of pressure ridging[J]. Journal of Geophysical Research, 103: 21883-21891.

Hopkins M A, Frankenstein S, Thorndike A S. 2004. Formation of an aggregate scale in Arctic sea ice[J]. Journal of Geophysical Research, 109(C01032): 1-10.

Hopkins M A, Thorndike A S. 2006. Floe formation in Arctic sea ice[J]. Journal of Geophysical Research, 111: C11S23.

Hopkins M A, Tuhkuri J, Lensu M. 1999. Rafting and ridging of thin ice sheets[J]. Journal of Geophysical Research Oceans, 104(C6):13605-13613.

Huang W, Lei R, Ilkka M, et al. 2013. The physical structures of snow and sea ice in the Arctic section of 150°-180°W during the summer of 2010[J]. Acta Oceanologica Sinica, 32(5): 57-67.

Hunke E C. 2001. Viscous-plastic sea ice dynamics with the VEP model: linearization issues[J]. Journal of Computational Physics, 190(10): 18-38.

Hunke E C, Dukowicz J K. 1997. An elastic-viscous-plastic model for sea ice dynamics[J]. Journal of Physical Oceanography, 27: 1849-1867.

Hutchings J K, Heil P, Lecomte O, et al. 2015. Comparing methods of measuring sea-ice density in the East Antarctic[J]. Annals of Glaciology, 56(69): 77-82.

Ip C F, Hibler W D, Flato G M. 1991. On the effect of the rheology on seasonal sea ice simulations[J]. Annals of Glaciology, 15: 17-25.

ISO 19906. 2010. Petroleum and natural gas industries-Arctic offshore structures [S]. International Organization for Standardization.

Ji S, Chen X, Wang A. 2020. Influence of the loading direction on the uniaxial compressive strength of sea ice based on field measurements[J]. Annals of Glaciology, 61(82): 86-96.

Ji S, Liu H, Li P, et al. 2013. Experimental studies on the Bohai Sea ice shear strength[J]. Journal of Cold Regions Engineering, 27(4): 244-254.

Johnston M, Masterson D, Wright B. 2009. Multi-year ice: knowns and unknowns[C]. Proceedings of the 20th International Conference on Port and Ocean Engineering under Arctic Conditions, Luleå, Sweden.

Kim J H, Kim Y, Kim H S, et al. 2019. Numerical simulation of ice impacts on ship hulls in broken ice fields[J]. Ocean Engineering, 180: 162-174.

Kulchitsky A, Hutchings J, Johnson J, et al. 2017. SIKU sea ice discrete element method model[R]. University of Alaska Fairbanks, USA.

Kuuliala L, Kujala P, Suominen M, et al. 2017. Estimating operability of ships in ridged ice fields[J]. Cold Regions Science and Technology, 135: 51-61.

Lake R A, Lewis E L. 1970. Salt rejection by sea ice during growth[J]. Journal of Geophysical Research, 75(3): 583-597.

Langleben M P, Pounder E R. 1963. Elastic parameters of sea ice [M]//Kingery W D. Ice and Snow. Cambridge, MA, USA: MIT Press.

Launiainen J, Cheng B. 1998. Modelling of ice thermodynamics in natural water bodies[J]. Cold Regions Science and Technology, 27(3): 153-178.

Leppäranta M. 1993. A review of analytical models of sea-ice growth[J]. Atmosphere-ocean, 31(1): 123-138.

Leppäranta M, Hibler W D. 1987. Mesoscale sea ice deformation in marginal ice zone dynamics[J]. Journal of Geophysical Research, 92: 7060-7070.

Leppäranta M, Lensu M, Kosloff P, et al. 1995. The life story of a first-year sea ice ridge[J]. Cold Regions Science and Technology, 23(3): 279-290.

Leppäranta M, Manninen T. 1988. Brine and gas content of sea ice with attention to low salinities and high temperatures[R]. Finnish Institute of Marine Research Internal Report, Helsinki, Finland.

Lewis J K. 1998. Thermomechanics of pack ice[J]. Journal of Geophysical Research, 103(C10): 21869-21882.

Lindsay R W, Stern H L. 2004. A new Lagrangian model of Arctic sea ice[J]. Journal of Physical Oceanography, 34: 272-283.

Lindsay R W, Zhang J, Rothrock D A. 2003. Sea ice deformation rates from satellite measurements and in a model[J]. Atmosphere-ocean, 41(1): 35-47.

Lishman B, Sammonds P, Feltham D. 2011. A rate and state friction law for saline ice[J]. Journal of Geophysical Resaerch: Ocean, 116: 1-13.

Liu L, Ji S. 2018. Ice load on floating structure simulated with dilated polyhedral discrete element method in broken ice field[J]. Applied Ocean Research, 75: 53-65.

Lu W, Lubbad R, Loset S. 2015. In-plane fracture of an ice floe: A theoretical study on the splitting failure mode[J]. Cold Regions Science and Technology, 110: 77-101.

Lu W, Lubbad R, Loset S, et al. 2016. Fracture of an ice floe: Local out-of-plane flexural failures versus global in-plane splitting failure[J]. Cold Regions Science and Technology, 123(3): 1-13.

Lytle V I, Ackley S F. 1996. Heat flux through sea ice in the western Weddell Sea: Convective and conductive transfer processes[J]. Journal of Geophysical Research: Oceans, 101(C4): 8853-8868.

Marchenko A, Eik K. 2012. Iceberg towing in open water: Mathematical modeling and analysis of model tests[J]. Cold Regions Science and Technology, 73: 12-31.

Maykut G A, McPhee M G. 1995. Solar heating of the Arctic mixed layer[J]. Journal of Geophysical Research Oceans, 100(C12): 24691-24703.

Maykut G A, Untersteiner N. 1971. Some results from a time-dependent thermodynamic model of sea ice[J]. Journal of Geophysical Research, 76(6): 1550-1575.

Meese D A. 1989. The chemical and structural properties of sea ice in the southern Beaufort Sea[R]. Cold Regions Research Engineering Laboratory Report, Hanover.

Michel B, Ramseier R O. 1971. Classification of river and lake ice[J]. Canadian Geotechnical Journal, 8(1): 36-45.

Mu L, Yang Q, Losch M, et al. 2018. Improving sea ice thickness estimates by assimilating CryoSat-2 and SMOS sea ice thickness data simultaneously[J]. Quarterly Journal of the Royal Meteorological Society, 144: 529-538.

Mulmule S V, Dempsey J P. 2000. LEFM size requirements for the fracture testing of sea ice[J]. International Journal of Fracture, 102: 85-98.

Notz D, Worster M G. 2009. Desalination processes of sea ice revisited[J] Journal of Geophysical Research: Oceans, 114: C05006.

Obert K M, Brown T G. 2011. Ice ridge keel characteristics and distribution in the Northumberland Strait[J]. Cold Regions Science and Technology, 66(2-3): 53-64.

Ono N. 1968. Thermal properties of sea ice, IV. Thermal constants of sea ice[J]. Low Lemperature Science, Series A: Physical Sciences, 26: 329-349.

Paige R A, Lee C W. 1967. Preliminary studies on sea ice in McMurdo Sound, Antarctica, during "Deep Freeze 65"[J]. Journal of Glaciology, 6(46): 515-528.

Perovich D K, Grenfell T C, Light B, et al. 2009. Transpolar observations of the morphological properties of Arctic sea ice[J]. Journal of Geophysical Research, 114: C00A04.

Perovich D K, Tucker W B, Ligett K A. 2002. Aerial observations of the evolution of ice surface conditions during summer: The surface heat budget of Arctic ocean (SHEBA)[J]. Journal of Geophysical Research, 107(C10): 1-14.

Perovich D K. 1998. The optical properties of sea ice [R]. Cold Regions Research & Engineering Laboratory, US Army Corps of Engineers.

Pritchard R S. 1975. An elastic-plastic constitutive law for sea ice[J]. Journal of Applied Mechanics, 42: 379-384.

Pritchard R S. 1998. Ice conditions in an anisotropic sea ice dynamics model[J]. International Journal of Offshore and Polar Engineering, 8: 9-15.

Pritchard R S, Mueller A, Hanzlick D, et al. 1990. Forecasting Bering sea ice edge behavior[J]. Journal of Geophysical Research, 95: 775-788.

Purdie C R, Langhorne P J, Leonard G H, et al. 2006. Growth of first-year landfast Antarctic sea ice determined from winter temperature measurements[J]. Annals of Glaciology, 44(1): 170-176.

Rocco C, Guinea G V, Planas J, et al. 1999. Size effect and boundary conditions in the brazilian test: Theoretical analysis[J]. Materials and Structures, 32(6): 437-444.

Sanderson T J O. 1988. Ice Mechanics: Risks to Offshore Structures [M]. London: BP Petroleum Development Ltd.

Schulson E M. 2001. Brittle failure of ice[J]. Engineering Fracture Mechanics, 68(17): 1839-1887.

Schulson E M. 2004. Compressive shear faults within arctic sea ice: Fracture on scales large and small[J]. Journal of Geophysical Research, 109(C07016): 1-23.

Schulson E M, Buck S E. 1995. The ductile-to-brittle transition and ductile failure envelopes of orthotropic ice under biaxial compression[J]. Acta Metall Mater, 43: 3661-3668.

Sedlacek J, Lemieux J F, Mysak L A, et al. 2007. The granular sea ice model in spherical coordinates and its application to a global climate model[J]. Journal of Climate, 20: 5946-5961.

Shafrova S, Høyland K V. 2008. Morphology and 2D spatial strength distribution in two Arctic first-year sea ice ridges[J]. Cold Regions Science and Technology, 51(1): 38-55.

Shen H H, Ackley S F, Yang Y. 2004. Limiting diameter of pancake ice[J]. Journal of Geophysical Research, 109(C12-35): 1-10.

Shen H H, Hibler W D, Leppäranta M. 1987. The role of floe collisions in sea ice rheology[J]. Journal of Geophysical Research, 94(C10): 14525-14537.

Shen H T, Shen H H, Tsai S M. 1990. Dynamic transport of river ice[J]. Journal of Hydraulic Research, 28(6): 659-671.

Shirasawa K, Ingram R G, Hudier E J J. 1997. Oceanic heat fluxes under thin sea ice in Saroma-ko Lagoon, Hokkaido, Japan[J]. Journal of Marine Systems, 11(1-2): 9-19.

Sinha N K. 1984. Uniaxial compressive strength of first-year and multi-year sea ice[J]. Canadian Journal of Civil Engineering, 11: 82-91.

Strub-Klein L, Sudom D. 2012. A comprehensive analysis of the morphology of first-year sea ice ridges[J]. Cold Regions Science and Technology, 82: 94-109.

Thomas D N, Dieckmann G S. 2009. Sea Ice[M]. Oxford: Wiley-Blackwell.

Timco G W, Burden R. 1997. An analysis of the shapes of sea ice ridges[J]. Cold Regions Science and Technology, 25(1): 65-77.

Timco G W, Frederking R. 1986. Confined compression tests: outlining the failure envelope of columnar sea ice[J]. Cold Regions Science and Technology, 12(1): 13-28.

Timco G W, Frederking R. 1990. Compressive strength of sea ice sheets[J]. Cold Regions Science and Technology, 17: 227-240.

Timco G W, Frederking R. 1996. A review of sea ice density[J]. Cold Regions Science and Technology, 24: 1-6.

Timco G W, O'Brien S. 1994. Flexural strength equation for sea ice[J]. Cold Regions Science and Technology, 22: 285-298.

Timco G W, Sudom D, Frederking R, et al. 2017. A critical review of Arctic pack ice driving forces: New sources of data[J]. Cold Regions Science and Technology, 138: 1-17.

Timco G W, Weeks W F. 2010. A review of the engineering properties of sea ice [J]. Cold Regions Science and Technology, 60(2): 107-129.

Tucker W B, Govoni J W. 1981. Morphological investigations of first-year sea ice pressure ridge sails[J]. Cold Regions Science and Technology, 5(1): 1-12.

Tucker W B, Gow A J, Meese D A, et al. 1999. Physical characteristics of summer sea ice across the Arctic Ocean[J]. Journal of Geophysical Research, 104(C1): 1489-1504.

Untersteiner N. 1961. On the mass and heat budget of arctic sea ice[J]. Archiv Für Meteorologie Geophysik Und Bioklimatologie Serie A, 12(2):151-182.

Vancoppenolle M, Madec G, Thomas M, et al. 2019. Thermodynamics of sea ice phase composition revisited[J]. Journal of Geophysical Research: Oceans, 124: 615- 634.

Wang L R, Ikeda M. 2004. A Lagrangian description of sea ice dynamics using the finite element method[J]. Ocean Modelling, 7: 21-38.

Wang Q, Li Z, Lei R, et al. 2018a. Estimation of the uniaxial compressive strength of Arctic sea ice during melt season[J]. Cold Regions Science and Technology, 151: 9-18.

Wang Q, Li Z, Lu P, et al. 2018b. In-situ experimental study of the friction of sea ice and steel on sea ice[J]. Applied Sciences, 8(5): 675.

Wang Q, Lu P, Leppäranta M, et al. 2020. Physical properties of summer sea ice in the Pacific sector of the Arctic during 2008-2018[J]. Journal of Geophysical Research: Oceans, 125(9): 1-19.

Weeks W F, Ackley S F. 1986. The Growth, Structure, and Properties of Sea Ice in the Geophysics of Sea Ice[M]. Berlin Heidelberg: Springer.

Weeks W F, Assur A. 1968. The mechanical properties of sea ice[R]. Cold Regions Research & Engineering Laboratory, Hanover, New Hampshire, USA.

Weeks W F, Gow A J. 1978. Preferred crystal orientations in the fast ice along the margins of the Arctic Ocean[J]. Journal of Geophysical Research: Oceans, 83(C10): 5105-5121.

Weeks W F, Gow A J. 1980. Crystal alignments in the fast ice of Arctic Alaska[J]. Journal of Geophysical Research: Oceans, 85(C2): 1137-1146.

Weeks W F, Hibler III W D. 2010. On Sea Ice[M]. Berlin Heidelberg: Springer.

Weiss J. 2001. Fracture and fragmentation of ice: a fractal analysis of scale invariance[J]. Engineering Fracture Mechanics, 68: 1975-2012.

Wilchinsky A V, Feltham D L. 2006. Modelling the rheology of sea ice as a collection of diamond-shaped floes[J]. Journal of Non-Newtonian Fluid Mechanics, 138: 22-32.

Wright B. 2000. Full scale experience with Kulluk station keeping operations in pack ice[R]. The National Research Council of Canada.

Yen Y C. 1981. Review of thermal properties of snow, ice and sea ice[R]. Cold Regions Research and Engineering Laboratory, Hanover, New Hampshire, USA.

Zhang J, Hibler W D. 1997. On an efficient numerical method for modeling sea ice dynamics[J]. Journal of Geophysical Research, 102(C4): 8691-8702.

Zhang J, Rothrock D A. 2000. Modeling Arctic sea ice with an efficient plastic solution[J]. Journal of Geophysical Research, 105(C2): 3325-3338.

Zhang J, Rothrock D A. 2005. Effect of sea ice rheology in numerical investigations of climate[J]. Journal of Geophysical Research, 110: C08014.

第 3 章 船舶结构冰载荷的现场测量

冰区船舶在极地科学考察、通航和资源开采中发挥着重要的作用，而冰载荷是影响冰区船舶结构安全的重要环境载荷，可造成船舶结构的严重损毁或疲劳破坏。同时，船舶结构冰载荷是航行预警机制和船型结构优化设计的基础。对实船的现场监测是获取冰载荷信息最准确、最直接和最可靠的途径。目前，挪威、芬兰、加拿大、美国、俄罗斯等环北极国家，以及中国、日本、韩国等近北极国家，都在南北极对各自的极地船舶开展了多年的冰载荷现场测量试验。船–冰相互作用是一个复杂的动力学耦合过程，现阶段还难以通过现场测量直接获取冰载荷。目前通行的做法是在与海冰频繁接触的船舶结构上安装应变传感器，由测得的结构应变通过载荷识别方法间接确定船舶结构的冰载荷，并在此基础上进一步分析冰载荷的分布特性，以提高极地船舶的结构设计和建造水平，并为冰载荷分析预测提供有效参考依据。本章将从监测系统、识别方法和测量分析三个方面，详细阐述船舶结构冰载荷的现场测量技术的原理、应用与发展。

3.1 船舶结构冰载荷的监测系统

冰载荷现场监测是认知船舶结构冰载荷特征的关键途径，冰区船舶会因破冰能力弱和抗冰性能差而发生冰困、结构损坏，甚至沉没等危险。北极周边的海运强国很早就开始关注船舶结构冰载荷监测系统的研制 (Suyuthi et al., 2012; Kujala and Arughadhoss, 2012; Johnston et al., 2008a)。目前，国内已有学者针对极地考察船的现场监测 (季顺迎等, 2017) 开展了一系列工作。冰载荷监测系统可对船舶所受冰载荷进行实时监测，进而根据船舶结构极限承载力和相关规范要求设计预警标准 (Kim et al., 2018)；若监测到冰载荷超过预警标准，系统将向船员发出预警，并根据航行状态和现场冰情提供操作建议，如转向、降速或中断航行等。因此，冰载荷的现场监测技术可为冰区船舶的安全航行提供技术保障。下面以"雪龙"号科学考察船为例，详细介绍船舶结构冰载荷监测系统的组成部分及工作原理。

3.1.1 基于"雪龙"号科学考察船的船舶结构冰载荷监测系统

船舶结构冰载荷监测系统主要分为船舶结构冰激响应监测和航线内冰情监测两部分，如图 3.1.1(a) 所示。该系统可对冰激应变、冰激振动加速度、冰激舱室内声压、海冰破坏模式、海冰密集度和厚度等参数进行实时监测。在"雪龙"号

3.1 船舶结构冰载荷的监测系统

船首的冰载荷集中作用区域布放冰激响应监测设备，其总体布置如图 3.1.1(b) 所示。基于上述系统，目前已在我国南北极科学考察期间针对"雪龙"号极地科学考察船开展了 6 次航线内海冰调查、船舶结构冰激响应测量分析和冰载荷监测，相应的航次、时间及重点研究内容列于表 3.1.1。

应变计 A：冰载荷；加速度传感器 B：船体振动；声振传感器 C：冰船碰撞及海冰断裂信息；
摄像机 D：海冰破坏模式；摄像机 E：海冰厚度；摄像机 F：海冰密集度

(a) 监测设备的分布

(b) 监测设备的连接

图 3.1.1　基于"雪龙"号科学考察船的船舶结构冰载荷监测系统

表 3.1.1　"雪龙"号在历次南北极科学考察期间开展的现场测量试验

航次	时间	重点研究内容
第 31 次南极科学考察	2014-10～2015-04	航线内海冰调查及结构响应测量
第 32 次南极科学考察	2015-01～2010-04	不同航行状态对船首冰激振动的影响
第 7 次北极科学考察	2016-07～2016-09	不同冰情对船首冰激振动的影响
第 8 次北极科学考察	2017-07～2017-10	冰载荷远场监测识别方法研究
第 34 次南极科学考察	2017-11～2018-04	冰载荷监测方案优化
第 9 次北极科学考察	2018-07～2018-10	全船应力监测系统研发

3.1.2 航线内冰情监测

船舶结构冰载荷监测系统中的航线内冰情监测主要是通过图像处理技术对海冰的密集度、厚度及破坏模式进行识别，下面分别进行介绍。

1. 海冰密集度监测

航线附近的海冰密集度可利用数字化图像处理技术对海冰图像数据进行提取。在数字图像拍摄中，设备安装角度不当、镜头结冰和浓雾等因素会增加密集度提取的难度。海冰密集度是海冰在一个区域内所占的比例。通过设定阈值来区分海水与海冰，然后提取出海冰所占的空间。针对图片中的天空、云彩等无用信息，在提取的过程中予以忽略。通过图像形态学技术可较好地分割海冰与海水以减少计算误差，并通过计算代表海冰的白色像素点所占百分数得到数字图像中的海冰密集度。图 3.1.2 为二值化处理前后的海冰图像。实际测量中摄像头与海平面成一定倾角，因此，采用数字图像进行密集度分析时通常需要基于摄影测量学原理对图像的变形进行修正 (卢鹏等, 2009)。

(a) 处理前　　　　　　　　　　　　　(b) 处理后

图 3.1.2　二值化处理前后的海冰图像

在极地科学考察中，海冰图像处理技术尚不能准确识别海冰的一些参数，如分布类型、雪厚等。因此，极地考察中通常采用 ASPeCt 法进行记录，该方法规定了目测海冰时的观测内容和判断标准，广泛应用于我国南北极科学考察 (Worby et al., 2008)。

2. 海冰厚度监测

无论是在长期冰载荷统计中 (Kujala, 1996)，还是在被广泛应用的 Lindqvist 冰阻力经验公式中 (Lindqvist, 1989)，海冰厚度都是冰载荷分析中的重要参数。海

3.1 船舶结构冰载荷的监测系统

冰在船舶结构的持续作用下会发生弯曲破坏、翻转及滑移。因此，当海冰在船中位置发生翻转时，其厚度即可采用标定法进行测量 (Weissling et al., 2009)。利用标定法获取海冰厚度的方法具有操作性强和识别精度高的特点，常被用于我国南北极科学考察期间的海冰调查。图 3.1.3 中展示了一块当年冰在船中位置翻转后的冰厚测量情况，其中标定球靠近海冰翻转面，其直径为 36.0 cm，通过比例换算可知海冰厚度为 73.5 cm，这里将雪厚等效成冰厚。利用海冰翻转厚度图像像素、标定球图像像素和标定球直径可标定出冰厚：

$$h_\text{i} = \frac{p_\text{i}}{p_\text{s}} R_\text{s} \tag{3.1.1}$$

式中，h_i 为标定的海冰厚度；p_i 为海冰翻转厚度图像像素；p_s 为标定球图像像素；R_s 为标定球直径。

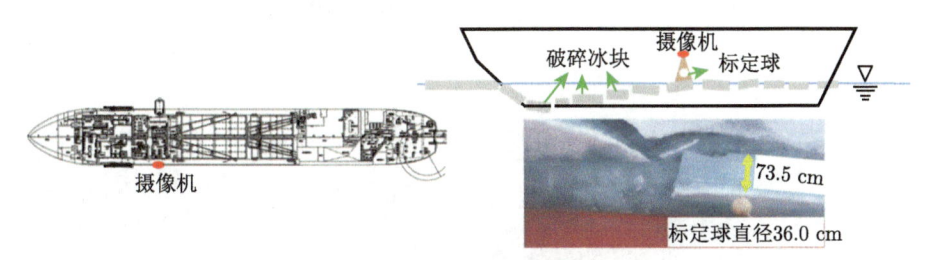

图 3.1.3 海冰翻转厚度的标定

通过对我国第 8 次北极科学考察期间整个航道的海冰厚度进行测定，共得到 1128 组海冰厚度数据，采样时间间隔为 20 min，图 3.1.4 为进入北极中央航道时 (2017-08-03~2017-08-18) 海冰厚度的每日变化。由此可见，随着船舶靠近北极点，海冰厚度不断增大；当船舶逐渐偏离北极点时，海冰厚度不断减小。

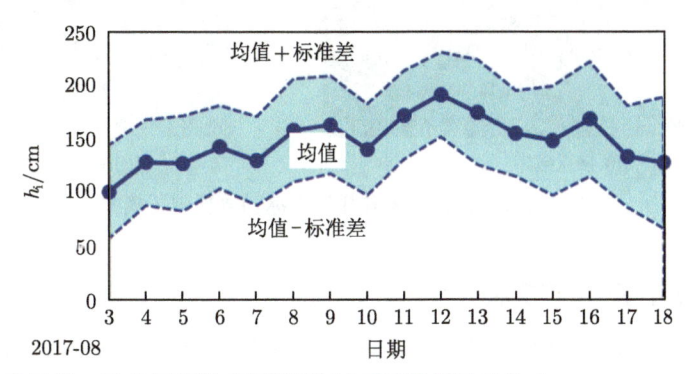

图 3.1.4 我国第 8 次北极科学考察期间海冰厚度的每日变化 (2017-08-03~2017-08-18)

3. 海冰破坏模式监测

海冰会在船舶结构的持续冲击作用下发生破碎，其破坏模式与船体航行状态、船–冰相对速度、海冰形态和海冰细观结构形式等因素相关。图 3.1.5 为"雪龙"号上观测不同部位海冰破坏模式的摄像设备，安装位置分布在罗经甲板和上甲板。海冰在船舶航行过程中的破坏模式主要包括弯曲、劈裂、挤压和翻转滑移等，如图 3.1.6 所示。

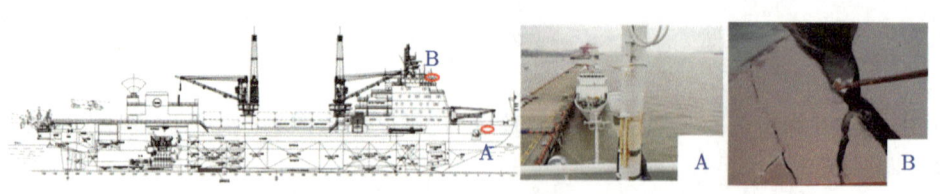

图 3.1.5 "雪龙"号上观测海冰破坏模式摄像头的安装位置

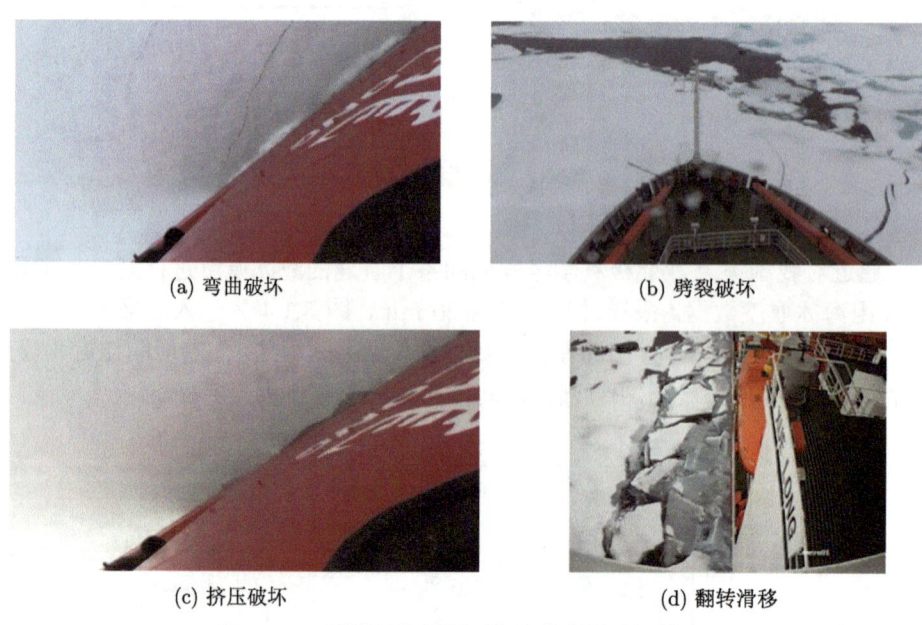

(a) 弯曲破坏　　(b) 劈裂破坏

(c) 挤压破坏　　(d) 翻转滑移

图 3.1.6 船舶结构作用下海冰的典型破坏模式

3.1.3 船舶结构冰激响应监测

船舶结构冰载荷监测系统中的船舶结构冰激响应监测主要是通过加速度计、应变片等力学传感器对船舶结构的冰激振动加速度、冰激应变进行测量，下面分

3.1 船舶结构冰载荷的监测系统

别加以介绍。

1. 冰激振动加速度监测

船舶结构与海冰相互作用过程中的冰激振动会对破冰船的安全航行及船载设备的正常运转造成影响。振动加速度时程能够较好地反映船舶的破冰过程。在测量冰激振动加速度时，将三个相互垂直的加速度传感器放置于船首位置，测量船舶结构受冰载荷作用而引起的纵向、垂向和横向振动。压电式加速度传感器的内部结构如图 3.1.7 所示。其工作原理是：压电材料受力后表面产生电荷，此电荷经过放大器与测量电路的放大和变换阻抗后成为正比于所受外力的输出电量。压电式加速度传感器可用于测量力和能变换为力的非电学物理量，具有频带宽、灵敏度高、信噪比高、结构简单、工作性能可靠和质量轻等特点。图 3.1.8 为我国第 32 次南极科学考察期间"雪龙"号船首区域的纵向、垂向和横向加速度时程，可以看出，三个方向的加速度变化均具有一定的随机性。

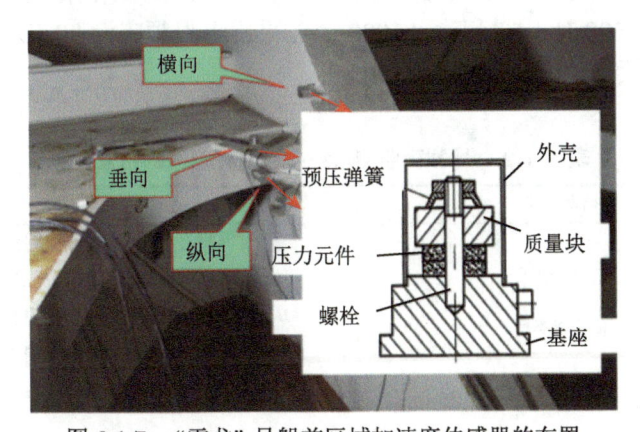

图 3.1.7 "雪龙"号船首区域加速度传感器的布置

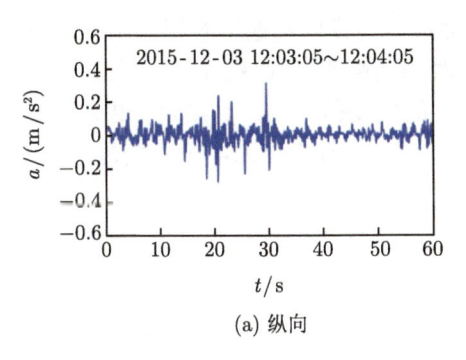

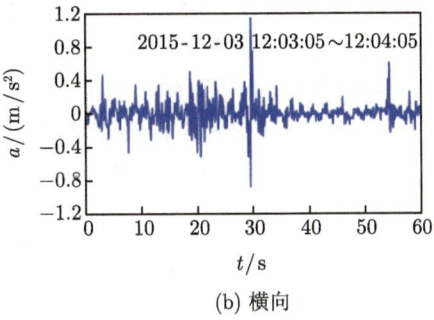

(a) 纵向

(b) 横向

(c) 垂向

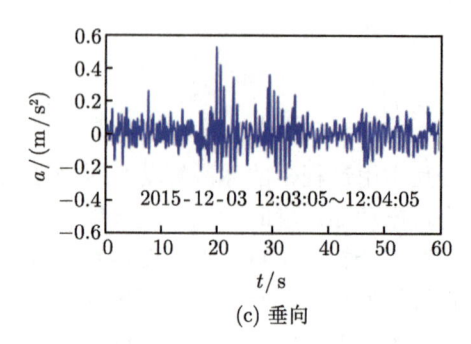

图 3.1.8　我国第 32 次南极科学考察期间 "雪龙" 号船首区域的冰激振动加速度时程

2. 冰激应变监测

船舶结构的冰载荷识别通常基于应变测量技术。表 3.1.2 为冰载荷监测系统中应变传感器的布置方案。实船测量信号均由 DH5922 数据采集系统记录，其采样频率可设为 500 Hz，量程为 ±1000 με。采用上限频率为 30 Hz 的低通滤波处理器过滤电信号噪声 (Ritch et al., 2008)。

表 3.1.2　冰载荷监测系统中应变传感器的布置方案

监测技术	布置方案
布放位置	船首、艏肩、船中或船尾舷侧外板、肋骨或纵桁
布放方式	单点式或阵列式
传感器类型	短期监测：电阻应变片 长期监测：光纤光栅传感器
辅助手段	海冰图像及设备维护人员

我国第 8 次北极科学考察期间在 "雪龙" 号艏尖舱上部舱室的肋骨和纵桁上布放了 20 个阵列式测点以对冰激应变进行监测。测量区域、传感器布放位置和半桥贴片方式如图 3.1.9 所示，得到的冰激应变与横向加速度时程如图 3.1.10 所示。根据现场测量应变数据可知，测量仪器的噪声范围为 ±2 με。对比现场海冰图像资料和加速度时程可知，布放在肋骨上的应变传感器，其测量结果较好地反映了船-冰相互作用过程中船舶结构的响应情况，而纵桁上的半桥应变传感器，其数值较小，基本维持在噪声水平。

3.1 船舶结构冰载荷的监测系统

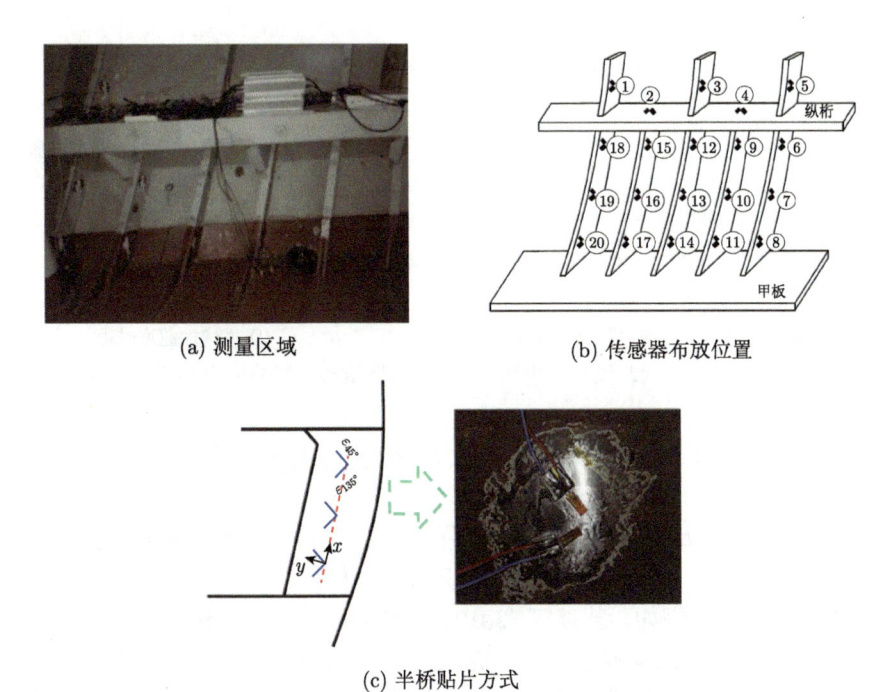

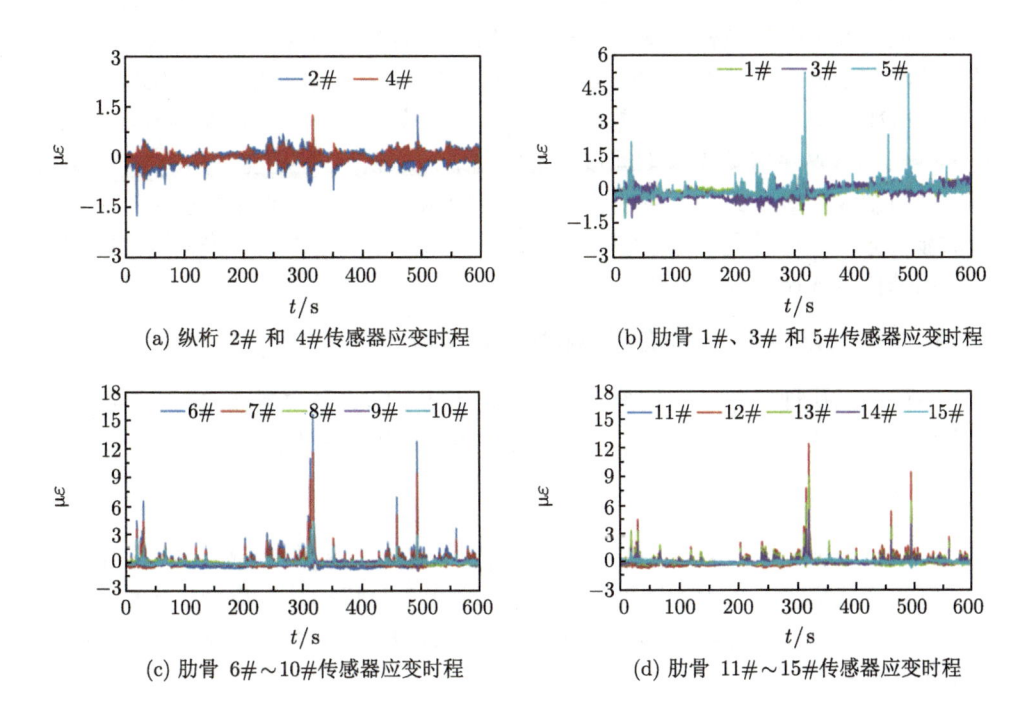

(a) 测量区域

(b) 传感器布放位置

(c) 半桥贴片方式

图 3.1.9 我国第 8 次北极科学考察中"雪龙"号的应变传感器布置

(a) 纵桁 2# 和 4#传感器应变时程

(b) 肋骨 1#、3# 和 5#传感器应变时程

(c) 肋骨 6#~10#传感器应变时程

(d) 肋骨 11#~15#传感器应变时程

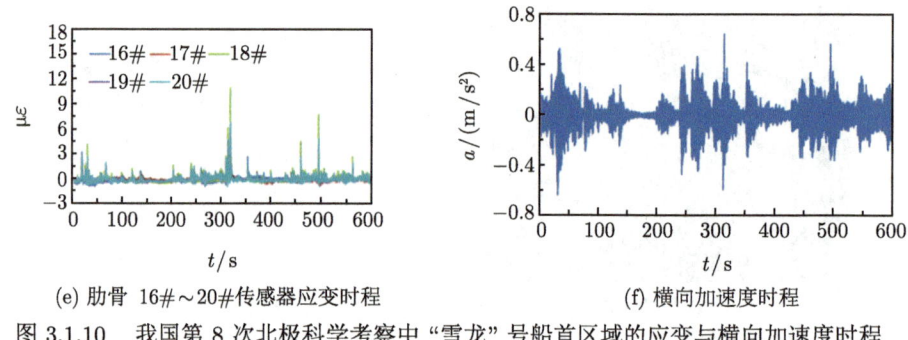

(e) 肋骨 16#~20#传感器应变时程   (f) 横向加速度时程

图 3.1.10　我国第 8 次北极科学考察中"雪龙"号船首区域的应变与横向加速度时程

3.2　船舶结构冰载荷的识别方法

冰载荷识别是极地船舶结构健康监测、损伤识别和安全评估的重要内容。冰载荷识别方法可分为直接测量法和间接识别法两种。通过传感器直接测量载荷的方法为直接测量法，例如，黄焱等 (2019) 采用触觉传感器测量了浮冰作用下船首区域冰载荷特征。但直接测量法往往无法在实际工程中应用，与火箭推力、爆炸冲击力、机翼升力等破坏性较强的载荷类似，船舶在冰区航行时受到的冰载荷也容易对直接暴露在外的传感器造成损坏，增加测量成本。因此，在船舶结构冰载荷监测中，通常选择在与海冰频繁接触的船体局部结构，如船首、艏肩、艉肩处的外板、肋骨和纵桁等结构上安装应变传感器，由测得的局部结构应变通过影响系数矩阵法 (Riska et al., 1983; Kujala, 1989)、支持向量机法 (孔帅等, 2020a; Kong et al., 2021; Wu et al., 2021)、格林函数法 (孔帅等, 2020b, 2021; 崔洪宇等, 2020; Kong et al., 2020) 等识别模型间接确定船舶结构冰载荷。应变测点失效是船舶结构冰载荷现场测量中经常发生的状况，会对影响系数矩阵法识别船舶结构冰载荷造成显著影响。这可通过基于测点应变最小二乘拟合的方法，对失效测点影响下的船舶结构冰载荷进行有效识别。

3.2.1　基于影响系数矩阵的船舶结构冰载荷识别

下面分别从理论基础和试验验证方面阐述基于影响系数矩阵的船舶结构冰载荷识别，在此基础上进一步介绍该方法的特点、适用范围及注意事项。

1. 理论基础

Kujala (1989)、Riska 等 (1983) 最早提出影响系数矩阵 (ICM) 方法。影响系数矩阵法形式简洁、工程应用性强，其不仅着眼于目标构件自身受到冰载荷产生的应变，而且还考虑局部结构的其他构件所受冰载荷对目标构件应变的影响 (刘瀛昊等, 2016)。

3.2 船舶结构冰载荷的识别方法

采用影响系数矩阵法进行冰载荷识别时，假定结构的局部应变响应仅为冰载荷在某一时刻的静力效应引起的变形，而由动力效应激发的局部区域高频应变响应则忽略不计。若 $q_{\text{ice}}(x)$ 为线载荷形式的冰载荷，则海冰作用区域内的冰载荷可由式 (3.2.1) 和式 (3.2.2) 求得：

$$\int q_{\text{ice}}(x)\,\mathrm{d}x = \int \mathrm{d}F_{\text{ice}} \tag{3.2.1}$$

$$F_{\text{ice}}^{\text{r}} = F_{\text{ice}}^{\text{f}} - F_{\text{ice}}^{\text{i}} \tag{3.2.2}$$

式中，F_{ice} 为由线载荷 $q_{\text{ice}}(x)$ 积分得到的冰载荷；$F_{\text{ice}}^{\text{r}}$ 为识别区间内的冰载荷合力；$F_{\text{ice}}^{\text{i}}$ 和 $F_{\text{ice}}^{\text{f}}$ 分别为区间两个端点线载荷的积分值。

通常假设船舶结构在冰载荷识别过程中处于线弹性阶段 (Ritch et al., 2008; Suominen et al., 2017; Jordaan et al., 2010)，因此肋骨上的合力 $F_{\text{ice}}^{\text{r}}$ 可由剪应变 γ_{xy} 计算获得，即 (Fenz et al., 2018)

$$F_{\text{ice}}^{\text{r}} = \frac{GIB}{Q}\gamma_{xy} \tag{3.2.3}$$

式中，G 为肋骨的剪切弹性模量；I 为肋骨的转动惯量；B 为肋骨的宽度；Q 为肋骨中性轴位置 y 轴上部分的面积矩。

由式 (3.2.1) 和式 (3.2.2) 可知，G、I、B 和 Q 均为常数，区间内的冰载荷 $F_{\text{ice}}^{\text{r}}$ 与剪应变 γ_{xy} 为线性关系，由此即可通过影响系数矩阵建立 $F_{\text{ice}}^{\text{r}}$ 与 γ_{xy} 之间的线性映射。此时，船舶结构局部区域的动力学方程即可简化为静力方程形式：

$$[C]_{m\times m}\{\boldsymbol{\varepsilon}(t)\}_{m\times 1} = \{\boldsymbol{p}(t)\}_{m\times 1} \tag{3.2.4}$$

$$\{\boldsymbol{\varepsilon}(t)\}_{m\times 1} = [C]_{m\times m}^{-1}\{\boldsymbol{p}(t)\}_{m\times 1} = [\boldsymbol{\delta}]_{m\times m}\{\boldsymbol{p}(t)\}_{m\times 1} \tag{3.2.5}$$

式中，$[C]$ 为应变与冰载荷之间的影响系数矩阵；$[\boldsymbol{\delta}]$ 为柔度矩阵，即影响系数矩阵的逆矩阵；$\boldsymbol{\varepsilon}(t)$ 和 $\boldsymbol{p}(t)$ 分别为时刻 t 的应变响应矢量和冰载荷矢量；m 为监测区域子区间数目。

将式 (3.2.5) 展开：

$$\begin{bmatrix} \delta_{11} & \delta_{12} & \cdots & \delta_{1n} & \cdots & \delta_{1m} \\ \delta_{21} & \delta_{22} & \cdots & \delta_{2n} & \cdots & \delta_{2m} \\ \vdots & \vdots & \ddots & \vdots & \ddots & \vdots \\ \delta_{n1} & \delta_{n2} & \cdots & \delta_{nn} & \cdots & \delta_{nm} \\ \vdots & \vdots & \ddots & \vdots & \ddots & \vdots \\ \delta_{m1} & \delta_{m2} & \cdots & \delta_{mn} & \cdots & \delta_{mm} \end{bmatrix} \begin{Bmatrix} p_1 \\ p_2 \\ \vdots \\ p_n \\ \vdots \\ p_m \end{Bmatrix} = \begin{Bmatrix} \varepsilon_1 \\ \varepsilon_2 \\ \vdots \\ \varepsilon_n \\ \vdots \\ \varepsilon_m \end{Bmatrix} \tag{3.2.6}$$

式中，δ_{ij}、p_i 和 ε_i 分别为 $[\pmb{\delta}]$、$\pmb{p}(t)$ 和 $\pmb{\varepsilon}(t)$ 中的元素。

当仅在第 n 号监测子区域处施加单位载荷时，式 (3.2.6) 变为

$$\begin{bmatrix} \delta_{11} & \delta_{12} & \cdots & \delta_{1n} & \cdots & \delta_{1m} \\ \delta_{21} & \delta_{22} & \cdots & \delta_{2n} & \cdots & \delta_{2m} \\ \vdots & \vdots & \ddots & \vdots & \ddots & \vdots \\ \delta_{n1} & \delta_{n2} & \cdots & \delta_{nn} & \cdots & \delta_{nm} \\ \vdots & \vdots & \ddots & \vdots & \ddots & \vdots \\ \delta_{m1} & \delta_{m2} & \cdots & \delta_{mn} & \cdots & \delta_{mm} \end{bmatrix} \begin{Bmatrix} 0 \\ 0 \\ \vdots \\ 1 \\ \vdots \\ 0 \end{Bmatrix} = \begin{Bmatrix} \delta_{1n} \\ \delta_{2n} \\ \vdots \\ \delta_{nn} \\ \vdots \\ \delta_{mn} \end{Bmatrix} \tag{3.2.7}$$

此时的应变矢量即为柔度矩阵的第 n 列，依次对每一监测子区域施加单位载荷即可形成矩阵 $[\pmb{\delta}]$，将其逆阵 $[\pmb{C}]$ 和应变 $\pmb{\varepsilon}(t)$ 代入式 (3.2.4) 即可求得监测区域上的冰载荷。

冰载荷实船测量时通常可按照图 3.2.1 所示的流程进行，分为三个部分：实船测量中冰激应变信号预处理、影响系数矩阵的形成和冰载荷识别分析。其中，冰激应变信号预处理首先根据分析需求进行截取，然后采用去零漂及抗混滤波技术进行信号处理；影响系数矩阵的形成需要对监测区域进行预设并划分为若干个子区域，然后进行有限元数值分析以形成影响系数矩阵；采用式 (3.2.4) 进行冰载荷识别，并根据冰载荷特征进行统计分析。

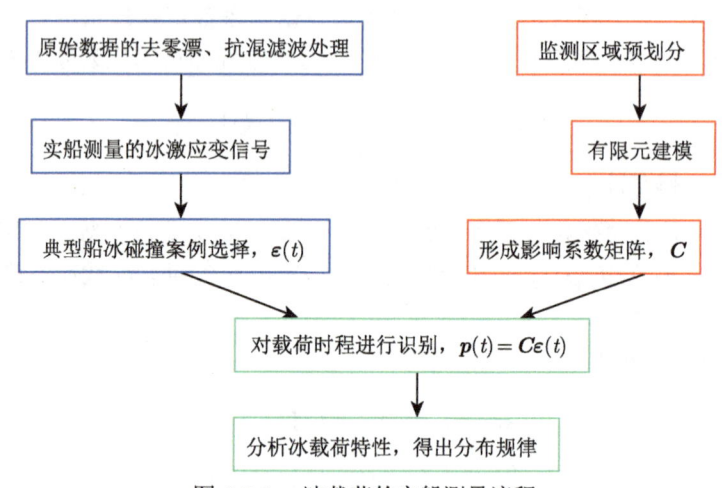

图 3.2.1　冰载荷的实船测量流程

2. 试验验证

为验证影响系数矩阵法在载荷识别中的适用性，孔帅 (2020) 开展了如图 3.2.2(a) 所示的载荷识别模型试验。在板上设置 9 个大小为 0.09 m×0.09 m 的载荷监测子区

3.2 船舶结构冰载荷的识别方法

域,如图 3.2.2(b) 所示。板的厚度为 1.95 mm,弹性模量为 70 GPa,密度为 2700 kg/m^3,泊松比为 0.3。边界条件设置为固支,结构模型处于线弹性状态。按照图 3.2.1 所示的流程形成影响系数矩阵,试验时均采集平行于 x 轴方向的应变。

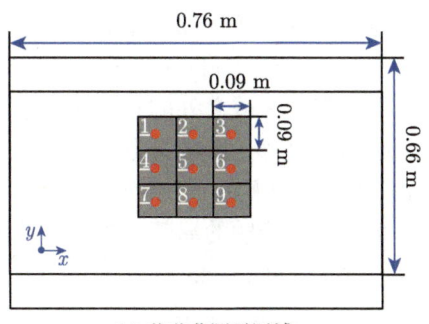

(a) 试验装置　　　　　　　　(b) 载荷监测子区域

图 3.2.2　影响系数矩阵法的试验验证 (孔帅, 2020)

首先分析单源载荷识别情况,工况 1 为仅在 1 号子区域加载总重量为 14.91 N 的质量块;工况 2 为分别在 3 号、4 号和 9 号子区域分别加载总重量为 9.94 N、4.97 N 和 9.94 N 的质量块,上述两种工况下的载荷识别结果列于表 3.2.1。

表 3.2.1　影响系数矩阵法验证试验中施加载荷与识别载荷的对比 (孔帅, 2020)

子区域编号	工况 1 施加载荷/N	工况 1 识别载荷/N	工况 2 施加载荷/N	工况 2 识别载荷/N
1	14.91	14.80	0.00	−0.27
2	0.00	1.02	0.00	−0.15
3	0.00	−0.46	9.94	9.26
4	0.00	1.52	4.97	5.86
5	0.00	0.43	0.00	0.64
6	0.00	0.66	0.00	1.12
7	0.00	−0.74	0.00	−0.57
8	0.00	−1.10	0.00	−0.94
9	0.00	−0.24	9.94	10.94

由此可知,基于影响系数矩阵的载荷识别理论可相对准确地识别出加载位置处的施加载荷。但在工况 1 和工况 2 中未施加载荷的区域内也识别出了载荷,说明影响系数矩阵法尚不能完全解决邻域载荷的干扰问题。

3. 特点、适用范围及注意事项

影响系数矩阵法是最典型的船舶结构局部冰载荷识别方法,具有原理简单、操作方便、结果准确等优点,因此被世界各国广泛采用。该方法不仅可以识别规则区域内的均布载荷，也适用于作用区域随机分布的非均布载荷；不仅可以识别准静态载荷，对于时变载荷也有很好的适用性 (刘瀛昊等, 2016)。由于载荷作用位置处的结构应变一般都远大于邻域应变，所以影响系数矩阵法不仅适用于建立剪应变和合外力之间的关系，还适用于建立其他形式应变与外力之间的关系。但该方法尚不能完全解决邻域载荷的干扰问题，因此通常需要引入阈值以消除周边结构的干扰 (Jeon et al., 2018; Suyuthi et al., 2012; Kotilainen et al., 2017)。此外，作用于测量区域之外的载荷对识别精度有较大影响。当应变测量区域与载荷施加区域不一致时，影响系数矩阵将出现奇异，从而导致识别载荷值不满足稳定性、唯一性要求 (孔帅等, 2020a)。因此，在实船上布置应变传感器时，应将其安装在与海冰频繁接触的局部结构上，并预先通过有限元分析验证，以及优化传感器布置方案 (Jo et al., 2017)。

3.2.2 基于格林核函数与正则化算法的船舶结构动载荷识别

下面分别从理论基础和试验验证方面阐述基于格林 (Green) 核函数与正则化算法的船舶结构冰载荷识别，在此基础上进一步对该方法的特点、优势、应用现状及发展前景加以说明。

1. 理论基础

动载荷识别是结构动力学的第二类反问题，可根据结构的动态特性和实测响应识别结构所受载荷 (Uhl, 2007)。动载荷识别模型的建立基于三个基本假设：满足线性叠加原理的线性假设、系统各阶模态参数都可直接观测到的可观测性假设和结构参数关于时间不变的时不变假设。目前已开发出时域反卷积算法 (缪炳荣等, 2018; 彭凡等, 2016)、计权加速度法、函数逼近法、卡尔曼 (Kalman) 滤波器算法 (张肖雄和贺佳, 2019) 及神经网络智能算法 (Cooper and DiMaio, 2018) 等动载荷识别的时域算法。基于杜阿梅尔 (Duhamel) 积分方程的时域反卷积算法在动载荷识别中应用较广，在不同工程领域均有良好的应用 (Sun et al., 2014; Ikonen et al., 2015; Waal et al., 2018)。

在载荷识别中，求解问题的不适定通常是指解的不稳定性。实际工程中的载荷识别，会因监测子区域数目较多和采样时间间隔较小而导致求逆矩阵规模过大。正则化算法的核心思想是通过引入正则化算子，构造与原不适定问题相邻近的适定问题 (Tikhonov et al., 1995)。正则化算法按求解步数可分为直接型正则化算法和迭代型正则化算法，直接型正则化算法包括 Tikhonov 正则化、截断奇异值分解 (TSVD)(Chen and Chan, 2017; 梅立泉和崔维庚, 2010) 等；迭代型正则化算法包括最小二乘正交三角 (QR) 分解 (LSQR)(陈震等, 2018)、共轭梯度最小二乘迭代 (CGLS)(卢立勤等, 2016; Wang et al., 2013; Hanke, 1995) 等。

3.2 船舶结构冰载荷的识别方法

下面根据冰载荷的动力学特征，基于格林核函数建立应变与冰载荷之间的动力学响应关系，并采用直接型和迭代型正则化算法解决不适定问题，最终建立船舶结构冰载荷动力学识别模型。

1) 冰载荷识别正问题的建立

任意 t 时刻作用于船舶结构上的单位冲击载荷可用狄拉克 (Dirac) 函数定义，狄拉克函数满足以下性质：

$$\int_{-\infty}^{+\infty} \delta(t-\tau) \mathrm{d}t = 1 \tag{3.2.8}$$

$$\delta(t-\tau) = 0, \quad t \neq \tau \tag{3.2.9}$$

式中，$\delta(t)$ 为定义域为 $t \in (-\infty, +\infty)$ 的狄拉克函数；τ 为狄拉克函数存在数值的时刻。

用于形成格林核函数的载荷采用图 3.2.3 中定义的时间步长为 $\Delta t = 2.5 \times 10^{-3}$ s 的单位冲击载荷。由线性时不变系统的叠加原理可知，对任意动载荷引起的应变响应可由一系列单位冲击载荷的响应叠加而成，如图 3.2.4 所示。由此建立冲击载荷与应变之间的响应关系：

$$\int_0^t g(t-\tau) p(t) \mathrm{d}\tau = \varepsilon(t) \tag{3.2.10}$$

式中，$g(t)$ 为对应响应与冲击载荷关系的格林核函数；$p(t)$ 为冰载荷；$\varepsilon(t)$ 为船体冰激应变。

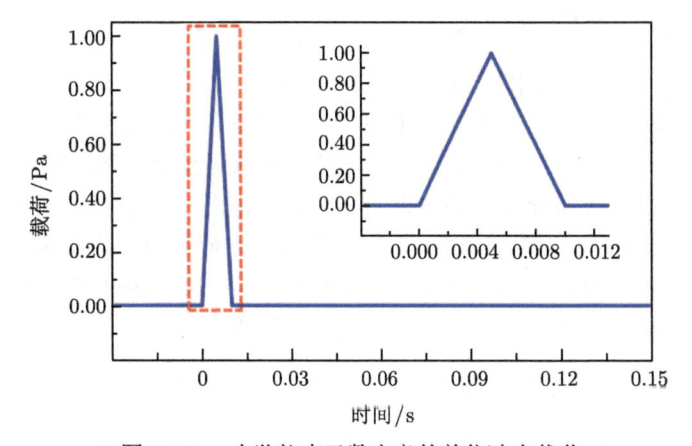

图 3.2.3 由狄拉克函数定义的单位冲击载荷

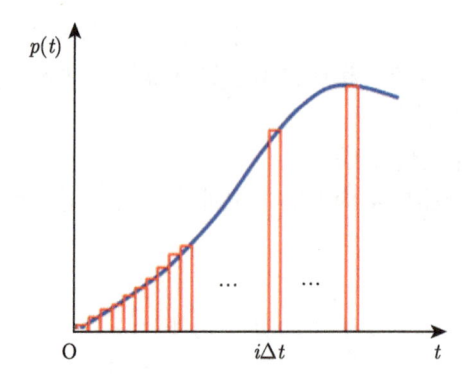

图 3.2.4 基于杜阿梅尔积分的冰载荷识别正问题

采用黎曼 (Riemann) 积分对式 (3.2.10) 进行近似计算：

$$\sum_{k=1}^{m} g(i-k)p(k) = \varepsilon(i), \quad i = 1, 2, \cdots, m \tag{3.2.11}$$

式中，$p(k)$ 为 $t_k = k\Delta t$ 时刻的冲击载荷；Δt 为离散时间间隔；m 为作用周期内时间段的数目。

将式 (3.2.11) 转换为矩阵形式：

$$\begin{bmatrix} \varepsilon(1) \\ \varepsilon(2) \\ \vdots \\ \varepsilon(m) \end{bmatrix} = \begin{bmatrix} g_1 & 0 & \cdots & 0 \\ g_2 & g_1 & \cdots & 0 \\ \vdots & \vdots & \ddots & \vdots \\ g_m & g_{m-1} & \cdots & g_1 \end{bmatrix} \begin{bmatrix} p(1) \\ p(2) \\ \vdots \\ p(m) \end{bmatrix} \tag{3.2.12}$$

式中，g_i 为 $t_i = i\Delta t$ 时刻的格林核函数。

船舶结构冰载荷识别方法中，单源载荷识别通常应用于螺旋桨冰激轴系扭矩监测 (Ikonen et al., 2015)。而目前应用较多的是舷侧板架结构的冰载荷识别监测，需要将整个监测区域划分为众多子区域。为确定冰载荷在整个监测区间上的分布规律，每个监测子区域上的冰载荷需要通过多源载荷识别确定 (Ritch et al., 2008; Kotilainen et al., 2017)。船舶结构在多源载荷作用下的响应是各个监测子区域内载荷引起响应的线性叠加，因此可将多源载荷识别问题写作

$$\begin{bmatrix} \boldsymbol{\varepsilon}_1 \\ \boldsymbol{\varepsilon}_2 \\ \vdots \\ \boldsymbol{\varepsilon}_N \end{bmatrix} = \begin{bmatrix} \boldsymbol{G}_{11} & \boldsymbol{G}_{12} & \cdots & \boldsymbol{G}_{1M} \\ \boldsymbol{G}_{21} & \boldsymbol{G}_{22} & \cdots & \boldsymbol{G}_{2M} \\ \vdots & \vdots & \ddots & \vdots \\ \boldsymbol{G}_{N1} & \boldsymbol{G}_{N2} & \cdots & \boldsymbol{G}_{NM} \end{bmatrix} \begin{bmatrix} \boldsymbol{p}_1 \\ \boldsymbol{p}_2 \\ \vdots \\ \boldsymbol{p}_N \end{bmatrix} \tag{3.2.13}$$

式中，M 为需要监测子区域的数目；N 为测点的数目；p_i 为每个监测子区域上的冰载荷时程；ε_i 为测点上的应变时程；G_{ij} 为 j 监测子区域上冰载荷与 i 测点应变之间的格林核函数矩阵。

至此，基于格林核函数的单源及多源冰载荷识别的正问题得以建立，统一式 (3.2.12) 和式 (3.2.13) 并采用矩阵形式表示：

$$\varepsilon = Gp \tag{3.2.14}$$

式中，ε 和 p 分别为子区域上的应变时程和冰载荷时程；G 为核函数矩阵，由 g_i 或 G_{ij} 组成。

2) 直接型正则化算法

线性代数中的特征值分解仅能对方阵进行分解，实际冰载荷识别中测点数目与监测子区域数目不一定相同，从而导致核函数矩阵 G 并不一定为方阵。奇异值分解 (SVD) 是特征值分解在任意形式矩阵上的推广 (Strang, 1993)，由此可将核函数矩阵 G 分解为

$$G = U \mathrm{diag}(\sigma_i) V^{\mathrm{T}} \tag{3.2.15}$$

式中，U 和 V 均为正交阵，$U = \{u_1, u_2, \cdots, u_n\}$，$V = \{v_1, v_2, \cdots, v_n\}$；$u_i$ 为核函数矩阵 G 的左奇异向量；v_i 为核函数矩阵 G 的右奇异向量；$\mathrm{diag}(\sigma_i)$ 为由核函数矩阵 G 的奇异值 σ_i 组成的对角阵。

若格林核函数矩阵是可逆的，则其在噪声信号干扰下的解可表示为

$$p_{\mathrm{err}} = G^{-1} \varepsilon_{\mathrm{err}} = V \mathrm{diag}\left(\sigma_i^{-1}\right) U^{\mathrm{T}} \varepsilon_{\mathrm{err}} = p_{\mathrm{real}} + \sum_{i=1}^{m} \sigma_i^{-1} \left(u_i^{\mathrm{T}} \mathbf{err}\right) v_i \tag{3.2.16}$$

式中，p_{err} 为由含有噪声干扰的应变信号得到的解；$\mathbf{err}$ 为测试应变信号 $\varepsilon_{\mathrm{err}}$ 的误差部分。

真实解 p_{real} 与噪声干扰下得到的解 p_{err} 之间的误差主要来自于测试系统不可避免的噪声信号 $\mathbf{err}$ 以及格林核函数矩阵中小奇异值 σ_i^{-1} 对噪声信号的放大作用。实际测量中，测试仪器精度和测试方案不合理可能会导致测试期间的噪声水平不可控。因此，应减少格林核函数矩阵中小奇异值对噪声信号的放大作用。直接型正则化算法通过引入正则化算子 $f(\alpha, \sigma_i)$ 以减少 σ_i^{-1} 的对解误差的放大作用：

$$p_\alpha = V \mathrm{diag}\left(f(\alpha, \sigma_i) \sigma_i^{-1}\right) U^{\mathrm{T}} \varepsilon_{\mathrm{err}} = p_{\mathrm{real}} + \sum_{i=1}^{m} f(\alpha, \sigma_i) \sigma_i^{-1} \left(u_i^{\mathrm{T}} \mathbf{err}\right) v_i \tag{3.2.17}$$

式中，p_α 为采用正则化算子后得到的解。

基于变分理论的 Tikhonov 正则化算法在目前的载荷识别中应用最为广泛 (Tikhonov et al., 1995)，其可有效识别桁架结构、壳体结构及轴系所受载荷 (Sun et al., 2014; Ikonen et al., 2015; Jankowski, 2009)。Tikhonov 正则化算法中的正则化算子一般可采用式 (3.2.18) 的形式:

$$f(\alpha, \sigma_i) = \frac{\sigma_i^2}{\alpha + \sigma_i^2} \tag{3.2.18}$$

式 (3.2.18) 定义的 Tikhonov 正则化算子对应的冰载荷近似解可写作

$$\boldsymbol{p}_\alpha = \left(\boldsymbol{G}^\mathrm{T}\boldsymbol{G} + \alpha\boldsymbol{I}\right)^{-1} \boldsymbol{G}^\mathrm{T} \boldsymbol{\varepsilon}_\mathrm{err} \tag{3.2.19}$$

式中, $\boldsymbol{I}$ 为单位阵。

SVD 正则化算法的形式相对简单,但载荷识别效果也相对较好,其正则化算子采用直接滤掉较小的奇异值的方式来控制小奇异值的影响 (Hansen, 1988; Ronasi et al., 2011):

$$f(\alpha, \sigma_i) = \begin{cases} 1, & \sigma_i^2 \geqslant \alpha \\ 0, & \sigma_i^2 < \alpha \end{cases} \tag{3.2.20}$$

式 (3.2.20) 定义的 SVD 正则化算子对应的冰载荷近似解可写作

$$\boldsymbol{p}_\alpha = \sum_{\sigma_i^2 \geqslant \alpha} \sigma_i^{-1} \left(\boldsymbol{u}_i^\mathrm{T} \mathbf{err}\right) \boldsymbol{v}_i \tag{3.2.21}$$

Tikhonov 和 SVD 正则化算法的载荷识别精度和稳定性,与正则化参数 α 的相关性很强。这是由于,在这两种方法中,残差的模 $\|\boldsymbol{\varepsilon}_\mathrm{err} - \boldsymbol{G}\boldsymbol{p}\|_2$ 和解的模 $\|\boldsymbol{p}\|_2$ 都与正则化参数 α 有关。正则化参数 α 主要控制两者之间的相对大小。为了获得更加接近真实的解, α 的值应该越小越好;但考虑到解的数值稳定性, α 的值应该越大越好,如何选取正则化参数成为求解的关键。目前已经有众多关于正则化参数 α 的选取对识别精度影响的研究 (缪炳荣等, 2018; Liu et al., 2015; 卢立勤等, 2016)。为获取采用直接型正则化算法识别冰载荷的最优解,必须考虑正则化参数 α 的选取, L-曲线准则 (Hansen et al., 1993) 和广义交叉检验 (GCV)(Golub et al., 1979) 是目前较为常用的两种正则化参数优选方法。

3) 迭代型正则化算法

迭代型正则化算法的主要思路为: 首先选择初始解向量 $\boldsymbol{p}_0$; 然后迭代递归构造解的残差向量 $\boldsymbol{r}_i$, 第 i 步的残差向量由系数矩阵的某个多项式 $Q_{i-1}(\boldsymbol{G})$ 与初始残差向量 $\boldsymbol{r}_0$ 相乘得到, 即 $\boldsymbol{r}_i = Q_{i-1}(\boldsymbol{G})\boldsymbol{r}_0$。基于共轭梯度最小二乘和最小二乘 QR 分解的迭代算法构造的残差向量相互正交,可达到快速收敛的目的 (Grimme, 1997; 李晓梅和吴建平, 2005)。

适用于求解大维数、非对称和非正定方程的共轭梯度最小二乘 (CGLS) 算法是一种高效的迭代型算法 (Hanke, 1995),可较好地识别壳结构和锯齿结构所受的环境载荷 (缪炳荣等, 2018; 卢立勤等, 2016)。载荷识别中提高求解精度的问题

属于数学优化中的最小二乘问题，采用求解技术使识别的解与真实解之间误差最小，即

$$\min \|\boldsymbol{p} - \boldsymbol{p}_k\|_2 \tag{3.2.22}$$

式中，$\boldsymbol{p}_k$ 为采用共轭梯度最小二乘算法经过 k 次迭代后的解；$\boldsymbol{p}$ 为真实解。

首先对矩阵 $\boldsymbol{G}$ 进行正则化处理和相关计算量的初始化：

$$\boldsymbol{G}^{\mathrm{T}} \boldsymbol{G} \boldsymbol{p}_k = \boldsymbol{G}^{\mathrm{T}} \boldsymbol{p} \tag{3.2.23}$$

$$\begin{cases} \boldsymbol{p}_1 = 0 \\ \boldsymbol{r}_1 = \varepsilon_{\mathrm{err}} \\ \boldsymbol{q}_1 = \boldsymbol{G}^{\mathrm{T}} \boldsymbol{r}_1 \end{cases} \tag{3.2.24}$$

式中，$\boldsymbol{p}_1$ 为共轭梯度算法的初始解；$\boldsymbol{r}_1$ 为解的残差的初始值；$\boldsymbol{q}_1$ 为共轭迭代过程中间量的初始值。

当 $k > 1$ 时，共轭梯度最小二乘迭代算法的迭代过程为

$$\alpha_k = \frac{\|\boldsymbol{G}^{\mathrm{T}} \boldsymbol{r}_{k-1}\|_2^2}{\|\boldsymbol{G} \boldsymbol{q}_{k-1}\|_2^2} \tag{3.2.25}$$

$$\boldsymbol{p}_k = \boldsymbol{p}_{k-1} + \alpha_k \boldsymbol{q}_{k-1} \tag{3.2.26}$$

$$\boldsymbol{r}_k = \boldsymbol{r}_{k-1} + \alpha_k \boldsymbol{G} \boldsymbol{q}_{k-1} \tag{3.2.27}$$

$$\beta_k = \frac{\|\boldsymbol{G}^{\mathrm{T}} \boldsymbol{r}_k\|_2^2}{\|\boldsymbol{G} \boldsymbol{r}_{k-1}\|_2^2} \tag{3.2.28}$$

$$\boldsymbol{q}_k = \boldsymbol{G}^{\mathrm{T}} \boldsymbol{r}_k + \beta_k \boldsymbol{q}_{k-1} \tag{3.2.29}$$

式中，α_k 和 β_k 为共轭迭代过程中间量；$\boldsymbol{q}_k$ 为第 k 步的迭代矢量；$\boldsymbol{r}_k$ 为迭代 k 次之后解的残差。

LSQR 算法适用于大型奇异矩阵的求解。LSQR 算法遵循最小二乘的原则，在限定的解空间内寻求最佳解。其可将任意矩阵方程转化为系数矩阵为方阵的方程，包括 Lanczos 双对角化和 Givens 正交变换两个过程 (Lanczos, 1950)。LSQR 方法将格林核函数矩阵 $\boldsymbol{G}$ 进行双对角化处理后再进行 QR 分解，同时更新迭代解。假设核函数矩阵 $\boldsymbol{G}$ 进行了 k 次 Lanczos 双对角化处理后转换为式 (3.2.20) 的形式：

$$\boldsymbol{U}_{k+1}^{\mathrm{T}} \boldsymbol{G} \boldsymbol{V}_k = \boldsymbol{B}_k \tag{3.2.30}$$

式中，$\boldsymbol{B}_k = \begin{bmatrix} \alpha_1 & & & & \\ \beta_2 & \alpha_2 & & & \\ & \beta_3 & \ddots & & \\ & & \ddots & \alpha_k & \\ & & & \beta_{k+1} & \end{bmatrix}$ 为由 α_i 和 β_i 组成的双对角矩阵，且 α_i 和 β_i 均为正值；$\boldsymbol{U}_{k+1} = (\boldsymbol{u}_1, \boldsymbol{u}_2, \cdots, \boldsymbol{u}_{k+1})$ 和 $\boldsymbol{V}_k = (\boldsymbol{v}_1, \boldsymbol{v}_2, \cdots, \boldsymbol{v}_k)$ 为标准化正交矩阵。

LSQR 算法的具体运算步骤如下所述。

首先，对相关变量赋予初始值：

$$\begin{cases} \beta_1 \boldsymbol{u}_1 = \boldsymbol{\varepsilon}_{\mathrm{err}} \\ \alpha_1 \boldsymbol{v}_1 = \boldsymbol{G}^{\mathrm{T}} \boldsymbol{u}_1 \\ \boldsymbol{\omega}_1 = \boldsymbol{v}_1 \\ \boldsymbol{p}_0 = \boldsymbol{0} \\ \bar{\phi}_1 = \beta_1 \\ \bar{\rho}_1 = \alpha_1 \end{cases} \tag{3.2.31}$$

式中，$\boldsymbol{p}_0$ 为初始的解向量；$\bar{\phi}_1$ 和 $\bar{\rho}_1 (i = 1, 2, \cdots, k)$ 均为中间变量；$\boldsymbol{\omega}_k$ 为第 k 步的迭代矢量。

然后，当迭代步数 $i = 1, 2, \cdots, k$ 时，重复计算式 (3.2.32) 和式 (3.2.33)。

对矩阵进行 Lancozs 双对角化处理：

$$\begin{cases} \beta_{i+1} \boldsymbol{u}_{i+1} = \boldsymbol{G} \boldsymbol{v}_i - \alpha_i \boldsymbol{u}_i \\ \alpha_{i+1} \boldsymbol{v}_{i+1} = \boldsymbol{G}^{\mathrm{T}} \boldsymbol{u}_{i+1} - \beta_{i+1} \boldsymbol{u}_i \end{cases} \tag{3.2.32}$$

QR 分解及正交化处理：

$$\begin{cases} \rho_i = \left(\bar{\rho}_i^2 + \beta_{i+1}^2 \right)^{0.5} \\ c_i = \dfrac{\bar{\rho}_i}{\rho_i} \\ s_i = \dfrac{\beta_{i+1}}{\rho_i} \\ \theta_{i+1} = s_i \alpha_{i+1} \\ \bar{\rho}_{i+1} = -c_i \alpha_{i+1} \\ \phi_i = c_i \bar{\phi}_i \\ \bar{\phi}_{i+1} = s_i \bar{\phi}_i \end{cases} \tag{3.2.33}$$

式中，ρ_i、c_i、s_i 和 θ_{i+1} 均为中间变量。

更新迭代步载荷识别的解：

$$\begin{cases} \boldsymbol{\omega}_{i+1} = \boldsymbol{v}_{i+1} - \dfrac{\theta_{i+1}}{\rho_i}\boldsymbol{\omega}_i \\ \boldsymbol{p}_i = \boldsymbol{p}_{i-1} + \dfrac{\phi_i}{\rho_i}\boldsymbol{\omega}_i \end{cases} \tag{3.2.34}$$

共轭梯度最小二乘算法和 LSQR 算法均属于半收敛算法，不合适的迭代步数会导致过拟合或欠拟合，两者的终止迭代法则为 (Paige and Saunders, 1982; Chang et al., 2009)

$$\frac{\|\boldsymbol{G}^{\mathrm{T}}\boldsymbol{r}_k\|_2}{\|\boldsymbol{r}_k\|_2} \leqslant \gamma \|\boldsymbol{G}\|_2 \tag{3.2.35}$$

式中，γ 为小于 1 的正数。

若共轭梯度最小二乘算法和 LSQR 算法经过 k 次迭代后的解 $\boldsymbol{p}_k$ 满足式 (3.2.35)，则停止迭代；否则继续迭代直至满足式 (3.2.35) 为止。

2. 试验验证

为检验格林函数法在载荷识别中的准确性，孔帅 (2020) 建立了基于舷侧板架结构的载荷识别试验模型，通过正则化算法对施加的载荷进行识别以评估其识别能力。

该试验采用的舷侧板架结构由外板、肋骨、强肋骨和纵桁等组成，如图 3.2.5 所示。模型采用 3 mm 厚的 6061 铝合金板，试验模型的边界采用螺栓和边条紧固的方式进行固支约束。图 3.2.5(a) 左上角外板圆圈区域为对应的载荷施加区域，试验过程中采用力锤施加载荷；图 3.2.5(a) 右侧为对应的测量位置及应变片粘贴方式，采用带温度补偿片的半桥连接方式。动载荷识别试验中应变信号和力信号同时由数据采集系统记录，采样频率可选用 10^4 Hz。为保证肋骨与真实结构之间的结构相似性最大化 (Kim et al., 2018)，肋骨纵向端部与纵桁固定，且监测及测量位置均远离边界。舷侧板架结构有限元模型的具体结构尺寸如图 3.2.5(b) 所示，采用网格尺寸为 5 mm×5 mm 的四边形网格。模型的弹性模量、材料密度和泊松比分别为 70 GPa、2700 kg/m^3 和 0.3，采用比例阻尼，边界条件为外板边缘固支 (Suominen et al., 2017)。

在基于肋骨监测的应变传感器布置方案中，安装位置靠近肋骨边缘或位于肋骨中间的测试方式的应变与冲击载荷之间的相关性较高。为检验冰载荷识别模型对冲击载荷的识别效果，在图 3.2.5(a) 中的载荷施加点处施加冲击载荷。识别载荷的时间间隔为 0.0002 s，采用 Tikhonov 结合 L-曲线准则的正则化算法进行识别。由图 3.2.6(a) 可知，识别载荷时程均能准确对应冲击载荷信号，但因结构自身阻尼的影响，识别结果会产生 0.0001~0.0002 s 的延迟。识别载荷峰值与实际峰值对比如图 3.2.6(b) 所示，可以看出，峰值载荷识别结果均与施加载荷峰值良好对应，肋骨外缘和肋骨中部的峰值载荷识别结果相对误差的均值分别为 9.44% 和 7.83%。从识别精度可知，采用 Tikhonov 结合 L-曲线准则的正则化算法能以较高精度识别施加载荷，其他正则化算法的载荷识别验证试验与之类似，此处不再赘述。

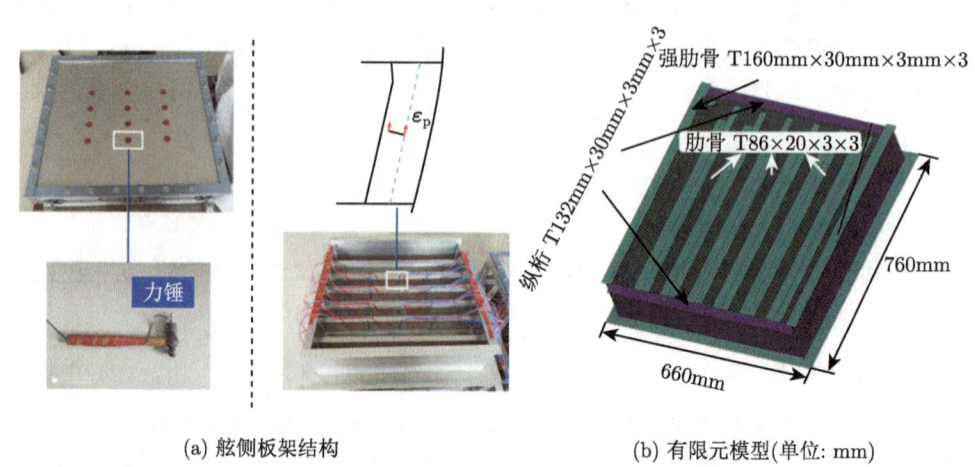

(a) 舷侧板架结构 (b) 有限元模型(单位: mm)
图 3.2.5 格林函数法的试验验证 (孔帅, 2020)

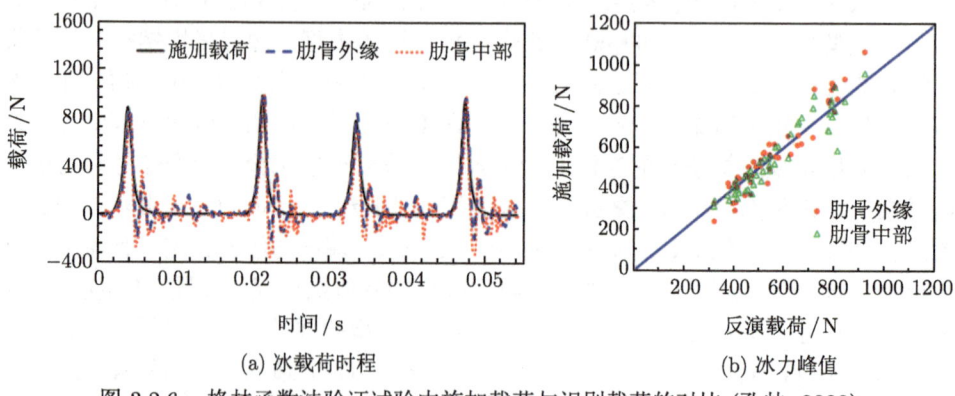

(a) 冰载荷时程 (b) 冰力峰值
图 3.2.6 格林函数法验证试验中施加载荷与识别载荷的对比 (孔帅, 2020)

3. 特点、优势、应用现状及发展前景

格林函数法是对传统船舶结构冰载荷识别方法的扩展。相比于影响系数矩阵法，该方法考虑了冰载荷作为冲击载荷的高频特征，且适用范围更广。格林核函数的引入建立了结构应变与冲击载荷之间的对应关系，能够真实反映冰载荷的动力特征。Tikhonov 正则化算法的采用，解决了动力学中普遍存在的不适定问题，使识别载荷值的适定性得到保证。因此，格林函数法是对影响系数矩阵法的补充，能够显著提高冰载荷的识别精度。崔洪宇等 (2020) 将基于格林函数法的冰载荷动力学识别模型，应用于"雪龙"号科学考察船在我国第 8 次北极科学考察期间所受冰载荷的识别。结果表明，该方法能有效识别多源远场冲击冰载荷，且冰力峰值在数量级方面与其他破冰等级相近的极地船舶相比具有很好的一致性，初步验证了格林函数法的工程可用性。虽然目前格林函数法广阔的发展前景已经显现，但还处于方法验证阶段，尚未大规模应用于实船的冰载荷识别。因此，应进一步开展模型验证与实船验证，以提高其在冰载荷识别中的准确性、可靠性和实用性；需要妥善解决动力学中普遍存在的不适定问题，可结合 Tikhonov 及其他正则化算法进一步保证识别载荷值的适定性。

3.2.3 基于支持向量机的船舶结构冰载荷远场识别

下面分别从理论基础和试验验证方面阐述基于支持向量机 (SVM) 的船舶结构冰载荷识别，在此基础上进一步对该方法的特点、优势、应用现状及发展前景加以说明。

1. 理论基础

冰载荷远场识别是采用远场测点的动力响应和识别算法监测重点区域冰载荷的一种方法，该方法可有效克服监测区域不宜布置传感器的约束，扩大冰载荷监测范围。实际载荷识别时会出现强非线性和短样本序列等问题，这将导致传统的载荷识别方法难以实现。首先，冰载荷识别中的影响系数矩阵法尚不具备远场载荷识别的能力。其次，由于远场识别中的冰载荷与冰激应变之间具有复杂的卷积函数关系，而基于时域反卷积方法的识别模型在测点距离加载区域过远的远场载荷识别中出现的解不稳定情况，将极度影响载荷识别的精度和稳定性，因此采用常规时域识别方法可能会出现极端异常解。

近年来，随着人工智能技术的快速发展，智能算法在载荷识别问题中的应用也日益增多，如神经网络算法 (Cooper and DiMaio, 2018; 李忠献等, 2008)、遗传算法、模拟退火算法、差异进化算法等。其中，支持向量机是在统计学习理论基础上发展起来的一种通用方法，可有效解决模型选择、过学习、非线性、维数灾难、局部极值性等问题 (Vapnik, 1995)。支持向量机对非线性映射问题具有很强的泛化学习能力，可对工程复杂问题进行较好的预测分析 (Yin et al., 2015; Zhao and Yin, 2016; Li et al., 2016)。因此，支持向量机具备解决远场载荷识别中存在的解奇异性和不稳定性等问题的能力。

支持向量机的算法核心来源于分类算法。支持向量机最早用于线性可分的分类，对于线性不可分的非线性情况，支持向量机利用核函数将原始空间中的样本数据映射到高维特征空间以使其线性可分。支持向量机回归算法是在分类算法基础上通过引入损失函数并构造二次凸规划问题以实现对样本向量的预测分析。

支持向量机的二元分类算法如图 3.2.7 所示，圆形点和方形点分别代表两类样本。假设训练样数集 $D = (\boldsymbol{x}_1, y_1), (\boldsymbol{x}_2, y_2), \cdots, (\boldsymbol{x}_i, y_i), \cdots, (\boldsymbol{x}_n, y_n)$，$\boldsymbol{x}_i \in \mathbf{R}^d$，$y_i \in \{-1, 1\}$，其中样本数目为 n，两类样本可分别用 -1 和 1 表示。支持向量机分类算法不但可将两类样本分开，同时为提升分类预测的精准度，还可在样本之间找到一个超平面，即图 3.2.7 中阴影部分的粗实线，以对样本进行间隔最大化分割，该超平面可由线性方程表示：

$$f(\boldsymbol{x}) = \boldsymbol{\omega}^{\mathrm{T}} \boldsymbol{x} + b = 0 \tag{3.2.36}$$

式中，$\boldsymbol{\omega}$ 为超平面的法向量；b 为超平面的偏移量。

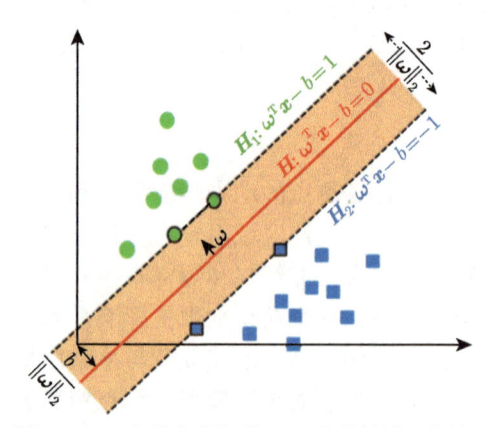

图 3.2.7　支持向量机的二元分类算法 (线性)

若通过算法得到的超平面可正确将两类样本进行分类，则对于训练样本 $(\boldsymbol{x}_i, y_i)$ 满足

$$y_i \left(\boldsymbol{\omega}^{\mathrm{T}} \boldsymbol{x}_i + b \right) \geqslant 1, \quad y_i \in \{-1, 1\} \tag{3.2.37}$$

图 3.2.7 中距离超平面最近的点，即虚线上的点均满足式 (3.2.37) 的等式关系，这些能决定超平面位置的样本向量称为支持向量。图 3.2.7 中虚线的间距最大化可由式 (3.2.38) 表示：

$$d = \frac{(\boldsymbol{x}_+ - \boldsymbol{x}_-) \boldsymbol{\omega}^{\mathrm{T}}}{\|\boldsymbol{\omega}\|_2} = \frac{2}{\|\boldsymbol{\omega}\|_2} \tag{3.2.38}$$

3.2 船舶结构冰载荷的识别方法

式中，$\boldsymbol{x}_+$ 代表圆形点；$\boldsymbol{x}_-$ 代表方形点。

为求支持向量间的最大间隔，即 $\|\boldsymbol{\omega}\|_2$ 最小值问题，可转换为如下二次规划问题：

$$\begin{cases} \min \dfrac{\|\boldsymbol{\omega}\|_2^2}{2} \\ \text{s.t. } y_i \left(\boldsymbol{\omega}^{\mathrm{T}} \boldsymbol{x}_i + b\right) \geqslant 1, \quad i=1,2,\cdots,n \end{cases} \tag{3.2.39}$$

该二次规划问题为凸规划，可转换为拉格朗日乘子形式进行求解：

$$L\left(\alpha_i, \boldsymbol{\omega}, b\right) = \frac{\|\boldsymbol{\omega}\|_2^2}{2} + \sum_{i=1}^{n} \alpha_i \left[1 - y_i \left(\boldsymbol{\omega}^{\mathrm{T}} \boldsymbol{x}_i + b\right)\right] \tag{3.2.40}$$

式中，$\alpha_i \geqslant 0$ 为拉格朗日乘子。

拉格朗日乘子取极值时，令式 (3.2.40) 中 $\boldsymbol{\omega}$ 和 b 的偏导均为 0，并将结果代入：

$$L\left(\alpha_i, \boldsymbol{\omega}, b\right) = \sum_{i=1}^{n} \alpha_i - \frac{1}{2} \sum_{i,j=1}^{n} y_i y_j \alpha_i \alpha_j \boldsymbol{x}_i \cdot \boldsymbol{x}_j \tag{3.2.41}$$

对于给定的训练样本，原始优化问题的对偶问题转换为求拉格朗日乘子 α_i 极大值的问题：

$$\begin{cases} \max \left(\displaystyle\sum_{i=1}^{n} \alpha_i - \frac{1}{2} \sum_{i,j=1}^{n} y_i y_j \alpha_i \alpha_j \boldsymbol{x}_i \cdot \boldsymbol{x}_j \right) \\ \text{s.t. } \displaystyle\sum_{i=1}^{n} \alpha_i y_i = 0, \quad \alpha_i \geqslant 0, \quad i=1,2,\cdots,n \end{cases} \tag{3.2.42}$$

求解出拉格朗日乘子 α_i 后，进而得到超平面方程：

$$f(\boldsymbol{x}) = \boldsymbol{\omega}^{\mathrm{T}} \boldsymbol{x} + b = \sum_{i=1}^{n} \alpha_i y_i \boldsymbol{x}_i + b \tag{3.2.43}$$

该算法可准确分类线性可分情况下的样本，但如果样本在原始空间不能线性可分 (图 3.2.8)，支持向量机算法则采用将样本向量映射到高维特征空间后变为线性可分的做法。类似于原始空间内的分类模型，特征空间中的超平面可表示为

$$f(\boldsymbol{x}) = \boldsymbol{\omega}^{\mathrm{T}} \varphi(\boldsymbol{x}) + b = 0 \tag{3.2.44}$$

式中，$\boldsymbol{\omega}$ 为特征空间超平面的法向量；$\varphi(\boldsymbol{x})$ 为样本向量 $\boldsymbol{x}$ 向高维特征空间投影后得到的特征向量；b 为超平面相对零点的偏移量。

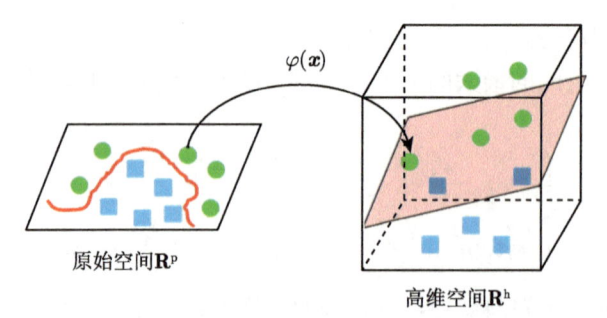

图 3.2.8 支持向量机的二元分类算法 (非线性)

类似于线性支持向量机，构造超平面使其对应边界间隔最大化：

$$\begin{cases} \max \left(\sum_{i=1}^{n} \alpha_i - \dfrac{1}{2} \sum_{i,j=1}^{n} y_i y_j \alpha_i \alpha_j \varphi(\boldsymbol{x}_i)^{\mathrm{T}} \varphi(\boldsymbol{x}_j) \right) \\ \text{s.t.} \sum_{i=1}^{n} \alpha_i y_i = 0, \quad \alpha_i \geqslant 0, \quad i = 1, 2, \cdots, n \end{cases} \quad (3.2.45)$$

若对式 (3.2.45) 进行求解，则将涉及投影到高维特征空间向量间的计算，即 $\varphi(\boldsymbol{x}_i)^{\mathrm{T}} \varphi(\boldsymbol{x}_j)$，但由于特征空间的维数可能很高 (甚至无穷维) 和映射函数形式复杂，特征向量间的内积 $\varphi(\boldsymbol{x}_i)^{\mathrm{T}} \varphi(\boldsymbol{x}_j)$ 难以计算。由此引入核函数 $K(\boldsymbol{x}_i, \boldsymbol{x}_j)$ 以使其特征向量间的内积等于在原始空间中 $K(\boldsymbol{x}_i, \boldsymbol{x}_j)$ 的函数值。典型的核函数有：线性核函数、多项式核函数、径向基核函数、sigmoid 核函数等。

支持向量机通过引入损失函数即可较好地用于回归问题分析，图 3.2.9 为引入损失函数后用于函数关系拟合问题的支持向量机回归算法。假设 ε 为不敏感损失函数，即拟合函数整体的拟合精度。损失函数 ε 在实际训练样本时设置为较小的值，如 10^{-10}。

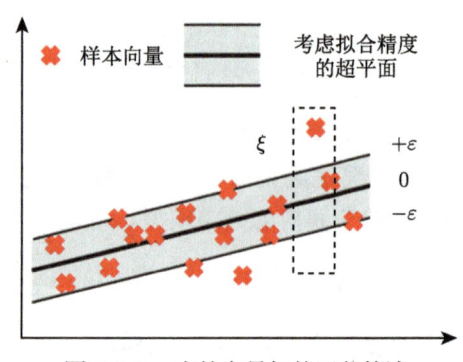

图 3.2.9 支持向量机的回归算法

3.2 船舶结构冰载荷的识别方法

假设所有训练数据 $D = (\varphi(\boldsymbol{x}_1), y_1), (\varphi(\boldsymbol{x}_2), y_2), \cdots, (\varphi(\boldsymbol{x}_i), y_i), \cdots,$ $(\varphi(\boldsymbol{x}_n), y_n)$ 都存在于 ε 精度下损失函数和超平面方程形成的包络面内, 则此时损失为零。类似于支持向量机分类算法, 其优化问题为

$$\min \frac{\|\boldsymbol{\omega}\|_2^2}{2} \tag{3.2.46}$$

考虑到实际训练样本时样本数据中不可避免地混入误差项和拟合函数的误差, 在拟合 ε 精度的基础上再引入松弛变量 ξ_i 和 ξ_i^*, 则上述优化问题的约束条件为

$$\begin{cases} y_i - \boldsymbol{\omega}^{\mathrm{T}} \varphi(\boldsymbol{x}_i) - b \leqslant \varepsilon + \xi_i, \\ \boldsymbol{\omega}^{\mathrm{T}} \varphi(\boldsymbol{x}_i) + b - y_i \leqslant \varepsilon + \xi_i^*, \\ \xi_i \geqslant 0, \\ \xi_i^* \geqslant 0, \end{cases} \quad i = 1, 2, \cdots, n \tag{3.2.47}$$

若训练样本超越了带有拟合精度的超平面, 即不满足式 (3.2.47) 中前两个不等式, 则采用大于 0 的常数 C 以平衡回归函数平坦程度和偏差大于 ε 的样本。常数 C 仅对阴影区外的点进行计算, 如图 3.2.9 所示。求解上述问题中的最优解, 可将其转化成求解对应的二次规划问题:

$$\min \frac{\|\boldsymbol{\omega}\|_2^2}{2} + C \sum_{i=1}^{n} (\xi_i + \xi_i^*) \tag{3.2.48}$$

最小二乘支持向量机 (LS-SVM) 将 SVM 优化问题的非等式约束用等式约束替换 (Suykens et al., 2000):

$$\begin{cases} \min J(\boldsymbol{\omega}, \boldsymbol{e}) = \frac{1}{2} \boldsymbol{\omega}^{\mathrm{T}} \boldsymbol{\omega} + \frac{1}{2} \gamma \sum_{i=1}^{n} e_i^2 \\ \text{s.t. } y_i = \boldsymbol{\omega}^{\mathrm{T}} \varphi(\boldsymbol{x}_i) + b + e_i, \quad i = 1, 2, \cdots, n \end{cases} \tag{3.2.49}$$

式中, $e_i \in \mathbf{R}$ 为误差变量; γ 为可调参数, 与式 (3.2.48) 中的常数 C 作用一致, 用于减少因误差数据造成的过拟合。

相应的拉格朗日乘子函数为

$$L = J(\boldsymbol{\omega}, \boldsymbol{e}) - \sum_{i=1}^{n} \alpha_i \left[\boldsymbol{\omega}^{\mathrm{T}} \varphi(\boldsymbol{x}_i) + b + e_i - y_i \right] \tag{3.2.50}$$

为求 (3.2.50) 的最优解, 分别对 $\boldsymbol{\omega}$、b、e_i 和 α_i 求偏导后可得到如下表达式:

$$\begin{cases} \boldsymbol{\omega} = \sum_{i=1}^{n} \alpha_i \varphi(\boldsymbol{x}_i) \\ \sum_{i=1}^{n} \alpha_i = 0 \\ \alpha_i = \gamma e_i, \quad i = 1, 2, \cdots, n \\ \boldsymbol{\omega}^{\mathrm{T}} \varphi(\boldsymbol{x}_i) + b + e_i - y_i = 0, \quad i = 1, 2, \cdots, n \end{cases} \quad (3.2.51)$$

将式 (3.2.51) 写成矩阵形式:

$$\begin{bmatrix} \boldsymbol{I}_n & 0 & 0 & -\boldsymbol{Z}^{\mathrm{T}} \\ 0 & 0 & 0 & -\boldsymbol{I}_n^{\mathrm{T}} \\ 0 & 0 & \gamma \boldsymbol{I}_n & -\boldsymbol{I}_n \\ \boldsymbol{Z} & \boldsymbol{I}_n & \boldsymbol{I}_n & 0 \end{bmatrix} \begin{bmatrix} \boldsymbol{\omega} \\ b \\ \boldsymbol{e} \\ \boldsymbol{\alpha} \end{bmatrix} = \begin{bmatrix} 0 \\ 0 \\ 0 \\ \boldsymbol{y} \end{bmatrix} \quad (3.2.52)$$

式中,$\boldsymbol{y} = [y_1, y_2, \cdots, y_n]^{\mathrm{T}}$;$\boldsymbol{I}_n = [1, 1, \cdots, 1]^{\mathrm{T}}$;$\boldsymbol{e} = [e_1, e_2, \cdots, e_n]^{\mathrm{T}}$;$\boldsymbol{\alpha} = [\alpha_1, \alpha_2, \cdots, \alpha_n]^{\mathrm{T}}$;$\boldsymbol{Z} = [\varphi(\boldsymbol{x}_1), \varphi(\boldsymbol{x}_2), \cdots, \varphi(\boldsymbol{x}_n)]^{\mathrm{T}}$。

将 $\boldsymbol{\omega}$ 和 $\boldsymbol{e}$ 消去,式 (3.2.52) 可转换成如下的线性方程:

$$\begin{bmatrix} 0 & \boldsymbol{I}_n^{\mathrm{T}} \\ \boldsymbol{I}_n & \boldsymbol{\Omega} + \dfrac{1}{\gamma} \boldsymbol{I}_n \end{bmatrix} \begin{bmatrix} b \\ \boldsymbol{\alpha} \end{bmatrix} = \begin{bmatrix} 0 \\ \boldsymbol{y} \end{bmatrix} \quad (3.2.53)$$

式中,$\boldsymbol{\Omega}_{kl} = \varphi(\boldsymbol{x}_k)^{\mathrm{T}} \varphi(\boldsymbol{x}_l) = K(\boldsymbol{x}_k, \boldsymbol{x}_l), k, l = 1, 2, \cdots, n$;$K(\boldsymbol{x}_k, \boldsymbol{x}_l)$ 为满足 Mercer 定理的核函数。

求解后可得

$$\begin{cases} b = \dfrac{\boldsymbol{I}_n^{\mathrm{T}} \left(\boldsymbol{\Omega} + \dfrac{1}{\gamma} \boldsymbol{I}_n \right)^{-1} \boldsymbol{y}}{\boldsymbol{I}_n^{\mathrm{T}} \left(\boldsymbol{\Omega} + \dfrac{1}{\gamma} \boldsymbol{I}_n \right)^{-1} \boldsymbol{I}_n} \\ \boldsymbol{\alpha} = \left(\boldsymbol{\Omega} + \dfrac{1}{\gamma} \boldsymbol{I}_n \right)^{-1} (\boldsymbol{y} - \boldsymbol{I}_n b) \end{cases} \quad (3.2.54)$$

结合式 (3.2.49)、式 (3.2.51) 和式 (3.2.54) 可得到基于 LS-SVM 的冰载荷远场识别模型:

$$\boldsymbol{y}(\boldsymbol{x}) = \sum_{i=1}^{n} \alpha_i K(\boldsymbol{x}, \boldsymbol{x}_i) + b \quad (3.2.55)$$

2. 试验验证

针对船舶结构冰载荷远场识别的特点，孔帅 (2020) 分别通过板的静载荷识别试验和舷侧板架结构的动载荷识别试验，对支持向量机远场载荷识别方法进行验证。

1) 板的静载荷远场识别试验

板的静载荷远场识别试验装置如图 3.2.10 所示，用质量块在板上方的矩形方框内加载，其质量由精度为 0.1 g 的电子秤测量。用于远场测量的 16 个应变片安装在板的右下方，其连接方式为带温度补偿片的半桥连接。数据采集器为 DH5922，采样频率为 1000 Hz，为滤掉高频噪声，采用上限为 30 Hz 的低通滤波器。板的材料为 6061 铝合金，其材料的泊松比、弹性模量和密度分别为 0.3、69 GPa 和 2710 kg/m³。板的边界采用边条和螺丝紧固的方式进行固支约束。

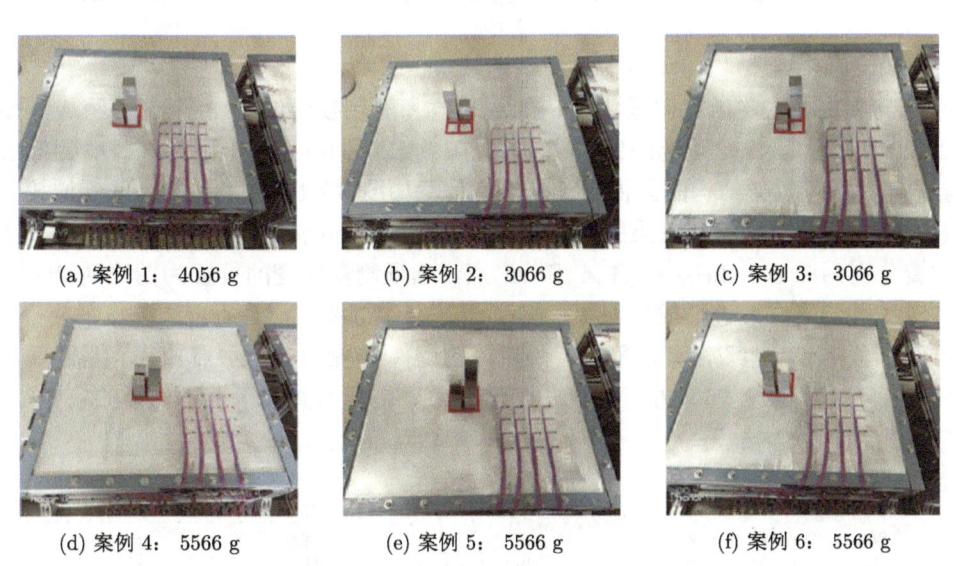

(a) 案例 1: 4056 g　　(b) 案例 2: 3066 g　　(c) 案例 3: 3066 g

(d) 案例 4: 5566 g　　(e) 案例 5: 5566 g　　(f) 案例 6: 5566 g

图 3.2.10　板的静载荷远场识别试验中的典型案例 (孔帅, 2020)

基于实船测量的分析 (Suominen and Kujala, 2014; Suyuthi et al., 2013) 可知，冰载荷是一种典型的随机载荷，其峰值和分布随机性均较强。因此，采用改变加载区域载荷数值和分布的方式来模拟冰载荷随机分布的特征。图 3.2.10 所示的 6 个案例中，共有 3 种总质量，分别为 4056 g、3066 g 和 5566 g，其中总质量 3066 g 和 5566 g 分别展示了 2 种和 3 种分布形式。共进行了 112 组的质量块加载识别试验，将这些案例划分为 2 组，一组为样本数目为 100 的训练集，另一组为样本数目为 12 的测试集，通过 LS-SVM 模型预测测试集中施加的载荷。图 3.2.11 为施加载荷与识别载荷的对比，由此可知，基于支持向量机的船舶结构冰载荷远场识别模型具有较好的预测能力，识别结果的相对误差为 3.6%。

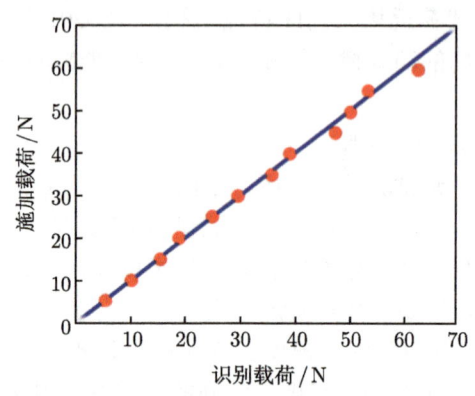

图 3.2.11　板的静载荷远场识别试验中施加载荷和识别载荷的对比 (孔帅, 2020)

2) 舷侧板架结构的动载荷远场识别试验

试验装置主要由数据采集器、加载装置和舷侧板架结构 3 个部分组成，如图 3.2.12(a) 所示。这里选用的采样频率为 10^4 Hz，同时采用上限为 30 Hz 的低通滤波器。舷侧板架结构的具体尺寸及结构信息如图 3.2.12(a) 所示。为分析加载位置对远场载荷监测识别效果的影响，选择在外板上的两个位置进行加载识别，其位置分别为图 3.2.12(b) 中的 A 和 A' 点，远场测量应变的位置为图中的 B 点。共对 4 种监测方案进行载荷识别：方案 1 (在 A 点加载，测量垂直于外板的应变)、方案 2 (在 A 点加载，测量平行于外板的应变)、方案 3 (在 A 点加载，测量垂直和平行于外板的应变)、方案 4 (在 A' 点加载，测量垂直和平行于外板的应变)。

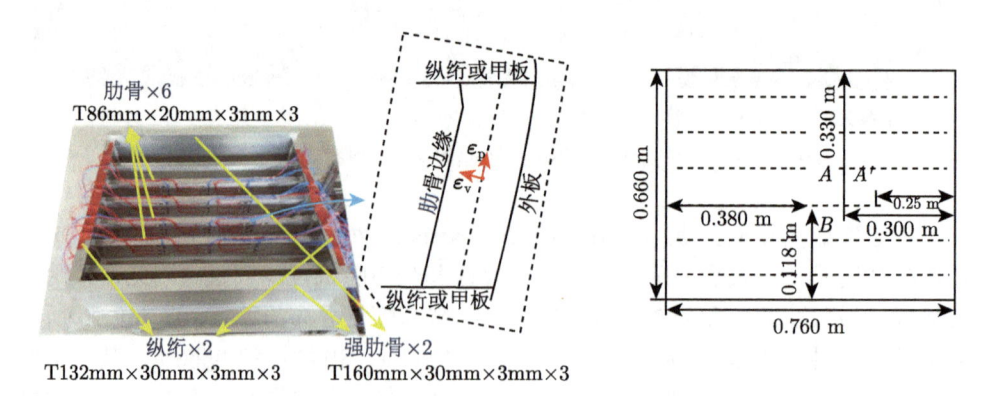

(a) 实验装置　　　　　　　　　　　　(b) 加载位置和测量位置

图 3.2.12　舷侧板架结构的动载荷远场识别试验 (孔帅, 2020)

3.2 船舶结构冰载荷的识别方法

分别对加载位置 A 和 A' 进行五次加载试验，其中四次试验数据为训练集样本，另外一次试验数据为测试集样本。各方案的载荷识别结果如图 3.2.13 所示，其相对误差分别为 6.6%、6.9%、5.8%和 6.9%。四种测试方案的识别载荷均与施加载荷良好对应，相对误差均小于 7%，说明基于支持向量机的船舶结构冰载荷远场识别模型可较好地识别舷侧板架结构的远场载荷。分析四种方案识别效果可知：随着传感器数目的增加，载荷识别精度变高，说明输入变量的增多将提升识别模型的泛化能力，因此在实船测量中应尽量增加传感器数目；加载位置和测量位置之间的距离越远，应变的衰减越大，识别精度越低，因此冰载荷监测传感器的安装位置应尽量靠近监测区域。

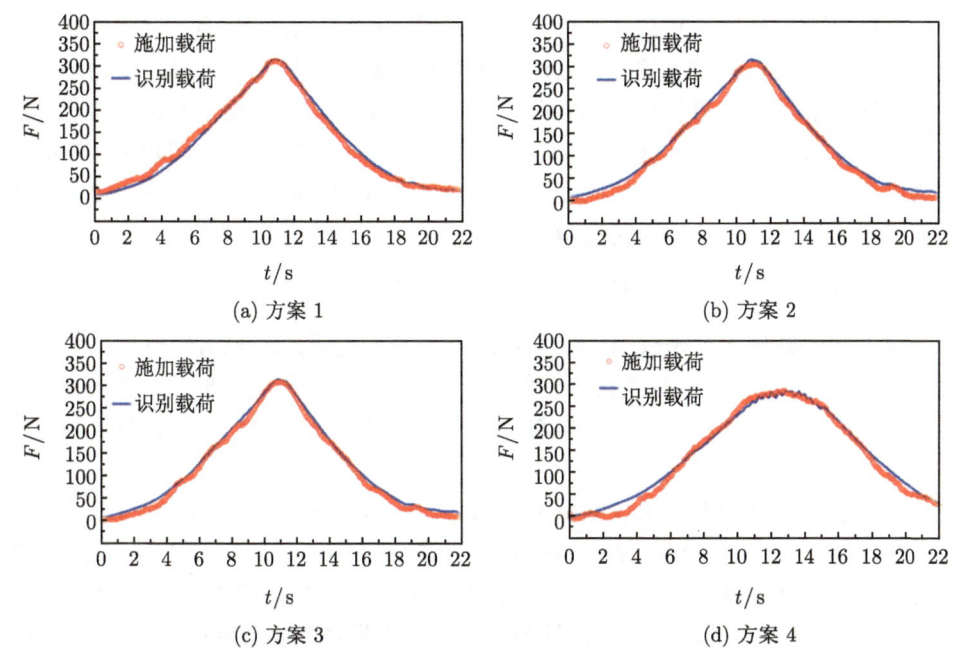

图 3.2.13 舷侧板架结构动载荷远场识别试验中施加载荷与识别载荷的对比 (孔帅, 2020)

3. 特点、优势、应用现状及发展前景

基于统计学习理论的 LS-SVM 回归算法具有小样本、低算法复杂度和强泛化性等特征，适用于非线性映射关系的识别。支持向量机回归算法采用径向基核函数建立冰载荷远场识别中冰激应变与冰载荷之间复杂的映射关系，可避免应变测量区域与载荷施加区域不一致所导致的影响系数矩阵奇异、识别载荷值不唯一等问题，有效扩展了冰载荷监测范围，克服了传感器安装位置的限制。该模型识别的冰载荷可以较好地反映不同冰情下海冰与船舶结构作用的冰载荷时程特征。孔帅等 (2020a) 采用支持向量机法对"雪龙"号科学考察船在我国第 8 次北极科学

考察期间所受冰载荷进行了识别。冰力峰值的均值、标准差、最大值在数量级与离散性方面，与其他破冰等级相近的极地船舶相比具有很好的一致性，初步验证了支持向量机法在实船冰载荷识别中的可靠性。虽然目前支持向量机法广阔的发展前景已经显现，但还处于方法验证阶段，尚未大规模应用于实船的冰载荷识别。因此，应进一步开展模型验证与实船验证，以提高其在冰载荷识别中的准确性、可靠性和实用性。此外，该模型目前仅能识别出一个区域的总体冰载荷，尚不能分辨出加载区域的冰压分布，可考虑采用泛化学习能力更强的深度学习算法进一步提升远场载荷的识别能力。

3.2.4　失效测点影响下船舶结构冰载荷的有效识别方法

现场试验中获取的测量数据除了含有误差，往往也存在错误。这些错误数据的产生通常与测点失效有关。失效测点的存在使测量结果难以预料，从而降低试验结论的可靠性。在船舶结构冰载荷的现场测量中，应变传感器能否正常工作直接关系到冰载荷识别的准确性。若能充分利用并深入发掘应变数据间的潜在联系，将其应用于估算失效测点处的应变进而识别出冰载荷，则将进一步提高失效测点影响下船舶结构冰载荷识别的准确性。

1. 应变测点失效对船舶结构冰载荷识别效果的影响

应变传感器属于精密仪器，特别是对于目前广泛采用的电阻应变片，其质地脆弱、对电阻敏感，很容易在安装过程中发生难以察觉、无法及时修复的损坏，从而导致该失效测点处的应变数据异常，使影响系数矩阵法识别出的载荷值与真实值相去甚远。

通过建立典型极地船舶舷侧板架结构 (Kõrgesaar et al., 2018) 的有限元模型来研究应变测点失效对船舶结构冰载荷识别效果的影响。如图 3.2.14(a) 所示，该模型的骨架形式为横骨架式，由 1 块舷侧外板、2 根 T 型舷侧纵桁、2 根 T 型强肋骨、18 根 L 型普通肋骨等构件组成。取中央板格为监测区域，总面积为 2.4 m×2.8 m。将其划分为 6×7 个面积为 0.4 m×0.4 m 的子域，在每个子域内的普通肋骨的腹板上布置 1 个应变测点，选取肋骨腹板 1/2 高度处平行于舷侧外板方向的正应变识别冰载荷 (孔帅等, 2020b)，监测区域的划分与应变测点的分布如图 3.2.14(b) 所示。

为分析上述 42 个应变测点中某一测点失效时对各子域内冰载荷识别效果的影响，同时便于发现由测点失效引起的冰载荷识别误差在监测区域内的空间分布特征，将载荷工况 1 设置为：在整个监测区域内施加大小为 2.5 MPa、方向垂直于舷侧外板的面载荷。以此模拟船–冰接触时海冰施加给船体的局部冰压力 (Riska et al., 2002)。

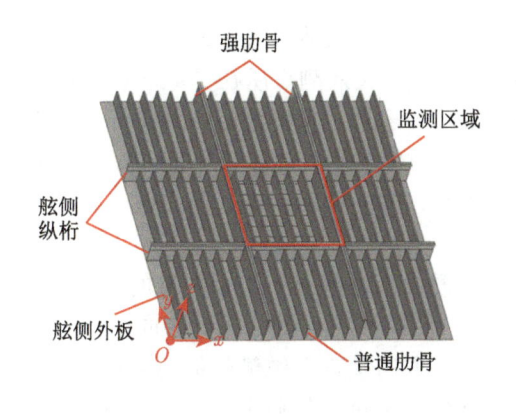

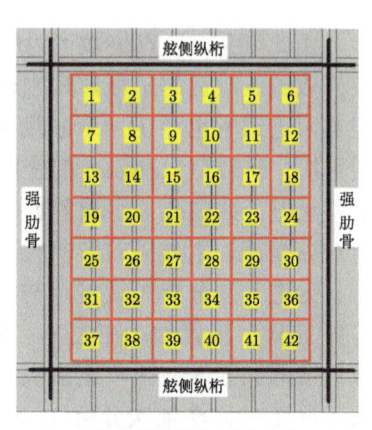

3.2 船舶结构冰载荷的识别方法

(a) 有限元模型　　(b) 监测区域与测点分布

图 3.2.14　典型极地船舶舷侧板架结构

冰载荷识别值 $\boldsymbol{p}$ 与实际施加值 $\boldsymbol{p}^{\text{real}}$ 相差无几, 相对误差通常小于 0.1%, 因此近似认为两者相等。以 1 号测点失效为例, 将该测点处的应变替换为 0, 而 2~42 号测点应变以及影响系数矩阵保持不变, 重新对冰载荷进行识别得到 $\boldsymbol{p}'$, 则 i 号测点所在子域内的冰载荷识别误差 e_i 可写作

$$e_i = \frac{|p'_i - p_i^{\text{real}}|}{p_i^{\text{real}}} \times 100\%, \quad i = 1, 2, \cdots, 42 \tag{3.2.56}$$

式中, p'_i 为某一测点失效后 i 号测点所在子域内的冰载荷识别值; p_i^{real} 为该子域内实际施加的冰载荷。由 1 号测点失效引起的冰载荷识别误差在加载区域内的空间分布如图 3.2.15(a) 中的左图所示。按上述做法, 依次假设其余 2~42 号测点单独失效, 最终将冰载荷识别误差在加载区域内的空间分布汇总于图 3.2.15(a) 中的右图。

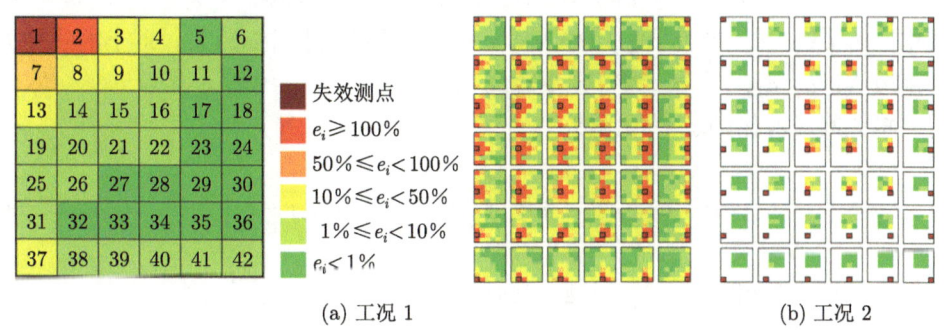

(a) 工况 1　　(b) 工况 2

图 3.2.15　冰载荷识别误差在加载区域内的空间分布 (王键伟等, 2021)

由此可见，测点失效可对船舶结构冰载荷识别效果造成显著影响。总的来说，离失效测点越近的子域，其冰载荷识别误差越大；失效测点所在子域的误差最大，但其附近通常也存在一个冰载荷识别误差很小的子域；当失效测点关于 x 轴方向对称时，冰载荷识别误差的空间分布也关于该方向对称；当失效测点在 x 轴方向上移动时，冰载荷识别误差的空间分布也在该方向上移动；失效测点在 y 轴方向上对冰载荷识别效果的影响大于 x 轴方向。

为进一步分析失效测点与加载区域的位置关系对冰载荷识别效果的影响，将载荷工况 2 设置为：在由 9~11 号、15~17 号、21~23 号测点所在的 3×3 个子域组成的加载区域内，施加大小为 2.5 MPa、方向垂直于舷侧外板的面载荷。仍按工况 1 的做法依次分析 1~42 号测点单独失效时对冰载荷识别效果的影响，最终将冰载荷识别误差在加载区域内的空间分布汇总于图 3.2.15(b)。结果表明，失效测点离加载区域越近，冰载荷识别误差越大；当失效测点位于加载区域内部时，冰载荷识别误差最大；当两者间隔超过 2 个子域时，失效测点对冰载荷识别效果的影响几乎可以忽略不计。此外，失效测点所在行或列上的子域内的冰载荷识别误差大于其他子域。

2. 失效测点影响下基于最小二乘拟合的船舶结构冰载荷识别方法

为有效削弱测点失效对船舶结构冰载荷识别效果的影响，这里提出一种估算失效测点应变的最小二乘拟合 (LSF) 方法，并在此基础上通过影响系数矩阵法识别冰载荷。

对于给定的应变数据 $\{(X_i, \varepsilon_i), i = 0, 1, \cdots, m\}$（$X_i$ 为测点横/纵坐标；ε_i 为测点应变），在形如式 (3.2.58) 的 $\varepsilon(X)$ 中求 $\varepsilon^*(X)$，使误差平方和 $\|r\|_2^2$ 最小：

$$\|r\|_2^2 = \sum_{i=0}^{m} r_i^2 = \sum_{i=0}^{m} [\varepsilon^*(X_i) - \varepsilon_i]^2 = \min_{\varepsilon(X) \in \varphi} \sum_{i=0}^{m} [\varepsilon(X_i) - \varepsilon_i]^2 \qquad (3.2.57)$$

$$\varepsilon(X) = a_0 \varphi_0(X) + a_1 \varphi_1(X) + \cdots + a_n \varphi_n(X) \qquad (3.2.58)$$

式中，$\varphi_0(X), \varphi_1(X), \cdots, \varphi_n(X) (n < m)$ 为连续函数空间 $C[a, b]$ 上的线性无关函数族；$a_0, a_1, \cdots, a_n$ 为待定系数。

将该问题转化为求多元函数

$$I(a_0, a_1, \cdots, a_n) = \sum_{i=0}^{m} \left[\sum_{j=0}^{n} a_j \varphi_j(X_i) - \varepsilon_i \right]^2 \qquad (3.2.59)$$

的极小值点 $(a_0^*, a_1^*, \cdots, a_n^*)$ 问题，则有

$$\frac{\partial I}{\partial a_k} = 2 \sum_{i=0}^{m} \left[\sum_{j=0}^{n} a_j \varphi_j(X_i) - \varepsilon_i \right] \varphi_k(X_i) = 0 \qquad (3.2.60)$$

3.2 船舶结构冰载荷的识别方法

若记

$$(\varphi_j, \varphi_k) = \sum_{i=0}^{m} \varphi_j(X_i)\varphi_k(X_i) \qquad (3.2.61)$$

$$(\varepsilon, \varphi_k) = \sum_{i=0}^{m} \varepsilon_i \varphi_k(X_i) \equiv d_k \qquad (3.2.62)$$

则式 (3.2.60) 可写作

$$\sum_{j=0}^{n} (\varphi_k, \varphi_j) a_j = d_k, \quad k = 0, 1, \cdots, n \qquad (3.2.63)$$

对于给定的应变数据 $\{(X_i, \varepsilon_i), i = 0, 1, \cdots, m\}$,一般取 $\varphi = \mathrm{span}\{1, X, \cdots, X^n\}$,由式 (3.2.61)~ 式 (3.2.63) 可得到 $a_0^*, a_1^*, \cdots, a_n^*$,则 $\varepsilon(X)$ 的最小二乘解可写作

$$\varepsilon^*(X) = a_0^* + a_1^* X + \cdots + a_n^* X^n \qquad (3.2.64)$$

即给定应变数据的最小二乘拟合曲线。

3. 失效测点影响下船舶结构冰载荷的识别

通过对测点应变的空间分布规律及其潜在影响因素的综合分析发现,最小二乘拟合方法可用于估算失效测点处的应变,且二次函数可较为合理地刻画测点应变与测点位置之间的关系,载荷的大小、作用中心、作用范围、长宽比均不影响测点应变的空间分布规律。因此,将二次多项式作为拟合函数,取 $\varphi = \mathrm{span}\{1, X, X^2\}$,由式 (3.2.61)~ 式 (3.2.64) 通过最小二乘拟合建立两者之间的近似关系式 $\varepsilon^*(X)$:

$$\varepsilon^*(X) = a_0^* + a_1^* X + a_2^* X^2 \qquad (3.2.65)$$

再将失效测点的横/纵坐标 X_F 代入式 (3.2.66),由此得到该点处应变的估算值 ε_F:

$$\varepsilon_\mathrm{F} = a_0^* + a_1^* X_\mathrm{F} + a_2^* X_\mathrm{F}^2 \qquad (3.2.66)$$

当失效测点位于加载区域内部时,其对冰载荷识别效果的影响最大,因此按上述拟合方法分别对工况 1 与工况 2 下加载区域内失效测点处的应变进行估算,并计算真实值与拟合值之间的相对误差,拟合结果如图 3.2.16 所示。可以发现,真实值与拟合值之间的相对误差普遍低于 10%。由此可见,最小二乘拟合方法可较为准确地估算失效测点处的应变。两种典型工况下,最小二乘拟合前后加载区域内失效测点处的冰载荷识别值与真实值的对比如图 3.2.17 所示。可以发现,最小二乘拟合后加载区域内失效测点处的冰载荷识别误差相比于拟合前大幅降低。

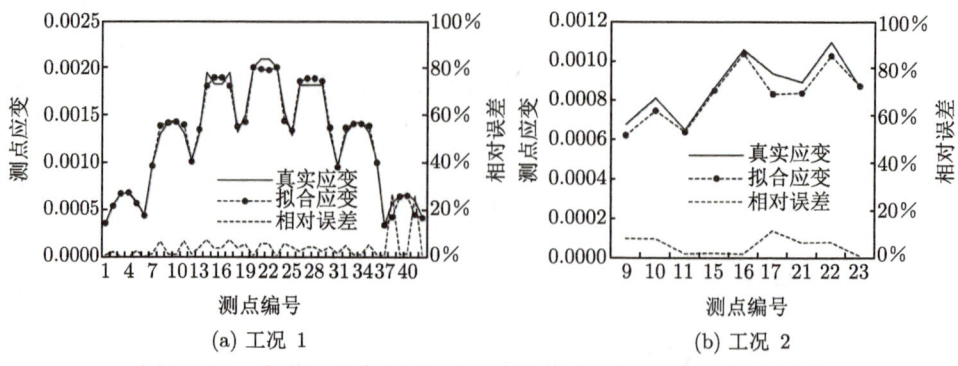

· 172 · 第 3 章 船舶结构冰载荷的现场测量

(a) 工况 1

(b) 工况 2

图 3.2.16 加载区域内失效测点应变的拟合结果 (王键伟等, 2021)

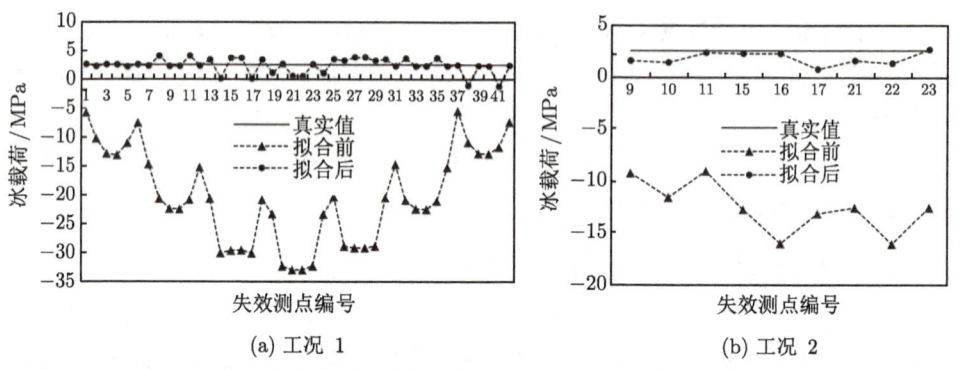

(a) 工况 1

(b) 工况 2

图 3.2.17 最小二乘拟合前后失效测点处冰载荷识别值与真实值的对比 (王键伟等, 2021)

为更加直观地表现出最小二乘拟合对船舶结构冰载荷识别效果的改善情况，这里针对工况 1 与工况 2 绘制了拟合后冰载荷识别误差在加载区域内的空间分布，并与拟合前的分布情况 (图 3.2.15) 进行对比，如图 3.2.18 所示。由此进一步表明，基于最小二乘拟合的冰载荷识别方法可明显削弱应变测点失效对船舶结构冰载荷识别效果的影响。

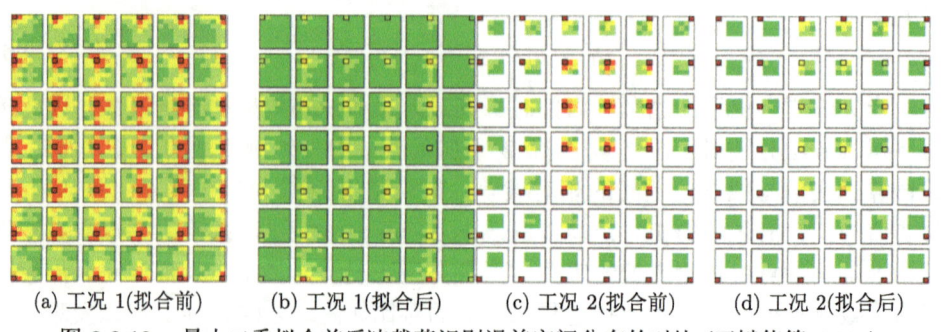

(a) 工况 1(拟合前)   (b) 工况 1(拟合后)   (c) 工况 2(拟合前)   (d) 工况 2(拟合后)

图 3.2.18 最小二乘拟合前后冰载荷识别误差空间分布的对比 (王键伟等, 2021)

3.3 船舶结构冰载荷的测量分析

对实船的现场测量是获取冰载荷信息最准确、最直接和最可靠的途径。近几十年来，国内外学者在冰区船舶冰载荷测量方案设计、传感器优化布置和冰载荷统计分析等方面的研究中取得丰硕成果 (季顺迎等, 2017; Chernov, 2009; Suyuthi et al., 2012)。北极和近北极国家，如俄罗斯、挪威、芬兰、加拿大、美国、日本和韩国等都很早就对船舶结构的冰载荷进行现场测量。船舶在冰区航行时的冰载荷分布特征研究和参数化分析可提高极地船舶的结构设计和建造水平。影响船舶结构冰载荷的因素众多，如海冰物理力学性质、船舶结构特征、船舶航行状态和环境气象等，因此船–冰碰撞过程是一个典型的随机作用过程 (Suominen and Kujala, 2014; Suyuthi et al., 2013)，冰载荷与冰厚、航速之间的数据离散性很强，通常不具备相关性分析的条件 (Jeon et al., 2018; Kotilainen et al., 2017)，此时对冰载荷峰值进行拟合分布研究则可为船舶结构设计和航线规划提供指导 (Kujala, 1996)。冰载荷峰值分布的拟合函数包括指数函数、韦布尔函数和对数正态函数等 (Suominen et al., 2017)，将实测冰载荷峰值进行提取并选择合理的分布函数，可为冰载荷分析预测提供有效参考。

3.3.1 典型极地船舶的冰载荷测量分析

自 20 世纪 60 年代以来，芬兰对包括 PSRV S. A. Agulhas II 号极地补给考察船、MT Uikku 号破冰油轮在内的 97 艘各种用途的极地船舶在极地和亚极地海域开展了 140 余次冰载荷现场测量试验 (Wilkman et al., 2014; Kotilainen et al., 2017; Li et al., 2018)。近 30 年来，加拿大 (Gagnon, 2008; Ralph et al., 2008)、日本 (Takimoto et al., 2008)、挪威 (Fredriksen, 2012; Suyuthi et al, 2012)、美国 (Piercey et al., 2016; Lubbad and Løset, 2016)、俄罗斯 (Timofeev et al., 1999)、韩国 (Kwon et al., 2015) 等北极周边国家意识到冰载荷监测技术的重要性，纷纷对各自的极地船舶开展系统的冰载荷现场测量试验。我国的南极考察活动始于 1985 年，截至 2022 年 2 月已完成 37 次；我国的北极考察活动始于 1999 年，截至 2022 年 2 月已完成 12 次。我国首艘自主建造的"雪龙 2"号科学考察船于 2019 年 7 月正式交付，同年 10 月与"雪龙"号共同执行我国第 36 次南极考察任务，在多种冰况下广泛开展了现场破冰试验，获取了大量的冰激振动加速度、应力应变、冰载荷等试验数据 (季顺迎等, 2017)。

1. 测量方案

下面对挪威 KV Svalbard 号海警船、芬兰 PSRV S. A. Agulhas II 号极地补给考察船、加拿大 CCGS Terry Fox 号海警船以及韩国 IBRV Araon 号破冰考察船等 4 艘典型极地船舶的冰载荷测量方案进行展开叙述。

1) 挪威 KV Svalbard 号海警船

该船隶属于挪威，长期服役于巴伦支海与格陵兰岛之间。其船长、船宽、吃水和排水量分别为 103 m、19.1 m、6.5 m 和 6500 t，冰级为 Polar-10。冰载荷测量区域主要集中在船首 (Suyuthi et al., 2012)，共在 9 根肋骨上布置了 66 个传感器，其中包含船首左、右舷各 4 根肋骨以及船中左舷 1 根肋骨，如图 3.3.1(a) 所示。应变传感器的型号为配有单独的温度补偿的光纤光栅传感器，其规格较小，安装位置灵活。将光纤光栅传感器安装在肋骨上部靠近边缘的位置，如图 3.3.1(b) 所示 (Leira et al., 2009)。

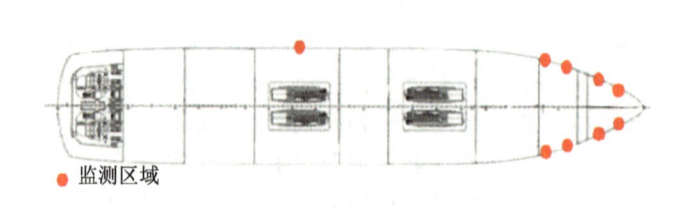

(a) 传感器布置区域　　(b) 传感器安装位置

图 3.3.1　KV Svalbard 号海警船的冰载荷测量方案 (Leira et al., 2009)

2) 芬兰 PSRV S. A. Agulhas Ⅱ 号极地补给考察船

该船由芬兰 Rauma 船厂建造，是芬兰 STX 公司专门为南极海域设计的具有挪威船级社 (DNV) Ice-10 冰级的极地补给考察船。其垂线间长、型宽、设计吃水和满载排水量分别为 121.8 m、21.7 m、7.65 m 和 5000 t。

如图 3.3.2 所示，应变传感器分别布置在船首、艏肩以及艉肩，分别选取 2 根、3 根、4 根肋骨布置应变传感器以测量肋骨的剪应变；此外，在各肋骨之间的外板上布置单向应变传感器以测量船体外板的正应变 (Kotilainen et al., 2017; Suominen et al., 2017)。此外，芬兰科研团队也曾对 M.S. Arcturus、MT Uikku、IB Sisu 和 MS Kemira 等极地船舶采用应变传感器测量了肋骨上的冰激应变响应 (Kujala, 1996; Suominen and Kujala, 2014)。

3) 加拿大 CCGS Terry Fox 号海警船

该船为加拿大海岸警卫队的重型破冰船，其总长、型宽、设计吃水和满载排水量分别为 88 m、17.9 m、8.3 m 和 7200 t。该船于 2001 年在纽芬兰岛东北海岸与 18 个小型冰山进行了撞击试验，冰山质量为 30~22000 t。冰载荷测量区域在船首左舷 Fr. 134~139。图 3.3.3(a) 为传感器安装位置，安装高度为 6.5~8.5 m，位于冰区高、低水线之间。图 3.3.3(b) 为测量区域的现场照片，在肋骨和纵桁上划分了 60 个测量子区域，并布置 120 个测量肋骨剪应变的传感器。测量系统采样

3.3 船舶结构冰载荷的测量分析

频率为 500 Hz, 并采用上限为 30 Hz 的低通滤波器过滤噪声 (Ritch et al., 2008; Johnston et al., 2008b)。

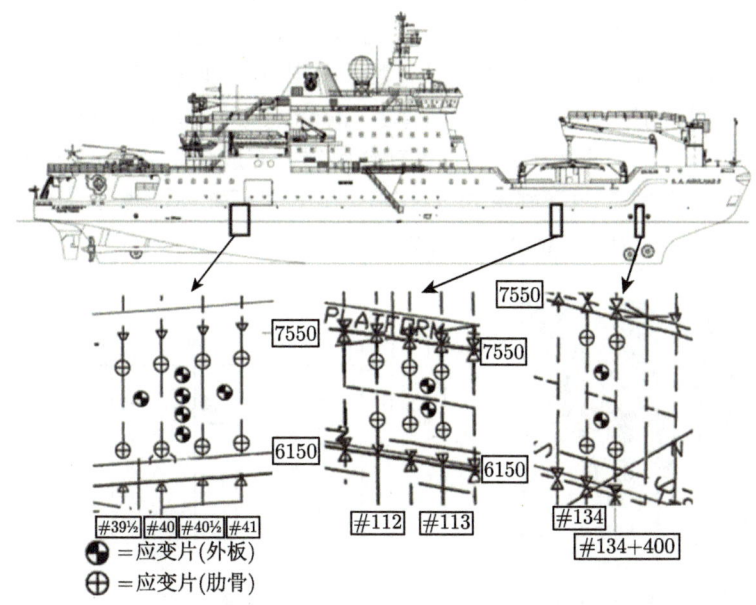

图 3.3.2 PSRV S. A. Agulhas Ⅱ 号极地补给考察船的冰载荷测量方案

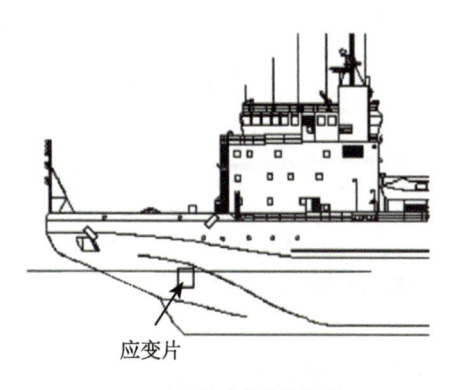

(a) 传感器安装位置　　(b) 测量区域现场照片

图 3.3.3 CCGS Terry Fox 号海警船的冰载荷测量方案 (Ritch et al., 2008)

4) 韩国 IBRV Araon 号破冰考察船

该船隶属于韩国极地研究所,其船长、船宽、设计吃水、满载排水量和最大航速分别为 111 m、19 m、8.3 m、6950 t 和 16 kn (1 kn=1.852 km/h),冰级为韩国船级社 (KR) PL10。该船于 2010 年 7~8 月期间在楚科奇海与波罗的海开展了海冰性能、破冰能力及冰压力识别等测量工作 (Lee et al., 2014)，图 3.3.4(a) 为现场照片。冰载荷测量区域在船首左舷的侧推舱附近，在 Fr. 104~109 的外板上安装 14 个应变传感器，其中 8 个为应变花，图 3.3.4(b) 中圆形点和长方形点分别代表应变花和单向应变传感器。在 2016 年的北极航行中，科研人员在左舷 Fr. 102~111 和右舷 Fr. 106~110 的两个区域内安装了应变传感器，如图 3.3.4(c) 所示。应变传感器同样安装在外板和肋骨上 (Jeon et al., 2018)，其中左舷安装了 8 个单向应变片、20 个应变花和 5 个光纤传感器，右舷仅安装了 12 个应变花。此外，该船于 2012 年 1 月在阿蒙森海、2013 年 8 月在北冰洋也开展了冰压力测量工作 (Kim et al., 2013; Kwon et al., 2015)。

(a) 现场照片(Lee et al., 2014)　　(b) 2010年的传感器布置(Lee et al., 2014)

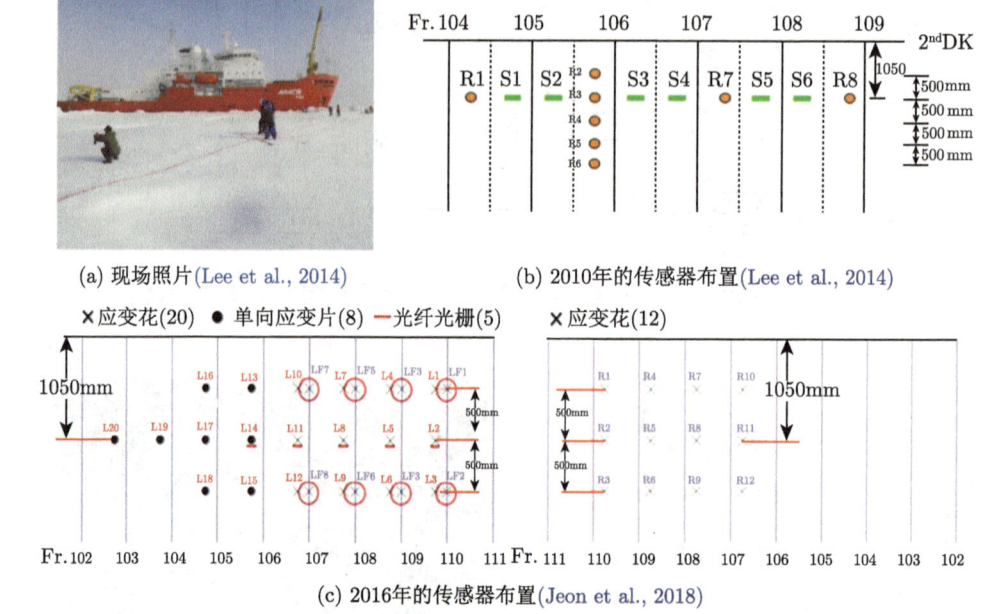

(c) 2016年的传感器布置(Jeon et al., 2018)

图 3.3.4　IBRV Araon 号破冰考察船的冰载荷测量方案

综合分析以上冰载荷测量方案可知，大部分方案将传感器布置在船–冰相互作用频率较高的船首区域，部分系统在肩部、船尾和船中布置传感器。此外，传感器在外板、肋骨和纵纤等构件上测量形式也各有千秋。冰载荷测量方案中的测点布置通常凭经验确定，然而其对载荷识别结果影响较大，为保障船舶结构安全，增加传感器的布置数量以扩大测量范围无疑是最方便的途径，但这样的布置方案无疑会大幅度增加监测成本。

2. 冰载荷分析

现有的冰载荷识别方法尚不能有效去除周边结构上作用载荷的干扰，常采用冰载荷峰值作为分析指标。峰值提取的准确性直接决定冰载荷统计规律的可信性。峰值提取不仅要考虑局部极值性，也要兼顾提取数目的合理性。常用的峰值提取程序，如瑞利分离器 (Rayleigh separator) 运行时需提前设置阈值及相关参数 (Kotilainen et al., 2017)。阈值的设定主要考虑峰值提取程序的算法特点和试验仪器的测量精度，尚未有统一的标准，具有一定的主观性和经验性 (Jeon et al., 2018; Suyuthi et al., 2012; Suominen et al., 2017)。

根据样本序列的时间长短，冰载荷峰值的拟合分布研究可分为长期统计分析 (Kujala, 1996) 和短期统计分析 (Suyuthi et al., 2012; Suominen and Kujala, 2014) 两大类，短期统计分析是指对一个航次或某段航线内冰载荷的统计分析，而通过不断累积测量结果并应用于结构设计的统计则为长期统计 (Kujala, 1996)。常用于拟合分布的概率密度函数包括指数分布、甘贝尔分布、韦布尔分布和对数正态分布等 (Suyuthi et al., 2012)，不同概率密度函数的拟合效果不尽相同，Suominen 等 (2017) 采用多种概率密度函数对冰载荷峰值的分布进行拟合分析，并采用卡方检验、Anderson-Darling 检验和 Kolmogorov-Smirnov (K-S) 检验等方法对不同分布函数进行优度检验。对比检验结果可知，三参数的韦布尔分布的拟合优度最高，可较好地反映冰载荷的分布特征。此外，峰值的离散性也是冰载荷的关键特征。船舶结构、冰况和测量方式的差异导致冰载荷峰值在不同航次中表现出很大不同，所以不宜将标准差作为冰载荷离散性分析的考察指标。Suominen 和 Kujala (2014) 提出的变异系数分析法可消除测量尺度和量纲的影响，统计得到的峰值的标准差与均值之比在不同航次中均接近于 1。

冰力周期是船舶结构抗冰设计和疲劳分析的重要参数，可由峰值点时间间隔确定。通过对测量海域的冰情分析可知，海冰通常具有多种类型，在洋流热力与动力作用下，重叠冰、冰脊等复杂类型的出现概率较高，从而影响海冰的均匀性。此外，破冰船虽然具有一定的破冰能力，但在冰区航行时通常选择冰间水道，尽量避免与海冰碰撞。上述因素导致冰力周期在参数分析与拟合分布时具有很大难度，因此目前冰力周期方面的研究成果较少 (Suyuthi et al., 2012)。

基于上述典型极地船舶的冰载荷实船测量试验及冰载荷分析方法，国内外学者结合现场测量结果得到的冰载荷分布特性如下所述。

1) 局部冰压力

Liu 等 (2009)、Yu 等 (2012) 根据 MV Timofey Guzhenko 号极地穿梭油轮在众多海冰冲击事件中测得的局部冰压力与相应的船–冰接触面积绘制的压力–面积曲线如图 3.3.5 所示。由图可知，局部冰压力与船–冰接触面积呈负相关，即面积越小则压力越大。Riska 等 (1983, 2002) 最早发现这种尺度效应，Ritch 等 (2008)、Fenz 等 (2018)、Lee 等 (2014) 分别对 CCGS Terry Fox 号海警船、Frej 号破冰船、IBRV Araon 号破冰考察船的测量结果也进一步证实了上述结论。

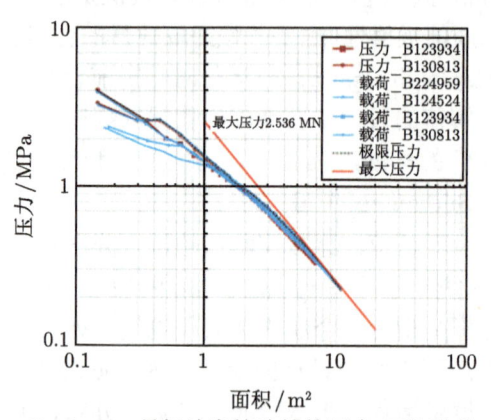

图 3.3.5　MV Timofey Guzhenko 号极地穿梭油轮的压力-面积曲线 (Iyerusalimskiy et al., 2011)

当极地船舶与大块冰体相撞时，冰体的质量越小则局部冰压力越小，冲击速度对局部冰压力的影响不够明显，但大体趋势为速度越大则压力越大 (Ritch et al., 2008)，如图 3.3.6 所示。局部冰压力峰值出现在船舶与海冰冲击后不久，其数值与冲击速度和积雪深度有关。如图 3.3.7 所示，在积雪较少的情况下，由于船舶结构直接与海冰冲击，因此产生较大冰压力，且随冲击速度的增加而增大；在积雪较多的情况下，由于积雪吸收了部分冲击力，因此与积雪较少的情况相比，几乎没有产生较大冰压力，此时提高冲击速度可以有效延长侵入距离 (Yamauchi et al., 2011)。

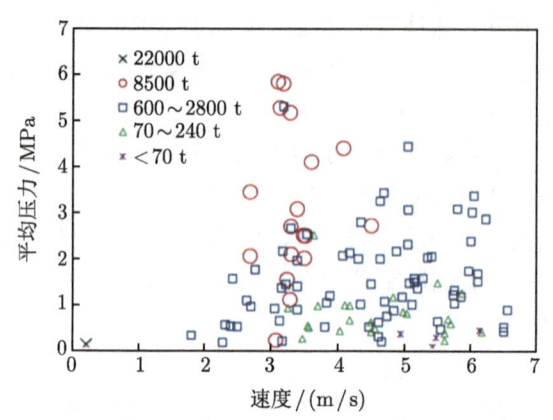

图 3.3.6　不同冰体质量下的局部冰压力-冲击速度分布 (Ritch et al., 2008)

3.3 船舶结构冰载荷的测量分析

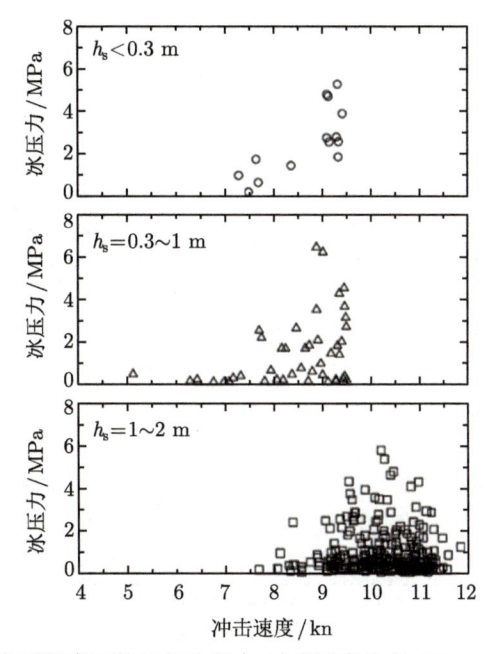

图 3.3.7　不同积雪深度下的局部冰压力–冲击速度分布 (Yamauchi et al., 2011)

海冰管理也可减小局部冰压力、降低船舶结构或螺旋桨与海冰的接触频率。PSRV S. A. Agulhas Ⅱ 号极地补给考察船在海冰管理条件下的冰载荷测量结果表明，平整冰区中极地船舶在机动操纵运动中所受冰载荷的频率和量级均高于在碎冰航道中的情况 (Bekker et al., 2014)。如图 3.3.8 所示，图中 T01、T04_1、T04_2、T05、T08_2、T08_3、T09 为碎冰航道工况，其他为平整冰区工况。Fenz 等 (2018) 对 Frej 号破冰船的研究也进一步验证了上述结论，即海冰管理降低了船舶结构的航行约束与浮冰尺寸，从而降低了船–冰冲击速度，减小了局部冰压力。

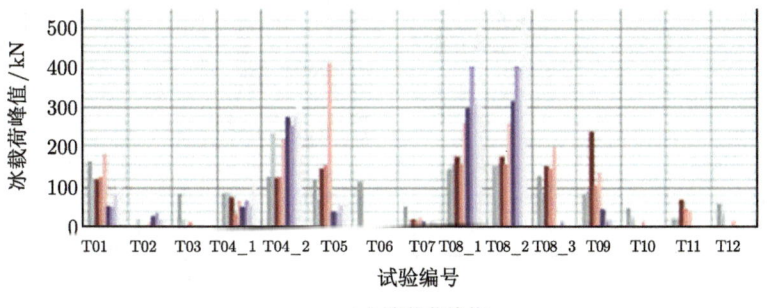

(a) 冰载荷峰值

(b) 冰载荷均值

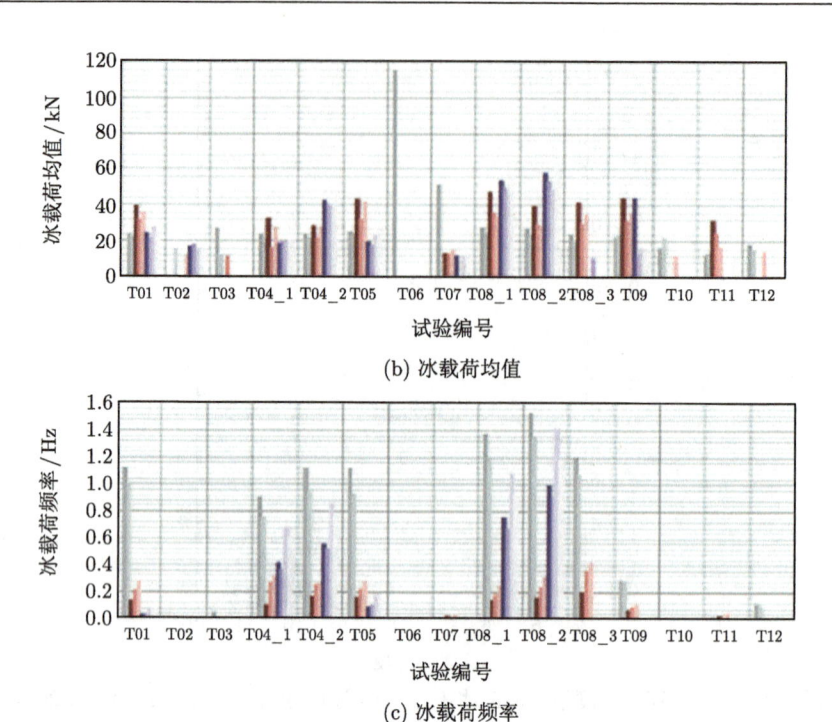

(c) 冰载荷频率

图 3.3.8　PSRV S. A. Agulhas Ⅱ 号极地补给考察船平整冰区与碎冰航道中的冰载荷
(Bekker et al., 2014)

2) 局部冰载荷

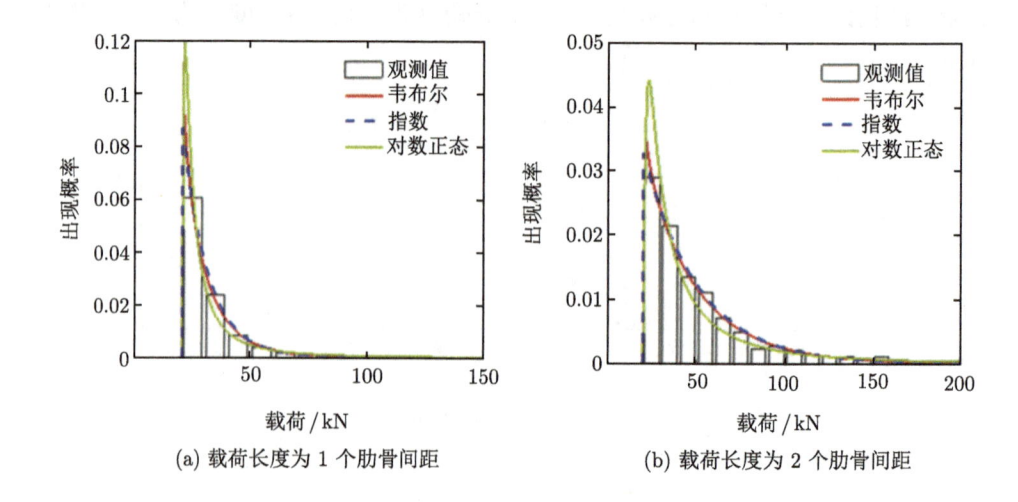

船舶结构所受冰载荷在空间上通常表现为随机线载荷的形式 (Suominen et al., 2017)。指数分布的短载荷比对数正态分布的长载荷更为普遍，且冰力峰值随载荷长度的增加而增大，如图 3.3.9 所示。

(a) 载荷长度为 1 个肋骨间距

(b) 载荷长度为 2 个肋骨间距

3.3 船舶结构冰载荷的测量分析

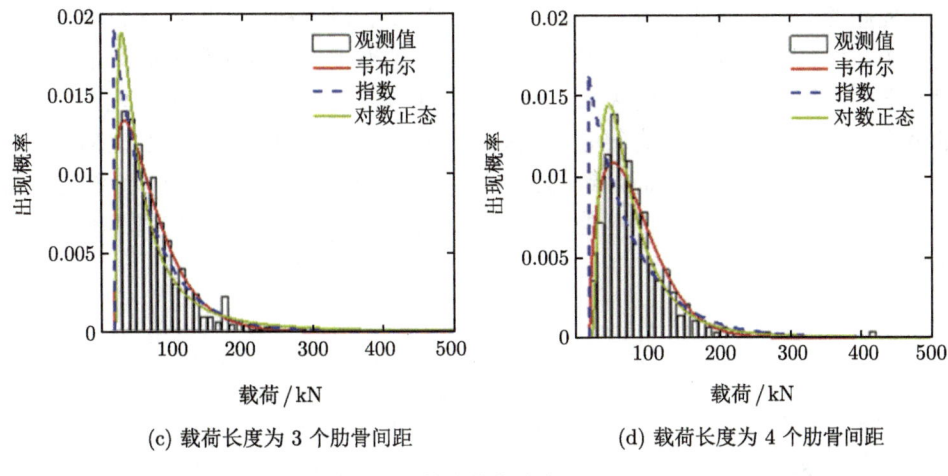

(c) 载荷长度为 3 个肋骨间距

(d) 载荷长度为 4 个肋骨间距

图 3.3.9　不同载荷长度下的冰载荷分布 (Suominen et al., 2017)

对 MT Uikku 号破冰油轮的冰载荷测量结果也进一步验证了上述结论，并且发现随机线载荷的峰值符合韦布尔分布，且冰载荷均值与标准差之间具有较强的正相关性，两者比值随冰载荷峰值的增加而减小，随冰载荷频率的增加而平缓增大，如图 3.3.10 所示。

(a) 冰载荷均值与标准差的关系

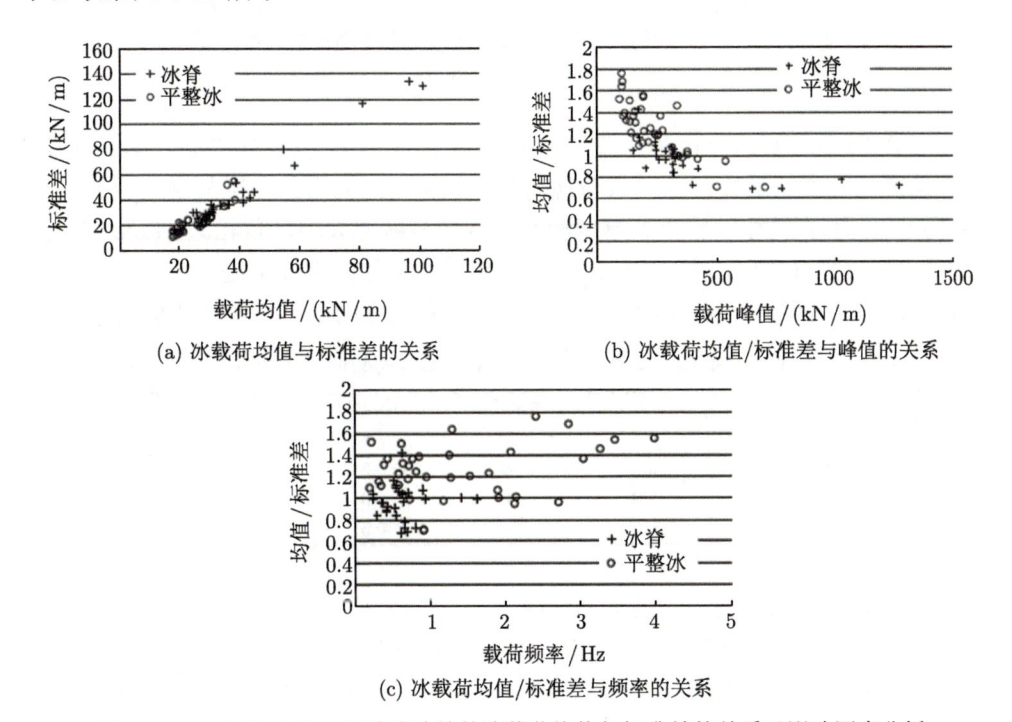

(b) 冰载荷均值/标准差与峰值的关系

(c) 冰载荷均值/标准差与频率的关系

图 3.3.10　MT Uikku 号破冰油轮的冰载荷均值与标准差的关系及影响因素分析

船舶的航速、推进功率，浮冰的尺寸、质量、厚度和密集度等均影响冰载荷的大小。Uto 等 (2005) 基于 PM Teshio 号破冰巡视船的试验数据讨论了冰力峰值与航速、推进功率之间的关系。如图 3.3.11 所示，在连续式破冰过程中，船首的冰力峰值对推进功率具有很强的依赖性，也表现为航速的影响。航速越大，则浮冰的附加质量越大，从而导致船首的冰载荷增加。然而，肩部的冰力峰值与推进功率之间的相关性较弱，这是由于海冰在肩部区域主要发生对航速不敏感的挤压破坏。

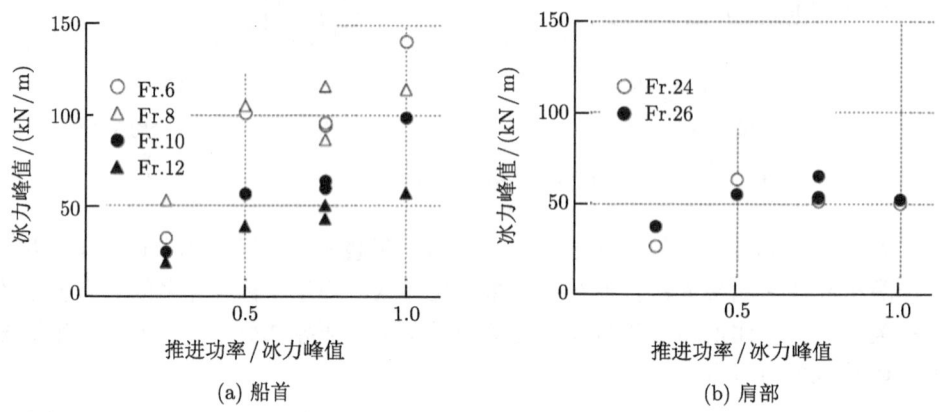

(a) 船首

(b) 肩部

图 3.3.11　PM Teshio 号破冰巡视船连续式破冰过程中冰力峰值与推进功率的关系 (Uto et al., 2005)

表 3.3.1 为 CCGS Louis S. St. Laurent 号海警船于 1995 年 3 月 17~19 日在圣劳伦斯湾开展不连续冰中冰载荷现场测量试验期间的沿途冰况与试验结果。由此可知，浮冰的尺寸、质量、厚度和密集度均与冰力大小呈负相关 (Frederking, 2000)。Jeon 等 (2018) 对 IBRV Araon 号破冰考察船的研究也进一步证实了上述结论，同时还发现左、右两舷的冰载荷分布具有很强的不对称性和随机性。

表 3.3.1　CCGS Louis S. St. Laurent 号海警船的沿途冰况及试验结果

日期	浮冰密集度/%	浮冰尺寸/m	浮冰质量/kt	平均冰厚/m	航速/(m/s)	冰力/MN
3 月 17 日	100	500	50	0.3	4~8	0.65
3 月 18 日	50	200	20	0.3	4~8	0.29
3 月 19 日	100	500	100	0.6	2~6	0.19

3) 总体冰载荷及其引起的运动响应

Lee 等 (2016) 根据 IBRV Araon 号破冰考察船在冰区航行时的六自由度运动参数识别出总体冰载荷，如图 3.3.12 所示。试验期间共遇到两块风化冰，其中风化冰 #1 宽 45 m，长 100 m，厚 1.3~3 m；风化冰 #2 宽 55 m，长 110 m，

3.3 船舶结构冰载荷的测量分析

厚 1~1.69 m。由于风化冰 #1 的厚度小于风化冰 #2，所以风化冰 #2 试验中的加速度小于风化冰 #1。通过对比相同时段的加速度与总体冰载荷时程曲线发现，冰力峰值出现在加速度波动较大的时段，体现了加速度对总体冰载荷的影响。

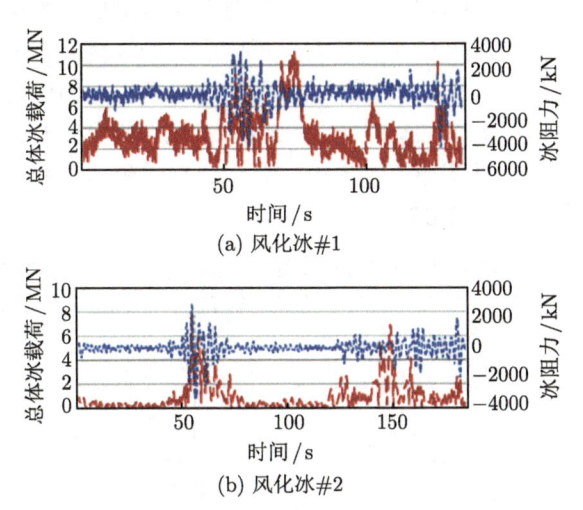

图 3.3.12　IBRV Araon 号破冰考察船的总体冰载荷时程 (Lee et al., 2016)

海冰环境的恶劣程度直接关系到船舶六自由度运动与总体冰载荷的大小。当年冰、二年冰、多年冰、碎冰、冰脊和小冰山均是极地船舶在冰区航行中可能遇到的海冰类型。Johnston 等 (2001a) 采集了从平静开阔水域航行到在当年冰、多年冰中往复冲撞等各种工况下 USCGC Healy 号海警船的运动参数，发现船舶在当年冰中航行时，其横摇、纵摇等运动特性明显小于在冰脊、碎冰和多年冰中的情况，如图 3.3.13 所示。CCGS Louis S. St. Laurent 号海警船的测量结果表明，横摇与艏摇是船舶运动的重要组成部分，二年冰和多年冰中的冲撞式破冰运动所引起的总体冰载荷最大 (Johnston et al., 2001a, b, 2003)。

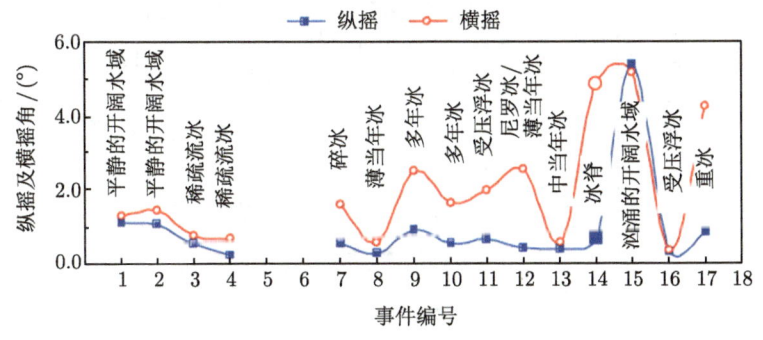

图 3.3.13　USCGC Healy 号海警船在多种冰况下的运动响应 (Johnston et al., 2001a)

当研究极地船舶与大块冰体之间的相互作用时，还需考虑船舶的破冰模式，主要包括正面垂直碰撞（正碰）、非正面非垂直碰撞（斜碰）和刮擦碰撞（擦碰）。当船舶运动主要表现为垂荡和纵摇时，很少发生正碰，大多数为斜碰或擦碰 (Johnston et al., 2001a, b)。在与 CCGS Terry Fox 号海警船有关的小冰山冲击试验中，斜碰引起的横荡、横摇、艏摇加速度最大，正碰引起的纵荡、垂荡、纵摇加速度最大，而擦碰引起的横摇、纵摇、横荡、纵荡加速度最小，但引起的横荡和艏摇加速度大于正碰时的情况 (Johnston et al., 2008a, b)，列于表 3.3.2。对于冲撞式破冰，横荡加速度最大，纵荡加速度最小；对于连续式破冰，垂荡加速度最大，纵荡加速度最小 (季顺迎等, 2017)。

表 3.3.2　CCGS Terry Fox 号海警船在小冰山冲击试验中的加速度

加速度类型	碰撞类型（航速/小冰山质量）		
	斜碰 (6.3 kn/9000 t)	正碰 (5.8 kn/1900 t)	擦碰 (0.5 kn/22000 t)
纵荡/(m/s^2)	0.15	0.32	0.10
横荡/(m/s^2)	0.57	0.14	0.39
垂荡/(m/s^2)	0.83	3.09	0.58
横摇/((°)/s^2)	2.37	0.77	0.74
纵摇/((°)/s^2)	1.23	2.94	0.77
艏摇/((°)/s^2)	0.83	0.38	0.62

船舶结构总体冰载荷的主要成分为垂向分量。如图 3.3.14 所示，当总体冰载荷增大时，垂向分量也表现出显著变化，横向分量偶尔也会有重要贡献 (Johnston et al., 2003)。对 IBRV Araon 号破冰考察船的研究结果与上述结论一致，并发现当冰情较轻时，航速与总体冰载荷之间的相关性较弱，如图 3.3.15 所示。相比之下，浮冰块的重量对总体冰载荷的影响较大。

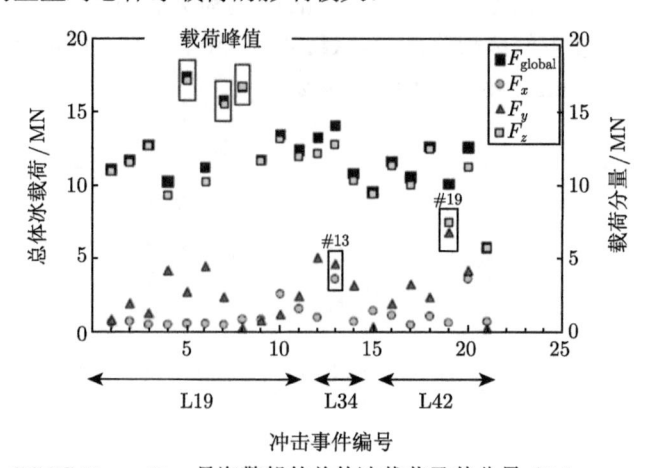

图 3.3.14　CCGS Terry Fox 号海警船的总体冰载荷及其分量 (Johnston et al., 2003)

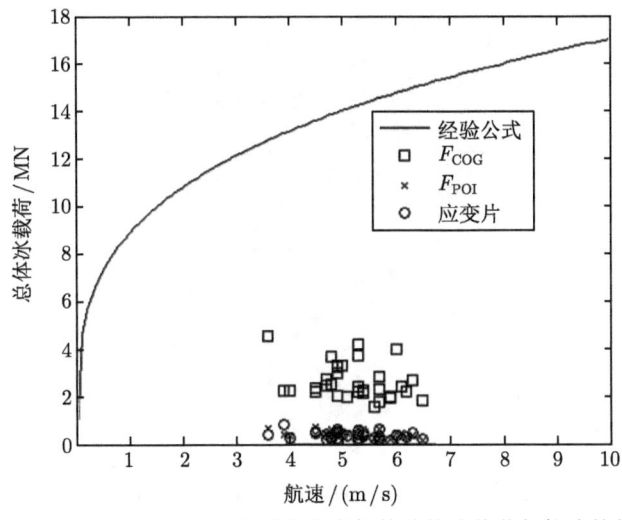

图 3.3.15 IBRV Araon 号破冰考察船的总体冰载荷与航速的关系

3.3.2 我国极地科学考察中的冰载荷测量分析

"雪龙"号是我国第三代极地科学考察船，船上设有大气、水文、生物、计算机数据处理中心、气象分析预报中心，以及海洋物理、海洋化学、生物、地质、气象等一系列科学考察实验室。其船长、船宽、型深、冰区吃水和满载排水量分别为 167.0 m、22.6 m、13.5 m、9.0 m 和 21025 t，冰级为 PC6。自 2014 年起，我国已在南北极科学考察中针对"雪龙"号开展了多次冰载荷现场测量试验，下面重点介绍第 8 次北极考察期间的冰载荷测量分析工作。

1. 测量方案

为获取"雪龙"号所受的冰载荷变化规律，在水线附近的舱室内布置传感器以测量海冰作用下的船舶结构应变 (Ritch et al., 2008; Suominen et al., 2017)。但由于船首水线处为水密隔舱或线缆舱，所以难以大规模布置传感器。因此，将传感器安装在高于冰区低水线 2 m 的第一平台甲板处，并选取 15 个肋骨的剪应变对冰载荷进行识别。

图 3.3.16 为船首右舷板架结构的有限元模型。上、下两部分的肋骨间距分别为 0.8 m 和 0.4 m，纵桁间距分别为 0.9 m 和 1.0 m，弹性模量为 209 GPa，泊松比为 0.3，边界条件为右侧边界 ($x = -8.022$ m) 和上侧边界 ($z = 0$ m) 刚性固定 (Suominen et al., 2017)，对称部分的边界关于 xOz 平面对称。冰载荷作用区域和传感器安装位置如图 3.3.17 所示。采用支持向量机法对冰载荷进行识别，具体流程如图 3.3.18 所示。

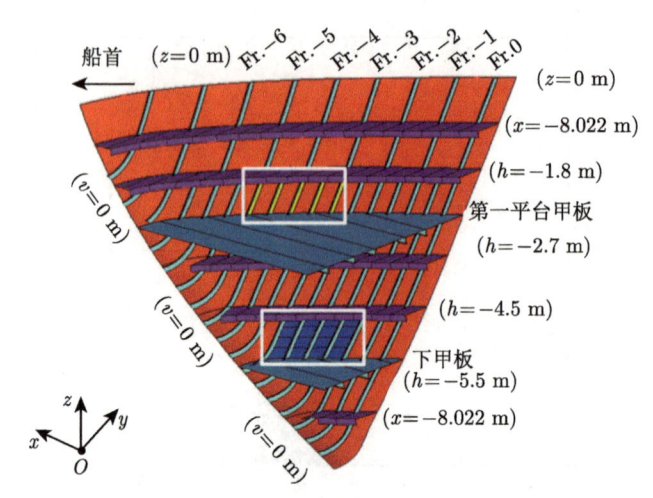

图 3.3.16 "雪龙"号船首右舷板架结构的有限元模型

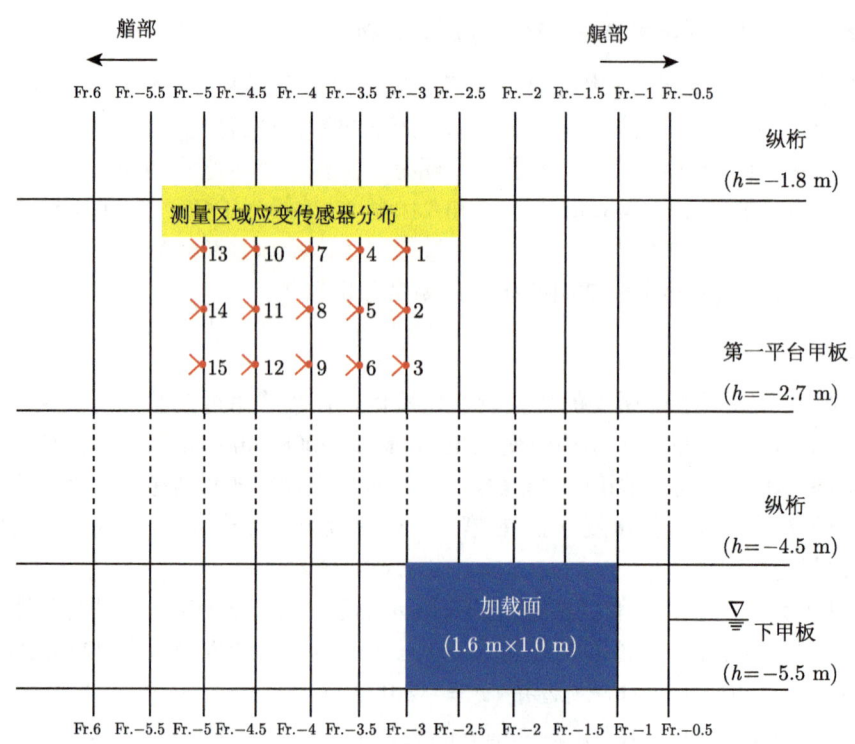

图 3.3.17 "雪龙"号的冰载荷测量方案

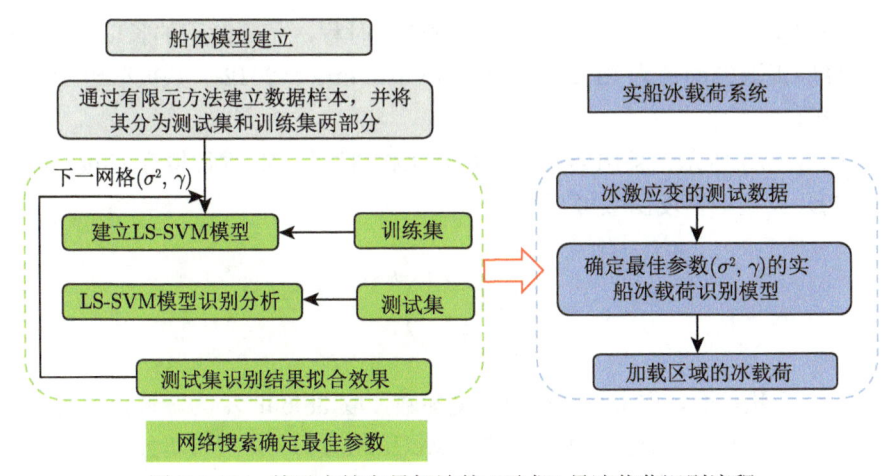

图 3.3.18 基于支持向量机法的"雪龙"号冰载荷识别流程

2. 冰载荷分析

对"雪龙"号冰载荷的分析主要涉及对峰值的统计分析和参数化分析，以及对周期的统计分析，下面分别具体阐述。

1) 冰载荷峰值的统计分析

"雪龙"号在我国第 8 次北极科学考察中的高纬度航行路线总航程为 20590 n mile，穿越了白令海峡、楚科奇海、加拿大海盆，其中的 1995 n mile 是在海冰密集分布的中央航道内航行，对应的时间段为 2017 年 8 月 3~18 日。

通过分析 ASPeCt 冰情记录表可知 (Worby et al., 2008)，"雪龙"号遭遇的海冰类型多为碎冰，某些时段为冰脊。图 3.3.19 为其在碎冰区与冰脊区的航行路

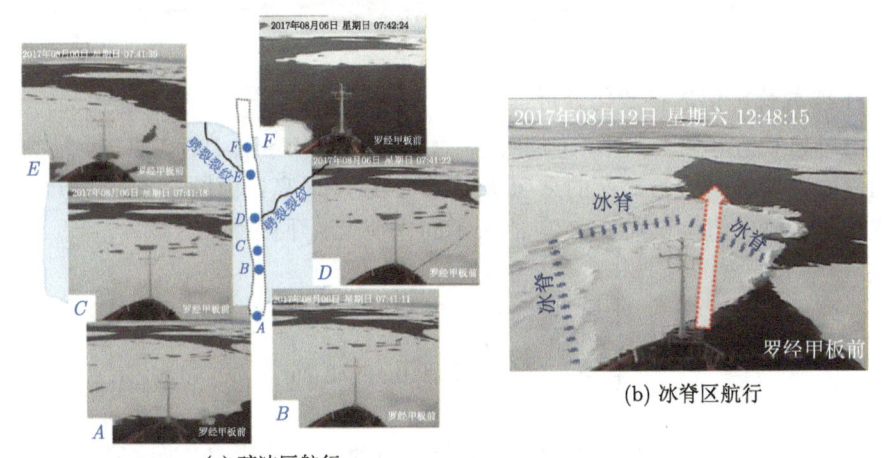

(a) 碎冰区航行

(b) 冰脊区航行

图 3.3.19 "雪龙"号在碎冰区与冰脊区的航行路线及典型冰况

线和典型冰况。共获取 306 个工况下的冰载荷时程，每段时程的长度为 10 min。冰载荷峰值提取的阈值为 31.25 kN/m (Suyuthi et al., 2012)，共提取出 16178 个冰载荷峰值。

如图 3.3.20 所示，采用韦布尔分布对冰载荷峰值 F_0 进行拟合 (Suominen et al., 2017)，其概率密度函数可写作

$$f(F_0) = \frac{k}{\theta}\left(\frac{F_0 - \alpha}{\theta}\right)^{k-1} e^{-\left(\frac{F_0-\alpha}{\theta}\right)^k} \tag{3.3.1}$$

式中，k 为形状参数，取 0.96；θ 为尺度参数，取 38.65；α 为峰值提取时设定的阈值。通过卡方检验考察拟合优度可知 (McHugh, 2013)，韦布尔分布可较好地拟合冰载荷峰值的变化规律。

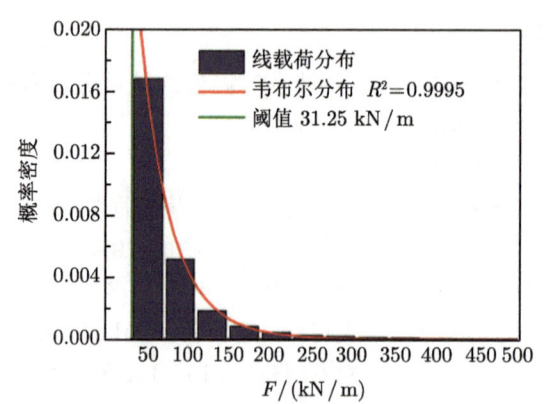

图 3.3.20 "雪龙"号冰载荷峰值的韦布尔分布 (孔帅, 2020)

2) 冰载荷峰值的参数化分析

由对冰载荷峰值及其影响因素的灰色关联分析 (Deng, 1982) 可知，冰载荷峰值均值同冰厚的平方与航速的乘积 $h_i^2 v_s$ 的关联度最高。由图 3.3.21 可知，90% 的冰载荷峰值均值位于式 (3.3.2) 所表示的载荷上、下限所夹区域内：

$$\begin{cases} F_i^{\text{upper}} = 15.38 h_i^2 v_s + 31.25 \\ F_i^{\text{lower}} = 2.78 h_i^2 v_s + 31.25 \end{cases} \tag{3.3.2}$$

式中，F_i^{upper} 与 F_i^{lower} 分别为冰载荷峰值均值的上、下限；h_i 为冰厚均值；v_s 为航速均值。

3.3 船舶结构冰载荷的测量分析

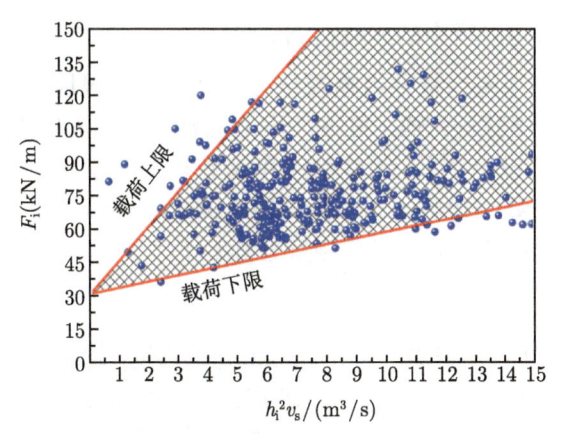

图 3.3.21 "雪龙"号冰载荷峰值均值与 $h_i^2 v_s$ 的关系 (孔帅, 2020)

3) 冰载荷周期的统计分析

对南北极航行影像资料分析可知,破冰船与海冰之间的相互作用是随机的,并非确定性事件。冰载荷周期指数分布的概率密度函数可写作 (Suyuthi et al., 2012)

$$\begin{cases} f(t) = \lambda e^{-\lambda t} \\ t = t(F_{i+1}) - t(F_i) \end{cases} \tag{3.3.3}$$

式中,λ 为指数分布的率参数,取 0.236;t 为冰载荷周期;F_{i+1} 和 F_i 为相邻的冰载荷峰值,由峰值提取程序确定 (Qu et al., 2012)。对 14487 个冰载荷周期的指数分布拟合结果如图 3.3.22 所示,指数函数的拟合优度 $R^2 = 0.996$,冰载荷周期的均值 $\bar{t} = \dfrac{1}{\lambda} = 4.24 \text{ s}$。

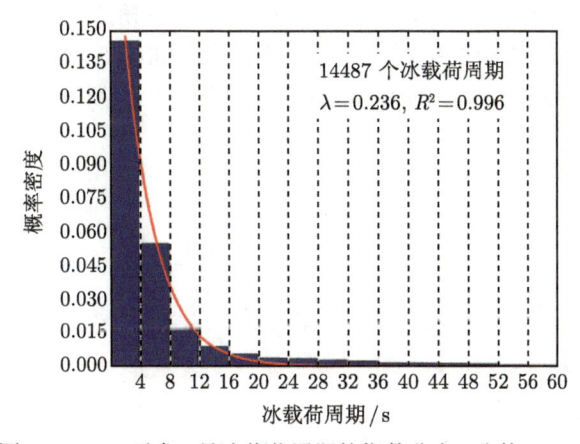

图 3.3.22 "雪龙"号冰载荷周期的指数分布 (孔帅, 2020)

3.3.3 我国北极货运航行中的冰载荷测量分析

"天恩"号是中远海运特种运输股份有限公司针对极地气候打造的首艘多用途冰级船，于 2017 年建造完成，2018 年取道北极东北航道顺利完成北欧首航。其船长、型宽、型深、设计吃水、设计航速和载重量分别为 189.99 m、28.5 m、15.8 m、11 m、14.8 kn 和 37124 t，冰级为中国船级社 (CCS) B1。下面重点介绍该船 2019 年北极货运航行期间的冰载荷测量分析工作。

1. 测量方案

2019 年 7 月 20 日，"天恩"号由江苏太仓港出发，途经长江水域、中国沿海、日本海、北海道、白令海峡、北冰洋、北海，8 月 1~8 日在俄罗斯破冰船的引航下顺利穿过海冰覆盖区域，最终于 8 月 17 日抵达挪威。图 3.3.23 为"天恩"号的沿途冰况。

图 3.3.23 "天恩"号的沿途冰况

由于"天恩"号的船-冰作用区域位于水密舱室，无法安装测量仪器，所以将应变监测区域设置在船首左舷的水手长储物间内的船体外板上 (Fr.231~242)，船-冰作用区域和应变监测区域的具体位置如图 3.3.24(a) 所示。在 11 根肋骨的腹板上布置了 22 个应变测点，每个测点处安装两个互成直角的单向应变片以测量剪应变，应变监测区域内的测点布置和应变片安装方式如图 3.3.24(b) 和 (c) 所示。采用格林函数法对冰载荷进行识别，具体流程如图 3.3.25 所示。

(a) 船-冰作用区域和应变监测区域的具体位置

3.3 船舶结构冰载荷的测量分析

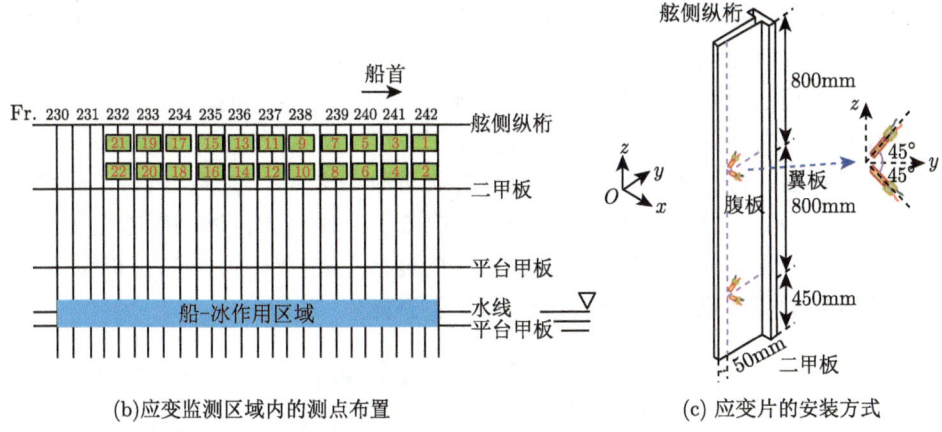

(b) 应变监测区域内的测点布置 (c) 应变片的安装方式

图 3.3.24 "天恩"号的冰载荷测量方案

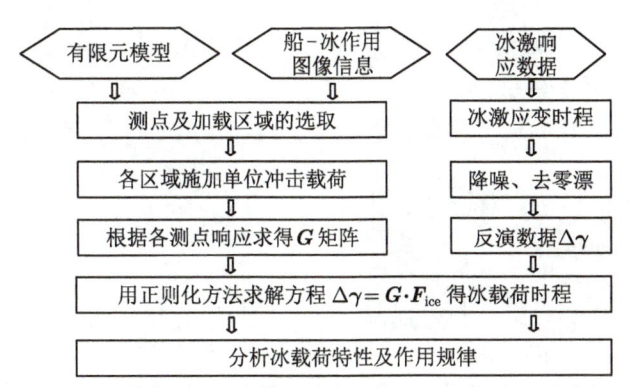

图 3.3.25 基于格林函数法的"天恩"号冰载荷识别流程

2. 冰载荷分析

由数字摄像机采集的图像信息可知,"天恩"号冰区航行中的海冰破坏模式主要包括挤压破坏、劈裂和翻转滑移。其中,挤压破坏主要发生在船-冰碰撞的局部区域,而劈裂和翻转滑移的发生取决于海冰尺寸及船-冰碰撞角度。选取两种工况下的冰激应变响应进行冰载荷识别分析,各工况的主要参数列于表 3.3.3。

表 3.3.3 两种工况的主要参数

编号	日期	时间	航速 /(m/s)	吃水 /m	海冰类型	冰厚 /m	海冰破坏模式
1	2019-08-02	12:02	5.14	6.5	大块浮冰	1.2	挤压破坏 劈裂
2	2019-08-03	03:08	4.24	6.5	小块碎冰	1.5	翻转滑移

· 192 ·　　第 3 章　船舶结构冰载荷的现场测量

图 3.3.26 和图 3.3.27 为两种工况下船舶结构与浮冰发生相互作用时的图像信息。其中，工况 1 为船舶在整个航行过程中遭遇的最大浮冰，左舷与一块平整冰相撞。其作用过程可描述为：首先，浮冰与船舶结构发生碰撞并产生裂纹；然后，裂纹开始扩展，撞击点处的海冰发生挤压破坏，产生大量的小块碎冰；同时，随着裂纹的扩展，浮冰发生劈裂，大块浮冰被分割成多块小浮冰；最后，船舶结构与海冰脱离碰撞，海冰冲击事件结束。工况 2 为一块较大浮冰与船首左舷区域相撞，海冰的挤压破坏并不明显，碰撞产生的能量主要转化为浮冰的动能，从而使其发生翻转滑移，直到不再与船舶结构发生碰撞。

(a) 浮冰与船舶结构发生碰撞 　　　　　　(b) 浮冰发生挤压破坏

(c) 浮冰裂缝扩展 　　　　　　　　　　　(d) 浮冰不再与船舶结构发生碰撞

图 3.3.26　工况 1 下"天恩"号与大块浮冰相互作用时的图像信息

(a) 浮冰与船舶结构发生碰撞 　　　　　　(b) 浮冰发生翻转滑移

图 3.3.27　工况 2 下"天恩"号与小块碎冰相互作用时的图像信息

两种工况下测点与子加载区域的相对位置分别如图 3.3.28(a) 和图 3.3.29(a) 所示，图中的三角形表示传感器安装位置，上下两个应变片组成 1 个测点组，矩形

框内为子加载区域，每个工况均设置 6 个测点组和 6 个子加载区域。每个测点组的应变响应为组内两个应变片测得的剪应变之差。子加载区域根据图像信息中的船–冰作用位置确定，其宽度为船首肋骨间距，上下边界到水线的距离均为 0.5 m。两种工况下的冰载荷识别结果分别如图 3.3.28(b) 和图 3.3.29(b) 所示，各工况均可定义为一次海冰冲击事件，没有明显的二次碰撞现象，其船–冰接触面积、冰载荷作用周期及峰值均有所不同。每个工况下，各子加载区域的冰载荷周期相同而幅值不同。从曲线的光滑程度来看，工况 1 下的冰载荷时程较为平滑，信噪比较高；而工况 2 下的冰载荷受噪声影响较大，导致识别结果存在一定程度的失真。

(a) 测点与子加载区域的相对位置　　(b) 冰载荷识别结果

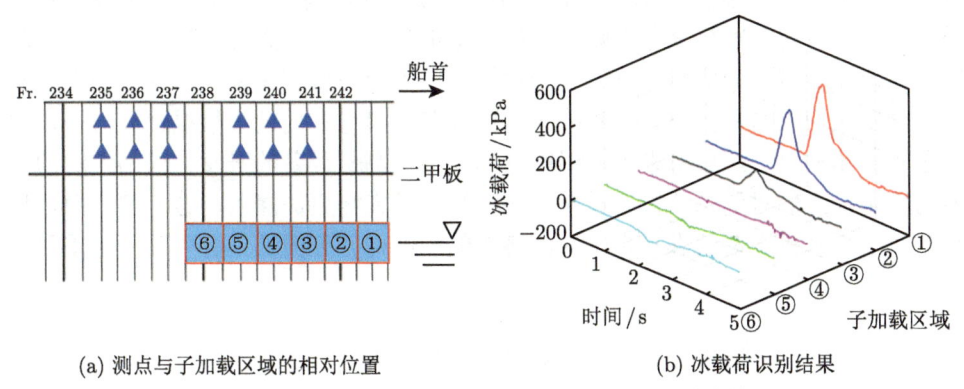

图 3.3.28　工况 1 下"天恩"号的冰载荷识别结果

(a) 测点与子加载区域的相对位置　　(b) 冰载荷识别结果

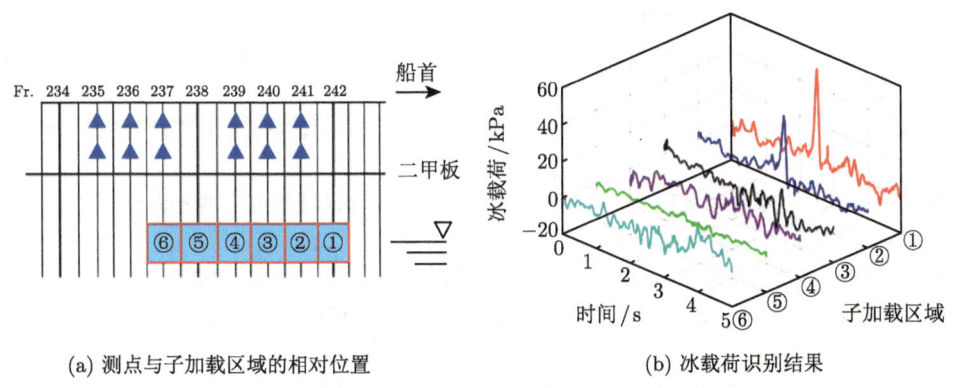

图 3.3.29　工况 2 下"天恩"号的冰载荷识别结果

3.4　小　　结

本章从监测系统、识别方法、测量分析三个方面详细阐述了船舶结构冰载荷的现场测量技术。以"雪龙"号科学考察船为例，具体介绍了船舶结构冰载荷监测系统的组成部分、监测内容、测量仪器和工作原理，以及在我国第 8 次北极科学考察中的测量结果。从理论基础、试验验证、适用范围、应用现状与发展前景等方面探讨了三种船舶结构冰载荷的识别方法，即经典的影响系数矩阵法和新兴的支持向量机法与格林函数法，上述三种识别方法均已通过试验验证，其中格林函数法和支持向量机法尚未大规模应用于实船的冰载荷识别，但其广阔的发展前景已经显现；针对船舶结构冰载荷现场测量中经常发生的应变测点失效状况，详细介绍了基于测点应变最小二乘拟合的冰载荷有效识别方法，该方法简单有效、适用性强，但其工程可靠性有待于在现场测量中进一步验证。针对国外 4 艘典型的极地船舶冰载荷测量方案与冰载荷分析进行展开叙述，并对我国极地科学考察中的"雪龙"号科学考察船与北极货运航行中的"天恩"号多用途冰级船的冰载荷现场测量试验的航行路线、沿途冰情、测点布置和识别方法进行了系统介绍，分别采用韦布尔分布和指数分布对冰载荷的峰值和周期进行拟合分析，均收到了良好的效果。随着未来更多船舶结构冰载荷测量设备的研发、识别方法的发展与应用，人们对船舶结构冰载荷分布特性的研究将更加深入、透彻和全面，特别是对于冰载荷周期的进一步研究，将在船舶结构疲劳损伤分析中发挥更重要的作用。

参 考 文 献

陈震, 王震, 余岭, 等. 2018. 预处理最小二乘 QR 分解法识别桥梁移动荷载的优化分析及试验研究 [J]. 振动工程学报, 31(4): 545-552.

崔洪宇, 胡大士, 孔帅, 等. 2020. 基于正则化方法的雪龙号破冰船冰载荷反演的研究 [J]. 中国造船, 61(1):109-119.

黄焱, 马高强, 孙剑桥. 2019. 船–冰碰撞载荷时间历程的模型试验研究 [J]. 振动与冲击, 38(4): 12-19.

季顺迎, 雷瑞波, 李春花, 等. 2017. "雪龙"号科考船在冰区航行的船体振动测量研究 [J]. 极地研究, (4): 5-13.

孔帅. 2020. 船体结构冰载荷的离散元分析及监测识别方法 [D]. 大连: 大连理工大学.

孔帅, 陈晓东, 崔洪宇, 等. 2021. 船体结构冰载荷的远场识别方法及试验验证 [J]. 船舶力学, 25(7): 869-878.

孔帅, 崔洪宇, 季顺迎. 2020a. 船舶结构海冰载荷的实船测量及反演方法研究 [J]. 振动与冲击, 39(20): 8-16.

孔帅, 崔洪宇, 季顺迎. 2020b. 船体结构冰载荷反演方法及试验验证 [J]. 中国机械工程, 31: 281-288.

李晓梅, 吴建平. 2005. Krylov 子空间方法及其并行计算 [J]. 计算机科学, 32(1): 19-20.

李忠献, 陈锋, 王波. 2008. 基于 BP 神经网络的桥上移动荷载分阶段识别方法 [J]. 工程力学, 25(9): 85-92.

刘瀛昊, Suominen M, Kujala P. 2016. 基于反向方法的船体冰载荷研究 [J]. 船舶力学, 20: 1604-1618.

卢立勤, 乔百杰, 张兴武, 等. 2016. 共轭梯度最小二乘迭代正则化算法在冲击载荷识别中的应用 [J]. 振动与冲击, 35(22): 176-182.

卢鹏, 李志军, 哈斯·克里斯蒂安. 2009. 从船侧倾斜拍摄图像中提取海冰密集度的方法 [J]. 大连海事大学学报, 35(2): 15-18.

梅立泉, 崔维庚. 2010. 面载荷识别的 TSVD 正则化方法 [J]. 应用力学学报, 27(1): 140-144.

缪炳荣, 周凤, 陈翔宇, 等. 2018. 利用核函数和不同正则化方法的结构载荷识别混合技术研究 [J]. 振动工程学报, 31(4): 553-560.

彭凡, 马庆镇, 肖健, 等. 2016. 自由运行结构动态载荷识别的格林函数法 [J]. 动力学与控制学报, 14(1): 75-79.

王键伟, 陈晓东, 何帅康, 等. 2021. 失效测点影响下极地船舶结构冰载荷的有效识别方法 [J]. 工程力学, 38(7): 226-238.

张肖雄, 贺佳. 2019. 基于扩展卡尔曼滤波的结构参数和荷载识别研究 [J]. 工程力学, 36(4): 221-230.

Bekker A, Suominen M, Peltokorpi O, et al. 2014. Full-scale measurements on a polar supply and research vessel during maneuver tests in an ice field in the Baltic Sea[C]. Proceedings of the 33rd International Conference on Ocean, Offshore and Arctic Engineering, San Francisco, USA.

Chang X W, Paige C C, Titley-Péloquin D. 2009. Stopping criteria for the iterative solution of linear least squares problems[J]. SIAM Journal on Matrix Analysis and Applications, 31(2): 831-852.

Chen Z, Chan T H T. 2017. A truncated generalized singular value decomposition algorithm for moving force identification with ill-posed problems[J]. Journal of Sound and Vibration, 401: 297-310.

Chernov A V. 2009. Measuring total ship bending with a help of tensometry during the full-scale in situ ice impact study of icebreaker "Kapitan Nikolaev"[C]. Proceedings of the International Conference on Port and Ocean Engineering Under Arctic Conditions, Luleå, Sweden.

Cooper S B, DiMaio D. 2018. Static load estimation using artificial neural network: Application on a wing rib[J]. Advances in Engineering Software, 125: 113-125.

Deng J L. 1982. Control problems of grey systems[J]. Systems & Control Letters, 1(5): 288-294.

Fenz D, Younan A, Piercey G, et al. 2018. Field measurement of the reduction in local pressure from ice management[J]. Cold Regions Science and Technology, 156: 75-87.

Frederking R. 2000. Local ice pressures from the Louis S. St. Laurent 1994 North Pole transit[R]. Ottawa: Canadian Hydraulics Centre, National Research Council of Canada.

Fredriksen Ø. 2012. Ice-induced loading on ship hull during ramming [D]. Trondheim: Norwegian University of Science and Technology.

Gagnon R. 2008. Analysis of data from bergy bit impacts using a novel hull-mounted external impact panel[J]. Cold Regions Science and Technology, 52: 50-66.

Golub G H, Heath M, Wahba G. 1979. Generalized cross-validation as a method for choosing a good ridge parameter[J]. Technometrics, 21(2): 215-223.

Grimme E. 1997. Krylov projection methods for model reduction [D]. Illinois: University of Illinois.

Hanke M. 1995. Conjugate Gradient Type Methods for Ill-Posed Problems[M]. London: CRC Press.

Hansen P C. 1988. Computation of the singular value expansion[J]. Computing, 40(3): 185-199.

Hansen P C, O'Leary D P. 1993. The use of the L-curve in the regularization of discrete ill-posed problems[J]. SIAM Journal on Scientific Computing, 14(6): 1487-1503.

Ikonen T, Peltokorpi O, Karhunen J. 2015. Inverse ice-induced moment determination on the propeller of an ice-going vessel[J]. Cold Regions Science and Technology, 112: 1-13.

Iyerusalimskiy A, Choi J, Park G, et al. 2011. The interim results of the long-term ice loads monitoring on the large Arctic tanker[C]. Proceedings of the 21st International Conference on Port and Ocean Engineering under Arctic Conditions, Montréal, Canada.

Jankowski U. 2009. Off-line identification of dynamic loads[J]. Structural and Multidisciplinary Optimization, 37(6): 609-623.

Jeon M, Choi K, Min J K, et al. 2018. Estimation of local ice load by analyzing shear strain data from the IBRV ARAON's 2016 Arctic voyage[J]. International Journal of Naval Architecture and Ocean Engineering, 10(3): 421-425.

Jo Y C, Choi J H, Park S G, et al. 2017. Sensor arrangement for ice load monitoring to estimate local ice load in Arctic vessel[C]. Proceedings of the 24th International Conference on Port and Ocean Engineering under Arctic Conditions, Busan, Korea.

Johnston M, Frederking R, Timco G W, et al. 2003. Ice-induced global loads on USCGC Healy and CCGS Louis S. St. Laurent as determined from whole-ship motions[R]. Ottawa: Canadian Hydraulics Centre, National Research Council of Canada.

Johnston M, Frederking R, Timco G W. 2001a. Whole-ship motions and accelerations at the stern of the CCGS Louis S. St. Laurent October 2000 ice trials[R]. Ottawa: Canadian Hydraulics Centre, National Research Council of Canada.

Johnston M, Ritch R, Gagnon R. 2008a. Comparison of impact forces measured by different instrumentation systems on the CCGS Terry Fox during the Bergy Bit Trials[J]. Cold regions science and technology, 52(1): 83-97.

Johnston M, Timco G W, Frederking R, et al. 2001b. Whole-ship motions of USCGC Healy as applied to global ice impact forces[C]. 16th International Conference on Port and Ocean Engineering under Arctic Conditions, Ottawa, Ontario, Canada, 1: 955-964.

Johnston M, Timco G W, Frederking R, et al. 2008b. Measuring global impact forces on the CCGS Terry Fox with an inertial measurement system called MOTAN[J]. Cold

Regions Science and Technology, 52: 67-82.

Jordaan I, Bruce J, Masterson D, et al. 2010. Local ice pressures for multiyear ice accounting for exposure[J]. Cold Regions Science and Technology, 61(2-3): 97-106.

Kõrgesaar M, Kujala P, Romanoff J. 2018. Load carrying capacity of ice-strengthened frames under idealized ice load and boundary conditions[J]. Marine Structures, 58: 18-30.

Kim H S, Kim M C, Choi K S, et al. 2013. Full scale ice sea trials of Korean ice breaking research vessel 'Araon' on the big floes near Antarctica[J]. Journal of Marine Science and Technology, 18(4): 515-523.

Kim H, Daley C, Kim H. 2018. Evaluation of large structural grillages subjected to ice loads in experimental and numerical analysis[J]. Marine Structures, 61: 467-502.

Kong S, Cui H, Tian Y, et al. 2020. Identification of ice loads on shell structure of icebreaker with Green kernel and regularization method[J]. Marine Structures, 74(3): 102820.

Kong S, Cui H, Wu G, et al. 2021. Full-scale identification of ice load on ship hull by least square support vector machine method[J]. Applied Ocean Research, 106(171): 102439.

Kotilainen M, Vanhatalo J, Suominen M, et al. 2017. Predicting ice-induced load amplitudes on ship bow conditional on ice thickness and ship speed in the Baltic Sea[J]. Cold Regions Science and Technology, 135: 116-126.

Kujala P. 1989. Results of long-term ice load measurements on board chemical tanker Kemira during the winters 1985 to 1988[R]. Espoo: Technical Research Centre of Finland Ship Laboratory, Helsinki University of Technology Laboratory of Naval Architecture and Marine Engineering,

Kujala P. 1996. Semi-empirical evaluation of long term ice loads on a ship hull[J]. Marine structures, 9(9): 849-871.

Kujala P, Arughadhoss S. 2012. Statistical analysis of ice crushing pressures on a ship's hull during hull-ice interaction[J]. Cold Regions Science and Technology, 70: 1-11.

Kwon Y H, Lee J H, Choi K, et al. 2015. A study on statistical analysis of local ice loads measured during the Arctic voyage of the IBRV Araon[J]. Journal of Advanced Research in Ocean Engineering, 1(3): 186-197.

Lanczos C. 1950. An Iteration Method for the Solution of the Eigenvalue Problem of Linear Differential and Integral Operators[M]. Los Angeles: United States Governm Press Office.

Lee J M, Lee C J, Kim Y S, et al. 2016. Determination of global ice loads on the ship using the measured full-scale motion data[J]. International Journal of Naval Architecture and Ocean Engineering, 8: 301-311.

Lee S C, Park S, Choi K, et al. 2018. Prediction of ice loads on Korean IBRV Araon with 6-DOF inertial measurement system during trials of Chukchi and east Siberian Seas[J]. Ocean Engineering, 151: 23-32.

Lee T K, Lee J H, Kim H, et al. 2014. Field measurement of local ice pressures on the Araon in the Beaufort Sea[J]. International Journal of Naval Architecture and Ocean Engineering, 6(4): 788-799.

Leira B J, Børsheim L, Espeland Ø, et al. 2009. Assessment of ice-induced loads on ship hulls based on continuous response monitoring [C]. 2nd International Conference on Marine Structures, Lisbon, Portugal, 1: 345-353.

Li F, Goerlandt F, Kujala P, et al. 2018. Evaluation of selected state-of-the-art methods for ship transit simulation in various ice conditions based on full-scale measurement[J]. Cold Regions Science and Technology, 151: 94-108.

Li S, Zhao H, Ru Z, et al. 2016. Identifying geomechanical parameters of high cut rock slopes by an improved multi-output support vector machine method[J]. Environmental Earth Sciences, 75(8): 673.

Lindqvist G. 1989. A straightforward method for calculation of ice resistance of ships[C]. Proceedings of the 10th International Conference on Port and Ocean Engineering under Arctic Conditions (POAC 1989), Luleå, Sweden.

Liu J, Sun X, Han X, et al. 2015. Dynamic load identification for stochastic structures based on Gegenbauer polynomial approximation and regularization method[J]. Mechanical Systems and Signal Processing, 56: 35-54.

Liu S W, Yu H, Won D. 2009. FEA for determination of data reduction matrix and critical stress influence matrixes[R]. Spring: ABS.

Lubbad R, Løset S. 2016. Oden arctic technology research cruise 2015[C]. Arctic Technology Conference, St. John's, NL, Canada.

McHugh M L. 2013. The chi-square test of independence[J]. Biochemia Medica, 23(2): 143-149.

Paige C C, Saunders M A. 1982. LSQR: An algorithm for sparse linear equations and sparse least squares[J]. ACM Transactions on Mathematical Software (TOMS), 8(1): 43-71.

Piercey G, Ralph F, Barrett J, et al. 2016. Design of a shipboard local load measurement system to collect managed ice load data[C]. Arctic Technology Conference, St. John's, NL, Canada.

Qu Y, Yue Q J, Bi X J, et al. 2012. A random ice force model for narrow conical structures[J]. Cold Regions Science and Technology, 45(3): 148-157.

Ralph F, McKenna R, Gagnon R. 2008. Iceberg characterization for the bergy bit impact study[J]. Cold Regions Science and Technology, 52: 7-28.

Riska K, Kujala P, Vuorio J. 1983. Ice load and pressure measurements on board I. B. Sisu [C]. Proceedings of the 7th International Conference on Port and Ocean Engineering under Arctic Conditions, Helsinki, Finland.

Riska K, Uto S, Tuhkuri J. 2002. Pressure distribution and response of multiplate panels under ice loading[J]. Cold Regions Science and Technology, 34: 209-225.

Ritch R, Frederking R, Johnston M, et al. 2008. Local ice pressures measured on a strain gauge panel during the CCGS Terry Fox bergy bit impact study[J]. Cold Regions Science and Technology, 52(1): 29-49.

Ronasi H, Johansson H, Larsson F. 2011. A numerical framework for load identification and regularization with application to rolling disc problem[J]. Computers & Structures, 89(1-2): 38-47.

Strang G. 1993. The fundamental theorem of linear algebra[J]. The American Mathematical Monthly, 100(9): 848-855.

Sun X, Liu J, Han X, et al. 2014. A new improved regularization method for dynamic load identification[J]. Inverse Problems in Science and Engineering, 22(7): 1062-1076.

Suominen M, Kujala P. 2014. Variation in short-term ice-induced load amplitudes on a ship's hull and related probability distributions[J]. Cold regions science and technology, 106: 131-140.

Suominen M, Kujala P, Romanoff J, et al. 2017. Influence of load length on short-term ice load statistics in full-scale[J]. Marine Structures, 52: 153-172.

Suykens J A K, Lukas L, Vandewalle J. 2000. Sparse approximation using least squares support vector machine[C]. Proceedings of the 2000 IEEE International Symposium on Circuits and Systems, Geneva, Switzerland.

Suyuthi A, Leira B J, Riska K. 2012. Short term extreme statistics of local ice loads on ship hulls[J]. Cold Regions Science and Technology, 82: 130-143.

Suyuthi A, Leira B J, Riska K. 2013. Statistics of local ice load peaks on ship hulls[J]. Structural Safety, 40: 1-10.

Takimoto T, Kanada S, Shimoda H, et al. 2008. Field measurements of local ice load on a ship hull in pack ice of the southern Sea of Okhotsk[C]. Proceedings of the OCEANS'08 MTS/IEEE Kobe-Techno-Ocean'08, Kobe.

Tikhonov A N, Goncharsky A V, Stepanov V V, et al. 1995. Numerical Methods for the Solution of Ill-Posed Problems[M]. Moscow: Springer Science & Business Media.

Uhl T. 2007. The inverse identification problem and its technical application[J]. Archive of Applied Mechanics, 77(5): 325-337.

Uto S, Oka S, Murakami C, et al. 2005. Ice load exerted on the hull of icebreaker PM Teshio in the south Sea of Okhotsk[C]. Proceedings of the 18th International Conference on Port and Ocean Engineering under Arctic Conditions, Potsdam.

Vapnik V. 1995. The Nature of Statistical Learning Theory[M]. New York: Springer.

Waal D R, Bekker A, Heyns P S. 2018. Indirect load case estimation for propeller-ice moments from shaft line torque measurements[J]. Cold Regions Science and Technology, 151: 237-248.

Wang L, Han X, Xie Y. 2013. A new conjugate gradient method for solving multi-source dynamic load identification problem[J]. International Journal of Mechanics and Materials in Design, 9(3): 191-197.

Weissling B, Ackley S, Wagner P, et al. 2009. EISCAM—Digital image acquisition and processing for sea ice parameters from ships[J]. Cold Regions Science and Technology, 57(1): 49-60.

Wilkman G, Leiviskä T, Heinonen T, et al. 2014. On full-scale ship performance measurements[C]. Proceedings of the Arctic Technology Conference, Houston, USA.

Worby A P, Geiger C A, Paget M J, et al. 2008. Thickness distribution of Antarctic sea ice[J]. Journal of Geophysical Research: Oceans, 113(C5).

Wu G, Kong S, Tang W, et al. 2021. Statistical analysis of ice loads on ship hull measured during Arctic navigations[J]. Ocean Engineering, 223: 108642.

Yamauchi Y, Mizuno S, Tsukuda H. 2011. The icebreaking performance of Shirase in the maiden Antarctic voyage[C]. Proceedings of the 21st International Ocean and Polar Engineering Conference, Maui, USA.

Yin Y M, Cui H Y, Hong M, et al. 2015. Prediction of the vertical vibration of ship hull based on grey relational analysis and SVM method[J]. Journal of Marine Science and Technology, 20: 467-474.

Yu H, Iyerusalimskiy A, Kim Y S, et al. 2012. Hull structural performance monitoring system for ships operating in ice-covered waters[C]. Proceedings of the Arctic Technology Conference. Houston, USA.

Zhao H, Yin S. 2016. Inverse analysis of geomechanical parameters by the artificial bee colony algorithm and multi-output support vector machine[J]. Inverse Problems in Science and Engineering, 24(7): 1266-1281.

第 4 章 海洋工程结构冰载荷的现场测量

现场测量试验不存在冰材料物理相似与结构模型动力相似的问题,可以获得真实的观测数据,因此现场测量数据成为世界各国的海洋工程结构冰载荷确定方法的主要依据。海洋工程结构冰载荷的现场测量主要包括以下内容:冰载荷测量,这也是冰载荷研究的核心内容;结构响应测量,可以验证或间接获取冰载荷,对研究冰激振动机理、冰与结构之间的相互作用具有重要意义;海冰参数测量,主要是冰强度、冰厚与冰速,这也是冰载荷现场测量的难点之一;海冰热力与动力要素测量,通过对气象与水文的测量,获得海冰热力与动力要素数据从而推算海冰参数,是海冰参数测量的必要补充;现场测量数据采集系统,保证现场同步、连续地获取测量数据,实现冰情–冰载荷–结构响应对应关系的研究。本章首先以渤海海洋平台为例,介绍海洋工程结构冰载荷的现场测量系统,然后分别对直立结构与锥体结构冰载荷实测数据的分析方法进行阐述。

4.1 基于渤海油气平台的海洋工程结构冰载荷监测系统

渤海位于北纬 37°~41°,东经 117.5°~121.5° 之间,是一个半封闭大陆架海域,与外海热交换少;有辽河、滦河、小清河、海河和黄河等较大河流汇入,每年都有大量淡水注入,致使海水盐度较低;平均水深 18 m,热容量小,冬季常受冷高压控制,多受寒流影响,热量流失较大。以上特点使渤海成为地球上冬季结冰的最低纬度海域之一。不同年份的渤海冰情不同,可分为五个等级,即轻冰年、偏轻冰年、常冰年、偏重冰年和重冰年。渤海海域受海冰影响比较严重的平台主要集中在辽东湾的 JZ9-3 和 JZ20-2 油气作业区,如图 4.1.1 所示。

经过十余年的发展,渤海海洋平台上已建立起完善的海冰观测系统,主要包括气象水文、海冰参数和平台结构及上部油气管线的冰激振动响应等三部分测量内容。其中,气象要素包括风速、气温、相对湿度、太阳辐射和大气压等;水文要素包括海流的流速与流向、海面波动、水温以及盐度等;海冰参数包括冰厚、冰速、冰类型和密集度等。气象要素可实时显示,每秒记录一组数据;海流计则是每隔 15 min 保存一次数据;雷达系统可对海冰的类型、密集度、漂移速度和运动轨迹等信息进行准确可靠的连续观测;冰厚的观测通过安装在平台中层甲板上的摄像机完成 (季顺迎等, 2011, 2013; 许宁等, 2014; 王延林等, 2020)。

(a) 渤海辽东湾油气作业区分布

(b) JZ20-2平台　　　　　　　　　(c) JZ9-3平台

图 4.1.1　JZ20-2 和 JZ9-3 油气作业区分布及海洋平台现场照片

目前，该系统可实现对 JZ20-2 和 JZ9-3 等油气作业区内多个海洋平台的同步观测。JZ20-2 MUQ 平台上的海冰观测系统如图 4.1.2 所示。自 1993 年以来，

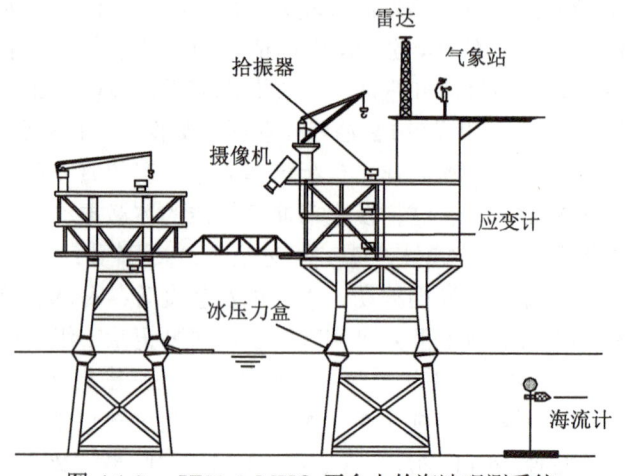

图 4.1.2　JZ20-2 MUQ 平台上的海冰观测系统

在该平台上持续开展了冰期气象、海冰、结构振动响应的全冰期现场测量，还测量了部分年份的冰载荷、海流、潮汐、水温等数据。目前该平台上的海冰观测系统依然是 JZ20-2 油气作业区海冰管理的重要组成部分。基于该系统的观测数据，人们对作业区的海冰环境条件、冰载荷和冰激结构振动响应开展了深入且系统的研究 (季顺迎, 2001; 屈衍, 2006; 许宁, 2011; 郭峰玮, 2009; 王延林, 2011)。

4.1.1 海冰参数观测

冰载荷现场测量是一个系统工程，在对冰载荷进行测量的同时，还需对海冰参数进行同步观测，才能更深刻地理解冰载荷的特点及形成原因。我国油气作业区的海冰参数观测始于 20 世纪 80 年代末期的海冰管理工作，特别是自 20 世纪 90 年代对冰情相对严重的辽东湾开展油气开发以来，海冰观测技术不断发展和完善。在海冰观测中，冰厚、密集度和冰速是三个最重要的海冰参数 (季顺迎等, 2002; 岳前进等, 1999)。冰厚的测量技术主要包括船基雷达、仰式声呐、电磁感应、图像识别等。渤海海冰流动性强、厚度小，不宜在冰面上进行接触式测量，而精度高、成本低、操作方便的图像识别一直是油气作业区的主要观测手段 (毕祥军等, 2005)。目前对渤海的海冰密集度的观测较少，主要通过目测的方式进行，误差较大。冰速一般采用航海雷达、浮标和卫星遥感技术进行观测 (岳前进等, 2000)。图像识别与数字处理技术的不断发展，为在油气作业区进行连续、精确的冰厚、密集度和冰速观测提供了技术保障。

1. 图像识别

针对渤海油气作业区海冰图像的特点，这里采用数字处理技术对冰厚、密集度和冰速等参数进行信息提取，从而获取相应的观测数据。

1) 海冰厚度的图像识别

海冰与平台桩腿上的锥体结构作用时会发生弯曲破坏，并随着破坏后冰块的翻转清晰地呈现出冰厚截面。将采集到的海冰破坏过程图像进行射影校正，提取海冰的边缘点，可推算冰厚所对应的像素点，从而根据像素点对应的锥体结构特征尺寸计算冰厚，冰厚的标定与测量如图 4.1.3 所示。

冰厚的测量误差主要取决于图像分辨率，受光线、天气、观测角度等因素的影响，测量结果也会有一定的误差。为提高观测数据的可靠性，试验人员在安装摄像机时充分考虑对锥体结构和冰厚截面进行垂直观测，同时对多组数据进行统计分析。此外，通过对海冰在锥体结构前破坏特性的观测，可确定海冰的断裂长度以分析锥体结构冰载荷的动力特性。

2009~2010 年冬季 JZ20-2 油气作业区通过海冰图像识别得到的日均冰厚如图 4.1.4 所示。这精确地反映了该年度 JZ20-2 油气作业区的海冰演化过程，为分析该年度辽东湾海冰的热力动力特点、油气作业区的冰激结构振动提供了重要的参考依据。

图 4.1.3 冰厚的标定与测量

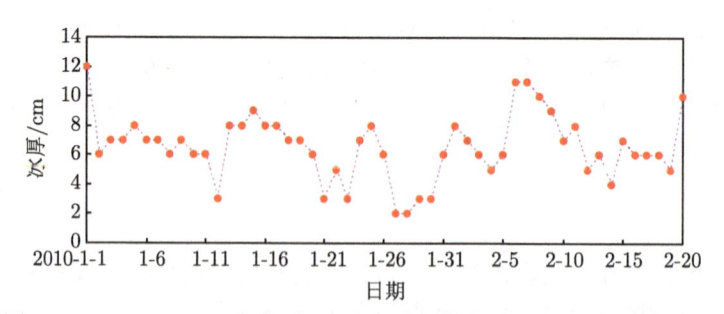

图 4.1.4 2009~2010 年冬季 JZ20-2 油气作业区日均冰厚的观测结果

2) 海冰密集度的图像识别

海冰密集度的观测主要包括图像的射影校正和参数识别两部分工作。海冰图像会因拍摄角度而存在一定的射影失真，需要进行射影校正；密集度的图像识别通过图像分割方法对海水和海冰所占比例进行确定。这里以 2010 年 1 月 1 日在 JZ20-2 油气作业区采集的海冰图像为例进行如图 4.1.5 所示的二值化处理，然后对海冰和海水进行图像分割。

在密集度参数提取的数字图像处理中，图像分辨率、阈值的选取和计算精度等因素都不可避免地对观测结果造成误差。此外，摄像机的位置和姿态也是主要的误差来源，如何合理地进行图像的平面校正，是目前图像识别中的重要研究课题。2009~2010 年冬季 JZ20-2 油气作业区通过海冰图像识别得到的日均密集度如图 4.1.6 所示。

(a) 原始图像　　　　　　　　　　　　(b) 二值化后图像

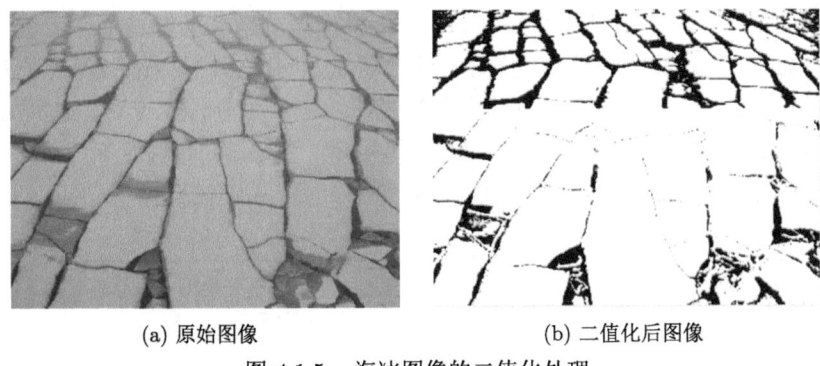

图 4.1.5　海冰图像的二值化处理

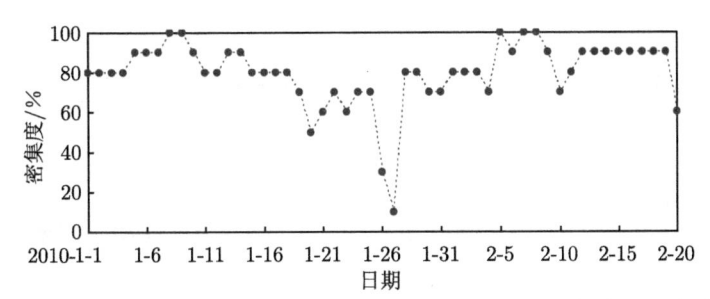

图 4.1.6　2009~2010 年冬季 JZ20-2 油气作业区日均密集度观测结果

3) 海冰速度的图像识别

海冰速度和流向的计算通过对不同时刻海冰图像中特征点的提取和匹配实现。提取相同时间间隔的多帧海冰图像，并通过相邻帧图像间特征点的对比确定冰速。特征点一般是指位于图像中不同高度区域交界处的像素点，一般使用角点特征以减小计算量，提高匹配速度。这里以 2010 年 2 月 15 日的海冰视频图像为例，其特征点及其在不同时刻的移动情况如图 4.1.7 所示。为确定地理坐标上的海冰流向，需要对图像的采集角度进行标定。

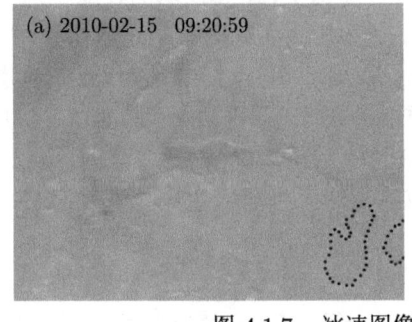

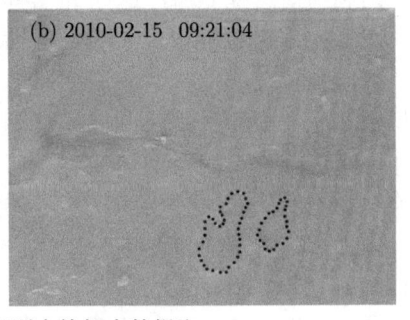

(a) 2010-02-15　09:20:59　　　　　　(b) 2010-02-15　09:21:04

图 4.1.7　冰速图像识别中特征点的提取

2010 年 2 月 2~6 日连续进行的 96 h 冰速观测结果如图 4.1.8 所示。图中给出了通过二维浅波方程计算的潮流分量，由此可对比分析冰速与流速的对应关系。可以发现，该时间段内的冰速主要受潮流控制。另外，受风速 (主要是风向) 的影响，第 60 h(风速 5.2 m/s，风向 20°~30°) 和第 84 h(风速 5.0 m/s，风向 350°~10°) 附近的 x 方向冰速明显较高。

(a) x方向冰速和流速

(b) y方向冰速和流速

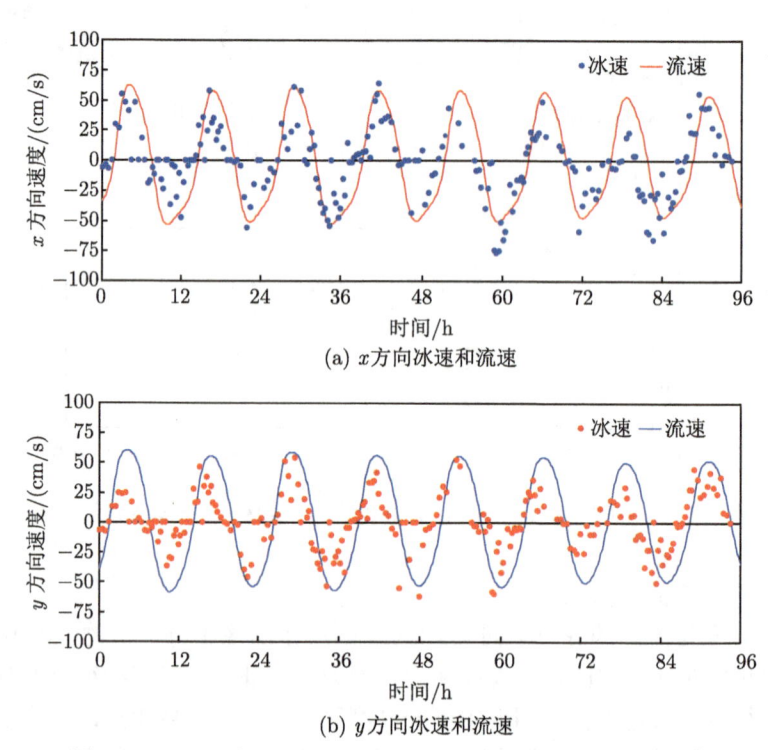

图 4.1.8　2010 年 2 月 2~6 日 96 h 冰速观测及流速计算结果

2. 雷达监测

我国利用雷达探测海冰的研究已有 50 多年历史，雷达技术的发展和对海冰研究的迫切需要，使其得到较快的发展。最早用于探测海冰的雷达是航海雷达，后来发展了合成孔径及成像雷达和测冰厚雷达。我国从 20 世纪 80 年代开始从事航海雷达识别海冰类型和数字化图像处理等方面的研究 (岳前进等, 2000)。在 JZ20-2 油气作业区的 MUQ 平台上安装了一台 RASCAR-3400M 航海雷达，自 1992~2002 年，该雷达站进行了连续 10 年的海冰探测，为海上生产作业及时提供冰情信息，成为海冰管理的重要信息来源。

1) 海冰类型的雷达探测

雷达可以识别碎冰、光滑平整冰与冰脊。碎冰区具有清晰的冰-水界面，从雷达图像中可以观测到 6 n mile 内的碎冰分布，其雷达图像和冰情照片如图 4.1.9 所示。当平整冰通过海洋平台时，会留下破坏轨迹，形成局部粗糙表面，由此雷达可以探测到 3 n mile 内的海冰轨迹。图 4.1.10 为光滑平整冰被海洋平台破坏后的雷达图像与冰情照片。

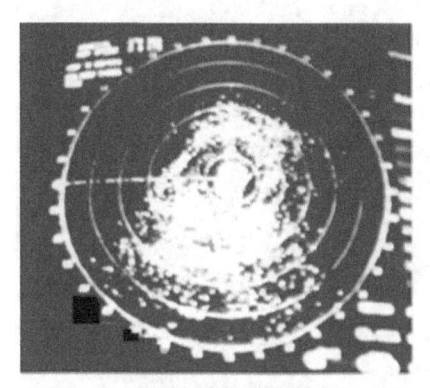

(a) 碎冰区雷达图像　　　　　　　　　(b) 碎冰区现场照片

图 4.1.9　渤海碎冰区的雷达图像和现场照片

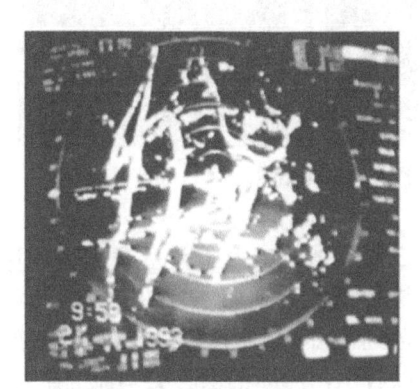

(a) 冰区水道雷达图像　　　　　　　　(b) 海冰与海洋平台作用后的水道

图 4.1.10　平整冰在海洋平台作用下破坏后的雷达图像和冰情照片

2) 海冰速度的雷达探测

通过雷达图像中不同位置处特征点的移动确定冰速场的分布特征，通过对雷达图像的连续采集和分析来研究冰速的演变过程。此外还发现海洋平台在一定条件下对其附近海冰的局域运动具有显著的阻挡作用。

辽东湾海域为半日潮，海冰在一般天气条件下的运移主要受天文潮支配，呈往复运动。在 2011~2012 年冬季，对部分时段的雷达图像进行了 5 min/帧的连续采集，由此可对不同潮位时的海冰速度进行确定。这里对 2012 年 2 月 20 日不同时刻的冰速场进行了提取，部分结果如图 4.1.11 所示，图中的箭头指向表示海冰流向，箭头长度表示冰速大小。可以看出，在探测半径为 6 n mile 的范围内，冰速分布比较均匀。

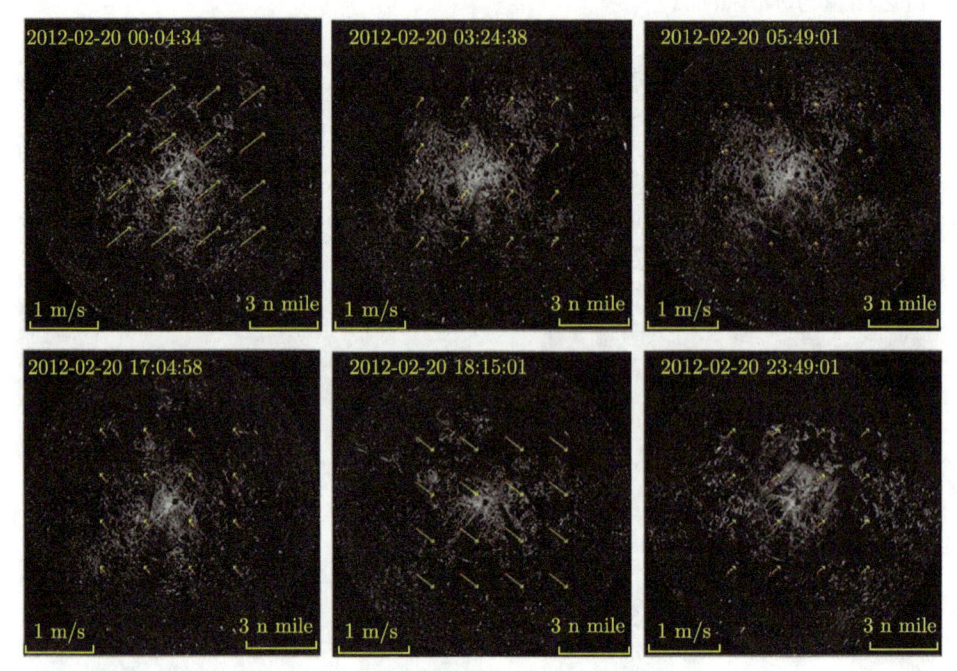

图 4.1.11　海冰流向和流速的雷达探测结果

雷达探测不受光照、天气等因素的影响，可进行连续的全天候监测。2012~2013 年冬季对 JZ20-2 油气作业区的海冰漂移轨迹进行了全冰期连续雷达监测。通过海冰雷达图像处理系统得到了每隔 10 min 的冰速及冰向分布，共采集有效数据样本 6883 组，测量结果如图 4.1.12 所示。可以看出，海冰的漂移受潮流的影响，

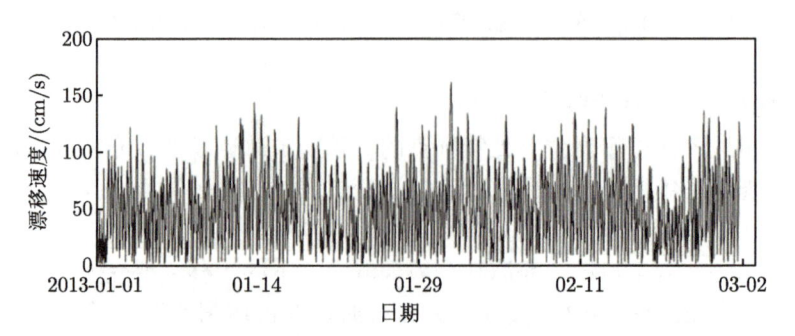

图 4.1.12　JZ20-2 油气作业区海冰漂移速度的全冰期雷达探测时程

具有明显的周期性。对冰速数据的分析可进一步揭示大气和海洋对海冰的动力作用，从而更全面地分析海冰在动力条件下的形变规律和运动特征。在此基础上，可对冰速的概率分布进行统计分析，并确定不同天气条件下的海冰漂移轨迹 (季顺迎等，2016)。

4.1.2 冰载荷现场测量

冰载荷的现场测量分为直接测量与间接测量两种 (李锋等，2003; Yue et al., 2007; Qu et al., 2006)。直接测量是在海冰与结构的作用位置上安装冰压力盒测量冰压力大小，该方法得到的冰载荷真实可靠，因此被工程领域所广泛采用，但直接测量无法获取准确的极值冰载荷，这时就需采用间接测量方法。

1. 直接测量

直接测量的关键是冰压力盒的设计、制造与现场安装等。冰压力盒的室内组装和现场安装如图 4.1.13 所示。压力盒单元中有两个弹性元件，盖板和基底与弹性元件刚性连接，成为一个超静定结构。理想状态下，作用在盖板上的合力大小等于这两个弹性元件受力之和。唯一会影响测量结果的因素是，盖板在冰载荷作用下的弯曲变形对弹性元件产生的横向拉力和弯矩。为保证冰压力盒的测量精度，需使盖板产生的挠度较小，以使两个传感单元的合力与作用于盖板的冰载荷大小一致，因此设计时需对盖板进行加强处理。

(a) 冰压力盒室内组装   (b) 冰压力盒现场安装

图 4.1.13　冰压力盒的室内组装和现场安装

1) 直立结构冰载荷的直接测量

大连理工大学在 JZ9-3 MDP 系缆桩上开展了直立结构冰载荷的现场测量工作，设计的冰压力盒如图 4.1.14 所示。考虑到潮差影响，共安装了 12 个压力测量单元，分为上下两层，每层 6 个，每个压力测量单元高 62 cm，宽 27 cm，迎冰面弧长 29 cm。整个压力盒的表面呈弧面，弧度与桩腿基本保持一致，确保不改变冰载荷的作用形式。压力盒的有效测量高度为 124 cm，包起的角度为 111°，总质量约为 1.5 t。

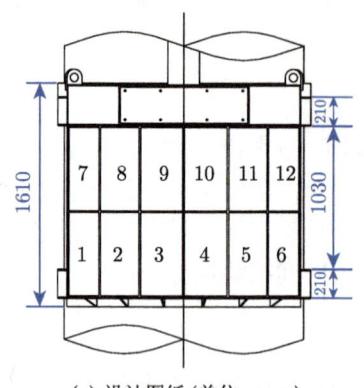

(a) 设计图纸(单位: mm)　　　　(b) 现场照片

图 4.1.14　JZ9-3 MDP 系缆桩上的冰压力盒

2) 锥体结构冰载荷的直接测量

基于 JZ20-2 MUQ 平台开展了锥体结构冰载荷的现场测量工作。该平台于 1991 年安装了正倒组合形式的抗冰锥体，正倒锥交界处直径约为 4 m，上锥角为 60°，下锥角为 45°。为了得到海冰与锥体结构相互作用时冰载荷的大小与变化规律，大连理工大学设计了如图 4.1.15 所示的冰压力盒 (屈衍, 2006)。其由 6 个压力测量单元组成，覆盖了锥体结构迎冰面 48° 的范围，下沿有效弧长为 1.73 m，上沿有效弧长为 1.67 m，有效长度为 0.9 m，总质量约为 0.9 t。

(a) 室内组装　　　　(b) 现场照片

图 4.1.15　JZ20-2 MUQ 平台抗冰锥体上的冰压力盒

2. 间接测量

通过对位移、应变、倾斜和振动等冰激结构响应进行测量 (图 4.1.16)，并结合理论分析、数值计算等方法提取极值冰载荷，即为冰载荷的间接测量方法 (许宁等, 2014)。

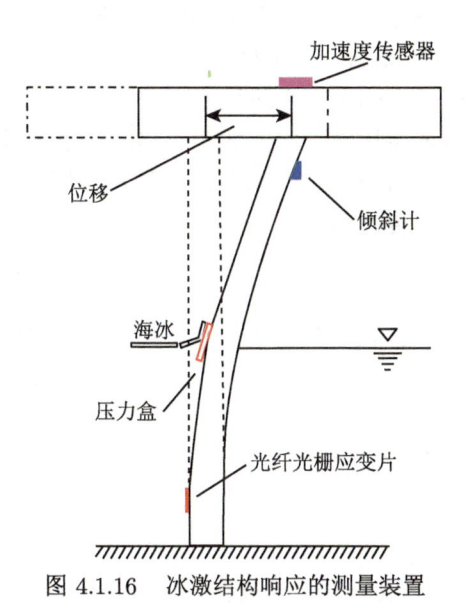

图 4.1.16　冰激结构响应的测量装置

渤海 JZ20-2 NW 新型简易抗冰平台建于 2005 年，为上部独腿和水下三桩的导管架平台，在水面位置加装了正倒组合形式的抗冰锥体，如图 4.1.17 所示。平

图 4.1.17　渤海 JZ20-2 NW 单桩导管架海洋油气平台

台高度为 29.5 m，其中水下部分为 13.5 m，导管架直径为 3.5 m。正倒锥角均为 60°，正倒锥交界处锥径为 6 m。三个群桩的直径为 1.3 m，入土深度为 60 m。导管架工作点的高程为 7.5 m，共有两层甲板，下层甲板高程为 14.9 m，上层甲板高程为 16 m，两层甲板之间安装了隔振垫和阻尼器以控制上部结构的冰激振动。

考虑到隔振垫与阻尼器对平台振动的影响，同时也为验证振动控制效果，在每层甲板上布置了 3 个拾振器，在甲板的一侧互相垂直布置 2 个，测量 x 和 y 方向的振动加速度；在另一侧平行于边缘方向布置 1 个，测量平台是否有扭转振动。同时利用位移计对两层甲板之间的相对位移进行了测量，在甲板的四个边缘各布置 1 个位移计，测量 x 和 y 方向的相对位移。此外，还在如图 4.1.18 所示的位置上安装了水下应变传感器。

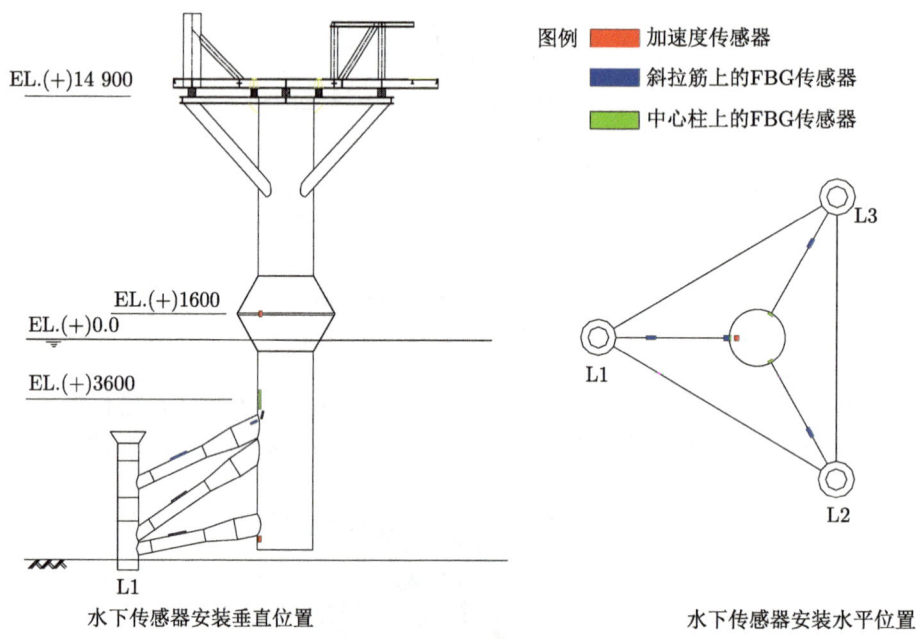

图 4.1.18　水下应变传感器在 JZ20-2 NW 平台上的具体安装位置

4.2　直立海洋工程结构冰载荷的测量分析

直立海洋工程结构冰载荷重点关注极值冰载荷 (也称静冰载荷、总冰载荷、最大冰载荷) 和交变冰载荷 (也称动冰载荷)。根据直立结构的实测结果提取极值冰载荷，结合同步观测的海冰参数信息，可以获取基于现场测量数据的经验公式以及适合特定海域和结构形式的计算参数；根据直立结构的实测冰载荷时程，结合冰与结构相互作用理论分析，可以建立具有物理意义的动冰载荷计算公式，给出具有工程实用价值的动冰载荷设计方法。

4.2.1 直立结构静冰载荷分析

极值冰载荷即为结构在不同的海冰作用条件下所能遭遇的最大冰载荷。在冰区海洋工程结构设计中首先需要确定极值冰载荷，并据此对结构进行静力校核。目前国际上采用的直立结构极值冰载荷确定方法有两种：一种是基于实测数据的经验公式，另一种是基于理论分析的半经验公式。

由于海冰在不同冰速下具有不同的破坏模式和极值冰载荷形成机理，所以在分析极值冰载荷时需要对不同的海冰破坏模式进行区分。为了确定作用于结构极值冰载荷所对应的破坏模式，研究人员利用连续记录的冰厚数据，将冰载荷数据转换为有效冰压力数据，以连续挤压破坏冰载荷数据的上边界为标准，将超过这一边界的数据记为有效的极值冰载荷数据，最大冰压力的提取结果如图 4.2.1 所示 (由于部分数据来自 STRICE 项目，数据尚未解密，这里隐去了纵坐标)。

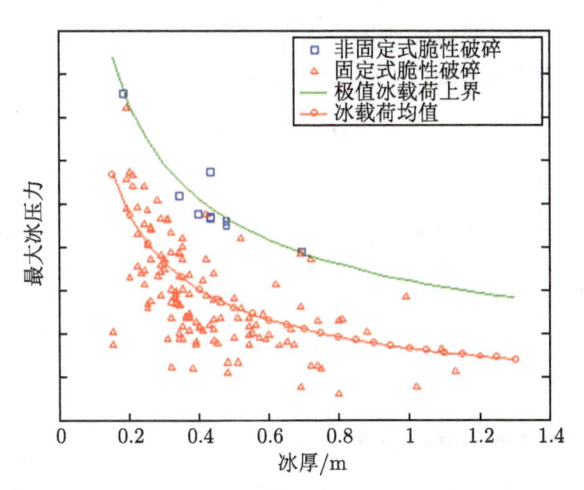

图 4.2.1　直立结构最大冰压力的提取结果

从现有的研究水平来看，基于固体力学、断裂力学等理论还难以建立面向工程应用的极值冰载荷计算公式。极值冰载荷的确定仍然应以基于实测数据的经验公式为主。利用实测数据建立冰载荷公式可采用两种方法：一种是收集尽可能多的实测数据，建立较大的数据库，在此基础上分析所有数据的规律并建立公式，目前 API (American Petroleum Institute) 规范中的公式采用了这种方法；另一种是基于单个试验中的数据得出冰载荷变化规律，然后与其他试验进行对比。早期的冰载荷分析中，单个试验得到的冰载荷数据量有限，难以找到规律性，因此现有公式大多是对多个试验所得数据的组合分析得到的。这种处理方法虽然增大了数据量，但也带来了一些问题，试验地点的差异导致各海域海冰物理力学性质对冰载荷实测结果造成影响。

Kärnä 和 Qu(2006) 对现有试验总结表明,在加拿大波弗特海、北欧波罗的海、俄罗斯萨哈林岛 (库页岛) 海域以及我国渤海测得的相同冰厚下的冰载荷各不相同。另外,各试验中采用的冰载荷确定方法不同也会对结论产生影响。例如,有些试验利用压力盒直接测量冰载荷,而有些试验采用结构响应识别冰载荷,这时结构特性可能会对识别结果造成较大影响。鉴于以上问题,对某一海域的冰载荷研究应尽量通过该海域实测数据的单独分析建立规律性结论,可将各海域分别得到的规律性结果进行比较,验证冰载荷的变化趋势是否一致。

在对直立结构的冰载荷进行确定时,还应该对结构尺寸加以区分。结构尺寸的不同使其刚度和动力特征差别较大,进而对海冰的破坏模式造成影响。就现有的结构来讲,通常认为灯塔、导管架海洋平台、航标等结构为窄结构,这类结构的宽度 D 与冰厚 h 的比值一般小于 40,而人工岛属于宽大结构 ($D/h > 40$)。由于结构自身特点,窄结构的静刚度通常较小,容易产生冰激振动问题,在设计中需考虑动冰载荷及静冰载荷的影响。

直立窄结构的极值冰载荷计算公式可写作

$$P = ah^m D^n \tag{4.2.1}$$

式中,P 为极值冰载荷;$m = -0.5$;$n = -0.2$;a 为待定参数,可通过实测数据的回归分析得到,对于波罗的海,$a = 1.7$。

4.2.2 直立结构动冰载荷分析

下面分别对直立结构在慢冰速、中冰速和快冰速下的准静态、稳态和随机动冰载荷的测量分析加以介绍。

1. 慢冰速下的准静态动冰载荷

当冰速很慢 (快于蠕变挤压) 且冰面比较平整时,会发生准静态 (间歇) 挤压破坏。此时直立结构经历准静态加载过程:首先海冰与直立结构接触,结构受海冰挤压产生静位移;冰载荷缓慢增加的同时,结构位移不断增加,海冰内部产生裂纹并不断扩展;当海冰达到加载极限时,发生突然破坏;结构卸载回摆,产生瞬态振动。在这种情况下,海冰充分损伤,因此卸载过程非常快,且不会形成大的空隙,所以结构不会完全卸载。接下来,后继冰与结构继续作用,冰载荷及结构静位移再次增加,结构在海冰挤压以及自身阻尼的作用下,振动逐渐衰减;海冰再次达到加载极限而破坏,结构重复上一个振动过程。

从如图 4.2.2 所示的慢冰速下直立结构准静态动冰载荷及振动响应的时程来看,振动周期约为 0.4 s,为一阶固有周期,而冰载荷的变化周期长达 10 s 左右,远大于振动周期。因此,冰载荷的动力效应可以忽略不计,将冰载荷的加载视为准静态过程。对于准静态过程,结构的振动问题是次要的,最关注的是极值冰载荷幅值。

4.2 直立海洋工程结构冰载荷的测量分析

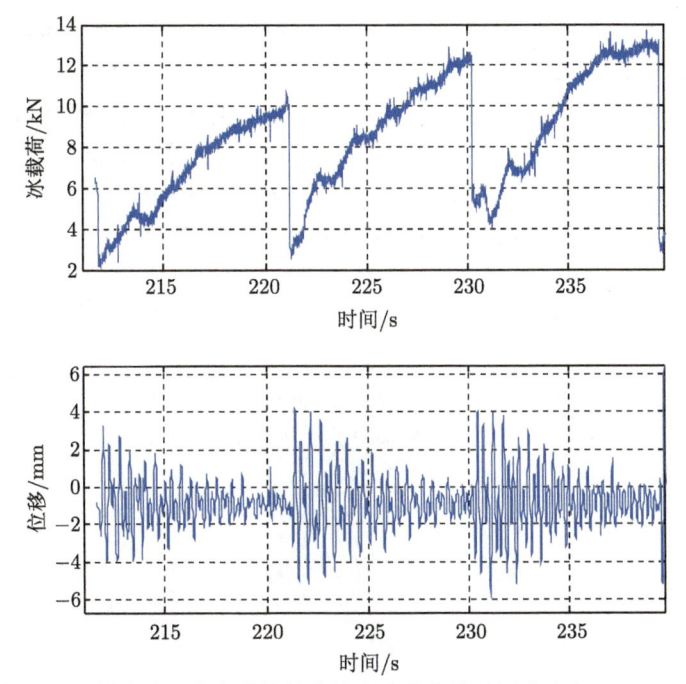

图 4.2.2 慢冰速下直立结构的准静态动冰载荷及振动响应
(JZ9-3 MDP 系缆桩，2001-02-10 17:04:55)

2. 中冰速下的稳态动冰载荷

当海冰与直立结构作用速度缓慢增加，快于间歇性挤压破坏时，海冰的破坏过程会与结构振动产生耦合，即冰载荷影响结构振动的同时，结构振动也反过来影响海冰的挤压破坏过程。这时冰载荷的频率与结构振动频率形成特殊的锁定现象。结构在与其基频相同频率的冰载荷作用下发生类似简谐形式的稳态振动。冰载荷又反过来被结构振动控制，形成频率与振动频率一致的锯齿形冰载荷。

稳态振动的振幅较大，持续时间较长，是直立结构上最危险的冰激振动形式。这一现象历来受到工程界与学术界的重视，很多学者对这一问题进行了研究。尽管稳态振动研究已经开展了 40 余年，但取得的进展仍然不是很大。人们对这种振动的产生机理、振动规律仍存在很多争议。近年来，越来越多的研究表明，直立结构上的稳态振动现象属于自激振动 (Yue and Bi, 2000)。根据这一观点，很多学者建立了自激振动模型，对这一问题进行了分析。虽然这些模型可以对自激振动问题进行求解，但由于自激振动时结构与海冰的作用机理尚不明确，所以这些模型并非建立在真实物理过程的基础上，无法揭示自激振动的真正规律，其结果也一直没有得到广泛认可。

渤海直立结构上的自激振动问题比较普遍。对海洋平台整个冬季的连续观测表明，有些平台上平均每天都有自激振动现象的发生。其持续时间从十几秒到十几分钟不等。在 JZ20-2 MSW 平台、JZ9-3 MDP 系缆桩、JZ9-3 GCP 平台测得的典型自激振动数据如图 4.2.3 所示。由此可见，自激振动可以持续较长一段时间。在一定的冰速范围内，如果冰速轻微增加，结构依然可以保持稳态振动状态，只是振幅逐渐降低。长时间的稳态振动会对结构造成很大的破坏力，JZ20-2 MSW 平台上部管线疲劳断裂与法兰泄漏均发生在稳态振动期间。

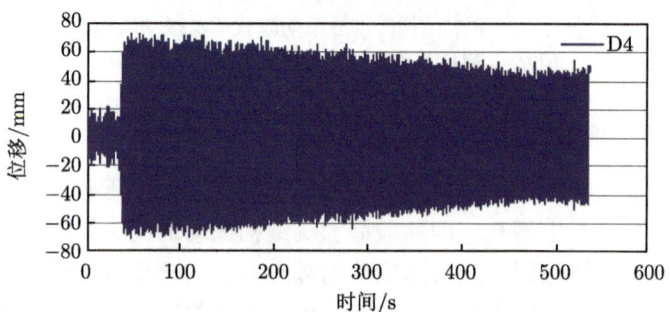

(a) JZ20-2 MSW平台及其在 2000-01-28 22:57 发生的稳态振动

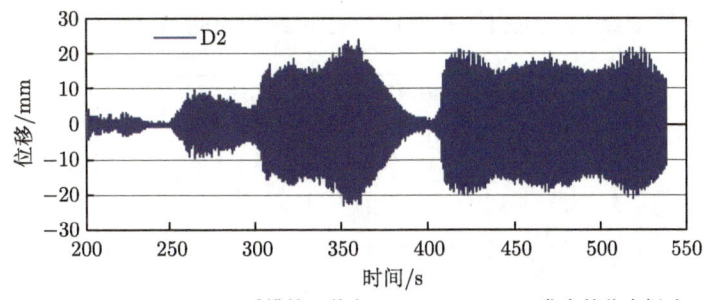

(b) JZ9-3 MDP 系缆桩及其在 2001-02-13 06:54 发生的稳态振动

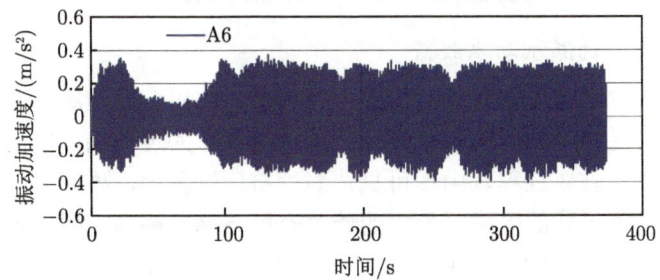

(c) JZ9-3 GCP 平台及其在 2004-01-15 22:07 发生的稳态振动

图 4.2.3　中冰速下渤海各直立结构上发生的稳态振动

利用安装在 JZ9-3 MDP 系缆桩上的压力盒,现场测量中同步记录了与结构振动响应同步的冰载荷数据。该平台结构的典型冰致自激振动测量结果如图 4.2.4(a) 所示,其测量时间约为 5s,采样频率为 30 Hz。该直立结构自激振动时冰载荷与位移响应的谱分析结果如图 4.2.4(b) 和 (c) 所示。从中可以看出,冰载荷与结构振动的频率几乎完全相同,均在 2.3Hz 左右。冰激直立结构的稳态振动,从表象上看与强迫振动理论中的共振非常相似,但从其发生的机理上看则有明显的差别。结构冰载荷的频率取决于冰的破碎长度和冰速。由于自然海冰的力学性质离散度非常大,不可能产生长时间持续稳定的破碎尺寸,因此频率锁定时冰的破碎一定受到了结构运动的"调制"(郭峰玮, 2009)。大量的现场测量表明,渤海 JZ20-2

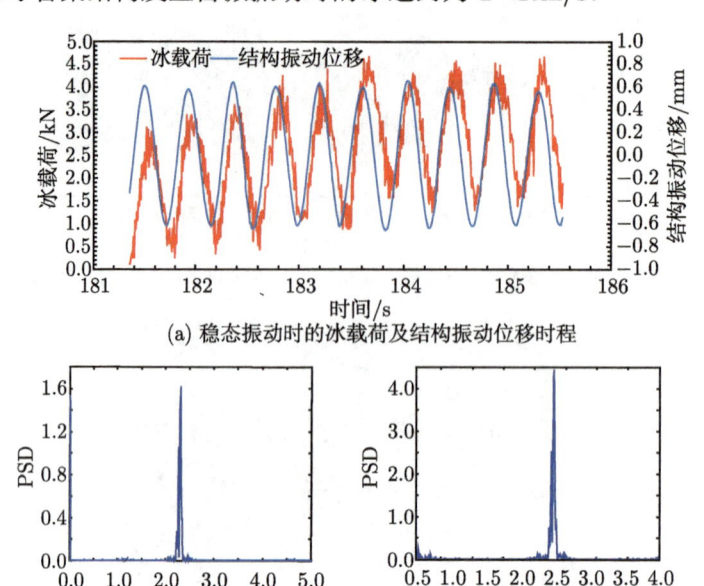

MSW 直立导管架结构发生自激振动时的冰速约为 2~4cm/s。

(a) 稳态振动时的冰载荷及结构振动位移时程

(b) 结构冰载荷功率谱

(c) 结构振动位移功率谱

图 4.2.4　辽东湾 JZ9-3 MDP 直立平台自激振动时冰载荷、位移及谱分析结果

3. 快冰速下的随机动冰载荷

当海冰以较快速度与直立结构发生作用时，冰板会发生脆性挤压破坏，结构响应变为随机激励下的受迫随机振动。图 4.2.5(a) 为现场拍摄的平整冰在直立结构前发生的挤压破坏过程。由图可见，脆性挤压过程中，冰板破坏成粉末状，中间夹杂一些较大尺寸的碎冰，最大的碎冰直径与冰厚相当，冰板内部有时会形成几条径向裂纹。现场测量结果表明，当冰速大于 5 cm/s 时，海冰就会在直立结构前发生脆性挤压破坏。因此，脆性挤压破坏是直立结构最常见的海冰破坏模式，其可引起较大的冰载荷及振动响应。

Timco(1986) 对如图 4.2.5(b) 所示的海冰脆性挤压破坏过程进行了描述：接触面处的海冰发生挤压破坏，破坏后的冰块被挤压成碎末向上下溢出；靠近结构的冰板内部有大量微裂缝产生；冰板的上下表面产生水平裂纹，有较大的冰块剥离；冰板产生径向与环向裂纹，环向裂纹距离接触面较近。

海冰在快冰速下发生脆性挤压破坏时引起的随机动冰载荷及振动响应如图 4.2.6 所示。脆性挤压破坏的典型特征是：由于冰速较快，海冰与结构始终保持接触，即冰载荷始终大于 0。由于接触面上始终有海冰发生破坏，所以冰载荷时程的波动很大，且没有明显的周期性。此时结构的振动形式为受迫随机振动，振幅小于自激振动，大于其他冰载荷作用下的振动。

4.2 直立海洋工程结构冰载荷的测量分析

(a) 现场照片

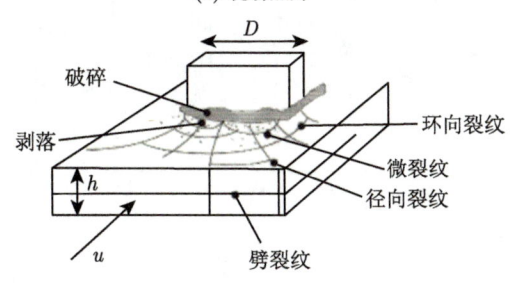

(b) 过程描述(Timco, 1986)

图 4.2.5 快冰速下海冰在直立结构前的脆性挤压破坏过程

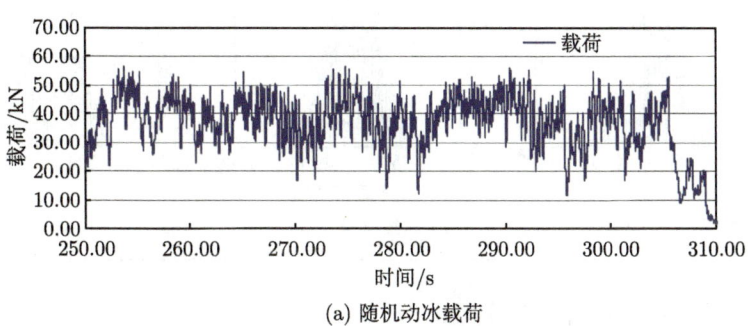

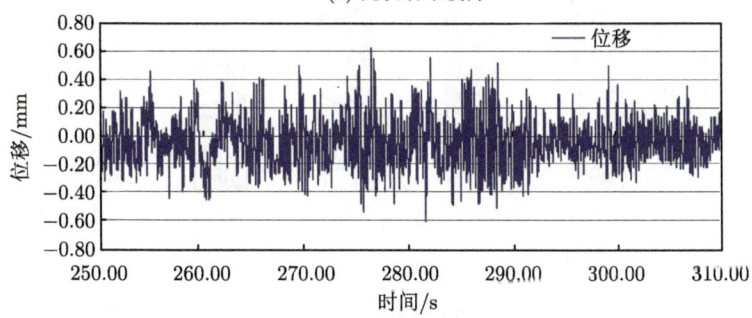

(a) 随机动冰载荷

(b) 随机振动响应

图 4.2.6 快冰速下直立结构的随机动冰载荷与振动响应
(JZ9-3 MDP 系缆桩，2001-02-13 05:54)

1) 随机动冰载荷的时域特征

这里采用正态分布、gamma 分布、对数正态分布、韦布尔分布、瑞利分布和极值 I 型分布等概率模型对直立结构随机动冰载荷的实测数据进行拟合，如图 4.2.7(a) 所示。通过 K-S 方法检验实测数据与上述概率模型之间的吻合程度。结果表明，正态分布与 gamma 分布的效果较好，如图 4.2.7(b) 所示。

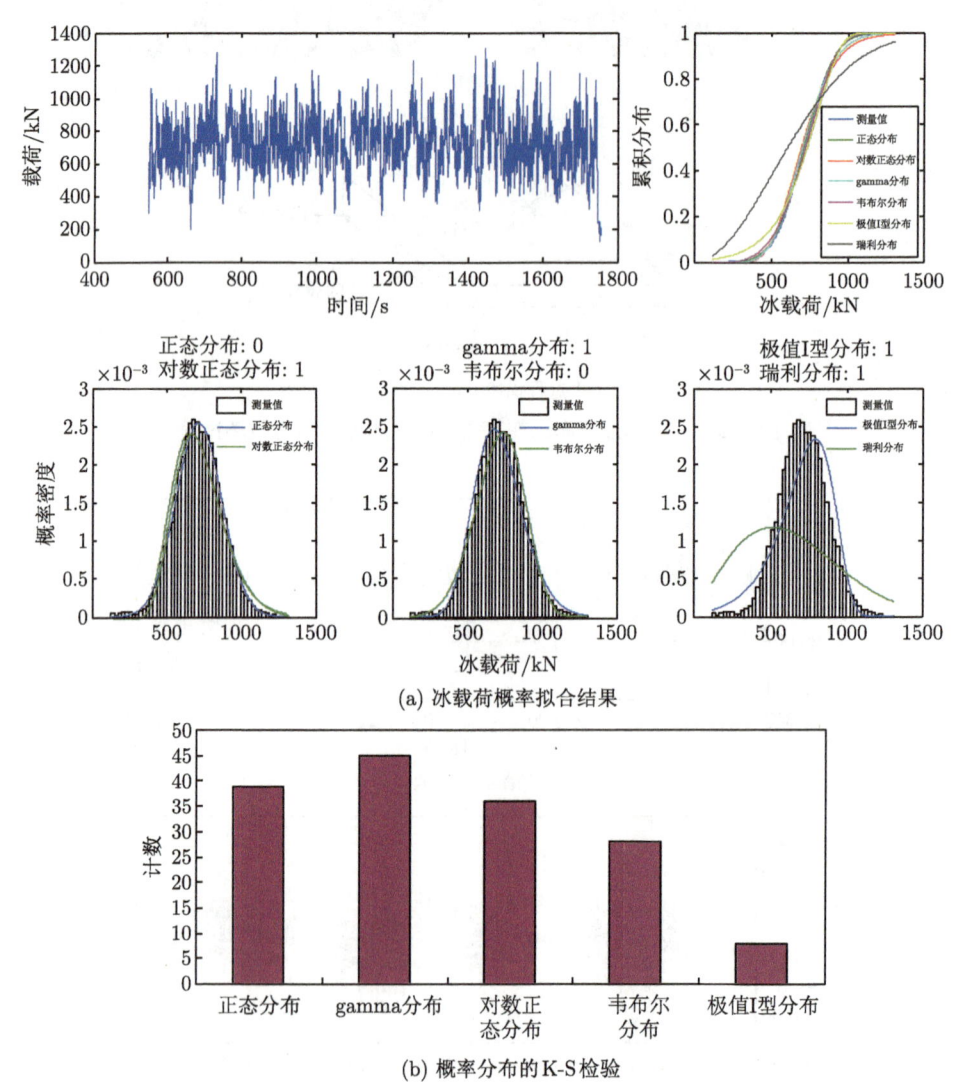

(a) 冰载荷概率拟合结果

(b) 概率分布的 K-S 检验

图 4.2.7　快冰速下直立结构随机动冰载荷的概率分布

冰载荷的动力效应是随机冰载荷的重要特点之一。通常将直立结构的随机动

4.2 直立海洋工程结构冰载荷的测量分析

载荷 $F(t)$ 分为两个部分进行分析，即直流量 F_{mean} 与波动分量 $F_d(t)$：

$$F(t) = F_{\text{mean}} + F_d(t) \tag{4.2.2}$$

其中的波动分量是动载荷最重要的指标，直接影响结构的振动响应水平。工程上，一般将标准差作为衡量载荷波动情况的重要物理量，将冰载荷的标准差 σ_f 与平均值 F_{mean} 之比定义为作用强度 I_F：

$$I_F = \frac{\sigma_f}{F_{\text{mean}}} \tag{4.2.3}$$

直立结构随机动冰载荷的作用强度分布情况如图 4.2.8 所示。由此可见，随机动冰载荷作用强度的变化范围在 0.2~0.7，均值约为 0.4。

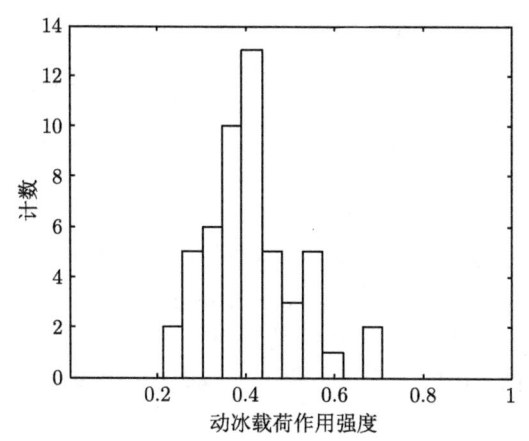

图 4.2.8 直立结构随机动冰载荷的作用强度分布情况

由此，海冰脆性挤压破坏对直立结构的最大冰载荷 F_{max} 可由下式得到：

$$F_{\text{max}} = F_{\text{mean}} + m\sigma_f \tag{4.2.4}$$

式中，m 通常取 3。

目前，多个规范中都给出了脆性挤压破坏最大冰载荷的计算方法。由这些公式计算得到的最大冰载荷及动冰载荷作用强度可以确定冰载荷的标准差。

2) 随机动冰载荷的空间分布

海冰的脆性挤压破坏区域较小，非同时破坏现象明显。图 4.2.9 为安装在 Norströmsgrund 灯塔上的压力盒测得的随机动冰载荷时程，可以看出，各个通道冰载荷变化的非同时性很明显。这种非同时性对结构设计比较有利。首先，各通道冰载荷在不同时刻达到最大值，因此不会同时叠加为最大总冰载荷；其次，海冰的非同时破坏还会扰乱冰载荷的周期性,因此不会造成结构振动响应的剧烈放大。

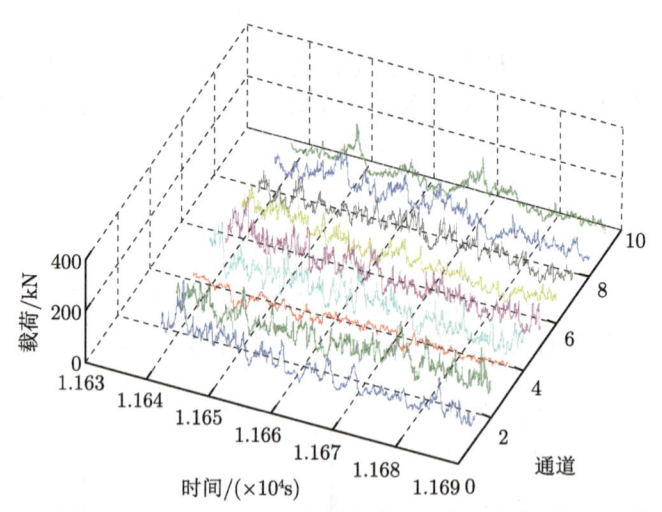

图 4.2.9　安装在 Norströmsgrund 灯塔上的压力盒测得的随机动冰载荷时程

冰载荷均值和峰值的空间分布对结构的总冰载荷影响很大。在现有的规范中,总冰载荷的计算大多通过形状系数考虑这种影响。通过分析压力盒数据得到的冰载荷空间分布情况如图 4.2.10 所示。图中的 0 通道压力盒的法向与海冰运动方向平行,±6 通道压力盒的法向与海冰运动方向成 0°~15° 夹角。分析结果表明,冰载荷在直立圆柱结构表面的中间区域最大,远离中间区域的冰载荷缓慢减小。

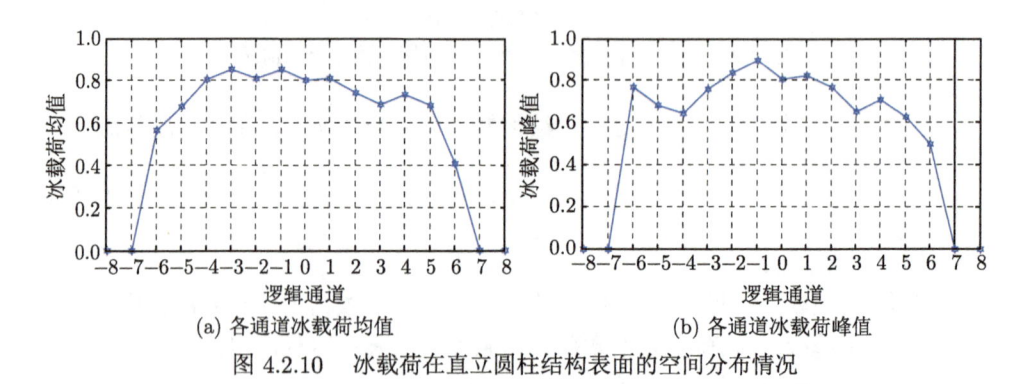

(a) 各通道冰载荷均值　　(b) 各通道冰载荷峰值

图 4.2.10　冰载荷在直立圆柱结构表面的空间分布情况

4.3　锥体海洋工程结构冰载荷的测量分析

海冰作为一种脆性材料,其弯曲强度低于压缩强度。海冰与锥体结构相互作用时的弯曲破坏冰载荷低于与直立结构相互作用时的挤压破坏冰载荷。根据这一

4.3 锥体海洋工程结构冰载荷的测量分析

原理，人们提出了在直立海洋工程结构的水面部位安装锥体结构的抗冰措施。渤海导管架平台通常采用正倒组合形式的抗冰锥体，锥体高度基本覆盖潮差以确保其抗冰性能的完全发挥。20世纪90年代，上锥角60°和下锥角45°被首先应用于 JZ20-2 MUQ 和 MNW 平台；随着单桩平台的应用，上下锥角均为60°成为广泛采纳的设计尺寸。接下来将基于渤海锥体海洋工程结构的压力盒直接测量结果对锥体结构冰载荷进行分析。对于静载荷，重点关注冰载荷幅值的概率分布及其均值和标准差的确定；对于动载荷，首先对现场测量中观测到的海冰与锥体结构相互作用时的破坏模式进行探讨，揭示动载荷的产生机理，然后对冰载荷周期的概率分布及其均值和标准差的确定方法加以介绍。

4.3.1 锥体结构静冰载荷分析

锥体结构静冰载荷的幅值，与海冰的厚度和力学性质、锥角、锥面摩擦系数、锥径等参数有关。下面从概率分布、均值和标准差三方面对锥体结构静冰载荷的幅值进行分析。

1. 冰载荷幅值的概率分布

压力盒的直接测量结果表明，冰载荷幅值符合正态分布，如图4.3.1所示。无论是均匀的平整冰，还是质量较差的非平整冰(如重新冻结的莲叶冰等)，冰载荷幅值都接近正态分布。但需要指出的是，并非所有的冰载荷周期、幅值数据都可以通过假设检验。这是由于，海冰材料本身的不连续性与不均匀性造成冰载荷数据的不规则，进而难以统计冰载荷周期和幅值的数学特征。

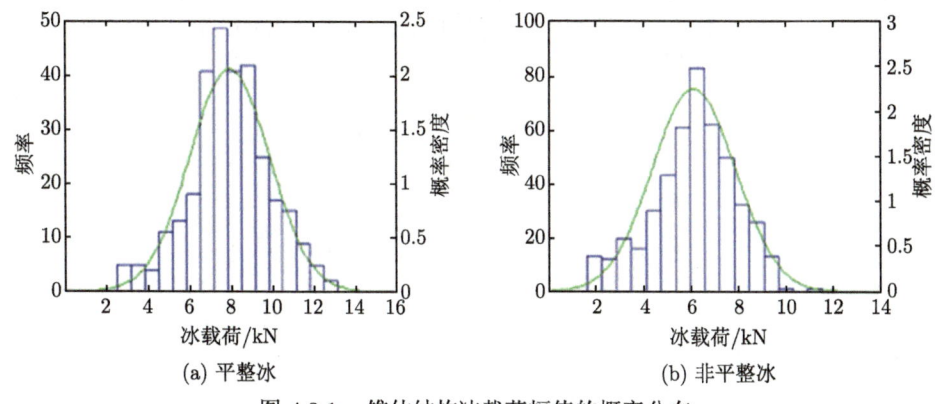

(a) 平整冰   (b) 非平整冰

图 4.3.1 锥体结构冰载荷幅值的概率分布

确定冰载荷幅值正态分布的参数有两个，分别是冰载荷幅值的均值与标准差。接下来进一步讨论两者的确定方法。

2. 冰载荷幅值的均值

冰载荷幅值的均值反映了一段时间内作用于结构的冰载荷大小。渤海的加锥平台多为导管架结构，锥体结构相对较窄，破坏后的海冰在锥体结构上可被及时清除，因此冰载荷成分中没有爬坡分量，只有弯曲破坏分量。同时，由于海冰在锥体结构前没有堆积，每个破坏过程相对独立，可以认为每个冰载荷幅值都是一个海冰弯曲破坏过程中的极值冰载荷。基于渤海的实测数据，可采用两种方法对渤海加锥导管架平台上的冰载荷幅值进行确定。第一种方法是利用压力盒直接测量得到的冰载荷数据对幅值进行评估。结合海冰的厚度、速度、类型及海冰与锥体结构作用位置等信息建立冰载荷幅值的计算公式。这种方法的优点是得到的冰载荷幅值真实可靠。局限性在于试验条件限制，压力盒只能测量作用于锥体结构局部区域的冰载荷，不能得到总冰载荷；且现场测量的环境条件恶劣、结构形式固定、冰情不可控制，导致冰载荷数据的完备性不足，难以得到普适性的计算公式。另一种方法是利用间接测量得到的结构响应数据，结合力学模型，通过结构分析反演冰载荷的幅值信息。这种方法的优点是可以得到结构的总冰载荷，但分析结果对力学模型的依赖性较强。同时，由于总冰载荷的时域特征很可能与压力盒测得的局部冰载荷不一致，这将增大反演冰载荷幅值的误差。

下面基于现有压力盒数据，采用第一种方法对冰载荷幅值进行分析。首先需要解决的问题是，如何通过局部冰载荷确定作用于锥体结构的总冰载荷大小。对海冰与结构相互作用过程进行观察可以发现，海冰在窄锥结构表面不同位置处的破坏基本同步。理想情况下，这种同时发生的弯曲破坏会在锥体结构的不同位置处产生同步的冰载荷脉冲。这里所述的"同步性"是指冰载荷脉冲几乎同时发生，但具有不同的脉冲高度，即不同的冰载荷幅值，如图 4.3.2 所示。为了得到总冰

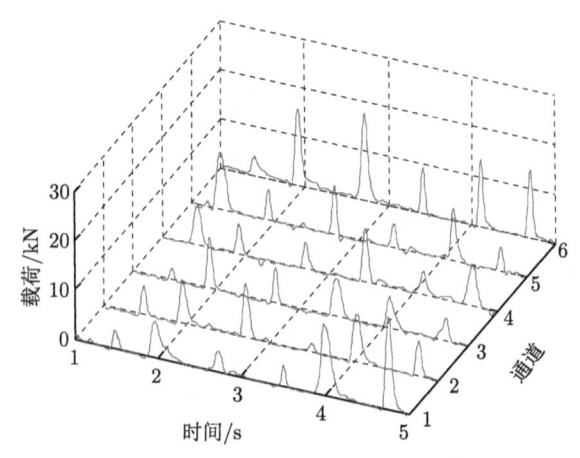

图 4.3.2　海冰在锥体结构前同时破坏时各压力盒测得的冰载荷数据

4.3 锥体海洋工程结构冰载荷的测量分析

载荷与单个压力盒冰载荷的对应关系，这里假设冰载荷在锥体结构表面各位置处变化是同步的，即冰载荷脉冲同时发生，总冰载荷由相同周期的冰载荷脉冲组成。由此，总冰载荷脉冲的平均幅值为各位置处冰载荷脉冲平均幅值之和。

对单个通道的冰载荷数据以及 6 个通道的冰载荷数据之和分别进行冰载荷周期和幅值的提取。基于同时破坏的假设，单个通道冰载荷幅值之和的平均值 mean(sum(F_0)) 与 6 个通道冰载荷幅值之和的平均值 6mean(F_0) 相等。而实测数据表明，两者的最大比值为 4.74。即 6 个通道的冰载荷数据叠加后，冰载荷幅值约降低为原来的 80%。这种折减是由冰载荷的非同时性引起的。最终，修正后的总冰载荷可由下式计算得到：

$$F_{\text{total}} = C_{\text{ns}} F_{\text{total}}^{\text{s}} \tag{4.3.1}$$

式中，F_{total} 为修正后的总冰载荷，即 mean(sum(F_0))；C_{ns} 为修正系数，可取 0.8；$F_{\text{total}}^{\text{s}}$ 为修正前的总冰载荷，即 6mean(F_0)。

由式 (4.3.1) 对 2001 年和 2004 年冬季试验中测得的单个压力盒数据进行转换得到总冰载荷，并将修正的 Hirayama 公式 (Hirayama and Obara, 1986) 的计算结果作为压力盒数据的上界，对比结果如图 4.3.3 所示。由此可见，当冰厚小于 20 cm 时，压力盒数据与修正的 Hirayama 公式计算结果符合较好；而当冰厚大于 20 cm 时，实测结果普遍低于公式计算结果。其原因是渤海近年来冰情较轻，平整冰的厚度普遍为 15 cm 左右，超过 20 cm 的平整冰出现较少。这一厚度范围内的海冰多为重叠冰，其强度低于平整冰，因此产生的冰载荷小于公式计算结果。此外，厚冰与窄锥相互作用时破坏形成的楔形梁尺寸较大，只会破坏成几块较大的冰板，这种破坏模式与薄冰有所差别，也会对冰载荷产生一定影响。

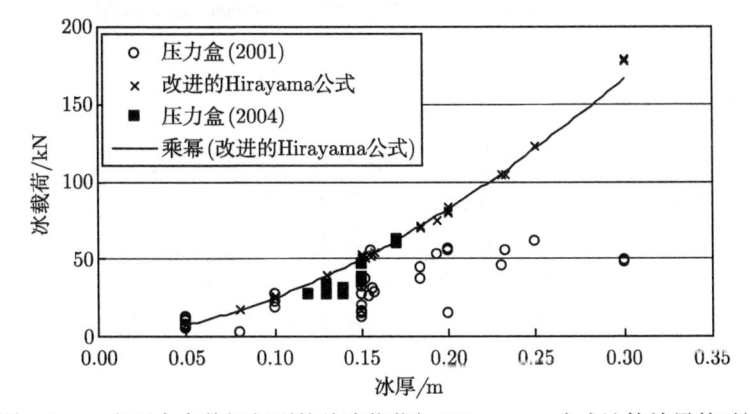

图 4.3.3 由压力盒数据得到的总冰载荷与 Hirayama 公式计算结果的对比

3. 冰载荷幅值的标准差

冰载荷幅值的标准差受到海冰材料性质的影响。当海冰表面平整、内部分布均匀时，标准差较小；而当海冰因内部缺陷较多而发生不规则破坏时，标准差较大。冰载荷幅值的标准差可通过差异系数，即标准差与均值的比值来确定。实测冰载荷幅值差异系数的统计结果如图 4.3.4 所示。结果表明，冰载荷幅值的差异系数主要在 0.2~0.6 之间随机分布，其均值约为 0.4。因此，冰载荷幅值的标准差 σ_{F_0} 可取其均值 $\bar{F}_0$ 的 0.4 倍：

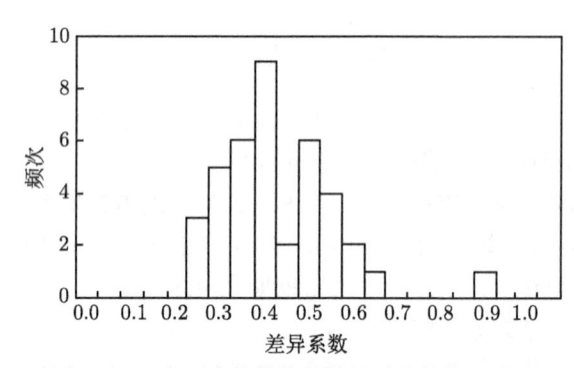

$$\sigma_{F_0} = 0.4\,\bar{F}_0 \tag{4.3.2}$$

图 4.3.4 实测冰载荷幅值差异系数的统计结果

4.3.2 海冰与锥体结构的相互作用机理

由于冰载荷特性取决于海冰在结构前的破坏模式，所以，利用现场实测资料分析海冰和结构参数对海冰破坏模式的影响是研究锥体结构动载荷的物理基础。下面根据渤海油气平台的现场观测结果对海冰与锥体结构的相互作用机理进行分析。

1. 海冰与锥体结构的相互作用过程

海冰与锥体结构的相互作用过程可描述为：漂浮的冰板与锥体结构发生接触，受局部撞击的影响，产生一个垂直于斜面的正压力；随着正压力的增大和局部挤压破坏的发展，从锥体结构边界开始到冰板内出现径向裂纹及环向裂纹；最后冰板发生弯曲破坏并形成多块碎冰，如图 4.3.5 所示。破坏后的冰块若能绕过结构并迅速清除，则不会阻碍后续完整冰板对结构的直接作用，如图 4.3.6(a) 所示；当碎冰受到结构或其他阻碍不能迅速清除时，就会在结构前发生堆积，影响后续的相互作用过程，如图 4.3.6(b) 所示 (Pfister et al., 2002)。

Izumiyama 等 (1991) 认为海冰首先产生径向裂纹，然后产生环向断裂。其中径向裂纹为非同时发生，而环向裂纹为同时发生。Wessel 和 Kato(1988) 指出，当

4.3 锥体海洋工程结构冰载荷的测量分析

(a) 海冰在锥体作用下的破碎 (b) 海冰破碎模式示意图

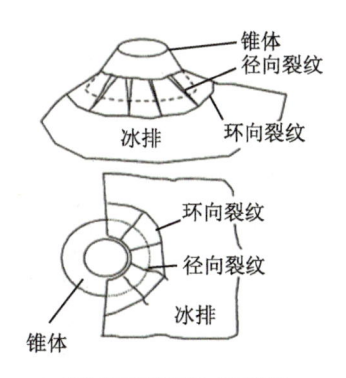

图 4.3.5 海冰与锥体结构的相互作用过程

锥径相对于冰厚而言较小时，冰板的弯曲破坏从径向裂纹开始，裂纹之间的角度为 60°，最大冰载荷出现在环向裂纹产生时；当锥径增大时，锥体结构表面的曲率减小，导致海冰内部的环向最大拉应力减小，而径向拉应力增大；当锥径增加到一定程度时，环向裂纹先于径向裂纹出现。

(a) 碎冰迅速清除 (b) 碎冰发生堆积

图 4.3.6 海冰在锥体结构前的弯曲破坏

Lau 等 (1999) 认为，海冰与锥体结构相互作用时的弯曲破坏可以分为半无限梁型破坏、板型破坏和楔梁型破坏三种模式。Li 等 (2003)、李锋等 (2003) 分析了 JZ20-2 MUQ 平台锥体结构与海冰的相互作用过程，统计结果表明，窄锥结构上只存在两种海冰破坏模式。一种是楔梁型弯曲破坏，其特征为：在弯曲破坏的初始阶段，一系列如图 4.3.7 所示的径向裂纹从接触点产生并向冰内扩展，形成一个楔形悬臂梁群，随后从楔形梁根部弯曲断裂形成一条环向裂纹，冰载荷达到峰值。另一种是板型弯曲破坏，其特征为：在弯曲破坏的初始阶段，首先产生如图 4.3.8 所示的环向裂纹，随后断裂下来的冰板在其自重下沿径向进一步断裂为较小的碎块。

图 4.3.7　海冰在窄锥结构上的楔梁型弯曲破坏

图 4.3.8　海冰在窄锥结构上的板型弯曲破坏

需要指出的是，尽管理论上可以对弯曲破坏进行分类，但在现场测量中发现，上述两种弯曲破坏并非最典型和最经常出现的模式。对 2001 年冬季 JZ20-2 MUQ 平台海冰图像资料的统计结果表明，超过 70％的海冰与锥体结构相互作用过程中的径向和环向裂纹几乎同时出现，且板型破坏多于楔梁型破坏。Li 等 (2003) 认为，径向裂纹与环向裂纹几乎同时出现的弯曲破坏模式是楔梁型和板型之间的过渡形式，且这种破坏模式产生的冰载荷大于前两者。

2. 海冰弯曲破坏模式的影响因素

由于海冰和锥体结构参数的不同，海冰会呈现出不同的弯曲破坏模式，并导致冰载荷的显著差别。下面分别讨论冰速、冰厚、锥体直径和作用位置对海冰破坏模式的影响。

1) 冰速对海冰弯曲破坏模式的影响

随着冰速的增加，海冰破坏尺寸的随机性增强。碎冰会从锥体结构两侧滑落并翻转到后续完整海冰的表面，而不会沿锥面爬升，动冰载荷基本保持平衡，如

4.3 锥体海洋工程结构冰载荷的测量分析

图 4.3.9 所示。海冰弯曲强度对加载速率的敏感性不强，因此冰速不会对海冰与锥体结构的弯曲破坏模式造成显著影响 (Shkhinek and Uvarova, 2001)。

(a) 冰速较慢(15 cm/s) 　　(b) 冰速较快(60 cm/s)

图 4.3.9　冰速对海冰破坏模式的影响

2) 冰厚对海冰破坏模式的影响

薄冰通常呈现出完美的水平表面，作用于锥体结构时的碎冰尺寸很小且较为均匀，可在后续冰的作用下沿锥面持续上爬，如图 4.3.10(a) 所示；而厚冰的性质不够稳定，可能夹杂重叠冰，作用于锥体结构时呈现大块碎冰夹杂小块碎冰的现象，如图 4.3.10(b) 所示。随着冰厚的增加，碎冰的数量显著下降，有利于其在结构前及时清除；海冰弯曲破坏模式由板型逐渐转变为楔梁型，破坏的同时性和冰载荷分布的随机性增强，冰载荷大小也将显著增加。

(a) 薄冰(10 cm) 　　(b) 厚冰(20 cm)

图 4.3.10　冰厚对海冰破坏模式的影响

3) 锥体直径对海冰破坏模式的影响

在较窄 (冰厚锥径比较小) 的锥体结构前，海冰的弯曲破坏尺寸较大，数量较少，容易清除；如果相同厚度的海冰作用于较宽 (冰厚锥径比较大) 的锥体结构，则其弯曲破坏尺寸会发生变化，非同时破坏的可能性更大，导致有效冰载荷降低。薄冰和厚冰条件下锥体直径对海冰破坏模式的影响分别如图 4.3.11 和图 4.3.12 所示。

(a) 锥径较小(2 m)　　　　　　　(b) 锥径较大(3.5 m)

图 4.3.11　薄冰 (10 cm) 条件下锥体直径对海冰破坏模式的影响

(a) 锥径较小(2 m)　　　　　　　(b) 锥径较大(3.5 m)

图 4.3.12　厚冰 (20 cm) 条件下锥体直径对海冰破坏模式的影响

4) 作用位置对海冰破坏模式的影响

海冰与锥体结构的作用位置随潮汐变化。对于渤海油气平台上广泛采用的正倒组合形式的抗冰锥体，当潮位较高时，海冰与正锥体相互作用；当潮位较低时，海冰与倒锥体相互作用；在水位变化过程中，海冰还可能作用于正倒锥交界处，此时水面锥径达到最大。现场观测结果表明，海冰作用于正锥体和倒锥体时均主要发生弯曲破坏，但作用于锥体结构不同位置时所呈现的弯曲破坏模式有所差别。

当海冰与正锥体相互作用时，锥径较小位置处 (水位较高或锥体结构较窄) 的表面曲率较大，容易引发海冰前端径向裂纹的产生，这时主要发生楔梁型弯曲破坏；锥径较大位置处 (水位接近正倒锥交界处或锥体结构宽) 的表面曲率较小，海冰前缘容易贴附在锥体结构表面整体上抬，海冰下缘的拉伸使其容易产生环向裂纹，这时主要发生板型弯曲破坏。若环向裂纹和径向裂纹同时发生，则海冰的弯曲破坏模式会逐渐转变为两种破坏模式的过渡破坏。

4.3 锥体海洋工程结构冰载荷的测量分析

当海冰与倒锥体相互作用时，海冰前端与倒锥面接触后沿锥面向下滑动，海冰远端的上表面产生拉伸应力，弯曲断裂的环向裂纹先于径向裂纹出现，由此可以判断海冰发生板型弯曲破坏。HSVA 室内模型试验中观测到的海冰弯曲破坏模式也是以板型为主 (许宁, 2011)。

当海冰作用于正倒锥交界处时，结构的振动响应较为明显。当冰厚较大时，海冰前端发生局部破坏，但不是最危险的稳定挤压破坏。根据冰板中线与交界处的相对位置，可将海冰与正倒锥交界处的相互作用简化为如图 4.3.13 所示的三种破坏模式。海冰前端斜面角度的不同会使其发生上爬或向下弯曲，甚至劈裂破坏。

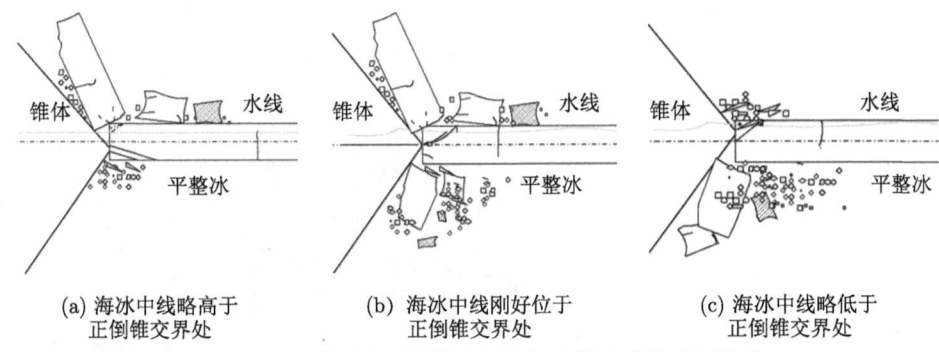

(a) 海冰中线略高于正倒锥交界处　　(b) 海冰中线刚好位于正倒锥交界处　　(c) 海冰中线略低于正倒锥交界处

图 4.3.13　海冰与正倒锥交界处相互作用时的破坏模式

4.3.3 锥体结构动冰载荷分析

在海冰与锥体结构的相互作用中，冰载荷周期是结构振动响应最为明显的影响因素，其分布直接影响结构的动力响应形式及动力放大程度。因此，冰载荷周期的概率分布是锥体结构动冰载荷的重点研究内容，为此需要对冰载荷周期的实测数据进行概率统计。

1. 冰载荷周期的概率分布

压力盒的直接测量结果表明，冰载荷周期符合正态分布或对数正态分布，如图 4.3.14 所示。冰载荷的平均周期为 0.5~3 s，平均周期为 1 s 左右的压力盒数据多次出现。这一周期范围与结构的自振周期比较接近，可以导致较强的动力放大作用。

通过分析海冰与锥体结构相互作用时的图像信息发现，对于平整冰及冻结较好的重叠冰，其内部没有明显缺陷，因此破坏形式比较单一，多会形成楔形碎冰。此时，冰载荷周期分布均匀，符合正态分布，如图 4.3.15(a) 所示。对于硬度较低的重叠冰或重新冻结的碎冰、莲叶冰及薄冰，其内部存在很多缺陷，因此破坏形式复杂，多会发生二次断裂，形成细小碎冰。此时，压力盒数据中存在很多较小的峰值，使冰载荷周期接近对数正态分布，如图 4.3.15(b) 所示。

(a) 正态分布 (b) 对数正态分布

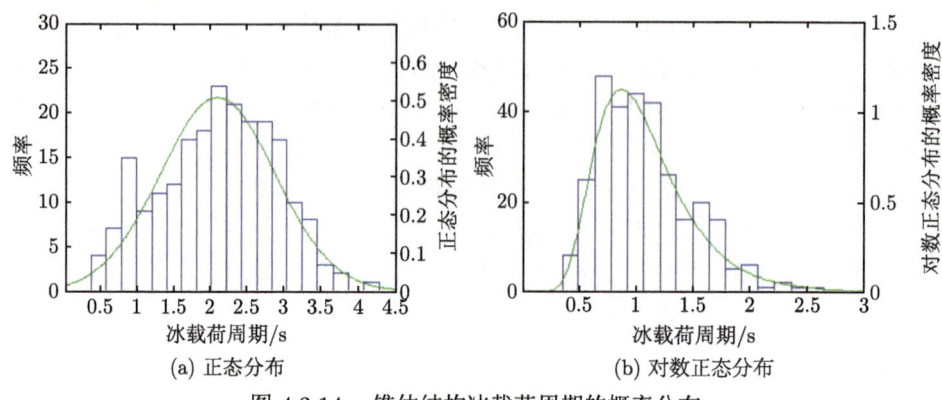

图 4.3.14　锥体结构冰载荷周期的概率分布

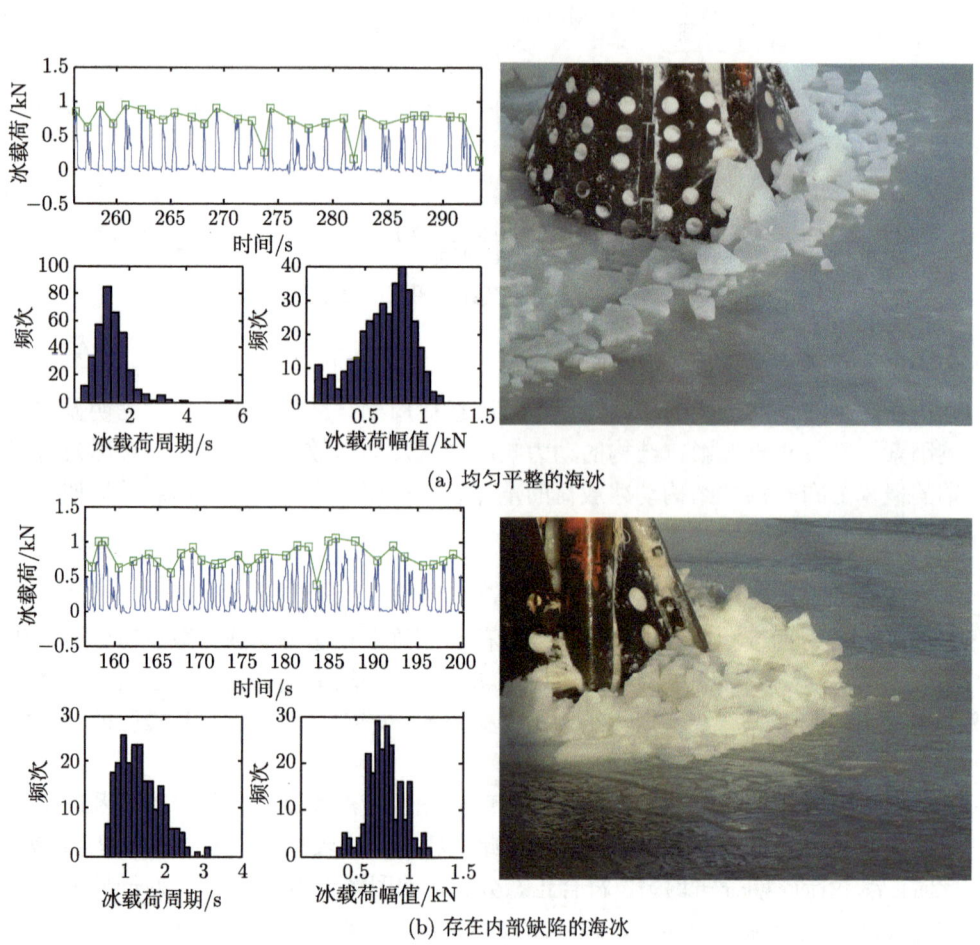

(a) 均匀平整的海冰

(b) 存在内部缺陷的海冰

图 4.3.15　不同类型的海冰与锥体结构相互作用时的周期分布及破坏形式

4.3 锥体海洋工程结构冰载荷的测量分析

假定冰载荷周期 T_i 服从正态分布，则 $T_i \sim N(\bar{T}, \sigma_T^2)$，其概率密度函数 p_T 为

$$p_T = f(T, \bar{T}, \sigma_T) = \frac{1}{\sigma\sqrt{2\pi}} e^{-\frac{(T-\bar{T})^2}{2\sigma_T^2}} \quad (4.3.3)$$

确定冰载荷周期正态分布的参数有两个，即冰载荷周期的均值 $\bar{T}$ 与标准差 σ_T。其中，$\bar{T}$ 决定冰载荷周期的分布位置，σ_T 决定冰载荷周期的离散程度。

2. 冰载荷周期的均值

假设短时间内冰速变化很小，则对冰载荷周期的分析可从破坏长度入手。当冰板破坏时，破坏长度即楔形梁的长度，也就是相邻两条环向裂缝之间的距离。冰载荷周期的均值与破坏长度 L_b、冰速 V、冰厚 h 之间的关系如下：

$$\bar{T} = \frac{L_b}{V} = \frac{kh}{V} \quad (4.3.4)$$

式中，k 为破坏长度与冰厚之比，根据 1997 年采集的海冰与锥体结构相互作用时的图像信息，k 的取值约为 7。

为进一步验证破坏长度与冰厚之间的关系，这里采用如下两种方法对 2001 年的实测数据进行分析：一是利用冰厚、冰速与破坏周期的现场观测数据，对破坏长度进行评估；二是将压力盒记录的冰载荷周期均值作为破坏周期，结合冰速数据对破坏长度进行计算。1997 年与 2001 年的破坏长度与冰厚数据的汇总分析结果如图 4.3.16 所示。分析结果表明，2001 年现场观测的破坏长度与冰厚之比也近似为 7，而压力盒数据得到的比值平均为 5 左右。造成这一差异的主要原因是：前者通常选取比较清晰的海冰破坏过程，这种情况下的破坏长度通常较大；而后

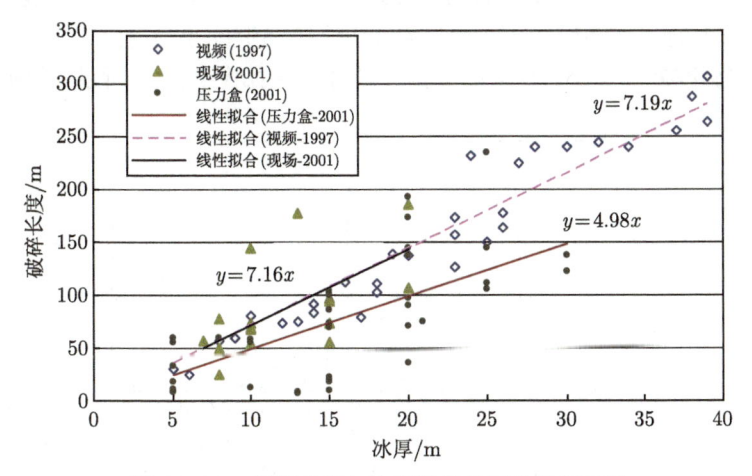

图 4.3.16　破坏长度与冰厚数据的汇总分析结果

者则是对所有类型的海冰破坏过程进行记录,因此包含了一些破坏长度较小的冰载荷数据,导致均值变小。

图 4.3.17 显示了 1997 年与 2001 年冬季获得的所有破坏长度与冰厚之比的数据统计结果。由此可见,破坏长度与冰厚之比是随机分布的,分布范围在 1~14,多数集中在 4~10,均值为 6.4。因此,在应用式 (6.2.8) 确定冰载荷周期时,为了得到与结构固有周期接近的冰载荷周期,使分析偏于安全,建议 k 取 4~10。Lau 等 (2000)、Shkhinek 和 Uvarova(2001) 和李锋等 (2003) 分析认为,破坏长度不仅随冰厚的增加而增大,冰速对其也有影响,但现有数据的分析结果表明,这种影响并不显著。

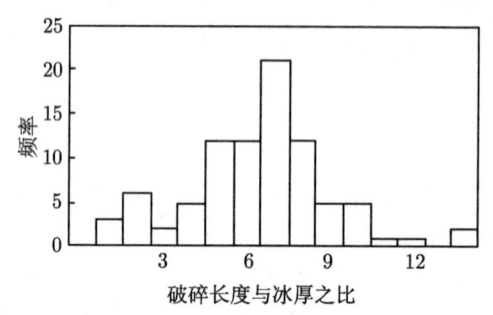

图 4.3.17　破坏长度与冰厚之比的分布情况

3. 冰载荷周期的标准差

冰载荷周期的标准差是确定其概率分布的另一重要参数。该参数也受海冰性质的影响。当海冰内部无缺陷时,破坏后的冰板尺寸均匀,标准差较小;反之,标准差则会增大。当冰载荷周期的均值接近于结构自振频率时,标准差较小的冰载荷将引起较大的振动响应。可采用冰载荷周期分布的差异系数,即标准差与均值之比,确定标准差的大小,对实测数据的统计结果如图 4.3.18 所示。分析表明,冰

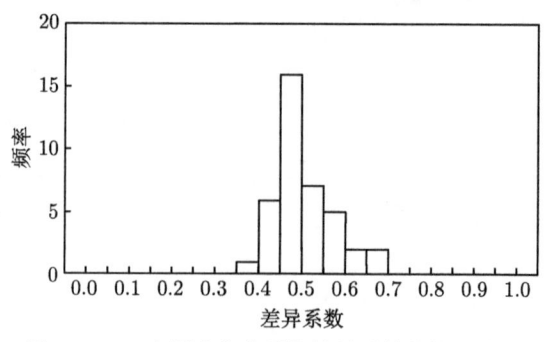

图 4.3.18　实测冰载荷周期差异系数的统计结果

载荷周期的标准差通常为均值的 40%~70%，可取 0.5 倍的冰载荷周期均值 $\bar{T}$ 作为其标准差 σ_T 的取值：

$$\sigma_T = 0.5\bar{T} \tag{4.3.5}$$

4.4 小　　结

　　本章介绍了海洋工程结构冰载荷现场测量的开展情况，并对直立结构和锥体结构的冰载荷测量分析进行了阐述。目前，现场测量仍然是研究冰载荷与冰激振动机理的主要手段。近年来，研究水平的提高与测量技术的改进，使海冰参数的图像识别与雷达探测、冰载荷的直接测量与间接测量取得了很大进步，获取了大量有价值的观测结果与实测数据。海冰与直立结构相互作用时可发生弯曲、屈曲、劈裂和挤压破坏。其中，海冰的挤压破坏对直立结构的影响最为显著，因此挤压破坏冰载荷是直立结构的研究重点。对于直立结构的极值冰载荷，可基于单个或多个试验的实测数据建立针对不同结构尺寸的计算公式；冰速对直立结构动冰载荷的影响不可忽视，本章分别对慢冰速、中冰速和快冰速下准静态、稳态和随机冰载荷的作用机理、时域特征和空间分布进行了深入探讨。在锥体结构冰载荷的测量分析中，本章基于渤海油气平台的实测数据对静冰载荷幅值的正态分布及其均值和标准差的确定进行了介绍；详细分析了在渤海观测到的海冰与锥体结构相互作用过程中的破坏模式及冰速、冰厚、锥体直径、作用位置等因素的影响；在此基础上进一步阐述了动冰载荷周期的正态分布或对数正态分布及其均值和标准差的确定方法。现场测量往往是一个或几个冬季的连续监测，因此得到的数据量与信息量非常大，很多潜在的规律和结论仍有待于进一步总结。随着极地海域的进一步开发以及新型海洋工程结构的推广应用，通过对现有数据的深入挖掘，提出具有工程指导意义的冰载荷设计与分析方法，这一点至关重要。

参 考 文 献

毕祥军, 于雷, 王瑞学, 等. 2005. 海冰厚度的现场图像测量方法 [J]. 冰川冻土, (4): 563-567.
郭峰玮. 2009. 基于实验数据分析的直立结构挤压冰荷载研究 [D]. 大连: 大连理工大学.
季顺迎. 2001. 渤海海冰数值模拟及其工程应用 [D]. 大连: 大连理工大学.
季顺迎, 陈晓东, 刘煜, 等. 2013. 基于油气平台的海冰雷达监测图像处理及冰速测量 [J]. 海洋学报, 35(3): 119-127.
季顺迎, 顾纵棋, 王安良, 等. 2016. 基于海洋油气平台上雷达连续监测的海冰漂移特性分析 [J]. 海洋通报, 35(3): 44-49.
季顺迎, 王安良, 王宇新, 等. 2011. 渤海海冰现场监测的数字图像技术及其应用 [J]. 海洋学报, 33(4): 79-87.

季顺迎, 岳前进, 毕祥军. 2002. 辽东湾 JZ20-2 海域海冰参数的概率分布 [J]. 海洋工程, 20(3): 39-43.

李锋, 胡玉镜, 岳前进, 等. 2003. 锥体结构冰荷载速度效应的定性分析 [J]. 冰川冻土, (25): 322-325.

屈衍. 2006. 基于现场实验的海洋结构随机冰荷载分析 [D]. 大连: 大连理工大学.

王延林. 2011. 抗冰结构的原型测量与分析评价技术研究 [D]. 大连: 大连理工大学.

王延林, 孙珊珊, 张大勇, 等. 2020. 原型结构冰荷载测量方法研究 [J]. 船舶力学, 24(10): 1315-1324.

许宁. 2011. 锥体海洋结构的冰荷载研究 [D]. 大连: 大连理工大学.

许宁, 岳前进, 王延林. 2014. 基于水下光纤应变监测的导管架结构总冰力测量方法 [J]. 海洋工程, 32(5): 9-14.

岳前进, 毕祥军, 季顺迎, 等. 2000. 航海雷达识别与跟踪海冰试验 [J]. 大连理工大学学报, 40(4): 500-504.

岳前进, 季顺迎, 毕祥军, 等. 1999. 工程海冰数值模式中计算参数的确定 [J]. 海洋预报, 16(3): 97-103.

Hirayama K, Obara I. 1986. Ice forces on inclined structures [C]. Proceedings of the 5th International Offshore Mechanics and Arctic Engineering, Tokyo, Japan.

Izumiyama K, Kitagawa H, Koyama K, et al. 1991. On the interaction between a conical structure and ice sheet [C]. Proceedings of the 11th International Conference on Port and Ocean Engineering under Arctic Conditions (POAC), St. John's, Canada.

Kärnä T, Qu Y. 2006. Analysis of the size effect in ice crushing [R]. VTT Technical Research Centre of Finland.

Lau M, Jones S J, Phillips R, et al. 2000. Influence of velocity on Ice-Cone interaction [C]. IUTAM Symposium "Scaling Laws in Ice Mechanics and Ice Dynamics".

Lau M, Molgaard J, Williams F M, et al. 1999. An analysis of ice breaking pattern and ice piece size around sloping structures [C]. Proceedings of the 18th International Conference on Offshore Mechanics and Arctic Engineering—OMAE99, St. John's, Newfoundland, Canada.

Li F, Yue Q, Shkhinek K, et al. 2003. A qualitative analysis of breaking length of sheet ice against conical structure [C]. Proceedings of the 17th International Conference on Port and Ocean Engineering under Arctic Conditions, POAC'03, Trondheim, Norway.

Pfister S, Williams F M, Phillips R. 2002. Interaction of level ice with upward breaking conical structures at two scales [C]. Proceedings of the 16th IAHR International Symposium on Ice, Dunedin, New Zealand.

Qu Y, Yue Q, Bi X, et al. 2006. A random ice force model for narrow conical structures[J]. Cold Regions Science and Technology, 45: 148-157.

Shkhinek K, Uvarova E. 2001. Dynamics of the ice sheet interaction with the sloping structure [C]. Proceedings of the 16th International Conference on Port and Ocean Engineering under Arctic Conditions, Ottawa, Canada.

Timco G W. 1986. Indentation and penetration of edge-loaded freshwater ice sheets in the brittle range [C]. Proceedings of the 5th Conference on Offshore Mechanics and Arctic Engineering, Tokyo, Japan.

Wessels E, Kato K. 1988. Ice forces on fixed and floating conical structures [C]. Proceedings of the 9th International IAHR Symposium on Ice, Sapporo, Japan.

Yue Q J, Bi X J. 2000. Ice induced jacket structure vibration [J]. Cold Regions Engineering, 14(2): 81-92.

Yue Q J, Qu Y, Bi X J, et al. 2007. Ice force spectrum on narrow conical structures [J]. Cold Regions Science and Technology, 49: 161-169.

第 5 章 船舶与海洋工程结构的冰激疲劳分析

北极自然条件恶劣，常年被冰雪覆盖，环境温度很低。低温会影响钢材的力学性能，使其韧性降低、脆性增强，导致发生脆性断裂的可能性增大；钢材的屈服强度和极限强度也会增大，进而影响结构的疲劳性能。由于极地海冰条件的多变性与不确定性，结构长期受幅值多变、频率较高的动冰载荷作用，会产生周期性累积损伤，容易发生疲劳破坏。因此，开展冰激疲劳损伤研究可为极地船舶与海洋工程的安全运营提供必要保障。在世界范围内，美国船级社 (ABS)、美国石油学会 (API)、英国劳氏船级社 (LR)、中国船级社 (CCS) 等机构均推荐采用基于 S-N 曲线和 Miner 线性累积损伤的方法对船舶与海洋工程结构的疲劳强度进行分析 (郑学祥, 1988)。通过对结构进行动力学分析，可确定最容易发生疲劳破坏的结构热点位置，计算疲劳损伤度，进而评估疲劳寿命，降低疲劳失效的可能性 (胡毓仁等, 2010)。在极地航行与作业过程中，船舶与海洋工程结构主要受到冰载荷和波浪载荷。由于极地海域常年被海冰覆盖，海水流速较慢且波浪较小，波浪载荷对结构疲劳损伤的贡献相比于冰载荷可以被忽略，所以本章在进行结构热点应力计算和疲劳分析中只考虑冰载荷。本章将对船舶与海洋工程结构冰激疲劳的分析方法进行系统介绍，并以典型结构为例分别阐述船舶结构与海洋工程结构的冰激疲劳分析过程。

5.1 船舶与海洋工程结构冰激疲劳的分析方法

对船舶与海洋工程结构进行疲劳分析时主要采用两种方法：一是基于 S-N 曲线和 Miner 线性累积损伤理论的疲劳累积损伤分析方法，二是基于断裂力学的分析方法。由于采用断裂力学方法研究船舶与海洋工程结构的疲劳问题，相对于疲劳累积损伤分析方法尚不够完善，所以目前应用最为广泛的还是基于 S-N 曲线和 Miner 线性累积损伤理论。当前各国船级社采用的疲劳强度评估方法大都也是以此方法为基础。下面对此方法涉及的相关概念、计算模型及评估流程进行详细阐述。

5.1.1 冰激疲劳环境模型

疲劳环境是指结构在某一时期所受交变疲劳载荷的集合。其中，"某一时期"可以是结构的整个服役期，也可以是结构的某一检测周期 (欧进萍, 2004)。对极地

5.1 船舶与海洋工程结构冰激疲劳的分析方法

船舶与海洋工程结构进行疲劳分析的前提是确定其在服役期内所受的疲劳载荷，进而估算疲劳应力并对构件的疲劳损伤进行评估。与波浪条件下的疲劳环境模型相比，冰激疲劳环境的影响因素较为复杂，冰激疲劳参数的推算方法也尚未成熟。现场观测得到的冰情资料对建立疲劳环境模型来说必不可少，但由于观测周期长、成本高，所以还可以将资料推算、数值模拟等方法作为补充，以获得较长年限的海冰数据。船舶与海冰相互作用过程中，冰厚、航速都是影响结构疲劳热点应力的重要参数，需要统计船舶在冰区航行过程中的海冰环境参数及其分布规律 (郝光华等, 2018)。根据冰厚和航速构造合理的疲劳工况，是开展冰载荷作用下船舶结构疲劳分析的重要前提。对于海洋工程结构，除冰厚、冰速这两个重要参数外，还需对其所在海域的有效冰期进行确定 (刘圆, 2007)。

1. 冰厚的子工况划分及概率分布

北极的冰厚 h_a 可由高斯分布表征，其概率密度函数 $f(h_a)$ 可写作

$$f(h_a) = f_0 + \frac{A}{w\sqrt{\pi/2}} e^{-\frac{2(h_a - x_c)^2}{w^2}} \tag{5.1.1}$$

式中，f_0、A、w、x_c 均为概率分布参数，由多个航次的实船测量数据确定。

对渤海辽东湾 JZ20-2 油气作业区长达 20 余年冰厚观测数据的统计结果表明，渤海的冰厚 h_b 可由对数正态分布表征，其概率密度函数 $f(h_b)$ 可表示为

$$f(h_b) = \frac{1}{\sigma_h h_b \sqrt{2\pi}} e^{-\frac{1}{2}\left(\frac{\ln h_b - \mu_h}{\sigma_h}\right)^2} \tag{5.1.2}$$

式中，σ_h、μ_h 分别为冰厚的方差和均值，由多年观测数据确定。

由式 (5.1.3) 进一步确定冰厚的概率分布函数 $P(h)$：

$$P(h) = \int_{(a-1)\Delta h}^{a\Delta h} f(h)\, dh \quad (a = 1, 2, \cdots, N) \tag{5.1.3}$$

式中，N 为根据冰厚范围划分的子工况数目；Δh 为冰厚的划分间隔。由此即可划分出一系列概率分布已知的冰厚子工况。

2. 航速 (或冰速) 的子工况划分及概率分布

船舶在北极的航速 v_s 可由高斯分布表征，其概率密度函数 $f(v_s)$ 可表示为

$$f(v_s) = f_0 + \frac{A}{w\sqrt{\frac{\pi}{2}}} e^{-\frac{2(v_s - x_c)^2}{w^2}} \tag{5.1.4}$$

式中，f_0、A、w、x_c 均为概率分布参数，由多个航次的实船测量数据确定。

对渤海辽东湾 JZ20-2 油气作业区长达 20 余年冰速观测数据的统计结果表明，渤海的冰速可由瑞利分布表征，其概率密度函数 $f(v_\mathrm{i})$ 可表示为

$$f(v_\mathrm{i}) = \frac{v_\mathrm{i}}{\sigma_\mathrm{v}^2} \mathrm{e}^{-\frac{v_\mathrm{i}^2}{2\sigma_\mathrm{v}^2}} \tag{5.1.5}$$

式中，σ_v 为冰速的方差，由多年观测数据确定。

由式 (5.1.6) 进一步确定航速 (或冰速) 的概率分布函数 $P(v)$：

$$P(v) = \int_{(b-1)\Delta v}^{b\Delta v} f(v)\mathrm{d}v \quad (b=1,2,\cdots,M) \tag{5.1.6}$$

式中，M 为根据航速范围划分的子工况数目；Δv 为航速的划分间隔。由此即可划分出一系列概率分布已知的航速子工况。

3. 冰激疲劳工况的构造及概率分布

考虑冰厚与航速 (或冰速) 两个因素，假设冰厚与航速 (或冰速) 互相独立，则第 j 个冰激疲劳工况的出现概率 $P_j (j=1,2,\cdots)$ 为该工况对应冰厚与航速 (或冰速) 子工况的联合概率分布：

$$P_j = P_j(h)P_j(v) \tag{5.1.7}$$

由此即可根据冰厚和航速子工况构造出一系列概率分布已知的冰激疲劳工况。

4. 有效冰期的确定

冰期是指每年结冰期间的长短，定义为初冰日 (冰出现之日) 至终冰日 (冰消失之日) 的时间间隔。根据气候的变化以及海冰生长、发展、消失的过程，其可分为初冰期、盛冰期和融冰期三个阶段。实际上，对于某一海域来说，冰期中的每日冰情并非一成不变，海冰往往时有时无。在初冰期和融冰期，这种情况尤为明显。因此，通过有效冰期 t_eff 计入这种变化，将其定义为某一海域实际观测到海冰的天数：

$$t_\mathrm{eff} = \alpha_1 \alpha_2 t \tag{5.1.8}$$

式中，α_1 为有冰天数占冰期的比例；α_2 为有冰的一天内出现海冰的概率；t 为冰期。

5.1.2 S-N 曲线和累积损伤模型

1. S-N 曲线

如果结构在某一应力范围为 S 的单一循环载荷作用下达到疲劳破坏所经历的循环次数为 N，则称该结构在应力范围 S 下的疲劳寿命为 N，两者之间的函数关系一般通过若干次疲劳试验结果拟合得到的 S-N 曲线反映，其表达式可写作

5.1 船舶与海洋工程结构冰激疲劳的分析方法

$$NS^m = K \tag{5.1.9}$$

式中，m、K 为疲劳试验得到的参数。

对上式等号两边取对数：

$$\lg N = \lg K - m \lg S \tag{5.1.10}$$

这就是常用的 S-N 曲线双对数线性模型，其在 $\lg N$-$\lg S$ 坐标系中是一条直线。

对于船舶结构的疲劳分析，可依据《船舶结构疲劳强度指南》(中国船级社, 2021)，采用图 5.1.1 中的 C 曲线评估非焊接节点 (船体外板) 的冰激疲劳强度，采用 D 曲线评估焊接节点 (舷侧肋骨的腹板与翼缘连接处) 的冰激疲劳强度，相应的疲劳参数取值列于表 5.1.1(陈崧等, 2014)。

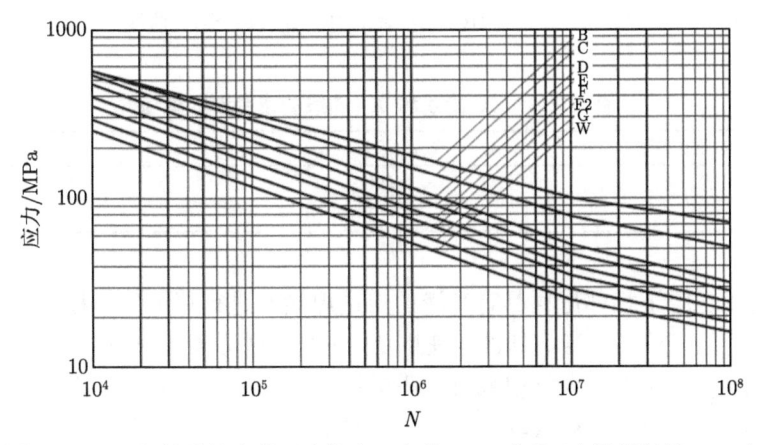

图 5.1.1 《船舶结构疲劳强度指南》中的 S-N 曲线 (中国船级社, 2021)

表 5.1.1　C 曲线与 D 曲线的疲劳参数取值

S-N 曲线类型	$\lg K$	m
C	12.540	3.0
D	12.182	3.0

对于海洋工程结构的疲劳分析，可采用 APIRP-2A 规范中给出的管结点 S-N 曲线中的 X 曲线和 X′ 曲线，如图 5.1.2 所示，其表达式可写作

$$N = 2 \times 10^6 \left(\frac{S}{S_{\text{ref}}}\right)^{-m} \tag{5.1.11}$$

式中，S_{ref}、m 为疲劳参数，其取值列于表 5.1.2。

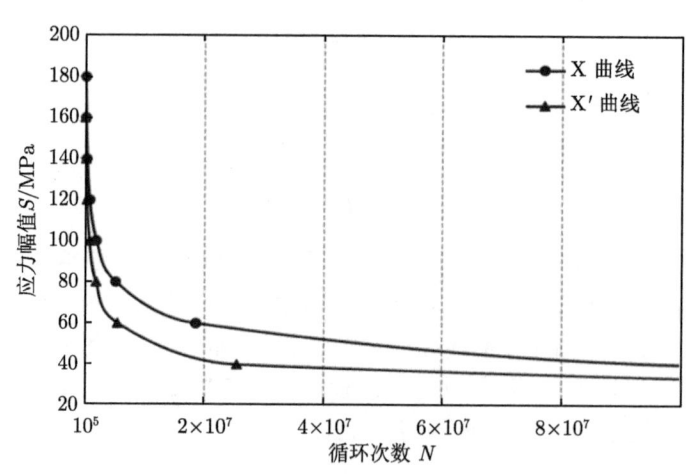

图 5.1.2　APIRP-2A 规范中的管节点 S-N 曲线

表 5.1.2　X 曲线和 X' 曲线的疲劳参数取值

S-N 曲线类型	S_{ref} / (N/mm)	m
X	100	1.38
X'	79	3.74

X 曲线适用于相邻母材具有光滑的熔透焊接并进行焊缝外形控制的节点。若剖面比较复杂或控制不当,则推荐使用 X' 曲线。这两条 S-N 曲线没有考虑腐蚀的影响,因此均适用于大气中或有效阴极保护的管节点。对于考虑腐蚀或过渡位置的情况,可适当改变参数以降低循环次数 (张大勇等, 2015)。

如前所述,S 和 N 之间的函数关系是由试件的疲劳试验得到的。大量的研究结果表明,在给定的应力范围 S 下,参数 m 的离散性不大,可看作一个确定的值;而疲劳寿命 N 和参数 K 则应作为随机变量处理,通常认为 N 服从对数正态分布,则 $\lg N$ 服从正态分布。由式 (5.1.10) 中 $\lg K$ 和 $\lg N$ 的关系可知,$\lg K$ 也是正态分布随机变量。在引入存活率的概念后,S 和 N 之间的函数关系可由对应于一定存活率的 P-S-N 曲线表示 (胡毓仁和陈伯真, 1996; 徐灏, 1988),其表达式可写作

$$\lg N = \lg K_P - m \lg S \tag{5.1.12}$$

式中,$\lg K_P$ 表示存活率为 P 时 $\lg K$ 的值。

2. 累积损伤模型

Miner (1945) 首次提出线性累积损伤准则,此后其他学者在其基础上衍生出统计累积损伤准则 (Tanaka et al., 1980; Shimokawa and Tanaka, 1980)、双线性

累积损伤准则 (Manson and Halford, 1981) 等, 但最为经典的 Miner 线性累积损伤准则依然凭借其原理简单、使用方便等特性被普遍应用于工程实际。

根据 Miner 线性累积损伤理论, 结构在多级、恒幅交变应力作用下的累积损伤度 D 是各应力范围 S_i 下的损伤度 D_i 之和。某一应力范围 S_i 下的损伤度 D_i 等于该应力范围的实际循环次数 n_i 与结构在该应力范围 S_i 单一作用下达到破坏所经历的循环次数 N_i 之比。若假设应力范围共有 k 级, 则

$$D = \sum_{i=1}^{k} D_i = \sum_{i=1}^{k} \frac{n_i}{N_i} \qquad (5.1.13)$$

线性累积损伤理论认为, 当累积损伤度 $D=1$ 时, 结构发生疲劳破坏。

当疲劳载荷谱由对应一段时间区间的连续概率密度函数表示时, 累积损伤度可表示为

$$D = \int_L \frac{\mathrm{d}n}{N} = \int_0^{+\infty} \frac{N_L f_S(S)\,\mathrm{d}S}{N} = N_L \int_0^{+\infty} \frac{f_S(S)}{N}\mathrm{d}S \qquad (5.1.14)$$

式中, $f_S(S)$ 为应力范围分布的概率密度函数; N_L 为整个时间区间内应力范围的总循环次数; $\mathrm{d}n$ 为落在区间 $[S, S+\mathrm{d}S]$ 内的应力循环次数, $\mathrm{d}n = N_L f_S(S)\,\mathrm{d}S$。

5.1.3 热点应力幅值的分析方法

1. 热点应力插值方法

由于船舶与海洋工程结构比较复杂, 常常不能在已有的 S-N 曲线中找到可直接应用的类型, 此时需采用热点应力法评估这些部位的疲劳强度, 热点处的应力一般采用插值方法进行计算 (刘亮等, 2013)。

1) 船舶结构的热点应力插值方法

各大船级社采用较多的方法是表面外推法 (周张义和李芾, 2009)。该方法适用于焊接节点、非焊接节点及母材自由边的疲劳分析, 并考虑焊接节点在几何上的不连续性, 但不考虑切口效应。针对船舶构件的具体形式, T 型接头是船舶结构中最普遍采用的焊接形式。外板、甲板、内底板等构件与板的连接大多属于 T 型接头形式。表面外推法计算时提取与焊趾表面一定距离处的两点或多点的单元应力进行线性插值或二次插值, 进而得到关键部位的热点应力值 (李艳明和范斌, 2012)。

根据《船舶结构疲劳强度指南》规定, 对于一般的 T 型焊接节点, 热点应力 σ_h 可表示为 (中国船级社, 2021)

$$\sigma_h = \frac{3\sigma_{t/2} - \sigma_{3t/2}}{2} \qquad (5.1.15)$$

式中，$\sigma_{t/2}$ 和 $\sigma_{3t/2}$ 分别是距离焊趾 $\dfrac{t}{2}$ 和 $\dfrac{3t}{2}$ 位置处的节点应力，t 为热点位置处的板厚。焊接型节点的热点应力插值如图 5.1.3 所示。

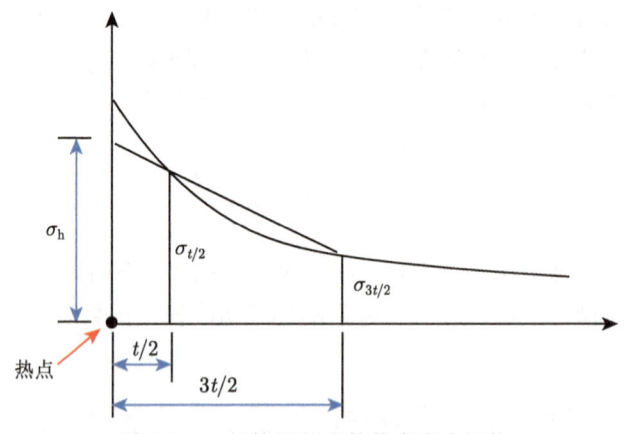

图 5.1.3 焊接型节点的热点应力插值

在结构热点构件附近的表面选取 4 个插值点，插值点的应力由对称线两侧单元中心点的应力取平均值确定。距离焊趾 $\dfrac{t}{2}$ 和 $\dfrac{3t}{2}$ 处的插值点应力可通过拉格朗日插值法得到：

$$\sigma_h = C_1\sigma_1 + C_2\sigma_2 + C_3\sigma_3 + C_4\sigma_4 \tag{5.1.16}$$

式中，$\sigma_1 \sim \sigma_4$ 分别为插值点 1~4 处的应力，其可写作

$$C_1 = \dfrac{(x-x_2)(x-x_3)(x-x_4)}{(x_1-x_2)(x_1-x_3)(x_1-x_4)} \tag{5.1.17}$$

$$C_2 = \dfrac{(x-x_1)(x-x_3)(x-x_4)}{(x_2-x_1)(x_2-x_3)(x_2-x_4)} \tag{5.1.18}$$

$$C_3 = \dfrac{(x-x_1)(x-x_2)(x-x_4)}{(x_3-x_1)(x_3-x_2)(x_3-x_4)} \tag{5.1.19}$$

$$C_4 = \dfrac{(x-x_1)(x-x_2)(x-x_3)}{(x_4-x_1)(x_4-x_2)(x_4-x_3)} \tag{5.1.20}$$

式中，x 为应力关注点到焊趾的距离；$x_1 \sim x_4$ 分别为插值点 1~4 到焊趾的距离。插值点应力的获取方法如图 5.1.4 所示。

基于有限元分析的热点应力计算，经表面外推法插值得到的热点应力 σ_h 与名义应力 σ 之间存在一定的数量关系：

5.1 船舶与海洋工程结构冰激疲劳的分析方法

$$\sigma_h = K_g \sigma \tag{5.1.21}$$

式中，K_g 为热点应力集中系数，《船舶结构疲劳强度指南》给出的该焊接形式的纵向对称端部连接构件的应力集中系数为 1.1(中国船级社，2021)。

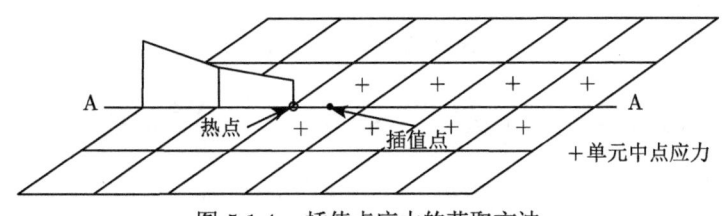

图 5.1.4　插值点应力的获取方法

2) 海洋工程结构的热点应力插值方法

对于海洋工程结构管结点中的热点应力，由于管节点相贯线上冠点和鞍点的应力通常较大，所以需要首先对冠点和鞍点进行应力计算。然后对这些冠点和鞍点在轴向力、面内弯矩和面外弯矩作用下的应力进行组合，得到各点的热点应力，如图 5.1.5 所示。

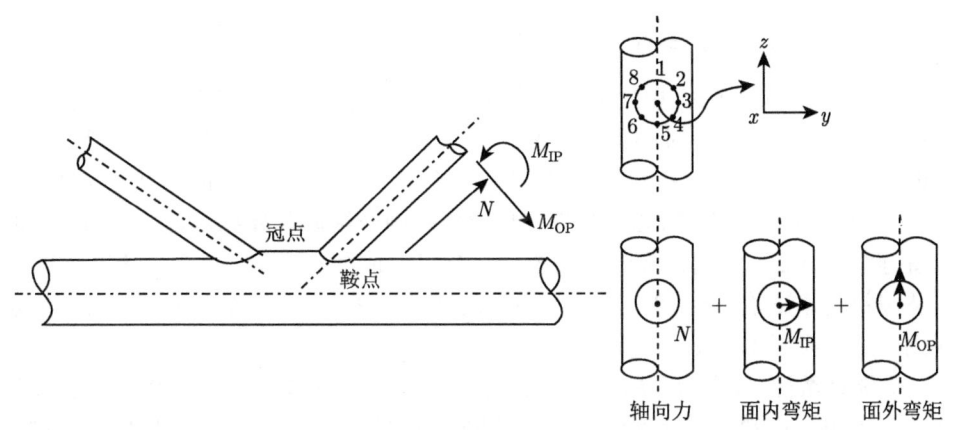

图 5.1.5　海洋工程结构管结点相贯线上的冠点和鞍点位置及应力叠加

冠点和鞍点的中间点热点应力可通过冠点、鞍点应力的插值获得。对轴向应力采用线性插值，对面内和面外弯曲应力采用正弦函数插值。求取各个时刻对应的应力值后取平均值，选择平均值最大的计算结果作为热点应力。各部分热点应力可写作 (王荣祥，2008)

$$\sigma_1 = \text{SCF}_{AC}\sigma_x + \text{SCF}_{MIP}\sigma_{my} \tag{5.1.22}$$

$$\sigma_2 = \frac{1}{2}\left(\mathrm{SCF}_{\mathrm{AC}} + \mathrm{SCF}_{\mathrm{AS}}\right)\sigma_x + \frac{\sqrt{2}}{2}\mathrm{SCF}_{\mathrm{MIP}}\sigma_{\mathrm{my}} - \frac{\sqrt{2}}{2}\mathrm{SCF}_{\mathrm{MOP}}\sigma_{\mathrm{mz}} \tag{5.1.23}$$

$$\sigma_3 = \mathrm{SCF}_{\mathrm{AS}}\sigma_x - \mathrm{SCF}_{\mathrm{MOP}}\sigma_{\mathrm{mz}} \tag{5.1.24}$$

$$\sigma_4 = \frac{1}{2}\left(\mathrm{SCF}_{\mathrm{AC}} + \mathrm{SCF}_{\mathrm{AS}}\right)\sigma_x - \frac{\sqrt{2}}{2}\mathrm{SCF}_{\mathrm{MIP}}\sigma_{\mathrm{my}} - \frac{\sqrt{2}}{2}\mathrm{SCF}_{\mathrm{MOP}}\sigma_{\mathrm{mz}} \tag{5.1.25}$$

$$\sigma_5 = \mathrm{SCF}_{\mathrm{AC}}\sigma_x - \mathrm{SCF}_{\mathrm{MIP}}\sigma_{\mathrm{my}} \tag{5.1.26}$$

$$\sigma_6 = \frac{1}{2}\left(\mathrm{SCF}_{\mathrm{AC}} + \mathrm{SCF}_{\mathrm{AS}}\right)\sigma_x - \frac{\sqrt{2}}{2}\mathrm{SCF}_{\mathrm{MIP}}\sigma_{\mathrm{my}} + \frac{\sqrt{2}}{2}\mathrm{SCF}_{\mathrm{MOP}}\sigma_{\mathrm{mz}} \tag{5.1.27}$$

$$\sigma_7 = \mathrm{SCF}_{\mathrm{AS}}\sigma_x + \mathrm{SCF}_{\mathrm{MOP}}\sigma_{\mathrm{mz}} \tag{5.1.28}$$

$$\sigma_8 = \frac{1}{2}\left(\mathrm{SCF}_{\mathrm{AC}} + \mathrm{SCF}_{\mathrm{AS}}\right)\sigma_x + \frac{\sqrt{2}}{2}\mathrm{SCF}_{\mathrm{MIP}}\sigma_{\mathrm{my}} + \frac{\sqrt{2}}{2}\mathrm{SCF}_{\mathrm{MOP}}\sigma_{\mathrm{mz}} \tag{5.1.29}$$

式中，σ_x、σ_{my} 和 σ_{mz} 分别为轴向力、面内弯矩和面外弯矩产生的最大名义应力；$\mathrm{SCF}_{\mathrm{AS}}$ 和 $\mathrm{SCF}_{\mathrm{AC}}$ 分别为轴向力在冠点和鞍点对应的应力集中系数；$\mathrm{SCF}_{\mathrm{MIP}}$ 和 $\mathrm{SCF}_{\mathrm{MOP}}$ 分别为面内和面外弯矩对应的应力集中系数。上述应力集中系数可根据 DNVGL-RP-0005 规范中推荐的公式计算 (张佳丽和李少彦，2018)，亦可参考《海洋工程结构物疲劳强度评估指南》(中国船级社，2013)。

2. 热点应力循环次数统计方法

金属材料的疲劳来源于金属结构内部在交变载荷作用下产生的应变能所导致的微观上的错位 (此时结构的名义应力仍处于弹性范围内)(Klesnil and Lucas, 1993)。应力幅值和平均应力的不断变化导致结构寿命周期内的应力历程极为复杂。采用 S-N 曲线和 Miner 线性累积损伤准则开展疲劳分析，首先要对应力时程进行统计分析。雨流计数法可以统计整个应力时程中各种应力范围的循环次数，是美国材料与试验协会 (ASTM) 所参考的计数方法，在船舶结构的疲劳分析中也得到了广泛应用 (胡宗武和董邦宣，1985)。

雨流计数法又称塔顶法，由英国工程师 Matsuiski 和 Endo 于 20 世纪 50 年代首次提出，1987 年，瑞典学者 Rychlik (1987) 为雨流计数法在随机应力过程分析中的应用提供了严谨的数学基础。其主要计算思路是把随时间变化的应力数据的坐标轴沿顺时针方向旋转 90°，使时间轴正方向朝下。应力时程如同一组屋檐面，计数过程中应力幅值与循环次数的统计类似雨流顺着屋檐流下的过程，如图 5.1.6 所示。

雨流计数法的规则如下：雨流在试验记录的起点和依此在每一个峰值的内边开始，亦即从 1, 2, 3, ⋯ 等尖点开始；雨流流到峰值处 (即屋檐) 竖直下落，一直流到对面存在一个比开始时最大值 (或最小值) 更正的最大值 (或更负的最小值)

图 5.1.6 雨流计数法

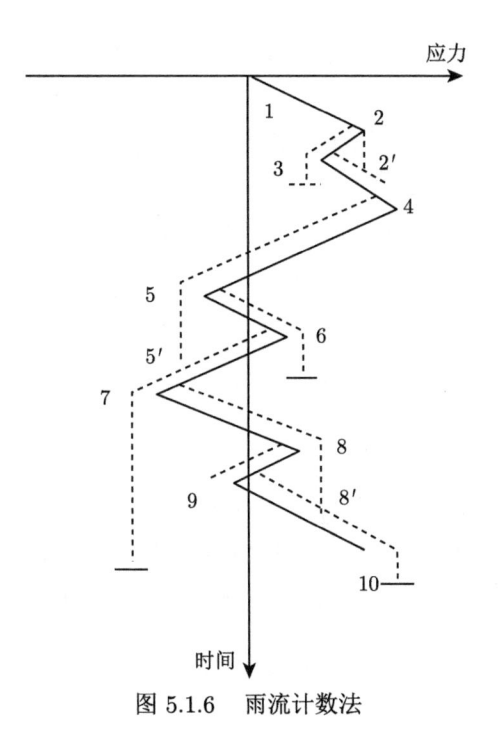

为止；当雨流遇到来自上面屋顶流下的雨时，就停止流动；如果初始应变为拉应变，顺序的始点是拉应变最小值的点；每一雨流的水平长度作为该应变幅值的半循环计数。

雨流计数法的优势主要在于随时间历程变化的载荷的每一部分都参与计数循环，如图 5.1.7(a) 所示。高幅应力所引起的损伤不会被低幅应力循环所分割，低幅应力循环会叠加到较大的循环或半循环中。大大小小的应力循环构成应力-应变滞回圈，如图 5.1.7(b) 所示。这与疲劳理论中反复的塑性应变所引起的损伤相对应，力学概念较为明确。

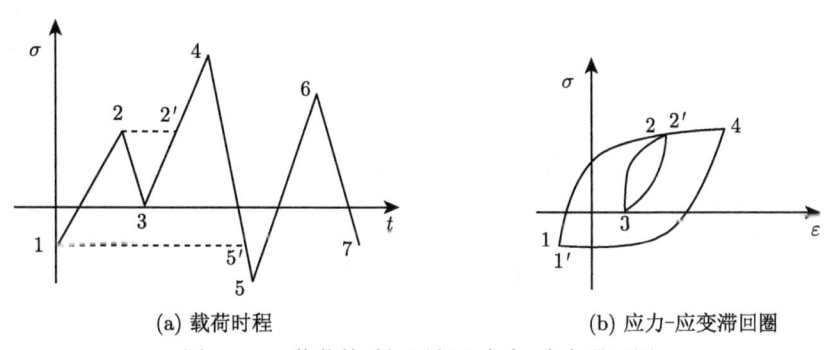

(a) 载荷时程

(b) 应力-应变滞回圈

图 5.1.7 载荷的时间历程及应力-应变滞回圈

热点应力峰值谷值和循环次数的统计采用四点比较法，具体流程如下所述。
- 峰值谷值统计

首先对热点应力曲线做预处理，选择时程曲线中的一个峰值点或谷值点作为雨流计数的起始点；然后剔除连续重复的等值点，只保留其中的一个点；接下来筛选剩余数据点中的峰值和谷值，具体判断方法可参考单调性判断中的作差求积法。其判断公式可表示为

$$(f_i - f_{i-1})(f_{i+1} - f_i) > 0 \tag{5.1.30}$$

若上式成立，则 i 点不为峰值谷值点，应将其剔除；若上式不成立，则 i 点为峰值谷值点，予以保留。

- 循环次数统计

对经过预处理的热点应力时程曲线开展进一步统计分析，四点比较法可以判断经过处理的峰值谷值点是否构成一组应力循环。若出现如图 5.1.8 所示的两种波形模式，则必然存在一组应力循环，其判断方式如下所述。

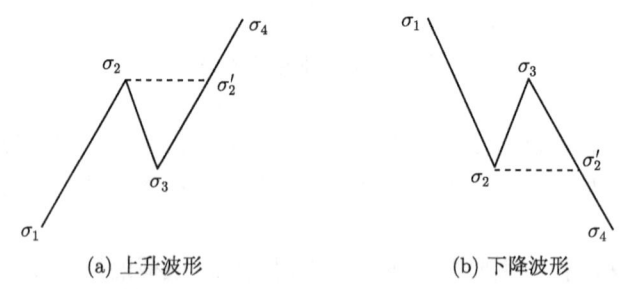

图 5.1.8 可构成应力循环的波形模式

对于如图 5.1.8(a) 所示的上升波形，满足 $\sigma_1 < \sigma_2, \sigma_2 \leqslant \sigma_4, \sigma_1 \leqslant \sigma_3$，记为一组完整循环 $\sigma_2\sigma_3\sigma_2'$，该组应力循环的幅值和均值表示为

$$\begin{cases} \sigma_a = \dfrac{|\sigma_2 - \sigma_3|}{2} \\ \sigma_m = \dfrac{\sigma_2 + \sigma_3}{2} \end{cases} \tag{5.1.31}$$

对于如图 5.1.8(b) 所示的下降波形，满足 $\sigma_1 > \sigma_2, \sigma_2 \geqslant \sigma_4, \sigma_1 \geqslant \sigma_3$，记为一组完整循环 $\sigma_2\sigma_3\sigma_2'$，该组应力循环的幅值和均值表示为

$$\begin{cases} \sigma_a = \dfrac{|\sigma_3 - \sigma_2|}{2} \\ \sigma_m = \dfrac{\sigma_2 + \sigma_3}{2} \end{cases} \tag{5.1.32}$$

依次提取四个相邻的峰值谷值,如果满足上述两种情况之一,则认定为一组应力循环并记录其幅值和均值;然后删除中间两个峰值谷值,再依次取两个峰值谷值组成新的四点进行比较。以此进行循环计数直到所有的峰值谷值点均被统计。

5.1.4 冰激疲劳的评估流程

针对船舶与海洋工程结构的冰激疲劳分析,根据对结构施加的载荷种类分为时域疲劳分析和频域疲劳分析。在实际工程中选用何种疲劳评估方法,主要是依据获取的结构应力形式和难易程度。当结构的应力时间序列很容易得到时,一般使用时域疲劳评估方法 (Rychlik, 1987; Dowling, 1972),时域疲劳分析方法还可考虑疲劳分析过程中的一些非线性行为;当结构的应力功率谱密度函数很方便获取时,一般使用频域疲劳评估方法 (Mršnik et al., 2013; Wang and Yao, 2008)。

1. 时域冰激疲劳评估流程

时域疲劳分析通过对结构有限元模型施加冰载荷时程,得到热点位置的应力时程结果;通过雨流计数法确定不同应力范围的循环次数,从而进行疲劳分析计算。船舶与海洋工程结构的时域冰激疲劳评估流程如图 5.1.9(a) 所示。

2. 频域冰激疲劳评估流程

频域疲劳分析是一种考虑载荷随机特性,并用统计方法描述工况,在频域内求解动力方程的方法。假定冰载荷在短时间内是各态历经、窄带平稳的正态过程,且应力分布为窄带随机正态过程 (俞载道和曹国敖, 1988)。因此,可依据各疲劳工况下的应力分布情况求得应力循环历程,从而采用线性累积损伤理论估算疲劳寿命。船舶与海洋工程结构的频域冰激疲劳评估流程如图 5.1.9(b) 所示。

3. 时域方法和频域方法的综合评价

在多种随机载荷作用下,要想得到较为准确的疲劳寿命评估,首先推荐的是非线性耦合时域分析方法。然而,完整的非线性耦合时域分析非常耗时,将会耗费大量的经济成本,而且,结构设计初始阶段需要多次迭代和优化,非线性耦合时域分析与这一设计要求并不太匹配。因此在许多规范中,非线性耦合时域分析方法只被推荐用于结构的详细设计阶段,同时其也被推荐作为一种参考,用于验证其他简化疲劳评估方法的精度。

频域方法可节约时间和成本,提高疲劳分析的效率。首先对结构进行谱分析,得到疲劳校核点的应力幅值功率谱密度函数,然后将应力范围视为服从某种已知的分布 (如瑞利分布和 Dirlik 分布),便可得到相应的疲劳损伤度。频域疲劳分析方法基于线性结构系统,因此需要对分析中存在的非线性行为 (载荷非线性和结构非线性) 进行线性化。频域方法不需要进行长时间的结构动力分析,因此在船舶与海洋工程中得到了广泛应用。

(a) 时域方法　　　　　　　　　　　　(b) 频域方法

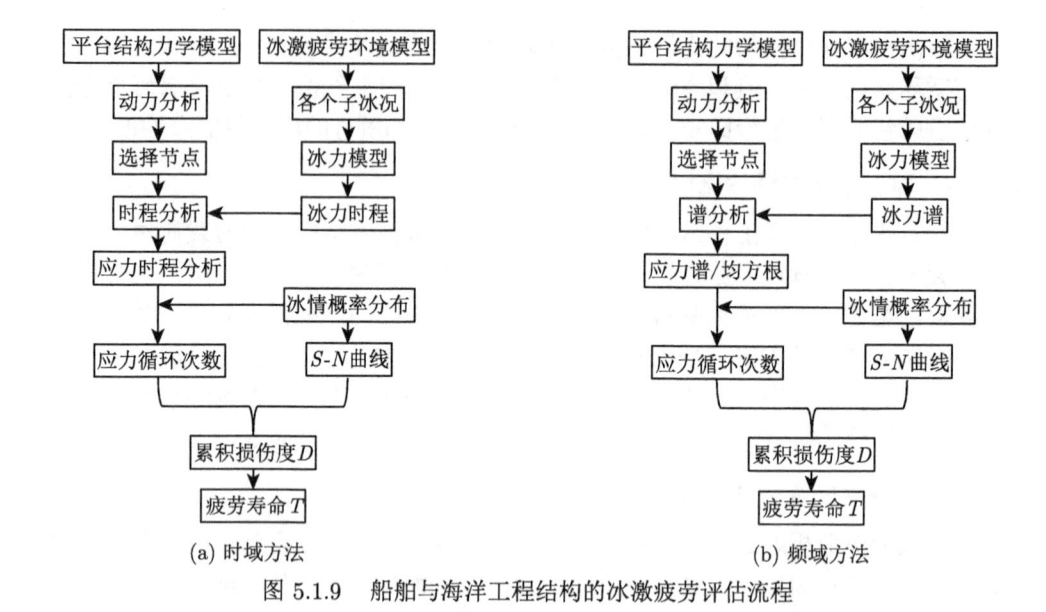

图 5.1.9　船舶与海洋工程结构的冰激疲劳评估流程

5.2　船舶结构的冰激疲劳分析

极地船舶在冰区航行时经常与各种类型的海冰发生不同程度的碰撞,充足的结构疲劳强度储备至关重要。基于 S-N 曲线的时域分析是目前最为通用的船舶结构冰激疲劳强度计算方法。首先通过构造应力幅值分布的数学模型、对现场测量数据进行统计分析或采用数值方法模拟船–冰相互作用过程等方式获取热点应力；然后通过雨流计数法对热点应力时程进行应力循环次数统计；最后结合疲劳工况的概率分布以及 S-N 曲线,采用疲劳损伤理论计算累积损伤度并评估疲劳寿命。针对具体船型,Chai 等 (2018) 对 2007 年 3 月斯瓦尔巴群岛附近海域的冰载荷短期极值进行了概率统计,采用韦布尔分布、三参数指数分布等模型估了应力范围的概率分布,并基于 S-N 曲线进一步评估挪威 KV Svalbard 号海警船的短期冰激疲劳损伤；Kim (2020) 提出了一种用于评估碎冰区航行时极地船舶疲劳损伤的简化方法,基于设计初期的冰阻力和船型信息即可估算局部冰载荷,分别使用简化方法、数值方法和船级社推荐做法对韩国 IBRV Araon 号破冰考察船在波罗的海实际冰况下的疲劳损伤进行了计算,验证了简化方法的有效性和适用性；罗本永等 (2020) 基于英国劳氏船级社 FDA ICE 指南,对 2 艘油轮和 2 艘 LNG 运输船的舷侧骨材疲劳强度进行评估,并验证了提高节点疲劳强度的可行方法。目前,对极地船舶冰区航行中冰激结构疲劳的累积损伤研究受到越来越多的重视。下面以"雪龙"号科学考察船为例,结合我国第 8 次北极科学考察中的现场测量数据对船舶结构的冰激疲劳分析

5.2.1 冰激疲劳环境参数与疲劳工况

冰激疲劳环境参数是影响船舶结构热点应力的关键因素，通过对其进行概率分析以构造合理的疲劳工况，是开展船舶结构冰激疲劳分析的重要前提。

1. 冰激疲劳环境参数

对船舶结构的疲劳损伤分析中，首先的工作是对疲劳环境参数的准确统计分析，其主要包括冰厚和航速。

1) 冰厚的概率分布

"雪龙"号科学考察船于 2017 年 8 月 2~18 日进入北极冰情较为严重的中央航道。船上的海冰观测系统每半小时记录一次冰厚观测结果，最终得到冰厚沿航线的空间分布。对冰厚进行统计分析后得到的分布情况如图 5.2.1(a) 所示，其概率密度函数符合高斯分布，拟合优度 $R^2 = 0.9804$，其概率密度函数即为式 (5.1.1)，式中的概率分布参数取值分别为 $f_0 = 0.017$，$A = 16.580$，$x_c = 149.603$，$w = 65.105$，拟合曲线如图 5.2.1(b) 所示。

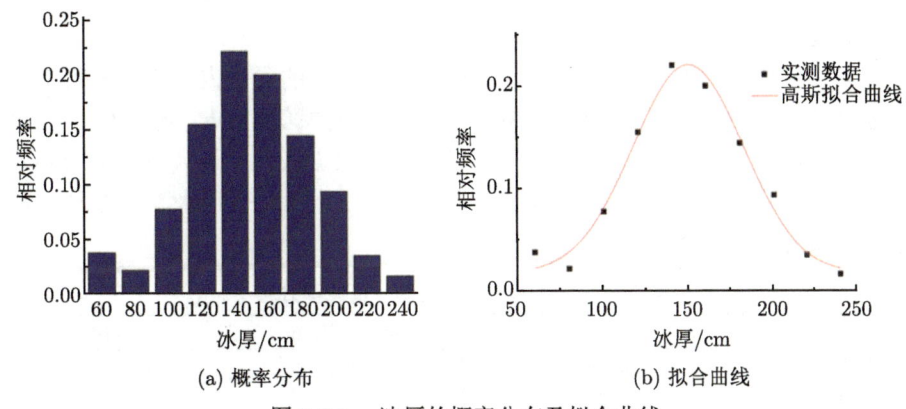

(a) 概率分布　　　　(b) 拟合曲线

图 5.2.1　冰厚的概率分布及拟合曲线

2) 航速的概率分布

船基全球定位系统 (GPS) 每半小时采集一次船舶的瞬时航速，最终得到航速沿航线的空间分布。对航速进行统计分析后得到的分布情况如图 5.2.2(a) 所示。其概率密度函数可由高斯分布表示，拟合优度 $R^2 - 0.9845$，拟合后的概率密度函数即为式 (5.1.4)，式中的概率分布参数取值分别为 $f_0 = 0.012$，$A = 0.877$，$x_c = 6.332$，$w = 2.692$，拟合曲线如图 5.2.2(b) 所示。

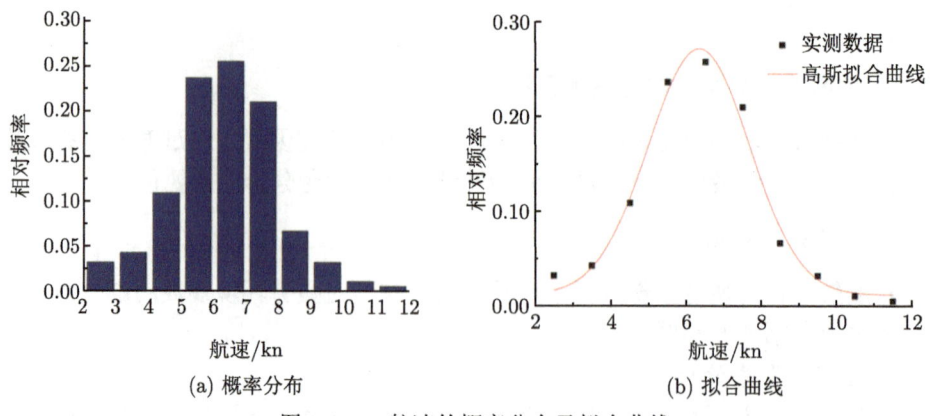

图 5.2.2　航速的概率分布及拟合曲线

2. 冰激疲劳工况

考虑冰厚、航速两个因素，极地船舶冰区航行疲劳工况的构造应通过冰厚和航速的联合概率分布确定。通过统计分析 "雪龙" 号在我国第 8 次北极科学考察中的海冰参数和航行数据，给出冰厚和航速两个变量的子工况分布以及疲劳工况的联合分布。

1) 冰厚子工况

根据实测数据，冰厚主要集中分布在 50~250 cm 的区间内。合理选取冰厚区间并划分子工况数目 N，可以得到每个子工况的冰厚跨度 Δh。不同冰厚子工况的概率分布可表示为式 (5.1.3)。这里，最小冰厚取 50 cm，最大冰厚取 250 cm，划分子工况数目为 10，每个子工况的冰厚跨度为 20 cm，得到冰厚子工况的划分及概率分布列于表 5.2.1。

表 5.2.1　冰厚子工况的划分及概率分布

冰厚范围/cm	概率	冰厚范围/cm	概率
50~70	3.72×10^{-2}	150~170	2.00×10^{-1}
70~90	2.13×10^{-2}	170~190	1.44×10^{-1}
90~110	7.71×10^{-2}	190~210	9.31×10^{-2}
110~130	1.54×10^{-1}	210~230	3.46×10^{-2}
130~150	2.21×10^{-1}	230~250	1.86×10^{-2}

2) 航速子工况

根据实测数据，航速主要集中分布在 2~12 kn 区间内。合理选取航速区间并划分子工况数目 M，可以得到每个子工况的航速跨度 Δv。不同航速子工况的概率分布可表示为式 (5.1.6)。这里，最小航速取 2 kn，最大航速取 12 kn，划分子工况数目为 10，每个子工况的航速跨度为 1 kn，得到航速子工况的划分及概率分布列于表 5.2.2。

5.2 船舶结构的冰激疲劳分析

表 5.2.2 航速子工况的划分及概率分布

航速范围/kn	概率	航速范围/kn	概率
2~3	3.19×10^{-2}	7~8	2.10×10^{-1}
3~4	4.26×10^{-2}	8~9	6.65×10^{-2}
4~5	1.09×10^{-1}	9~10	3.19×10^{-2}
5~6	2.37×10^{-1}	10~11	1.06×10^{-2}
6~7	2.55×10^{-1}	11~12	5.30×10^{-3}

3) 冰厚和航速的联合疲劳工况

将冰厚范围 50~250 cm 等分成 10 个子工况，将航速范围 2~12 kn 等分成 10 个子工况，共有 100 种联合疲劳工况。仅考虑冰厚与航速两个因素，假设冰厚与航速相互独立，可由式 (5.1.7) 得到冰厚和航速的联合概率分布。疲劳工况的划分及概率分布如图 5.2.3 所示。可以看出，疲劳工况主要集中分布在冰厚 100~200 cm、航速 4~8 kn 的范围内。

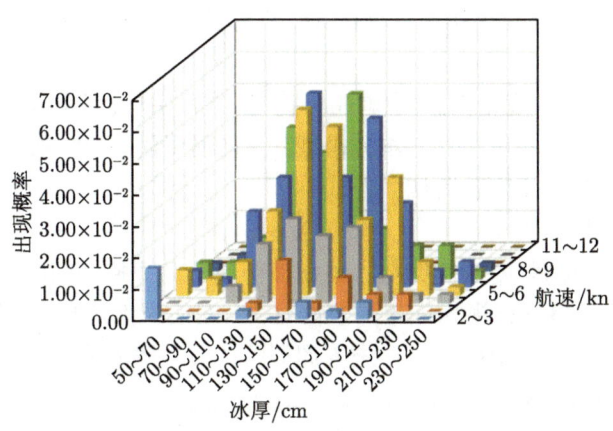

图 5.2.3 冰厚–航速联合疲劳工况的划分及概率分布

5.2.2 实测冰载荷作用下的船舶结构应力分析

实测冰载荷作用下船舶结构应力分析主要包括：建立船首结构局部有限元模型，计算实测冰载荷作用下的船舶结构热点应力，统计热点应力的循环次数。

1. 船舶结构有限元模型的建立

下面从模型简化、建模流程以及材料属性三方面简要介绍船舶结构有限元模型的建立。

1) 模型简化

"雪龙"号科学考察船的主尺度列于表 5.2.3。由于船舶结构的复杂性和所受载荷的不确定性，对船舶结构精细化建模并进行有限元分析需要花费大量的时间，且船舶的疲劳仅针对局部结构而言，所以这里只建立船舶结构的局部模型并利用结构的对称性减少自由度数目，提高计算效率。

表 5.2.3 "雪龙"号科学考察船的主尺度

参数	数值	单位
船长	167.0	m
型宽	22.6	m
型深	13.5	m
吃水	9.0	m

船舶与海冰相互作用的不同工况导致冰载荷的作用位置和作用形式不尽相同，世界范围内各大船级社均将船首冰带区认定为危险评估区域，因此这里对"雪龙"号艏部结构进行建模，保留外板、甲板、舷侧肋骨和舷侧纵桁等主要支撑结构，这也是疲劳强度校核的关键位置。为此需要对载荷作用区域及其关键位置的网格进行精细划分，根据不同的载荷工况评估关键位置的疲劳强度。

2) 建模流程

《船舶结构疲劳强度指南》(中国船级社, 2021) 中确定船舶结构冰激疲劳分析的有限元建模流程主要包括材料本构模型、结构理想化、网格划分和坐标系设置、单元类型、边界条件和冰载荷加载方式。

• 材料本构模型

极地船舶采用高强度低温钢材，冰激疲劳属于高周疲劳问题，结构主要处于弹性变形阶段内。将钢材视为理想弹塑性材料，在线弹性范围内，钢材的应力–应变关系满足线性本构模型；在材料进入屈服阶段后，随着应变增加，应力将保持不变，如图 5.2.4 所示。

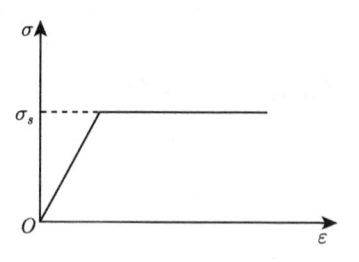

图 5.2.4 理想弹塑性材料的应力–应变关系

• 结构理想化

采用局部结构模型对船舶结构冰激疲劳进行分析，需要建模的构件主要包括外板、舷侧肋骨、舷侧纵桁和甲板。船舶结构的疲劳评估需要考虑正常腐蚀磨损的影响，一般认为钢材在海水中受到腐蚀作用的影响，其疲劳寿命小于在干燥空气中的寿命。由于"雪龙"号有完整的防腐保护措施，作为简化处理方法，可近似地按照空气环境中的情况进行计算。动力学分析时可采用建造构件的尺寸，计算热点应力时考虑对腐蚀进行修正，腐蚀修正系数 $f_{cl}=1.1$。

- 网格划分和坐标系设置

船首冰带区与海冰碰撞往往容易产生较大的应力，因此对该区域的网格尺寸选取较为细密，对远离船–冰相互作用位置区域的网格尺寸选取较为放松。有限元模型采用笛卡儿坐标系。X 方向为船舶纵向，船首方向为正；Y 方向为船舶横向，左舷方向为正；Z 方向为船舶垂向，向上为正。船首结构网格划分及坐标系设置可参见第 3 章图 3.3.16。

- 单元类型

不同于一般船舶结构计算方法中普遍采用梁单元，冰载荷作用下的船舶局部结构有限元分析中采用壳单元进行模拟。由于壳单元既可承受作用于平面内的载荷，又可承受弯曲载荷，可看作膜单元和板单元的组合，因此能够很好地表征板材的中面特性和弯曲特性。

- 边界条件

由于船首结构具有对称性，对于对称面上的结构，采用对称边界条件约束；对于沿船长方向的纵向边界，约束所有的线位移和转动角。

- 冰载荷加载方式

通过支持向量机法对实测应变数据的反演，得到极地船舶冰区航行中特定冰厚和航速子工况下的冰载荷时程。冰载荷主要作用于船首冰带区外板，为此垂直于外板方向施加冰载荷时程，具体加载位置如图 5.2.5 所示；然后基于 Newmark 时间积分法进行有限元求解并得到结构动态响应。

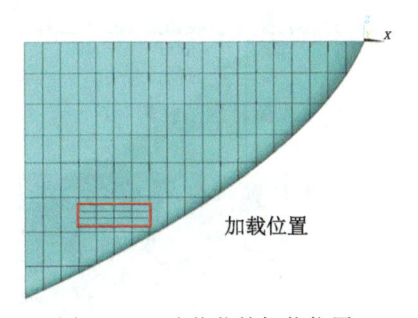

图 5.2.5　冰载荷的加载位置

3) 材料属性

由于极地船舶面对大量海冰和低温工作环境的考验，考虑冰区结构加强，船体钢材采用高强度低温钢 EH36，其材料属性列于表 5.2.4。

表 5.2.4 船舶结构的材料属性

参数	数值	单位
密度	7850	kg/m^3
弹性模量	206	GPa
屈服强度	355	MPa
泊松比	0.3	—

2. 船舶结构热点应力的计算

下面以冰厚 140 cm、航速 6 kn 工况为例，采用时域分析的方法计算船首结构在如图 5.2.6 所示的实测冰载荷作用下的热点应力。将冰载荷时程加载到模型中进行动力学分析，将应力最大的位置作为结构最容易发生疲劳破坏的关键位置，得到结构高压区的应力云图，如图 5.2.7 所示。可以看出，船舶与海冰相互作用时，结构发生向内的变形，高压区主要位于船首冰带区的冰载荷作用位置。较大的应力首先出现在 #1~#5 舷侧肋骨的腹板和翼缘连接处，其次出现在外板的冰载荷作用区域，分别如图 5.2.8(a) 和 (b) 所示。以上两处结构的局部应力最大，最容易发生疲劳破坏。目前大多数规范指南中建议对有限元分析的应力结果进行插值，以得到船舶结构的热点应力。这里给出一组 #3 舷侧肋骨腹板和翼缘连接处的热点应力时程，如图 5.2.9 所示。采用雨流计数法得到外板的热点应力循环次数统计结果，如图 5.2.10 所示。

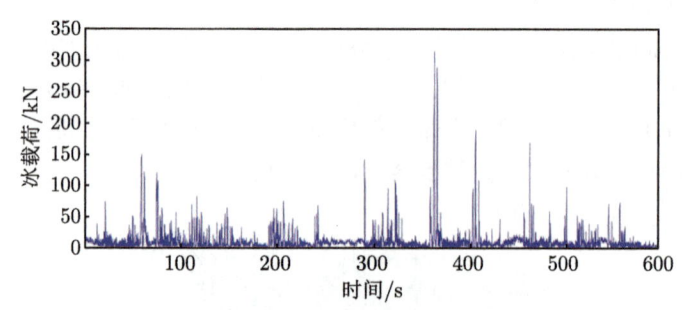

图 5.2.6 实测冰载荷时程 (冰厚 140 cm，航速 6 kn)

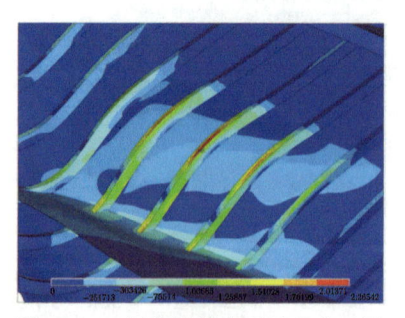

图 5.2.7 船首结构高压区应力云图

5.2 船舶结构的冰激疲劳分析

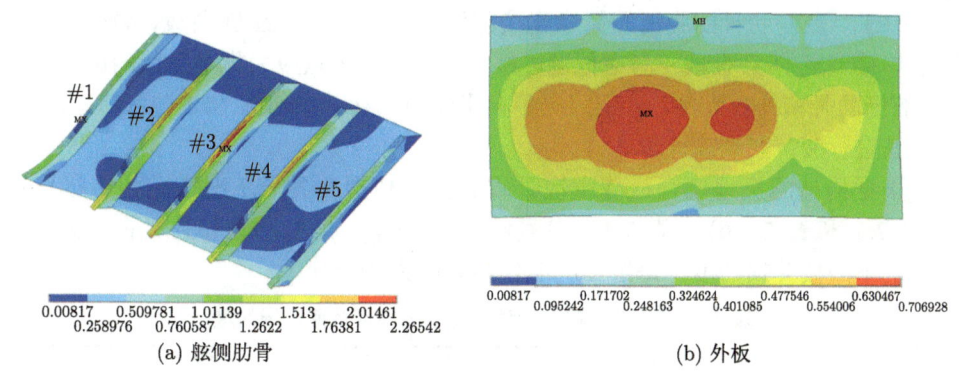

(a) 舷侧肋骨　　　　　　　　　　(b) 外板

图 5.2.8　船首局部结构应力云图

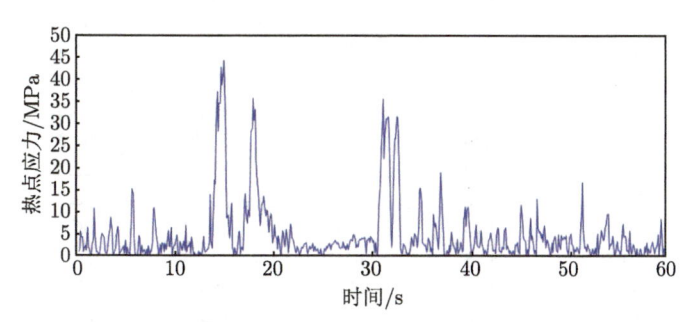

图 5.2.9　"雪龙"号 #3 舷侧肋骨热点应力时程 (冰厚 140 cm，航速 6 kn)

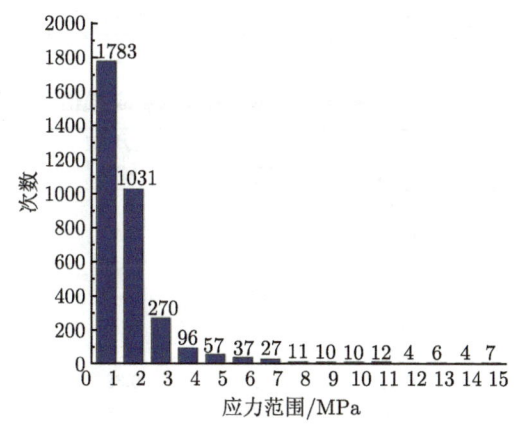

图 5.2.10　外板的热点应力循环次数统计结果

5.2.3　船舶结构冰激疲劳损伤评估

这里采用 $S\text{-}N$ 曲线和 Miner 线性累积损伤准则对船舶结构进行冰激疲劳损伤评估。参照《船舶结构疲劳强度指南》(中国船级社, 2021) 中推荐的 $S\text{-}N$ 曲线

(图 5.1.1)，舷侧肋骨的腹板和翼缘连接部位采用焊接节点的 D 曲线，船体外板采用非焊接节点的 C 曲线，考虑低温、板厚、腐蚀和热点应力集中系数的影响。以 #3 舷侧肋骨和外板为例，分别列出各自引起最大疲劳损伤的 15 组热点应力循环并对其进行疲劳损伤度计算。

根据构造的极地航行疲劳工况计算各关键位置在各子工况下的疲劳损伤度 (表 5.2.5 和表 5.2.6)。表 5.2.7 分别给出 #1~#5 舷侧肋骨和外板在 10 组典型工况下的疲劳损伤度，每组工况的作用时间为 10 min。

表 5.2.5 #3 舷侧肋骨热点应力循环及疲劳损伤度

序号	应力峰值/MPa	应力谷值/MPa	应力幅值/MPa	应力均值/MPa	应力范围/MPa	疲劳损伤度
1	91.21	2.32	44.45	46.77	88.89	2.51×10^{-7}
2	85.89	0.05	42.92	42.97	85.84	2.19×10^{-7}
3	84.75	0.86	41.95	42.81	83.89	2.04×10^{-7}
4	76.77	6.01	35.38	41.39	70.76	1.10×10^{-7}
5	74.65	8.13	33.26	41.39	66.52	8.78×10^{-8}
6	69.57	7.23	31.17	38.40	62.34	6.94×10^{-8}
7	43.53	1.30	21.12	22.42	42.23	1.63×10^{-8}
8	55.15	15.61	19.77	35.38	39.54	1.33×10^{-8}
9	40.1	0.75	19.68	20.43	39.35	1.31×10^{-8}
10	39.71	3.68	18.02	21.70	36.03	9.50×10^{-9}
11	38.43	2.75	17.84	20.59	35.68	9.17×10^{-9}
12	34.62	0.05	17.29	17.34	34.57	8.18×10^{-9}
13	33.76	1.38	16.19	17.57	32.38	6.45×10^{-9}
14	31.46	0.04	15.71	15.75	31.42	5.78×10^{-9}
15	31.99	0.85	15.57	16.42	31.14	5.60×10^{-9}

表 5.2.6 外板热点应力循环及疲劳损伤度

序号	应力峰值/MPa	应力谷值/MPa	应力幅值/MPa	应力均值/MPa	应力范围/MPa	疲劳损伤度
1	38.13	0.98	18.58	19.56	37.15	4.21×10^{-9}
2	35.91	0.03	17.94	17.97	35.88	3.71×10^{-9}
3	35.43	0.37	17.53	17.90	35.06	3.41×10^{-9}
4	32.10	2.51	14.80	17.31	29.59	1.84×10^{-9}
5	31.21	3.39	13.91	17.30	27.82	1.48×10^{-9}
6	29.08	3.01	13.04	16.05	26.07	1.17×10^{-9}
7	18.20	0.55	8.83	9.38	17.65	2.83×10^{-10}
8	23.06	6.54	8.26	14.80	16.52	2.23×10^{-10}
9	16.76	0.31	8.23	8.54	16.45	2.19×10^{-10}
10	16.60	1.54	7.53	9.07	15.06	1.59×10^{-10}
11	16.07	1.15	7.46	8.61	14.92	1.54×10^{-10}
12	14.48	0.01	7.24	7.25	14.47	1.38×10^{-10}
13	14.12	0.57	6.78	7.35	13.55	1.09×10^{-10}
14	13.15	0.01	6.57	6.58	13.14	9.71×10^{-11}
15	13.37	0.36	6.51	6.87	13.01	9.37×10^{-11}

5.2 船舶结构的冰激疲劳分析

表 5.2.7 典型工况下关键位置的疲劳损伤度

序号	冰厚/cm	航速/kn	#1肋骨	#2肋骨	#3肋骨	#4肋骨	#5肋骨	外板
1	222	6.2	3.91×10^{-5}	3.65×10^{-5}	5.44×10^{-5}	5.73×10^{-6}	5.61×10^{-6}	1.98×10^{-6}
2	198	6.4	6.14×10^{-6}	5.73×10^{-6}	8.55×10^{-6}	9.01×10^{-7}	8.81×10^{-7}	3.11×10^{-7}
3	196	7.7	7.24×10^{-6}	6.75×10^{-6}	1.01×10^{-5}	1.06×10^{-6}	1.04×10^{-6}	3.66×10^{-7}
4	181	6.9	5.00×10^{-6}	4.66×10^{-6}	6.96×10^{-6}	7.33×10^{-7}	7.17×10^{-7}	2.53×10^{-7}
5	166	5.5	4.48×10^{-6}	4.18×10^{-6}	6.24×10^{-6}	6.57×10^{-7}	6.43×10^{-7}	2.27×10^{-7}
6	158	7.1	1.22×10^{-6}	1.14×10^{-6}	1.70×10^{-6}	1.79×10^{-7}	1.75×10^{-7}	6.16×10^{-8}
7	147	5.3	5.50×10^{-7}	5.13×10^{-7}	7.65×10^{-7}	8.07×10^{-8}	7.89×10^{-8}	2.78×10^{-8}
8	128	4.5	2.94×10^{-8}	2.75×10^{-8}	4.10×10^{-8}	4.32×10^{-9}	4.22×10^{-9}	1.49×10^{-9}
9	112	6.6	1.98×10^{-8}	1.84×10^{-8}	2.75×10^{-8}	2.90×10^{-9}	2.84×10^{-9}	9.99×10^{-10}
10	80	4.1	2.04×10^{-9}	1.90×10^{-9}	2.84×10^{-9}	2.99×10^{-10}	2.92×10^{-10}	1.03×10^{-10}

"雪龙"号在我国第 8 次北极科学考察中的航行天数为 83 天,总航程约为 20000 n mile, 其中冰区航程 1995 n mile。这里主要对其航行于中央航道的 1700 n mile 航程的现场测量数据进行分析,由式 (5.2.1) 计算实测冰载荷引起关键位置的累积损伤度 D:

$$D = \sum_{j=1}^{k}\sum_{i=1}^{l} D_{ji} = \sum_{j=1}^{k}\sum_{i=1}^{l} \frac{n_{ji}}{N_{ji}} = \sum_{j=1}^{k}\sum_{i=1}^{l} \frac{t_j P_j n_i}{t_{\text{ice}} P_j N_i} \qquad (5.2.1)$$

式中,D_{ji} $(i=1,2,\cdots,l; j=1,2,\cdots,k)$ 为一个航次内 k 个疲劳工况的 l 个应力循环所产生的疲劳损伤度;t_j 和 t_{ice} 分别为第 j 个疲劳工况的作用时间和冰区航行总时间;P_j 为第 j 个疲劳工况的出现概率;n_i 和 N_i 分别为结构在第 j 个疲劳工况的第 i 个应力循环下实际经历的应力循环次数和直至发生疲劳破坏时总共经历的应力循环次数;n_{ji} 和 N_{ji} 则为第 j 个疲劳工况出现概率为 P_j 时的实际应力循环次数与总应力循环次数。

整个航次内实测冰载荷作用下船首结构关键位置的累积损伤度列于表 5.2.8。由此可见,舷侧肋骨的腹板与翼缘连接处是关键位置,其累积损伤度较大,发生疲劳破坏的风险最高,尤其是船–冰碰撞区域中心位置的舷侧肋骨;其次是外板的累积损伤度较大。从表中可以看出,#3 舷侧肋骨关键位置处的累积损伤度最大,

表 5.2.8 船首结构关键位置的累积损伤度

关键位置	累积损伤度
#1 肋骨	1.205×10^{-2}
#2 肋骨	1.125×10^{-2}
#3 肋骨	1.678×10^{-2}
#4 肋骨	1.796×10^{-3}
#5 肋骨	1.730×10^{-3}
外板	6.096×10^{-4}

将其作为危险结构进行疲劳寿命评估,得到其疲劳寿命为 59.6 年。舷侧肋骨的厚度相比于外板较薄,焊接位置处的几何不连续会产生应力集中现象,热点应力较大,容易发生疲劳破坏。可以采用增加板厚、设置中间加强肋骨等方式进行冰区加强,以延长疲劳寿命。

5.3 海洋工程结构的冰激疲劳分析

海洋工程结构产生疲劳破坏的主要原因之一是,其在外部海洋环境如风、浪、流、冰等交变循环载荷的重复激励作用下发生失效。近年来,随着海洋工程技术的进步,渤海日益成为我国海上风电技术研发与应用的重要海域。然而,渤海北部的辽东湾会在冬季结冰。海上风机属于固有频率较低的高耸柔性结构,相比于海洋平台,其冰激振动与冰激疲劳问题更为严峻。目前,人们已在现场监测、模型试验、数值分析等方面对海洋平台的冰激振动与冰激疲劳问题开展了广泛研究(岳前进等, 2011; Nord et al., 2015; Huang et al., 2013; 刘圆等, 2006),而对海上风机的冰激疲劳分析还较为少见,通常采用将海洋平台的研究方法与海上风机的自身特性相结合的方式开展分析。Faley 和 Garcia-Sanz (2011) 建立了考虑海冰和潮汐影响的海上风机动态模型,通过改变额定扭矩以降低海冰和潮汐影响下涡轮机组的运动,最终实现减轻风机结构疲劳的目的;Hendrikse 和 Koot (2019) 提出了一种计算由频率锁定振动引起的风机结构疲劳的方法,通过数值模拟得到了浮冰漂移影响下风机结构寿命周期内频率锁定的循环次数。在国内研究中,张毅等 (2018) 结合 Kaimal 风速谱和 Kärnä 冰力谱,分析了海上风机结构在风力与(或)冰力作用下的运动响应与疲劳损伤;刘浩然等 (2019) 运用随机振动理论与主应力线性化方法在频域内对冰区海上风机结构进行了疲劳损伤评估。下面以冰区海上风机结构为例,基于渤海 JZ20-2 油气作业区的现场监测数据,分别从时域和频域的角度对海洋工程结构的冰激疲劳分析进行详细介绍。

5.3.1 冰激疲劳环境参数与疲劳工况

冰激疲劳环境参数是影响海洋工程结构热点应力的关键因素,通过对其进行概率分析以构造合理的疲劳工况,是开展海洋工程结构冰激疲劳分析的重要前提。

1. 冰激疲劳环境参数

对海洋工程结构的疲劳损伤分析中,首先的工作是对疲劳环境条件的准确统计分析,其主要包括有效冰期、冰厚、冰速等。

1) 有效冰期的确定

冰期可分为总冰期和有效冰期。总冰期是指一年中海冰从首次出现到完全消失的天数;有效冰期则指一年中某海域全天各时段有海冰覆盖的天数。海洋工

5.3 海洋工程结构的冰激疲劳分析

程中常采用有效冰期计算结构的疲劳损伤。基于渤海辽东湾 JZ20-2 油气作业区 20 余年的现场观测数据，统计得到如图 5.3.1 所示的总冰期和有效冰期，并将 2012~2017 年有效冰期的数学期望 44 天作为冰激疲劳环境参数。

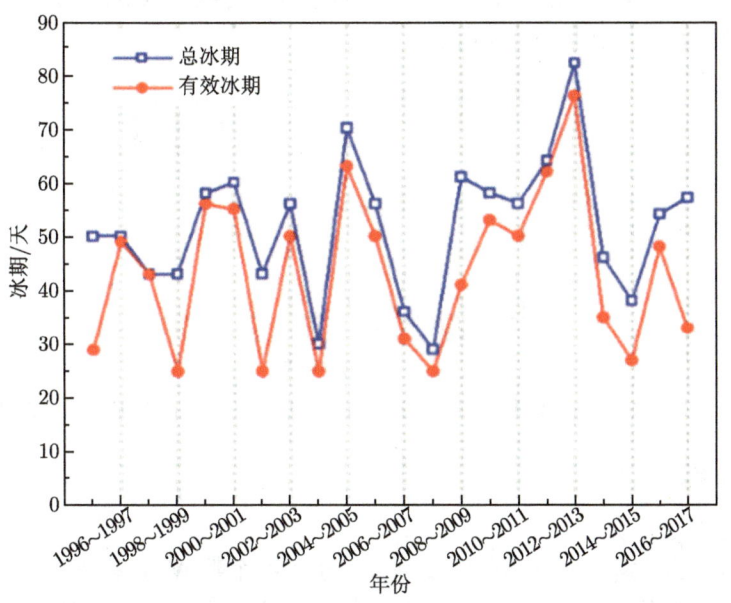

图 5.3.1 渤海辽东湾 JZ20-2 油气作业区 1996~2017 年的总冰期和有效冰期

2) 冰厚的概率分布

对渤海辽东湾 JZ20-2 油气作业区现场观测数据的统计结果表明，冰厚可由对数正态分布表征，且通过显著水平 $\alpha = 0.05$ 的 K-S 检验 (季顺迎等, 2002)。冰厚的概率密度函数可表示为式 (5.1.2)，式中冰厚方差和均值的取值分别为 $\sigma_h = 0.4365$，$\mu_h = 2.0918$。冰厚的观测数据及拟合曲线如图 5.3.2 所示。

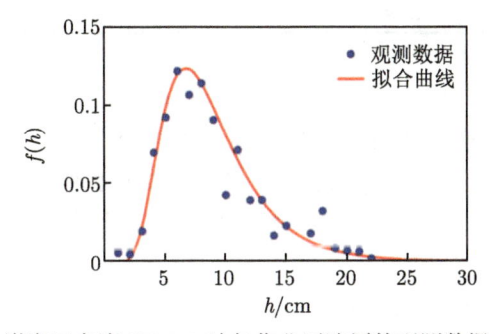

图 5.3.2 渤海辽东湾 JZ20-2 油气作业区冰厚的观测数据及拟合曲线

3) 冰速的概率分布

对渤海辽东湾 JZ20-2 油气作业区现场观测数据的统计结果表明，冰速可由瑞利分布表征，且通过显著水平 $\alpha = 0.05$ 的 K-S 检验 (季顺迎等, 2002)。冰速的概率密度函数可表示为式 (5.1.5)，式中冰厚方差的取值为 $\sigma_v = 14.49$。冰速的观测数据及拟合曲线如图 5.3.3 所示。

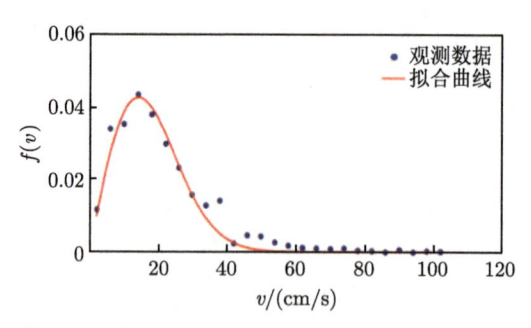

图 5.3.3 渤海辽东湾 JZ20-2 油气作业区冰速的观测数据及拟合曲线

2. 冰激疲劳工况

1) 冰厚子工况

根据实测数据选取冰厚范围及划分的子工况个数 N，可得冰厚跨度为 Δh。各冰厚工况的概率分布可由式 (5.1.3) 表示，最小冰厚取 6 cm，最大冰厚取 30 cm，划分成 5 个工况，由此得到各冰厚工况对应的出现概率，列于表 5.3.1(巴越乔, 2019)。

表 5.3.1 冰厚子工况的划分及出现概率

冰厚/cm	出现概率	冰厚/cm	出现概率
6	6.85×10^{-1}	24	1.67×10^{-2}
12	2.36×10^{-1}	30	5.08×10^{-3}
18	6.08×10^{-2}		

2) 冰速子工况

根据实测数据选取冰速范围及划分的子工况个数 M，可得冰速跨度为 Δv。各冰速子工况的概率分布可由式 (5.1.6) 表示，最小冰速取 10 cm/s，最大冰速取 100 cm/s，划分成 10 个子工况，由此得到各冰速子工况对应的出现概率，列于表 5.3.2。

3) 冰厚和冰速的联合疲劳工况

仅考虑冰厚与冰速两个因素，选取的冰厚范围为 6~30 cm，Δh=6 cm，N=5；冰速范围为 10~100 cm/s，Δv=10 cm/s，M=10，由此组合出 50 种疲劳工况。

5.3 海洋工程结构的冰激疲劳分析

假设冰厚与冰速互相独立,则第 j 个疲劳工况的出现概率 $P_j(j=1,2,\cdots,k)$ 为该工况对应冰厚和冰速子工况的联合概率分布。疲劳工况的具体划分及对应的出现概率如图 5.3.4 所示,由此可知,冰速 10~60 cm/s、冰厚 6~12 cm 是疲劳工况经常出现的范围。

表 5.3.2 冰速子工况的划分及出现概率

冰速/(cm/s)	出现概率	冰速/(cm/s)	出现概率
10	1.14×10^{-1}	60	8.22×10^{-2}
20	1.90×10^{-1}	70	4.37×10^{-2}
30	2.11×10^{-1}	80	2.02×10^{-2}
40	1.84×10^{-1}	90	8.11×10^{-3}
50	1.33×10^{-1}	100	2.85×10^{-3}

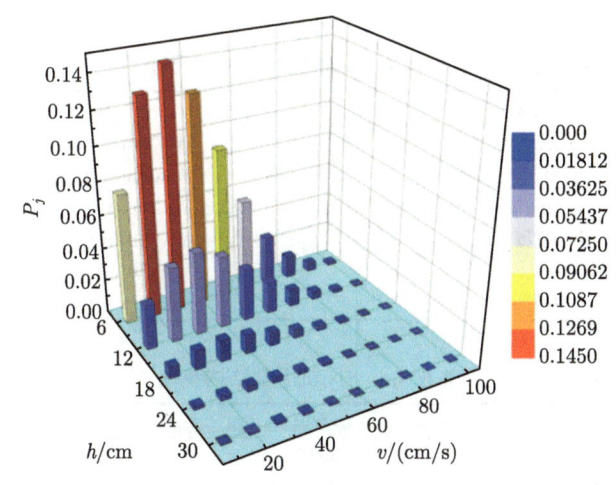

图 5.3.4 冰厚–冰速联合疲劳工况的具体划分及对应的出现概率 (巴越乔, 2019)

5.3.2 海洋工程结构的时域冰激疲劳分析

下面以冰区海上风电基础结构为例,介绍其冰激疲劳寿命的分析过程。疲劳环境参数会因不同作业海域的地理位置差别而存在很大差异,需要在具体工程应用中合理确定。

1. 冰区海上风机结构模型的建立

对于单立柱三桩腿固定式支撑的风机结构,采用梁单元建立如图 5.3.5 所示的有限元计算模型,各主要构件的尺寸列于表 5.3.3。由于这里重点研究立柱及支撑桩腿的冰激疲劳,所以以集中质量单元模拟上部结构的质量与转动惯量,具体参数列于表 5.3.4。

M0 — 质量点 M0

上部立柱 70 m

水线位置

过渡段立柱 20 m

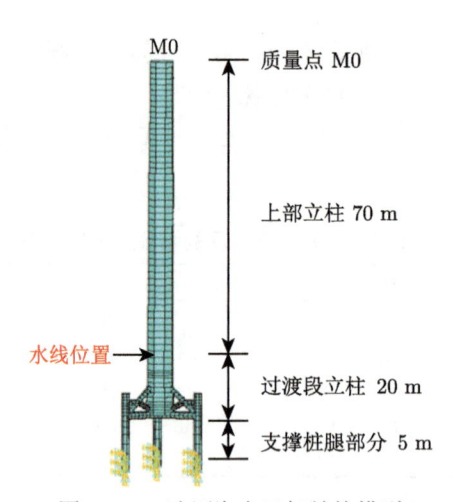

支撑桩腿部分 5 m

图 5.3.5　冰区海上风机结构模型

表 5.3.3　风机结构的构件尺寸

构件名称	构件尺寸
上部立柱	ϕ4.30m × 4.18m × 70.0m
过渡段立柱	ϕ5.00m × 4.88m × 20.0m
桩腿	ϕ1.40m × 1.34m × 20.0m
水平支撑	ϕ0.76m × 0.67m × 10.0m
	ϕ0.76m × 0.67m × 3.5m
斜撑	ϕ0.76m × 0.67m × 14.0m

表 5.3.4　风机上部结构参数

参数	数值	单位
总质量	239.70	t
绕 x 轴转动惯量	4.00×10^7	kg·m^2
绕 y 轴转动惯量	2.52×10^7	kg·m^2
绕 z 轴转动惯量	2.53×10^7	kg·m^2

对风机结构进行模态分析，得到其前五阶模态列于表 5.3.5，前五阶振型如图 5.3.6 所示。由此可见，结构的前三阶振型为 x 方向弯曲、y 方向弯曲、z 方向扭转，风机结构的基频为 0.28 Hz，属于柔度较大的结构。

表 5.3.5　风机结构的前五阶模态

阶数	自振频率/Hz	阶数	自振频率/Hz
1	0.2814	4	1.1244
2	0.2815	5	1.1874
3	0.5413	—	—

5.3 海洋工程结构的冰激疲劳分析

图 5.3.6 风机结构的前五阶振型

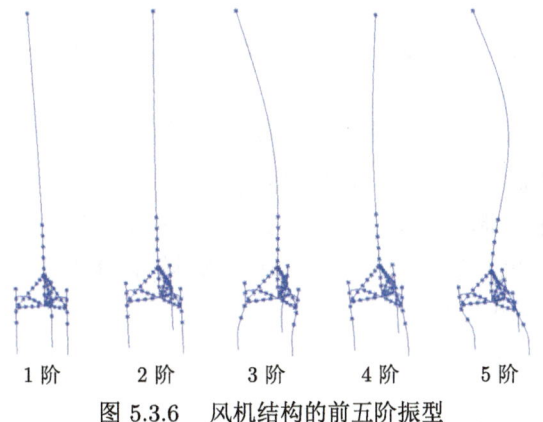

2. 锥体结构冰载荷时程的构造

海上风机结构的高度一般为 50~70 m，属于典型的高耸柔性结构。当海冰与直立柔性结构相互作用时，会因发生挤压破坏而产生周期性的冰载荷，进而导致结构产生冰激振动。在渤海导管架平台、海上风机等结构的抗冰设计中，通过安装锥体结构可以有效地降低冰载荷与冰激振动 (岳前进等, 2011)。

根据现场监测数据构造出的锥体结构随机冰力函数 $f_i(t)$ 可写作 (岳前进等, 2008)

$$f_i(t) = \begin{cases} \dfrac{6F_{0i}}{T_i}, & 0 < t \leqslant \dfrac{T_i}{6} \\ 2F_{0i} - \dfrac{6F_{0i}}{T_i}t, & \dfrac{T_i}{6} < t \leqslant \dfrac{T_i}{3} \\ 0, & \dfrac{T_i}{3} < t \leqslant T_i \end{cases} \tag{5.3.1}$$

式中，T_i 为第 i 个冰载荷周期的持续时间；F_{0i} 为第 i 个周期内的峰值载荷，由现场监测数据得到

$$F_0 = 3.2\sigma_\mathrm{f} h_\mathrm{i}^2 \left(\dfrac{D}{L_\mathrm{b}}\right)^{0.34} \tag{5.3.2}$$

这里，D 为风机与海冰接触部位的直径；σ_f 为海冰弯曲强度；h_i 为海冰厚度；L_b 为海冰断裂长度，其与冰速 v_i 之比即为冰载荷周期的持续时间 T。

由式 (5.3.1) 和式 (5.3.2)，整个时域内的锥体结构随机冰力函数 $F(t)$ 可表示为

$$F(t) = \sum_{i=1}^{N} f_i\left(t - t_i^0\right) \tag{5.3.3}$$

式中，N 为冰载荷的周期总数；当 $i=1$ 时，$t_i^0=0$；当 $i>1$ 时，$t_i^0=\sum_{j=1}^{i-1}T_i$。

3. 风机结构的时域冰激疲劳损伤评估

针对划分的冰激疲劳工况，基于锥体结构随机冰力函数分别对 50 种冰厚、冰速组合条件下的冰载荷时程进行构造。图 5.3.7 展示了疲劳工况为冰厚 6 cm、冰速 10 cm/s 时的情况。通过动力学分析确定风机结构在上述冰载荷时程作用下的热点应力，如图 5.3.8 所示。

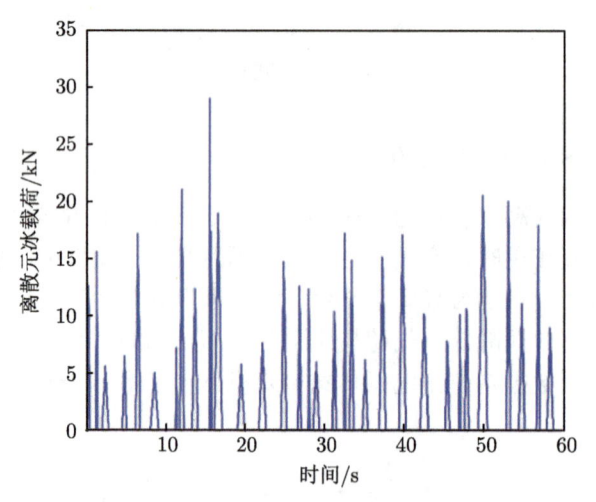

图 5.3.7　风机结构的冰载荷时程 (冰厚 6 cm，冰速 10 cm/s)

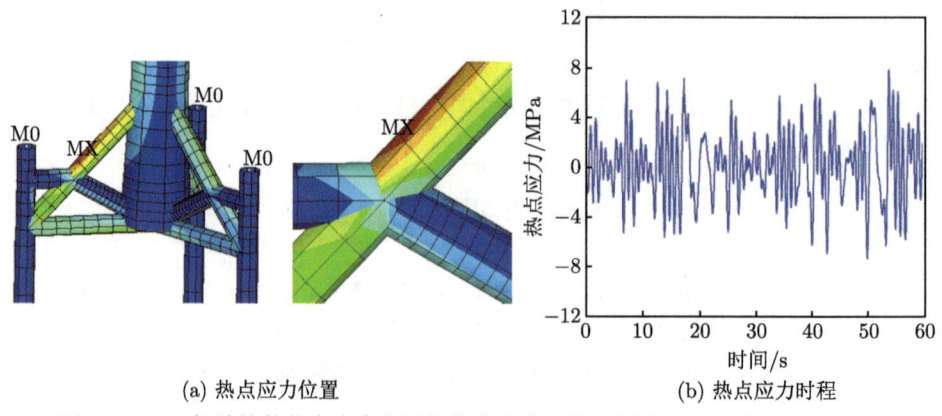

(a) 热点应力位置　　(b) 热点应力时程

图 5.3.8　风机结构的热点应力位置与热点应力时程 (冰厚 6 cm，冰速 10 cm/s)

随后采用雨流计数法统计得到如图 5.3.9 所示的不同热点应力幅值对应的循

环次数。最后由式 (5.2.1) 计算风机结构在各工况下的疲劳损伤度，并通过线性累加求得累积损伤。海洋工程中常将 $1/(\delta D)$ 作为结构的疲劳寿命，这里安全系数 $\delta = 7$。由表 5.3.6 中的结果，可获得风机结构的累积损伤度为 1.84×10^{-3}，由此确定其疲劳寿命为 77.6 年。

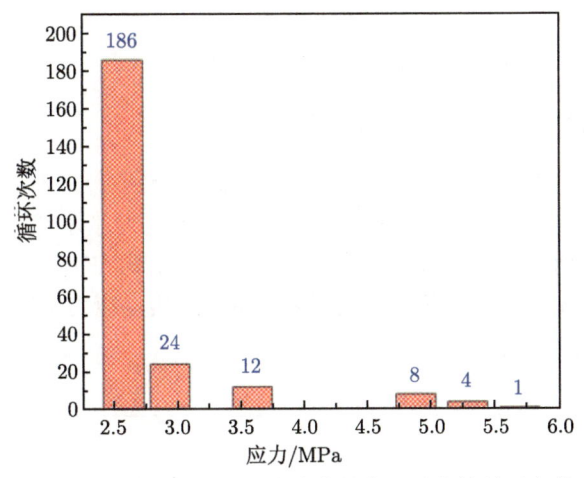

图 5.3.9 风机结构的热点应力幅值及对应的循环次数

表 5.3.6 风机结构在各工况下的疲劳损伤度 (时域)

冰速/(cm/s)	冰厚/cm				
	6	12	18	24	30
10	4.171×10^{-7}	5.386×10^{-6}	9.548×10^{-5}	7.109×10^{-5}	3.717×10^{-6}
20	9.947×10^{-7}	8.496×10^{-5}	2.828×10^{-4}	5.927×10^{-5}	2.991×10^{-6}
30	7.826×10^{-6}	9.811×10^{-5}	6.496×10^{-4}	5.208×10^{-5}	1.145×10^{-6}
40	1.826×10^{-6}	5.049×10^{-5}	3.117×10^{-5}	4.626×10^{-5}	8.902×10^{-7}
50	1.108×10^{-6}	4.386×10^{-5}	1.657×10^{-5}	3.109×10^{-5}	7.844×10^{-7}
60	1.021×10^{-6}	3.477×10^{-5}	9.129×10^{-6}	2.979×10^{-5}	6.673×10^{-7}
70	7.811×10^{-7}	3.386×10^{-5}	8.496×10^{-6}	2.095×10^{-5}	4.495×10^{-7}
80	5.642×10^{-7}	6.496×10^{-6}	5.526×10^{-6}	1.526×10^{-5}	2.095×10^{-7}
90	1.439×10^{-7}	3.117×10^{-6}	4.902×10^{-6}	9.717×10^{-6}	7.844×10^{-7}
100	1.049×10^{-7}	2.272×10^{-6}	3.477×10^{-7}	8.902×10^{-6}	3.944×10^{-7}

5.3.3 海洋工程结构的频域冰激疲劳分析

1. 锥体结构冰载荷谱的构造

冰载荷谱是介于宽带谱和窄带谱之间的一种谱形式，只有一个峰值，与波浪谱形式比较接近。基于这一特点，引入波浪谱分析理论作为参考，对锥体结构冰载荷进行谱分析。波浪理论中，波浪谱一般具有 Neumann 谱形式。考虑冰载荷谱与之相似，采用 Neumann 谱的表达式作为锥体结构冰载荷谱的基本形式 (岳前进等, 2008)：

$$S(f) = \frac{10.88\overline{F_0}^2\overline{T}^{-2.5}}{f^{3.5}} e^{\frac{5.47\overline{T}^{-0.64}}{f^{0.64}}} \quad (5.3.4)$$

式中，$\overline{F_0}$ 和 $\overline{T}$ 分别为冰载荷幅值和周期的均值。

2. 风机结构的频域冰激疲劳损伤评估

针对划分的疲劳工况，基于锥体结构冰载荷谱分别对 50 种冰厚、冰速组合条件下的冰载荷谱进行构造，图 5.3.10 展示了疲劳工况为冰厚 6 cm、冰速 10 cm/s 时的情况。通过功率谱密度 (PSD) 分析确定风机结构在上述冰载荷谱作用下的热点应力谱，如图 5.3.11 所示。由此可见，图中的热点应力位置与时域分析一致，均位于风机支撑结构的交界处。

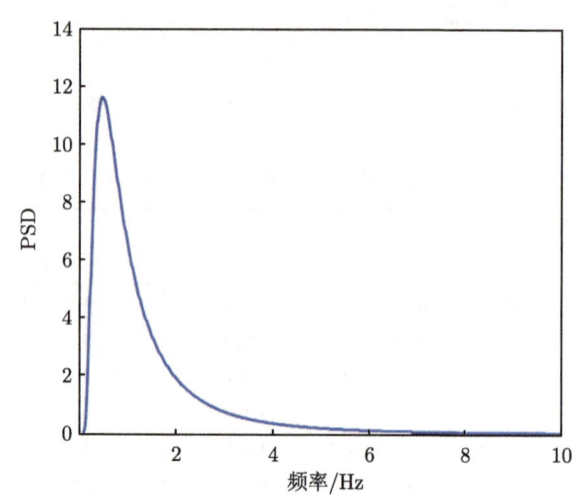

图 5.3.10　风机结构的冰载荷谱 (冰厚 6 cm，冰速 10 cm/s)

按照瑞利分布确定热点应力概率密度曲线。应力峰值的概率密度函数 $p(\sigma)$ 可表示为 (许宁, 2011)

$$p(\sigma) = \frac{\sigma}{\sigma_s^2} e^{-\frac{\sigma^2}{2\sigma_s^2}} \quad (5.3.5)$$

式中，σ_s 为应力标准差，50 种冰厚、冰速组合条件下的应力标准差列于表 5.3.7。图 5.3.12 展示了疲劳工况为冰厚 6 cm、冰速 10 cm/s 时的风机结构热点应力概率密度曲线。

5.3 海洋工程结构的冰激疲劳分析

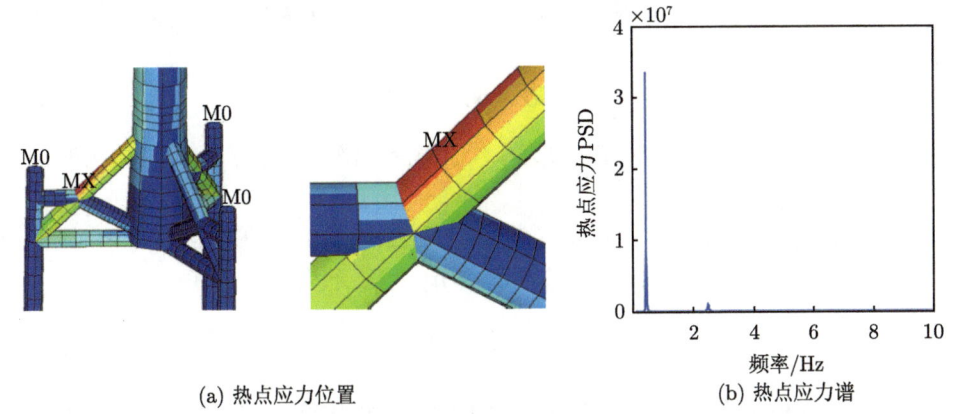

(a) 热点应力位置　　　　(b) 热点应力谱

图 5.3.11　风机结构的热点应力位置与热点应力谱 (冰厚 6 cm，冰速 10 cm/s)

表 5.3.7　各工况下的应力标准差

冰速/(cm/s)	冰厚/cm				
	6	12	18	24	30
10	3.56	9.42	24.21	22.31	8.64
20	3.98	10.35	24.57	22.98	8.96
30	4.63	10.69	25.53	23.51	9.51
40	6.20	12.08	26.04	23.60	8.27
50	7.69	12.98	26.29	23.27	8.06
60	6.85	10.38	24.54	22.24	6.80
70	5.73	9.16	23.05	21.80	6.64
80	4.72	8.25	15.63	17.17	5.97
90	3.61	7.03	13.16	13.74	3.82
100	3.14	6.12	10.19	11.96	2.19

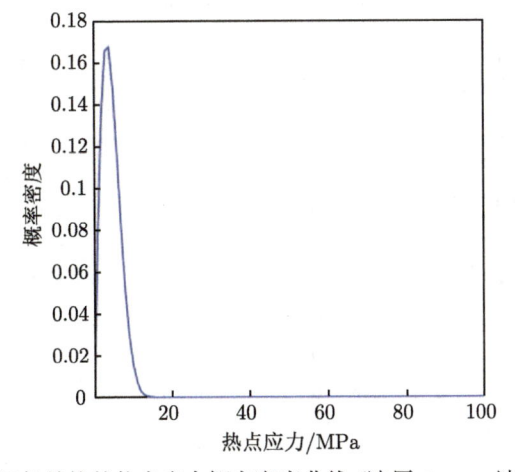

图 5.3.12　风机结构的热点应力概率密度曲线 (冰厚 6 cm，冰速 10 cm/s)

通过计算每种工况下的应力循环次数，结构在一年内出现的总应力循环次数 n_j 可表示为

$$n_j = 60 \times 60 \times 24 d P_j f \tag{5.3.6}$$

式中，d 为有效冰期的天数；P_j 为第 j 个工况的出现概率；f 为风机结构的自振频率。

对式 (5.3.5) 积分可得到第 i 个应力循环 $\Delta\sigma_i$ 的出现概率 $P(\Delta\sigma_i)$，则第 j 个工况下第 i 个应力循环 $\Delta\sigma_i$ 的循环次数 n_{ji} 可表示为

$$n_{ji} = n_j P(\Delta\sigma_i) \tag{5.3.7}$$

由式 (5.3.8) 计算风机结构在各工况下的疲劳损伤度，并通过线性累加求得累积损伤度：

$$D = \sum_{j=1}^{k}\sum_{i=1}^{l} D_{ji} = \sum_{j=1}^{k}\sum_{i=1}^{l}\left(\frac{n_{ji}^{1\sigma}}{N_{ji}^{1\sigma}} + \frac{n_{ji}^{2\sigma}}{N_{ji}^{2\sigma}} + \frac{n_{ji}^{3\sigma}}{N_{ji}^{3\sigma}}\right) \tag{5.3.8}$$

式中，$D_{ji}(i=1,2,\cdots,l;j=1,2,\cdots,k)$ 为一年内 k 个疲劳工况的 l 个应力循环所产生的疲劳损伤度；$n_{ji}^{1\sigma}$、$n_{ji}^{2\sigma}$、$n_{ji}^{3\sigma}$ 分别为结构在第 j 个疲劳工况的第 i 个应力循环下在 1σ、2σ、3σ 应力区间内实际经历的应力循环次数；$N_{ji}^{1\sigma}$、$N_{ji}^{2\sigma}$、$N_{ji}^{3\sigma}$ 分别为结构在第 j 个疲劳工况的第 i 个应力循环下在 1σ、2σ、3σ 应力区间内直至发生疲劳破坏时总共经历的应力循环次数 (张大勇等, 2015)。由表 5.3.8 中的计算结果，可获得风机结构的累积损伤度为 2.42×10^{-3}，由此确定其疲劳寿命为 59 年。

表 5.3.8 风机结构在各工况下的疲劳损伤度 (频域)

冰速/(cm/s)	冰厚/cm				
	6	12	18	24	30
10	2.19×10^{-7}	3.54×10^{-6}	7.75×10^{-5}	1.47×10^{-5}	1.54×10^{-5}
20	3.17×10^{-7}	4.63×10^{-6}	7.12×10^{-5}	1.83×10^{-5}	1.93×10^{-5}
30	4.58×10^{-7}	5.03×10^{-6}	1.08×10^{-4}	3.85×10^{-5}	2.93×10^{-5}
40	6.70×10^{-7}	1.01×10^{-5}	2.09×10^{-4}	4.95×10^{-5}	4.13×10^{-5}
50	2.45×10^{-7}	2.75×10^{-6}	7.15×10^{-5}	5.77×10^{-6}	1.42×10^{-5}
60	1.46×10^{-7}	1.95×10^{-6}	6.48×10^{-5}	4.50×10^{-6}	8.91×10^{-6}
70	9.64×10^{-7}	1.88×10^{-5}	5.45×10^{-4}	3.55×10^{-5}	6.86×10^{-5}
80	8.77×10^{-7}	1.67×10^{-5}	3.80×10^{-4}	2.70×10^{-5}	5.87×10^{-5}
90	5.84×10^{-7}	8.46×10^{-6}	2.07×10^{-4}	3.93×10^{-5}	4.12×10^{-5}
100	1.69×10^{-7}	2.75×10^{-6}	5.53×10^{-5}	1.13×10^{-5}	1.09×10^{-5}

5.4 小　　结

本章基于 $S\text{-}N$ 曲线和 Miner 线性累积损伤理论，详细阐述了船舶与海洋工程结构冰激疲劳分析过程。从冰激疲劳环境模型、$S\text{-}N$ 曲线和疲劳累积损伤模型、疲劳热点应力幅值分析、冰激疲劳评估流程等四个方面系统介绍了当前船舶与海洋工程结构冰激疲劳分析的主流方法。在时域方法和频域方法的比较上，前者的计算效率低但计算精度高，且对冰载荷数据完整性的要求较高；后者的计算效率高但计算精度低，且仅适用于线性系统。依照上述方法和流程，以"雪龙"号科学考察船为例，基于我国第 8 次北极科学考察中的现场观测数据，确定了冰厚与航速的概率分布与变化范围，并据此构造冰激疲劳工况；基于实测冰载荷时程，通过动力学分析确定关键位置及相应的热点应力，并采用雨流计数法统计应力循环次数；最后通过 $S\text{-}N$ 曲线和 Miner 线性累积损伤理论进一步计算出累积损伤度与疲劳寿命。以冰区海上风机结构为例，基于渤海辽东湾 JZ20-2 油气作业区的现场观测数据，除采用与上述船舶结构冰激疲劳分析相同的时域方法外，还从频域的角度对海洋工程结构的冰激疲劳损伤进行了评估。基于锥体结构冰载荷谱，通过 PSD 分析确定热点应力位置及相应的热点应力谱；根据瑞利分布拟合应力峰值的概率密度，并通过积分得到应力循环的出现概率；结合有效冰期、固有频率、疲劳工况出现概率以及应力循环出现概率，在 $\pm1\sigma$、$\pm2\sigma$、$\pm3\sigma$ 应力区间内计算应力循环次数，进而得出累积损伤度与疲劳寿命。与 $S\text{-}N$ 曲线法相比，断裂力学为详细的疲劳分析提供了有力工具。将断裂力学的方法引入船舶与海洋工程结构冰激疲劳评估，建立适合船舶与海洋工程结构的表面裂纹应力强度因子及裂纹扩展法则，从而形成一套基于断裂力学的船舶与海洋工程结构冰激疲劳评估方法是今后的重要研究方向。

参 考 文 献

巴越乔. 2019. 冰区固定式海上风机结构的冰激疲劳分析 [D]. 大连: 大连理工大学.

陈崧, 竺一峰, 胡嘉骏, 等. 2014. 船体结构 $S\text{-}N$ 曲线选取方法 [J]. 舰船科学技术, 36(1): 22-26.

郝光华, 赵杰臣, 李春花, 等. 2018. 2017 年夏季北极中央航道海冰观测特征及海冰密集度遥感产品评估 [J]. 海洋学报, 40(11): 56-65.

胡毓仁, 陈伯真. 1996. 船舶及海洋工程结构疲劳可靠性分析 [M]. 北京: 人民交通出版社.

胡毓仁, 李典庆, 陈伯真. 2010. 船舶与海洋工程结构疲劳可靠性分析 [M]. 哈尔滨: 哈尔滨工程大学出版社.

胡宗武, 董邦宣. 1985. "雨流法"与疲劳寿命估算 [J]. 机械强度, 4: 55-62.

季顺迎, 岳前进, 毕祥军. 2002. 辽东湾 JZ20-2 海域海冰参数的概率分布 [J]. 海洋工程, 20(3): 39-43.

李艳明, 范斌. 2012. 不同外推法及网格精度对焊接接头疲劳寿命计算结果的影响 [J]. 化工设备与管道, 49(5): 11-14.

刘浩然, 郭建廷, 卞向前, 等. 2019. 冰区海上风机支撑结构疲劳评估方法研究 [J]. 海洋工程, 37(6): 130-139.

刘亮, 任慧龙, 汪蕾, 等. 2013. 基于 HCSR 的热点应力插值方法研究 [J]. 船海工程, 42(5): 63-67.

刘圆. 2007. 抗冰海洋平台动力分析与结构选型研究 [D]. 大连: 大连理工大学.

刘圆, 岳前进, 屈衍, 等. 2006. 抗冰导管架平台冰激疲劳寿命估计 [J]. 海洋工程, 24(4): 15-19.

罗本永, 张升明, 陈忱. 2020. 基于冰载荷引起的船体结构疲劳损伤分析方法 [J]. 船舶工程, 42(9): 19-24, 69.

欧进萍. 2004. 海洋平台结构安全评定—理论、方法与应用 [M]. 北京: 科学出版社.

王荣祥. 2008. 冰区在役导管架平台的冰振疲劳研究 [D]. 大连: 大连理工大学.

徐灏. 1988. 疲劳强度 [M]. 北京: 高等教育出版社.

许宁. 2011. 锥体海洋结构的冰荷载研究 [D]. 大连: 大连理工大学.

俞载道, 曹国敖. 1988. 随机振动理论及其应用 [M]. 上海: 同济大学出版社.

岳前进, 刘圆, 屈衍, 等. 2008. 海洋平台的冰力谱与冰振响应分析 [J]. 计算力学学报, 25(5): 665-670.

岳前进, 许宁, 崔航, 等. 2011. 导管架平台安装锥体降低冰振效果研究 [J]. 海洋工程, 29(2): 18-24.

张大勇, 刘笛, 许宁, 等. 2015. 冰激直立腿海洋平台疲劳寿命分析 [J]. 海洋工程, 33(4): 35-44.

张佳丽, 李少彦. 2018. 海上风电产业现状及未来发展趋势展望 [J]. 风能, 104(10): 49-53.

张毅, 马永亮, 曲先强, 等. 2018. 冰区海上风机的动力响应及疲劳分析 [J]. 舰船科学技术, 40(1): 81-85.

郑学祥. 1988. 船舶及海洋工程结构的断裂与疲劳分析 [M]. 北京: 海洋出版社.

中国船级社. 2021. 船体结构疲劳强度指南 [S]. 北京: 人民交通出版社股份有限公司.

中国船级社. 2013. 海洋工程结构物疲劳强度评估指南 [S]. 北京: 人民交通出版社股份有限公司.

周张义, 李芾. 2009. 基于表面外推的热点应力法平板焊趾疲劳分析研究 [J]. 铁道学报, 31(5): 90-96.

Chai W, Leira B J, Naess A. 2018. Short-term extreme ice loads prediction and fatigue damage evaluation for an icebreaker [J]. Ships and Offshore Structures, 13: 127-137.

Dowling N E. 1972. Fatigue-failure predictions for complicated stress-strain histories [J]. J. Mater. ASTM, 7(1): 71-87.

Faley K, Garcia-Sanz M. 2011. Controller design to reduce mechanical fatigue in offshore wind turbines affected by ice and tide [C]. Proceedings of the ASME 2011 International Mechanical Engineering Congress and Exposition, Denver, Colorado, USA.

Hendrikse H, Nord T S. 2019. Dynamic response of an offshore structure interacting with an ice floe failing in crushing [J]. Marine Structures, 65: 271-290.

Huang Y, Ma J, Tian Y. 2013. Model tests of four-legged jacket platforms in ice: Part 1. Model tests and results [J]. Cold Regions Science and Technology, 95: 74-85.

Kim J H. 2020. Development of the analysis procedure for the ice-induced fatigue damage of a ship in broken ice fields [J]. Journal of Offshore Mechanics and Arctic Engineering, 142(6): 1-28.

Klesnil M, Lucas P. 1993. Fatigue of metallic materials [J]. International Journal of Materials Research, 84(4): 291.

Manson S S, Halford G R. 1981. Practical implementation of the double linear damage rule and damage curve approach for treating cumulative fatigue damage [J]. International Journal of Fracture, 17(2): 169-192.

Miner M A. 1945. Cumulative damage in fatigue [J]. Journal of Applied Mechanics Transactions of the ASME, 12(3): 159-164.

Mršnik M, Slavic J, Boltezar M. 2013. Frequency-domain methods for a vibration-fatigue-life estimation. Application to real data [J]. International Journal of Fatigue, 4(7): 8-17.

Nord T S, Lourens E M, Øiseth O, et al. 2015. Model-based force and state estimation in experimental ice-induced vibrations by means of Kalman filtering [J]. Cold Regions Science and Technology, 111: 13-26.

Rychlik I. 1987. A new definition of the rainflow cycle counting method [J]. International Journal of Fatigue, 9(2): 119-121.

Shimokawa T, Tanaka S. 1980. A statistical consideration of Miner Rule [J]. International Journal of Fatigue, 2(4): 165-170.

Wang M, Yao W. 2008. Frequency domain method for fatigue life analysis on notched specimens under random vibration loading [J]. J Nanjing Univ Aeronaut Astronaut, 40(4): 489-492.

第 6 章 船舶与海洋工程结构的冰载荷设计和抗冰性能

随着极地航运和资源开发事业越来越受到重视，极地船舶与海洋工程的结构设计成为当前的研究热点。为了建造安全性高、经济性强的极地装备，需要确定符合实际情况的设计冰载荷。基于理论计算、数值分析、试验测量和航行经验发展而来的众多冰级规范和经验公式，是现阶段船舶与海洋工程结构冰载荷设计的主要方法。在极地船舶的冰级规范中，大致遵循"冰级—船体分区—设计冰载荷"的设计流程确定作用于船舶局部的冰压力；而经验公式通常用于确定不同海冰类型下船舶整体的冰阻力。由于海冰与结构相互作用时的破坏模式与载荷特性对结构形式非常敏感，所以将极地海洋工程分为直立结构和锥体结构，分别从时域和频域探讨这两种结构形式的冰载荷设计。船舶结构的冰区加强和海洋工程结构的抗冰设计是极地航行与作业安全的重要保障。船体冰区加强区域一般是对冰带区的垂直范围，即高位冰区水线 (UIWL) 和低位冰区水线 (LIWL) 的划定；冰区加强内容涉及对外板、肋骨、纵桁等构件的厚度、剪切面积、剖面模数、间距等尺寸参数的计算。抗冰锥体是目前最常见的海洋工程抗冰结构，通常安装在直立结构的水线附近，其工作原理是将海冰的挤压破坏转变为弯曲破坏，以达到降低冰力幅值和消除自激振动的双重目的。下面将分别对船舶与海洋工程结构的冰载荷设计方法进行系统性总结，然后概括性介绍基于冰级规范的船舶结构冰区加强，以及包括抗冰锥体在内的典型海洋工程抗冰结构设计及减振策略。

6.1 船舶结构冰载荷

极地周边各国大多在船舶结构冰载荷设计领域深耕多年，并已逐渐形成较为完善的技术体系，各类冰级规范和经验公式层出不穷，为船舶结构的冰载荷设计提供了极大便利，为极地船舶抗冰性能的显著提升作出了巨大贡献。2007 年，国际船级社协会 (IACS) 和俄罗斯船舶登记局 (RS) 合作，并部分吸取挪威船级社 (DNV) 和其他船级社规范的经验，形成了新的极地船舶联合规范 (IACS UR) (IACS, 2007)。2015 年，中国船级社 (CCS) 参考 IACS 规范，在《钢质海船入级规范 2015》(中国船级社, 2015) 中对极地船舶做出了补充规定；2016 年颁布的《极地船舶指南 2016》(中国船级社, 2016) 为实施上述规范提供了进一步的技术指导。平整冰和碎冰是船舶在冰区航行过程中遇到的主要海冰类型，通过对船舶结构冰载荷时空分布特性的深入研究，Lindqvist、Riska、DuBrovin 等学者总结的平整冰和碎冰环境下的冰阻力经验公式，已成为船舶结构冰载荷设计方法的重要组成部分。

6.1.1 基于冰级规范的船舶冰载荷

由于中国船级社、挪威船级社 (DNV-GL)、法国船级社 (BV)、美国船级社 (ABS) 等船级社在冰载荷的设计上都采用了 IACS 的计算公式，因此本节对 CCS《钢质海船入级规范 2015》中纳入 IACS 极地船舶规范的相关规定进行说明，旨在明确基于冰级规范的船舶结构冰载荷设计流程。通过分析各冰级规范在冰载荷设计方面的区别和联系，进一步指出现行规范的局限性。

1. 基于 IACS 冰级规范的船舶冰载荷设计

对于极地船舶，船东对冰级的适当选择直接关系到设计冰载荷的大小；由于不同船体分区与海冰碰撞的角度、概率都有所不同，所以对船体区域的合理划分亦是开展船舶冰载荷设计乃至冰区加强的重要环节。

1) 冰级

CCS《钢质海船入级规范 2015》第 8 篇第 13 章极地航行船舶的补充规定，直接纳入 IACS 极地船舶规范 (IACS URI1、I2 和 I3)，船舶的冰级列于表 6.1.1，适用于 A 类和 B 类极地船舶和任何存在多年冰水域航行的船舶。不同冰级对应的设计参数取值列于表 6.1.2(Daley, 2000)，表中 P_O 为单位接触面积上作用的平均压力。CCS《钢质海船入级规范 2015》、IACS 极地船舶规范、《俄罗斯船级社规范》(RS)、《芬兰-瑞典冰级规范》(FSICR) 和《加拿大北极防污染规则》(ASPPR) 中的冰级对照见图 6.1.1。

表 6.1.1　船舶的冰级 (中国船级社, 2016)

船舶类别	冰级	冰况		极地操作限制		
		冰类型	最大冰厚	季节	模式
A	PC1	所有冰况		无限制	
	PC2	中等厚度多年冰	3.0 m	全年	独立
	PC3	二年冰，夹旧冰	3.0 m	全年	独立
	PC4	厚当年冰，夹旧冰	2.0 m	全年	独立
	PC5	中等厚当年冰，夹旧冰	1.2 m	全年	独立
B	PC6	中等厚当年冰，夹旧冰	0.95 m	夏秋季	独立
	PC7	薄当年冰，夹旧冰	0.70 m	夏秋季	独立

2) 船体分区

划分极地船舶的船体区域，以反映预期作用在这些区域上的载荷大小。在纵向上分为四个区域：艏部区、艏部过渡区、船中区和艉部区。艏部过渡区、船中区和艉部区在垂向上进一步分为底部区、下部区和冰带区。船体各个区域的范围见图 6.1.2，相关参数说明详见 CCS《钢质海船入级规范 2015》第 8 篇第 13 章第 2 节。

表 6.1.2 不同冰级对应的设计参数取值 (Daley, 2000)

冰级	航速/(m/s)	P_O/MPa	名义冰厚/m	冰弯曲强度/MPa
PC1	5.70	6.00	7.0	1.40
PC2	4.40	4.20	6.0	1.30
PC3	3.50	3.20	5.0	1.20
PC4	2.75	2.45	4.0	1.10
PC5	2.25	2.00	3.0	1.00
PC6	2.25	1.40	2.8	0.70
PC7	1.75	1.25	2.5	0.65

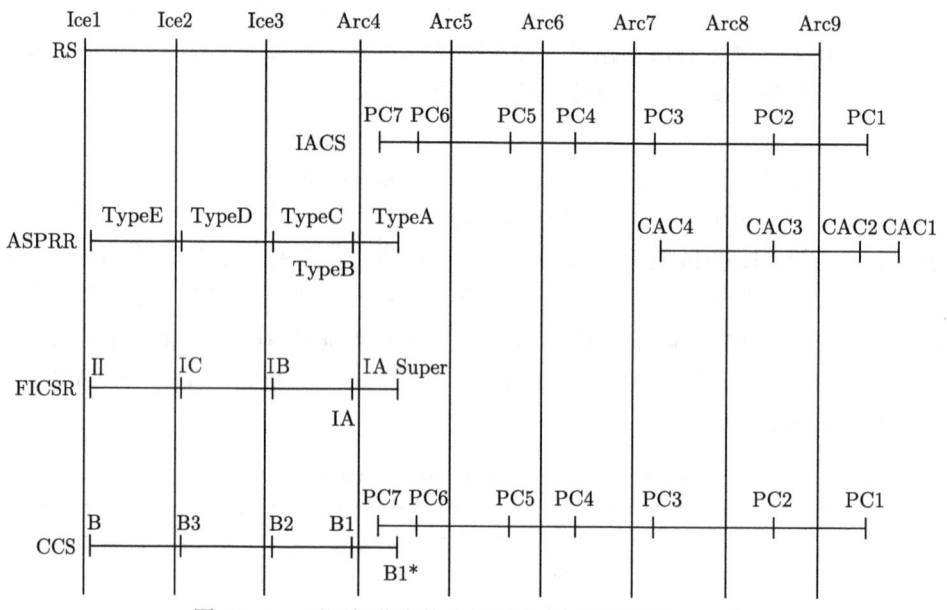

图 6.1.1 不同规范中的冰级对照 (中国船级社, 2016)

3) 设计冰载荷

对于所有的极地船舶，船首所受浮冰碰撞摩擦的作用力一般作为船舶结构设计的冰载荷。设计冰载荷由均匀分布在一个长方形载荷作用板（高 b 和宽 w）上的平均压力 P_{avg} 表征；所有极地船舶的艉部区，以及 PC6 和 PC7 级船舶的艉部过渡区中的冰带区范围内，冰载荷参数为实际艉部形状的函数。为确定冰载荷参数（P_{avg}、b 和 w），应要求对艉部区的分区之中的下列冰载荷特征参数进行计

6.1 船舶结构冰载荷

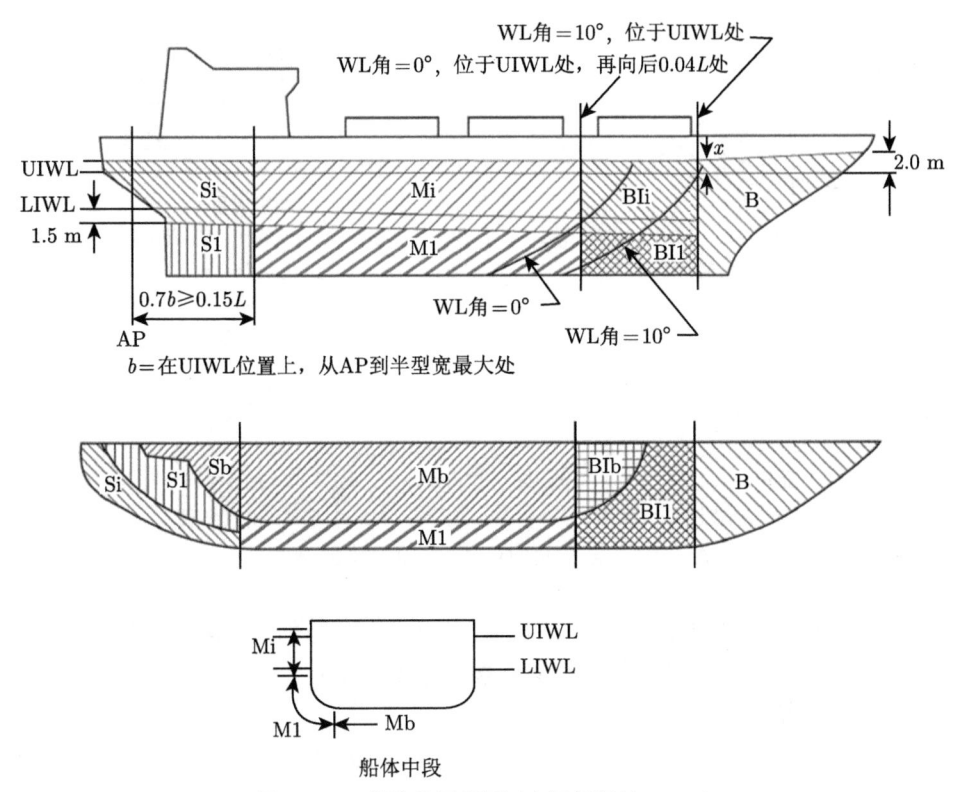

图 6.1.2 船体分区范围 (中国船级社, 2015)

算：形状系数 fa_i、总的碰擦力 F_i、线载荷 Q_i 及压力 P_i；船体上其他冰区加强区域，冰载荷参数 (P_{avg}、b_{NonBow} 以及 w_{NonBow}) 由一个与船体形状无关、基于固定载荷板的长宽比 $AR = 3.6$ 确定。

- 浮冰碰擦载荷特征参数

定义碰擦载荷特征的参数反映在船级因子之中，包括压溃失效船级因子 (CF_C)、弯曲失效船级因子 (CF_F)、载荷板尺寸船级因子 (CF_D)、排水量船级因子 (CF_{DIS})、总纵强度船级因子 (CF_L) 等。不同冰级对应船级因子的不同取值，详见 CCS《钢质海船入级规范 2015》第 8 篇第 13 章第 2 节。

在艏部区，与浮冰碰擦载荷情况有关的力 F、线载荷 Q、压力 P 以及载荷板的长宽比 AR，是冰区高位水线处量得的船体角的函数。船体角的影响通过对艏部形状系数 fa 的计算得到。船体角的定义见图 6.1.3。艏部区的水线长度通常分成 4 个等长度的分区。应计算每个分区长度中间位置处的力 F、线载荷 Q、压力

P 和载荷板的长宽比 AR (在计算冰载荷参数 P_{avg}、b 和 w 时，应取 F、Q 和 P 的最大值)。

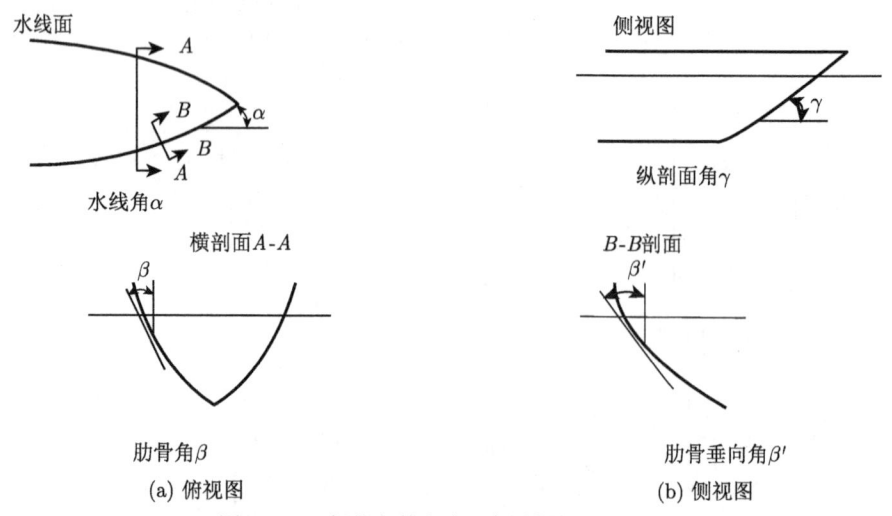

图 6.1.3　船体角的定义 (中国船级社, 2015)

对于艏柱处，纵剖面角 γ 为正值且小于 $80°$，且艏部过渡区中点处肋骨垂向角不大于 $10°$ 的艏部，其载荷特征参数按如下要求确定。

- 形状系数

$$fa_i = \min(fa_{i,1}, fa_{i,2}, fa_{i,3}) \tag{6.1.1}$$

式中，$fa_{i,1} = \dfrac{\left[0.097 - 0.68\left(\dfrac{x}{l} - 0.15\right)^2\right]\alpha_i}{(\beta'_i)^{0.5}}$；$fa_{i,2} = \left[\dfrac{1.2 CF_{\text{F}}}{\sin(\beta'_i) CF_{\text{C}} D^{0.64}}\right]$；$fa_{i,3} = 0.60$。

- 力

$$F_i = fa_i CF_{\text{C}} D^{0.64} \ (\text{MN}) \tag{6.1.2}$$

- 载荷板的长宽比

$$AR_i = 7.46 \sin(\beta'_i) \geqslant 1.3 \tag{6.1.3}$$

- 线载荷

$$Q_i = F_i^{0.61} \dfrac{CF_{\text{D}}}{AR_i^{0.35}} \ (\text{MN/m}) \tag{6.1.4}$$

- 压力

$$P_i = F_i^{0.22} CF_{\text{D}}^2 AR_i^{0.3} \ (\text{MPa}) \tag{6.1.5}$$

式中，i 为所计算的分区；L 为船长，在冰区高位水线处量得，m；x 为艏垂线 FP 与所计算站位的距离，m；α 和 β' 分别为水线角和肋骨法线角，(°)，如图 6.1.3 所示；D 为船舶排水量，kt，取值不小于 5kt；CF_C 为压溃失效船级因子；CF_F 为弯曲失效船级因子；CF_D 为载荷板尺寸船级因子。

对艏部区以外的其他船体区，用以确定载荷板尺寸 b_{NonBow} 与 w_{NonBow} 和设计压力 P_{avg} 时所采用的力 F_{NonBow} 和线载荷 Q_{NonBow}，计算如下：

$$F_{\text{NonBow}} = 0.36 CF_C DF \text{ (MN)} \tag{6.1.6}$$

$$Q_{\text{NonBow}} = 0.639 F_{\text{NonBow}}^{0.61} CF_D \text{ (MN/m)} \tag{6.1.7}$$

式中，CF_C 为压溃失效船级因子；DF 为船舶排水量因子，当 $D \leqslant CF_{\text{DIS}}$ 时取 $D^{0.64}$，当 $D > CF_{\text{DIS}}$ 时取 $CF_{\text{DIS}}^{0.64} + 0.10(D - CF_{\text{DIS}})$，$D$ 为船舶排水量，kt，取值不小于 10kt；CF_{DIS} 为排水量船级因子。

• 设计载荷板

船舶艏部区，以及对于 PC6 和 PC7 级船舶的艏部过渡区的冰带区，设计载荷板的宽度 w_{Bow} 以及高度 b_{Bow} 的尺寸如下：

$$w_{\text{Bow}} = \frac{F_{\text{Bow}}}{Q_{\text{Bow}}} \text{ (m)} \tag{6.1.8}$$

$$b_{\text{Bow}} = \frac{Q_{\text{Bow}}}{P_{\text{Bow}}} \text{ (m)} \tag{6.1.9}$$

式中，F_{Bow} 为艏部区的最大力 F_i，MN；Q_{Bow} 为艏部区的最大线载荷 Q_i，MN/m；P_{Bow} 为艏部区的最大压力 P_i，MPa。

对其他船体区，设计载荷板的宽度 w_{NonBow} 及高度 b_{NonBow} 的尺寸如下：

$$w_{\text{NonBow}} = \frac{F_{\text{NonBow}}}{Q_{\text{NonBow}}} \tag{6.1.10}$$

$$b_{\text{NonBow}} = \frac{w_{\text{NonBow}}}{3.6} \tag{6.1.11}$$

式中，F_{NonBow} 为按式 (6.1.6) 计算所得的受力，MN；Q_{NonBow} 为按式 (6.1.7) 确定的线载荷，MN/m。

• 设计载荷板范围内的压力

设计载荷板范围内的平均压力 P_{avg} 按下式确定：

$$P_{\text{avg}} = \frac{F}{bw} \text{ (MPa)} \tag{6.1.12}$$

式中，F 为所计算的船体区适用的 F_{Bow} 或 F_{NonBow}，MN；b 为所计算的船体区适用的 b_{Bow} 或 b_{NonBow}，m；w 为所计算的船体区适用的 w_{Bow} 或 w_{NonBow}，m。

载荷板上存在高压力集中区域。通常，较小区域内出现局部压力集中。因此，为计及局部结构构件上的压力集中，引入峰值压力因子。不同构件对应峰值压力因子的不同取值，详见 CCS《钢质海船入级规范 2015》第 8 篇第 13 章第 3 节。

2. 各冰级规范在冰载荷设计方面的区别、联系和局限性

各冰级规范在内容结构上大体相似，但在具体的规定上又不尽相同。从体系上来看，RS 规范和 DNV 规范相对独立，而 ABS、BV 和 DNV-GL 规范则建立在 IACS 规范基础上。各冰级规范在极地船舶冰载荷设计的侧重点上具有各自不同的特点。

RS 规范针对极地船舶的船型提出了较为具体的要求，通过设计冰载荷的计算方法突出了船型对极地船舶的重要性；DNV-GL 规范建立在 IACS 规范体系上，与 ABS 和 BV 规范比较类似；DNV 规范由于专门考虑了冲撞破冰等特殊工况，其冰载荷的种类也比其他规范更多，对于破冰等特殊工况下船舶结构的冰载荷计算具有较大的参考意义；ABS 规范与 BV 规范有共同的基础，在冰载荷计算方面基本一致；FSICR 规范对外板和骨架的设计载荷分别计算，设计载荷主要与船舶的尺度、功率和骨架形式相关；而 IACS 规范则没有针对结构进行区分，而是统一施加均布载荷，考虑板架的整体承载能力，设计载荷主要受艏部形状的影响。

现行规范中给出了相应冰级条件下的冰载荷计算方法，但是目前各冰级规范中给出的冰级以及冰载荷计算方法并不统一，所以单纯地使用一种冰级规范对极地船舶的设计冰载荷进行计算并不合理；同时，规范中给出了详细的冰级条件，但是对于同一冰级下的冰情，船舶的航速对冰载荷的计算值也有很大的影响，而规范只能计算统计意义上的冰载荷，不能体现任意冰厚、航速组合下的载荷值；最后，极地船舶冰载荷的大小取决于其航行工况。对于冲撞式破冰、连续式破冰、冰山碰撞、回转倒车等特殊工况，常规的规范计算不能很好地给出相应的冰载荷。

6.1.2 船舶冰阻力经验公式

经验方法是在了解船舶结构所受冰载荷与各变量之间关系的基础上做出一些基本假设，通过对实船或模型试验数据进行回归分析得到公式中的经验系数，最终形成完整的冰阻力估算公式。

1. 平整冰区船舶冰阻力估算的经验方法

在平整冰环境下，早期的冰阻力研究通常基于冰层"破坏—转移"过程而进行，虽然并不准确，但大多数的冰阻力公式亦是基于这一假设而建立的 (韩端锋等, 2017)。其中较为常用的经验公式有：Lindqvist 经验公式 (Lindqvist, 1989)、Riska 经验公式 (Riska, 1997) 和 Jeong 经验公式 (Jeong et al., 2010)。

6.1 船舶结构冰载荷

1) Lindqvist 经验公式

Lindqvist(1989) 主要考虑了海冰在弯曲断裂模式下的冰阻力。该方法将冰阻力分为三部分进行计算，即挤压、弯曲破坏和浸没，并假设这三种成分与航速呈线性关系。Lindqvist 公式涉及的参数包括主尺度、船体形状参数、海冰厚度、摩擦系数以及海冰弯曲强度。由于速度的变化会导致破冰阻力、浸没阻力、碎冰移动速度以及黏性阻力的变化，通过引入经验系数可获得随速度变化的冰阻力 R_i：

$$R_i = (R_c + R_b)\left(1 + \frac{1.4v_s}{\sqrt{gh_i}}\right) + R_s\left(1 + \frac{9.4v_s}{\sqrt{gL}}\right) \tag{6.1.13}$$

式中，v_s 为船–冰相对速度，m/s，实际测量中海冰速度很小，可忽略；h_i 为海冰厚度，m；g 为重力加速度，m/s²；R_c、R_b 和 R_s 分别为船首挤压破坏阻力、弯曲破坏阻力和浸没阻力，N。

• 船首挤压破坏阻力 R_c

$$R_c = 0.5\sigma_f h_i^2 \frac{\tan\varphi + \mu\dfrac{\cos\varphi}{\cos\psi}}{1 - \mu\dfrac{\sin\varphi}{\cos\psi}} \tag{6.1.14}$$

式中，σ_f 为海冰弯曲强度，Pa；μ 为海冰与船体间的摩擦系数；$\psi = \arctan\left(\dfrac{\tan\varphi}{\sin\alpha}\right)$，rad；$\varphi$ 和 α 分别为艏柱倾角和水线进角，rad，如图 6.1.4 所示。

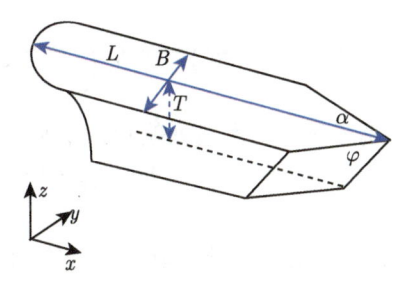

图 6.1.4 艏柱倾角和水线进角的定义

• 弯曲破坏阻力 R_b

$$R_b = \frac{27}{64}\sigma_f B \frac{h_i^{1.5}}{\sqrt{\dfrac{E}{12(1-\nu^2)g\rho_w}}} \frac{\tan\psi + \mu\cos\varphi}{\cos\psi\sin\alpha}\left(1 + \frac{1}{\cos\psi}\right) \tag{6.1.15}$$

式中，B 为型宽；E 为海冰杨氏模量，Pa；ν 为海冰泊松比；ρ_w 为海水密度。

- 浸没阻力 R_s

$$R_s = (\rho_w - \rho_i) g h_i B K \tag{6.1.16}$$

$$K = T\frac{B+T}{B+2T} + \mu\left(0.7L - \frac{T}{\tan\varphi} - \frac{B}{4\tan\alpha} + T\cos\varphi\cos\psi\sqrt{\frac{1}{\sin^2\varphi} + \frac{1}{\tan^2\alpha}}\right) \tag{6.1.17}$$

式中，ρ_i 为海冰密度；T 为吃水；L 为水线处船长。

Lindqvist 经验公式是一种简单的冰阻力估算方法。其考虑了摩擦和船体外形对阻力的影响，但不能准确地描述速度对冰阻力的影响，所以无法科学地描述破冰过程，仅可应用于设计阶段的初步估算 (韩端锋等, 2017)。

2) Riska 经验公式

Riska(1997) 在 Lindqvist 经验公式的基础上，通过一系列波罗的海实船试验数据所总结出的经验系数对冰阻力公式进行了改进，提出一种在平整冰环境下的冰阻力估算方法。该方法假设敞水阻力和冰阻力是两个相互独立的部分。由于平整冰环境下的敞水阻力很小，通常忽略水动力与海冰的相互作用。该方法涉及的参数包括冰厚、航速、船体外形和尺寸。冰阻力被分为两个部分，其表达形式如下：

$$R_{ice} = C_1 + C_2 V \tag{6.1.18}$$

$$C_1 = f_1 \frac{1}{\frac{2T}{B}+1} B L_{par} h_i + (1 + 0.021\phi)\left(f_2 B h_i^2 + f_3 L_{bow} h_i^2 + f_4 L_{bow} h_i\right) \tag{6.1.19}$$

$$C_2 = (1 + 0.063\phi)\left(g_1 h_i^{1.5} + g_2 B h_i\right) + g_3 h_i \left(1 + 1.2\frac{T}{B}\right)\frac{B^2}{\sqrt{L}} \tag{6.1.20}$$

式中，V、B、T 和 L 分别为航速、水线处船宽、吃水和船长；h_i 为冰厚；ϕ 为艏柱角，(°)；L_{par} 和 L_{bow} 分别为平行中体长和艏部长度；$f_1 \sim f_4$ 和 $g_1 \sim g_3$ 均为经验参数。

Riska 经验公式假设速度呈线性变化，其虽然没有对破冰过程做出详细解释，计算结果仅依赖于主尺度和艏柱角，但在设计初期阶段结合螺旋桨的推力，可快速估测主机功率 (韩端锋等, 2017)。

3) Jeong 经验公式

在加拿大 IcePERF 规范基础上，Jeong 等 (2010) 基于实船冰阻力测量数据进一步采用无量纲参数进行了冰阻力计算公式的改进。考虑了海冰与船舶结构相互作用时的三种情况，即浮力、压缩和弯曲破坏，并将其引入公式中，其可表述为

$$R_{Ice} = R_B + R_C + R_{BR} \tag{6.1.21}$$

式中，R_{Ice}、R_{B}、R_{C} 和 R_{BR} 分别为总冰阻力、浮力阻力、清除阻力和破碎阻力。各阻力成分可表示为

$$R_{\text{B}} = C_{\text{B}} \Delta \rho g h_{\text{i}} BT \tag{6.1.22}$$

$$R_{\text{C}} = C_{\text{C}} Fr^{-\alpha} \rho_{\text{i}} B h_{\text{i}} V^2 \tag{6.1.23}$$

$$R_{\text{BR}} = C_{\text{BR}} S_N^{-\beta} \rho_{\text{i}} B h_{\text{i}} V^2 \tag{6.1.24}$$

式中，$\Delta \rho$ 为冰与水的密度差值；B 和 T 分别为船宽和吃水；V 为航速；C_{B}、C_{C} 和 C_{BR} 分别为浮力阻力系数、清除阻力系数和破碎阻力系数；h_{i} 和 ρ_{i} 分别为海冰的厚度和密度；g 为重力加速度；Fr 和 S_N 分别为弗劳德 (Froude) 数和强度数，$Fr = V/\sqrt{gh_{\text{i}}}$，$S_N = V/\sqrt{(\sigma_{\text{f}} h_{\text{i}})/(\rho_{\text{i}} B)}$。

Jeong 等 (2017) 基于模型试验数据对上述三种经验方法的冰阻力估算结果进行了对比，如图 6.1.5 所示。可以发现，三种方法的冰阻力均随冰厚或航速的增加而增大。在相同冰厚或航速下，Jeong 公式的冰阻力最大；Lindqvist 公式次之，但与 Jeong 公式相差不大；Riska 公式的冰阻力最小，且与前两者相差较大。当冰厚小于 1 m 时，三者差距不明显。

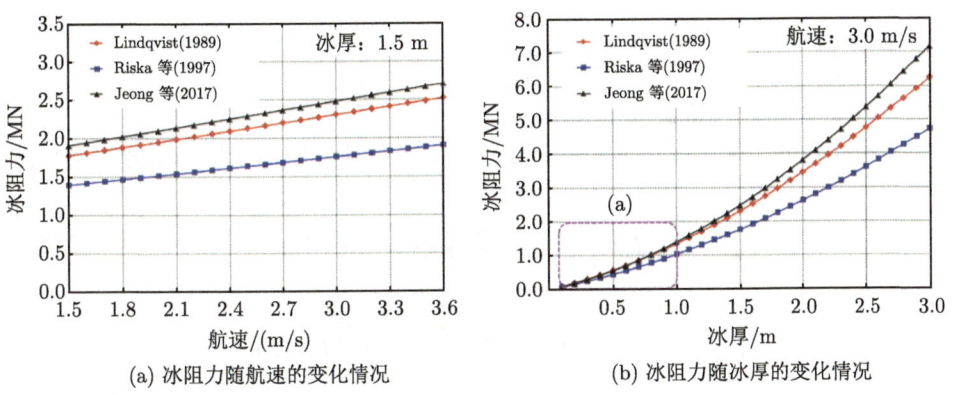

(a) 冰阻力随航速的变化情况

(b) 冰阻力随冰厚的变化情况

图 6.1.5 平整冰区三种经验方法的冰阻力估算结果对比 (Jeong et al., 2017)

2. 碎冰区船舶冰阻力估算的经验方法

在碎冰区环境下，早期的冰阻力估算公式是基于实船或模型试验数据而建立的 (韩端锋等, 2017)。其中较为常用的经验方法为：Kashtelian 经验公式 (Kashtelian et al., 1968)、DuBrovin 经验公式 (DuBrovin et al., 1970) 和 Aboulazm 经验公式 (Aboulazm, 1989)。

1) Kashtelian 经验公式

Kashtelian 等 (1968) 建立了船舶在碎冰区航行的冰阻力经验公式：

$$R_{\text{ice}} = 10\left[\rho_i\sqrt{b_f h_i}\frac{B}{2}k_1\left(1+2\mu\alpha_w\frac{L}{B}\right) + k_2\rho_i b_f h_i B(\mu+\alpha_w\tan\alpha_0)Fr \right.$$
$$\left. + k_3\rho_i b_f h_i L\tan^2\alpha_0 Fr^2\right] \tag{6.1.25}$$

式中，R_{ice} 为冰阻力 (不含敞水阻力)；ρ_i、b_f 和 h_i 分别为碎冰块的密度、尺寸和厚度；B 和 L 分别为船宽和船长；μ 为碎冰块与船体之间的摩擦系数；α_w 为水线面系数；α_0 为船首半进角；Fr 为弗劳德数；k_1、k_2 和 k_3 均为经验系数。

2) DuBrovin 经验公式

DuBrovin 等 (1970) 开展了包括破冰船和货船在内的一系列模型试验，建立了如下经验公式并通过实船试验进行了验证，即

$$R_{\text{ice}} = p_1 A + p_2 \Phi Fr^n \tag{6.1.26}$$

式中，p_1 和 p_2 为受冰密集度与碎冰航道宽度影响的经验系数；n 为取决于船型的功率系数；$A = \frac{1}{4}B^2\sqrt{b_f h_i}\rho_i\left(1+2\frac{L}{B}\mu\alpha_H\right)$；$\Phi = h_i b_f \rho_i B\left[\mu + \tan\alpha_0\left(\alpha_H + \frac{L}{B}\tan\alpha_0\right)\right]$，这里 α_H 为艏部棱形系数。

3) Aboulazm 经验公式

Aboulazm(1989) 提出了如下基于船舶与浮冰块之间的线性动量守恒解析式：

$$r_{\text{ice}} = \rho_w V^2 \sin^2\theta\left(\frac{CC_s y\cos\theta}{1-C} + \sqrt{\frac{C}{k}}h_w C_f\right)dy$$
$$+ \rho_w V^2 \mu \sin^2\theta\left(\frac{CC_s y\cos\theta}{1-C} + \sqrt{\frac{C}{k}}h_w C_f\right)dx \tag{6.1.27}$$
$$+ \rho_i V^2 h_i\left(\frac{C}{1-C}\right)\sin^2\theta\cos\theta y\,dy$$

式中，r_{ice} 为单位冰阻力；ρ_w 为海水密度；C_s 为表面摩擦系数；C_f 为形状拖曳系数；h_w 为浮冰块的吃水；C 为海冰密集度；V 为航速；θ 为水线进角的斜率；k 为浮冰块形状系数。

Zhang 等 (2019) 将数值模拟结果与以上三种经验方法的冰阻力估算结果进行了对比，如图 6.1.6 所示。可以发现，三种方法之间的差异巨大。Kashtelian 公式和 Aboulazm 公式中不涉及淹没力，因此估算值相对较小。数值模拟结果与 DuBrovin 公式最为接近，这得益于该方法完全基于模型试验的回归曲线。从定性

角度看，DuBrovin 公式和 Kashtelian 公式的冰阻力随航速增加的趋势相近，而 Aboulazm 公式与前两者不同，该方法完全是通过解析推导得出的，没有考虑航道宽度的影响。

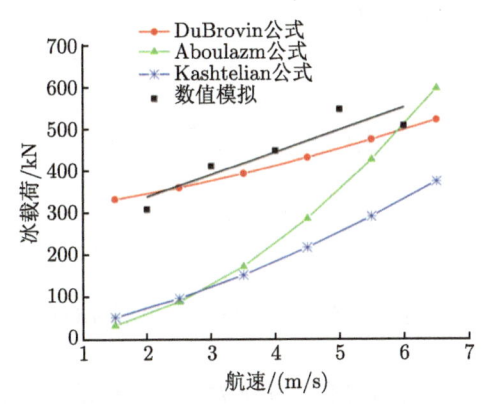

图 6.1.6　碎冰区三种经验公式的冰阻力估算结果对比 (Zhang et al., 2019)

6.1.3　船舶冰载荷时空分布特性

现行的冰级规范缺乏对船–冰碰撞过程非线性时变特征的描述。事实上，船–冰碰撞具有突出的空间分布多变特征与瞬时突变特征，因为这一过程中包含了船舶结构与海冰的运动状态改变、变形与破坏等多种物理过程的耦合。

1. 船舶冰载荷的空间分布

安装在船舶结构上的传感器所采集到的局部冰压力数据是研究船舶冰载荷空间分布的重要信息来源 (Ji and Liu, 2012)。研究表明，船–冰碰撞产生的局部冰载荷并非均匀分布于碰撞区域 (Gagnon et al., 2020; Riska, 2018)。根据 Daley 和 Riska (1995) 的研究结果，与舷侧接触的海冰出现了挤压破坏和局部剪切裂纹，如图 6.1.7 所示。船–冰相互作用时，海冰的上下边缘发生剪切脱落；随着相互作用的继续，船–冰接触区域的中间为整冰，而上下堆积了很多碎冰。碎冰与船舶结构接触位置的压力相对较小，压力主要分布在结构与整冰接触区域，即高压力区域（简称高压区，HPZ）。Wells 等 (2011) 开展的压痕试验结果表明，中心区域由几个孤立区域组成，这些孤立区域内的压力与试验期间的平均压力相比非常高。在整个试验过程中，这些压力峰值的大小有所不同，与中尺度和全尺度试验中观测到的现象类似。

Daley (2007) 提出了如图 6.1.8 所示的描述冰压力空间分布的三种方式。其中，图 6.1.8(a) 所示的设计压力是根据碰撞过程总冰力与船–冰作用面积计算得到的，即平均压力。平均压力是计算设计载荷的重要参考数据，但无法体现压力分

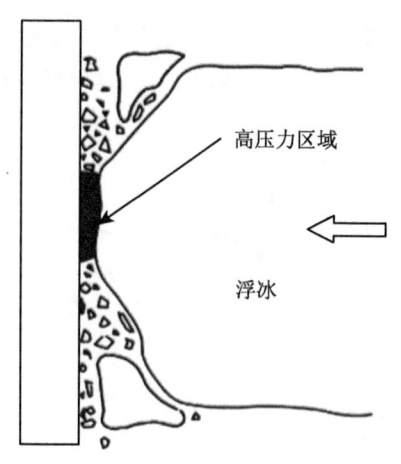

图 6.1.7　浮冰与舷侧之间的相互作用 (Jordaan, 2001)

布信息；图 6.1.8(b) 为可能的理想连续压力分布，这是基于试验数据做出的合理假设；若要在试验中得到真实的压力分布，则需以高空间分辨率 (即面积足够小、数量足够多) 的压力传感器连续测量整个表面的压力，现有试验数据基本上是在离散度较小的阵列上测量的，得到的离散压力分布如图 6.1.8(c) 所示。这种压力分布可能会受到噪声和其他形式误差的影响，但在一定程度上可反映冰压力在局部结构上的空间分布特征 (贺福等, 2021)。

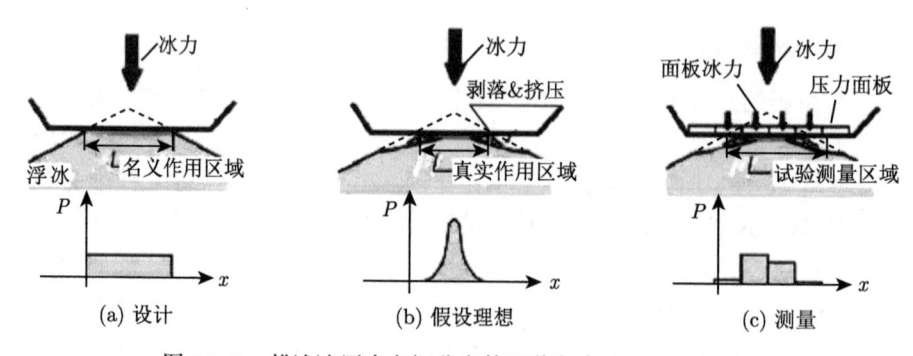

图 6.1.8　描述冰压力空间分布的三种方式 (Daley, 2007)

Kujala 和 Arughadhoss(2012) 的模型试验研究了局部压力的统计特性。通过提取安装在艏肩、船中、艉肩和船尾的 4 个触觉传感器在每个时间步测得的局部峰值载荷，得出沿水线的峰值压力分布。线载荷随载荷宽度的增加而减小，该关系可写作

$$q = C\left(\frac{L_C}{s}\right)^{-a} a \tag{6.1.28}$$

式中，q 为线载荷，N/m；C 为均值和均值加上最小载荷宽度的线载荷的 2 倍标准差，N/m；s 和 a 均为常数；L_C 为载荷宽度。

根据由众多海冰冲击事件中测得的局部冰压力与相应的船–冰接触面积绘制的压力–面积曲线 (PAC) 可知，局部冰压力与船–冰接触面积呈负相关，即面积越小则压力越大。Taylor 等 (2010) 研究了 USCGS Polar Sea 号、CCGS Terry Fox 号、CCGS Louis St. Laurent 号、Oden 号等船舶的局部冰压力实测数据。图 6.1.9 表明，局部冰压力随接触面积的增加呈下降趋势，且各组数据都有明显且明确的拟合曲线。这表明冰压力取决于相互作用过程中的某些物理特性，如海冰的类型、厚度和温度等。

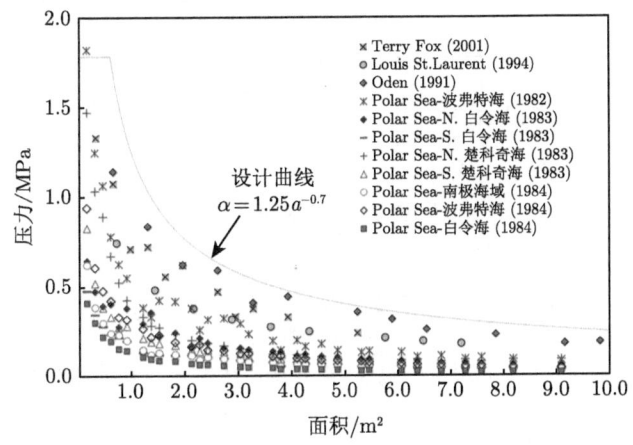

图 6.1.9　从实船测量数据中得到的压力–面积关系 (Taylor et al., 2010)

根据 Jordaan 等 (1993) 的分析，冰压力和接触面积之间的函数关系 α 可表示为

$$\alpha = 1.25 a^{-0.7} \tag{6.1.29}$$

式中，a 为名义接触面积。

Kujala 和 Arughadhoss (2012) 基于 IB Sampo 号、MT Uikku 号以及杂货船的试验数据，总结出类似的破碎压力–名义接触面积关系。实测的艏部压力均在下式所表示的包络线以下：

$$P = P_0 A^{-\beta} \tag{6.1.30}$$

式中，压力 P 的单位为 MPa，面积 A 的单位为 m^2，压力与面积的 $-\beta$ 次方成正比。比较 MS Arcturus 号和 IB Sisu 号两艘破冰船的实测数据发现：$P_0 = 0.42$；$\beta = 0.52$。DNV 规范中，$\beta = 0.52$；IACS 规范中，$\beta = 0.3$。

此外，Sun 和 Huang (2020, 2021) 初步探讨了船–冰碰撞过程中冰载荷的时空演变行为。通过冰水池内的缩尺模型试验实现对整个碰擦过程的合理模拟，并揭示了在船–冰相对运动和海冰挤压破坏与弯曲变形的共同作用下，碰撞载荷沿船舶结构表面的整体空间滑移行为与局部高压力区演变行为 (孙剑桥和黄焱, 2021)。从整体上看，由于船–冰碰撞过程中海冰下压弯曲变形的存在，冰载荷沿外板的作用轨迹并非简单地从船首向船肩处沿水线扫略，而是呈现出一种近似抛物线的轨迹，如图 6.1.10 所示。冰载荷通常在海冰下压弯曲变形最大的时刻，即抛物线轨迹的最下方，达到其最大值。试验结果表明，在初始撞击位置处于艏柱附近区域的前提下，最大冰载荷通常发生在 3/8 船宽附近；此时，由浮冰边缘的下压弯曲变形所引发的船–冰接触区域向下偏移的最大幅度已接近设计冰厚度的 2/3。这一发现进一步强调了冰带加强区域以下结构遭遇极端碰撞冰载荷作用的可能性。

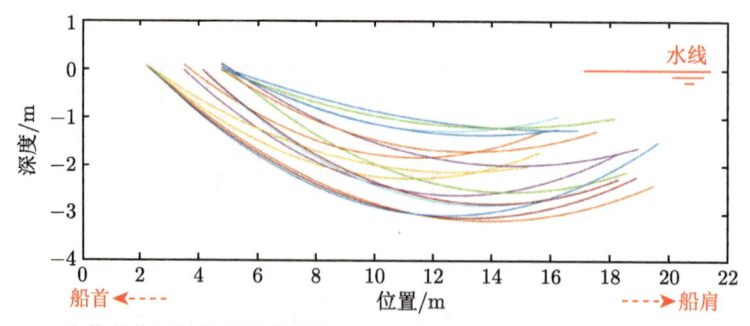

图 6.1.10 冰载荷作用轨迹抛物线拟合 (Sun and Huang, 2021; 孙剑桥和黄焱, 2021)

2. 船舶冰载荷的时域特征

船–冰相互作用是一个复杂且随机的过程 (Suominen and Kujala, 2014)，但从一般意义上也能找到基本的变化规律。海冰首先与船首接触发生挤压破坏；随着挤压载荷和接触面积的增加，竖向载荷导致海冰发生弯曲破坏；当海冰破碎成较小的冰块后，则又会浸没到船底。如果船首的角度较大，海冰则会更多地表现为挤压破坏 (Su et al., 2010)。该过程中的冰载荷可简化为图 6.1.11 所示情况。

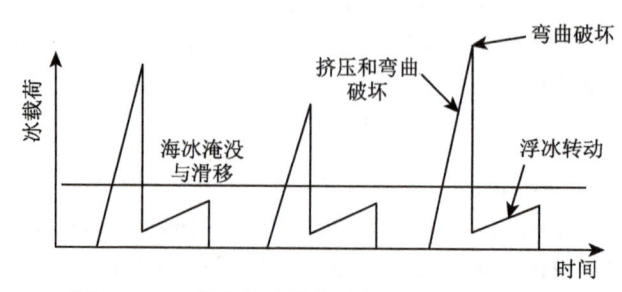

图 6.1.11 简化的冰载荷时程 (Su et al., 2010)

6.1 船舶结构冰载荷

每个局部海冰破坏事件的时程特征可大致描述为三角形脉冲。当考察海洋环境载荷对局部结构的时程特征时,海冰冲击载荷和波浪冲击载荷可能存在相似之处。Lee 等 (2016) 给出的韩国 IBRV Araon 号破冰考察船在北极航行期间所受局部冰载荷的五个典型时程剖面表明,可以代表典型波浪冲击载荷时程剖面的三角形脉冲,在局部冰载荷的时程中同样占有最高的比例。

黄焱等 (2019) 根据 Lee 提出的冰载荷时程剖面分类方法,将模型试验中获得的时程曲线分为四种主要类型,如图 6.1.12 所示。分类的标准是加载或卸载阶段是否出现中间峰。第 1 种"单峰"型是没有任何中间峰的情况,这种类型的时程剖面具有单个顶点的典型三角形轮廓;第 2 种"双峰"I 型在加载阶段出现中间峰;第 3 种"双峰"II 型在卸载阶段出现中间峰;第 4 种"多峰"型非常罕见,在加载和卸载阶段都出现中间峰。试验中"单峰"型出现次数最多,约占总数的 56%;"双峰"I 型与 II 型分别占 19%;"多峰"型约占 6%。"单峰"型载荷时程的加载时间占总时间的平均比例约为 49%;"双峰"型载荷时程中间峰值的出现将提高其所在阶段占总时间的比例,同时中间峰值与最大峰值的平均比例约为 2/3。

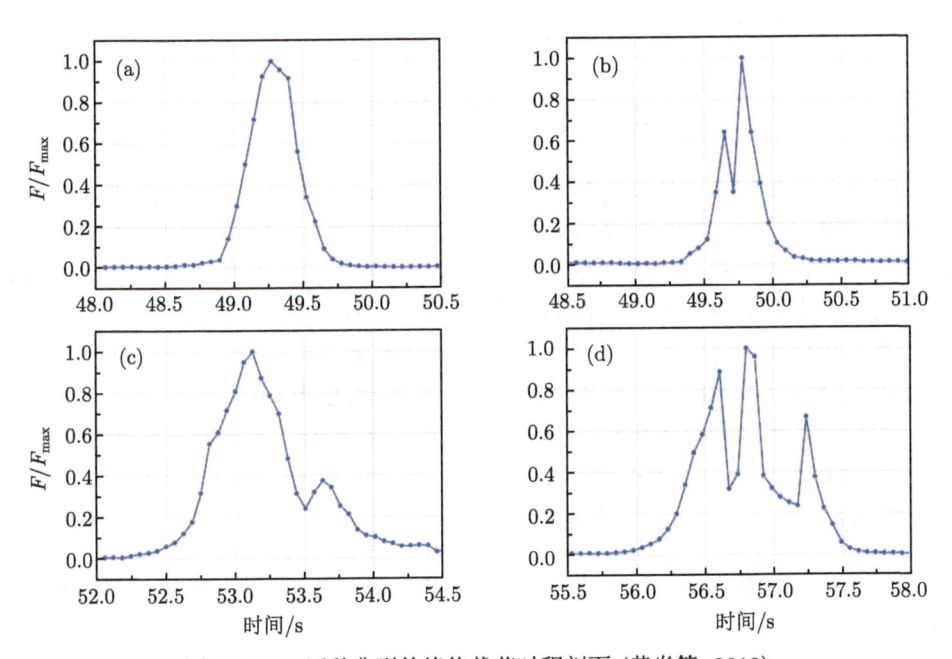

图 6.1.12 四种典型的峰值载荷时程剖面 (黄焱等, 2019)

上述四种典型的峰值载荷时程剖面可归因于碰撞载荷沿局部区域的空间滑移。理论上,载荷滑移经过某一局部固定区域的总时间 t_T 可由局部区域的宽度 w、船舶的航行速度 V_{ship} 与船体水线角 α 近似计算得到:

$$t_{\mathrm{T}} = \frac{w}{V_{\mathrm{ship}} \cos \alpha} \tag{6.1.31}$$

Taylor 等 (2010) 和 Li 等 (2010) 分别采用事件最大值 (event-maximum) 方法和上行交叉率 (up-crossing rate) 方法对实测局部冰载荷进行了概率分析, 将局部冰载荷的概率分布确定为

$$F_z(z) = \exp\left[-\exp\left(-\frac{z - x_0 - x_1}{a}\right)\right] \tag{6.1.32}$$

式中, z 为单位时间的最大压力; x_0 接近于零; x_1 可根据不同的现场加载条件确定。基于波弗特海 Molikpaq 沉箱式平台的数据, $x_1 = \alpha \ln \mu$, 这里 μ 为预期的事件数; 基于波弗特海 Polar Sea 号破冰船的数据, $x_1 = \alpha \ln T_{\mathrm{d}}$, $T_{\mathrm{d}} = \sum_{i=1}^{N} t_i \frac{A}{A_{\mathrm{L}}}$, 这里 t_i 为第 i 个事件的持续时间, A 和 A_{L} 分别为测量区域 (或预期的加载区域) 和设计中关注的局部区域 (Li et al., 2010)。

6.2 海洋工程结构冰载荷

海洋工程结构的动冰力可视为海冰与结构作用载荷的交变量, 而静冰力则为载荷的极值。目前, 计算海冰对海洋工程结构的作用载荷, 进而为结构设计和改造确定重要设计参数, 已成为海冰研究工作的重要任务。相比于数十年的静冰力研究历程, 人们对海洋工程结构动冰力的认识却并不完善。现有的直立与锥体海洋工程结构设计规范中尚未给出明确、统一的计算公式, 工程界更倾向于根据现场试验数据构造冰力函数。此外, 冰力谱也在动冰力设计中扮演着举足轻重的角色。而对于除直立和锥体结构外的非规则海洋工程结构, 基于离散元的数值分析不失为一种有效的冰载荷设计方法。

6.2.1 直立海洋工程结构冰载荷

下面分别从静冰力、动冰力和冰力谱三方面介绍直立海洋工程结构的冰载荷设计方法。

1. 直立结构静冰力

对于直立结构的静冰力设计, 目前主要基于苏联水工建筑物载荷规范、俄罗斯冰载荷规程、API 规范、ISO 19006 标准等规范公式的设计方法, 以及德国 Schwarz 公式、日本 Hamayaka 公式等经验公式的设计方法。

6.2 海洋工程结构冰载荷

1) 基于规范公式的静冰力设计
- 苏联水工建筑物载荷规范

$$F = m_i D H \sigma_c \tag{6.2.1}$$

式中，m_i 为与桩柱迎冰面形状相关的系数。
- 俄罗斯冰载荷规程

$$F = \varphi_i D H \sigma_c \tag{6.2.2}$$

式中，φ_i 为与桥墩迎冰面形状相关的系数。
- API 规范

一般性规定：

$$F = c_1 D H \sigma_c \tag{6.2.3}$$

API 2A 公式：

$$F = c_2 D H \sigma_c \tag{6.2.4}$$

API RP 2N 公式：

$$F = I K D H \sigma_c \tag{6.2.5}$$

式中，c_1 为与冰力作用速度相关的系数，一般为 0.3~0.7；c_2 为流冰力系数；I 为嵌入系数；K 为接触系数；σ_c 取 1.12~2.81 MPa。
- 国内海洋平台冰载荷规范

$$F = m K_1 K_2 D H \sigma_c \tag{6.2.6}$$

式中，K_1 为局部挤压系数，取值在 2.0~3.0；K_2 为接触系数，与海冰的硬度、结构迎冰面的平整度有关，建议取 0.45。
- 国内海港码头设计标准

$$F = m A D H \sigma_c \tag{6.2.7}$$

式中，A 为海冰温度系数，当冰温为 0°C、-10°C、-20°C 时分别取 1.0、2.0、4.0，其他温度时插值。
- Q/HSn 3000 标准

$$F = m(I f_c) D H \sigma_c = m \left(3.57 \frac{H^{0.1}}{D^{0.5}} \right) D H \sigma_c \tag{6.2.8}$$

式中，m 为形状系数，圆形截面桩腿取 0.9；I 为嵌入系数；f_c 为接触系数。

上述规范中的静冰力公式可归纳为如下基本形式：

$$F = C_1 D H \sigma_c \tag{6.2.9}$$

式中，F 为静冰力；C_1 为影响冰力的各项因素的修正系数；D 为海冰作用位置处的结构宽度；H 为海冰的设计厚度，取 100 年中最大冰厚的 0.8 倍；σ_c 为海冰的极限压缩强度。

- ISO 19006 标准

$$F = p_G \cdot A_N = C_R \left(\frac{H}{H_1}\right)^n \left(\frac{D}{H}\right)^m \cdot DH \tag{6.2.10}$$

式中，p_G 为平均冰压力；A_N 为名义接触面积；C_R 为海冰强度系数，对亚极区推荐取值为 1.8 MPa；H_1 为参考冰厚，取 1 m；n 为冰厚效应的经验系数，当冰厚小于 1 m 时，取 $-0.5 + \dfrac{h}{5}$；m 为接触宽度效应的经验系数，取 -0.16。

2) 基于经验公式的静冰力设计

- 德国 Schwarz 公式

1976 年，Schwarz 根据在河流桥墩 60 cm 直立柱上的现场测试及在美国爱荷华大学 (The University of Iowa) 的模型试验值，提出了冰温为 0°C 时的冰力公式：

$$F = 3.57 D^{0.5} H^{1.1} \sigma_c \tag{6.2.11}$$

式中，D 和 H 的单位为 cm；σ_c 的单位为 kN/cm^2。

1991 年，根据渤海辽东湾冰力现场测量结果，Schwarz 又提出了一个适合于渤海的冰力计算公式：

$$F = 30.5 D^{0.5} H^{1.1} \sigma_c \tag{6.2.12}$$

- 日本 Hamayaka 公式

$$F = c D^{0.5} H \sigma_c \tag{6.2.13}$$

式中，c 为与结构形状相关的系数，圆形截面取 5.0，矩形截面取 6.8。

上述静冰力经验公式可归纳为如下基本形式：

$$F = C_2 D^\alpha H^\beta \sigma_c \tag{6.2.14}$$

3) 直立结构静冰力公式对比

虽然以上静冰力计算公式的形式相似，但计算结果却相差甚远。为了说明公式间的差异，以如下海冰条件为例：冰厚 80 cm，压缩强度 2.64 MPa，冰温 0°C，考虑其对一个直径 1.5 m 的直立圆形墩柱的静冰力。如图 6.2.1 所示的静冰力计算结果表明，德国 Schwarz 公式的冰力最小，API RP 2N 规范的冰力最大，两者几乎相差一个量级。产生以上差别的原因，除公式形式上的差别外，更主要的是公式系数项的不确定性。

6.2 海洋工程结构冰载荷

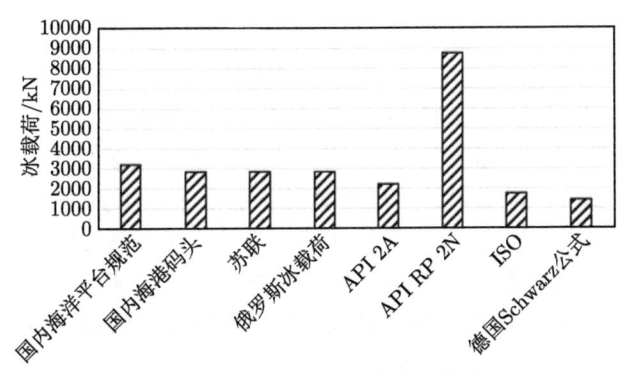

图 6.2.1 直立结构静冰力公式的计算结果对比

导致系数项差异的因素有很多,比如结构形状的不同、温度的差异、冰速和冰厚对结构的影响等。各系数项的意义及取值原则在实际工程中不能照搬,而应该考虑工程实际情况确定静冰力的主要影响因素,选取对应的系数项构成静冰力计算公式,然后再结合实测结果进行修正,这样才能找出符合工程实际的设计方法。虽然其可能不具有普适性,但对指导特定的工程实践不失为一种有效手段。另一方面,对于具有普适性的静冰力设计方法,还有很多的工作待深入研究。

2. 直立结构动冰力

由于海冰挤压破坏过程的复杂性,目前国际上对挤压破坏冰力的研究仍停留在静冰力阶段,即研究如何确定冰力幅值的大小,而动力模型目前尚未给出。动冰力研究相对滞后的主要原因是现场试验数据有限,且早期的试验设备和技术相对落后,得到的少量数据不能满足动力分析的要求。近年来现场冰力测量所得到的大量数据为动冰力研究提供了数据支持。

挤压破坏时的冰力与魏尔斯特拉斯(Weierstrass)函数曲线具有相似的几何特点,其数学表达式为

$$W(t) = \sum_{k=1}^{+\infty} \lambda^{(s-2)k} \sin\left(\lambda^k t\right) \tag{6.2.15}$$

式中,$\lambda>1$,$1<s<2$,s 为该函数的分形维数。数值试验表明,当 $\lambda=1.5$、$s=1.5$ 时,该函数的时变特征与冰力时程最为接近。

基于 Weierstrass 函数的这一特性,这里给出挤压动冰力时程的近似数学描述。考虑到真实破坏过程的随机性,用加入随机相位 θ_k 修正的函数 $W'(t) = \sum_{k=0}^{+\infty} \lambda^{(s-2)k} \sin\left(\lambda^k t + \theta_k\right)$ 模拟挤压破坏冰力的交变特征,则挤压破坏冰力可由下式表达:

$$F(t) = \overline{F_0} + \sigma_{\mathrm{F}} \frac{W'(t)}{\mathrm{std}(W'(t))} \tag{6.2.16}$$

式中，$\overline{F_0}$ 和 σ_{F} 分别为冰力的均值和标准差。

上式的计算结果与实测挤压破坏冰力的对比如图 6.2.2 所示。由此可见，目前采用的 Weierstrass 函数对冰力的模拟效果仍然不尽如人意，主要有两个缺陷：一是在低频区域，模拟结果有明显的峰频，且低频区域能量较低；二是高频区域模拟结果能量高于实测结果。其主要原因是真实挤压破坏冰力的随机性更强，真实冰力的较大周期大于模拟结果，导致低频能量周期性较高。这一不足需要通过进一步调整 Weierstrass 函数来改进。

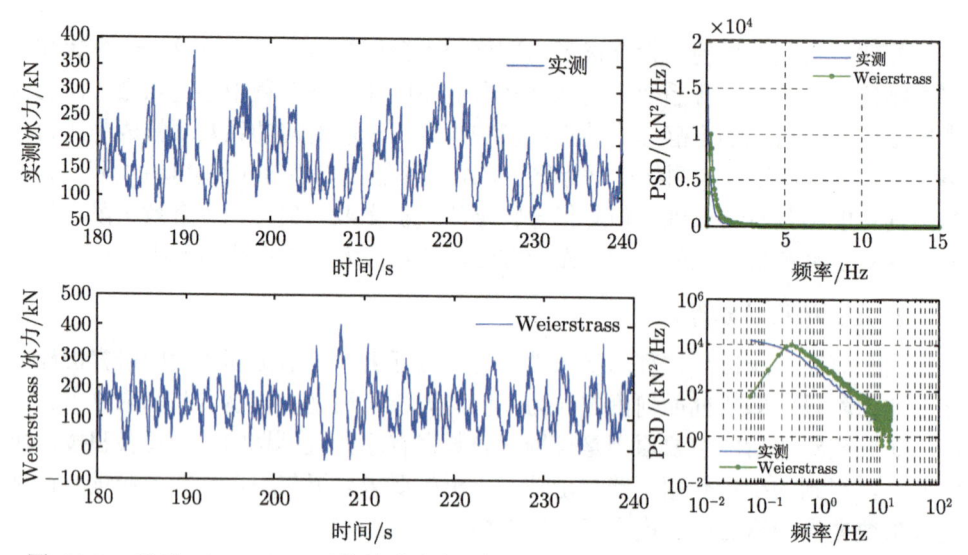

图 6.2.2 基于 Weierstrass 函数的动冰力计算结果与压力盒实测冰力的对比 (屈衍, 2006)

3. 直立结构冰力谱

屈衍 (2006) 对连续挤压破坏冰力的谱分析结果表明，冰力谱的形式与脉动风速谱非常相似，两者在时域上也有较多共同之处。这种相似性意味着可以在冰力谱分析中引入脉动风速谱分析的相关理论及方法。

为了确定载荷谱的一般形式，通常采取的办法是对谱分析得到的载荷谱结果进行无量纲化。下式为一种常用的脉动风速谱无量纲化方法：

$$\tilde{S}_{F_j F_j}(f) = \frac{f\, S_{F_j F_j}(f)}{\sigma_{F_j}^2} \tag{6.2.17}$$

式中，$\tilde{S}_{F_j F_j}(f)$ 为无量纲化的载荷自功率谱函数；$S_{F_j F_j}(f)$ 为载荷的自功率谱密度函数；$\sigma_{F_j}^2$ 为冰力时程数据的方差；f 为频率。

6.2 海洋工程结构冰载荷

对于均值为零的随机过程，其方差与自功率谱密度有如下关系：

$$\sigma_{F_j}^2 = \int_0^{+\infty} S_{F_j F_j}(f) \, \mathrm{d}f \tag{6.2.18}$$

式 (6.2.17) 定义的无量纲载荷谱通常被称为对数谱，其在对数域内的积分结果为 1：

$$\int_0^{+\infty} \frac{f \, S_{F_j F_j}(f)}{\sigma_{F_j}^2} \mathrm{d}(\ln f) = 1 \tag{6.2.19}$$

对挤压破坏冰力谱的分析可知，在双对数坐标域中的较高频率范围内，冰力自功率谱密度曲线近似为直线。因此在对数坐标域中，谱的主要部分可由下式描述：

$$\mathrm{d}\left[\ln\left(S_{F_j F_j}(f)\right)\right] = k \mathrm{d}(\ln f) \tag{6.2.20}$$

式中，k 为直线斜率，取 -2.0。

根据这一结果，挤压破坏冰力的自功率谱密度函数与频率有如下关系：

$$S_{F_j F_j} \propto \beta f^{-2} \tag{6.2.21}$$

式中，β 为待确定的系数表达式。

根据无量纲自功率谱的定义及式 (6.2.21)，选取多个函数形式对无量纲谱曲线进行拟合，最后得到形如下式的拟合结果：

$$\tilde{S}_{F_j F_j}(f) = \frac{f \, S_{F_j F_j}(f)}{\sigma_{F_j}^2} = \frac{af}{1 + ka^{1.5} f^2} \tag{6.2.22}$$

对 JZ9-3 MDP 系缆桩及 Norströmsgrund 灯塔实测冰力的无量纲自功率谱的拟合结果如图 6.2.3 所示。可以发现，式 (6.2.22) 较好地拟合了无量纲挤压破

(a) JZ9-3 MDP 系缆桩

(b) Norströmsgrund 灯塔

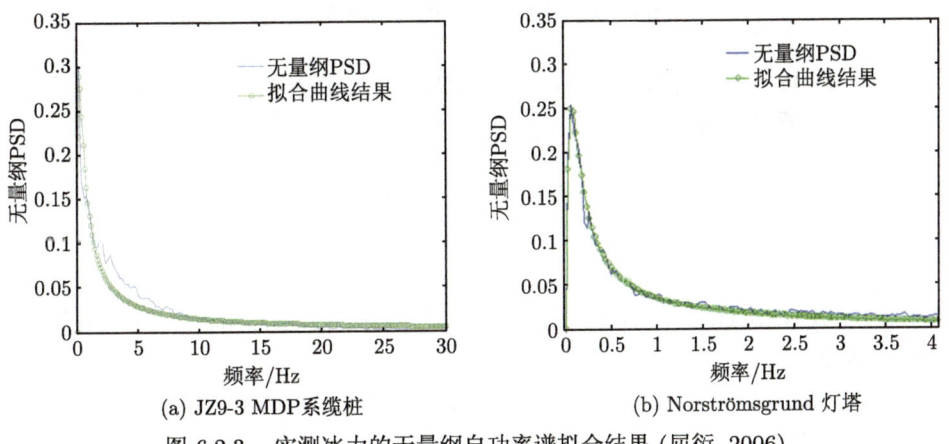

图 6.2.3　实测冰力的无量纲自功率谱拟合结果 (屈衍, 2006)

坏冰力谱的数学特征。现场实测数据中的不可控因素很多，如海冰的物理力学性质、类型、厚度、速度等，都可能对挤压破坏过程产生影响，进而改变冰力谱的形式。更为准确的规律性分析，有待于对这一物理过程的更深入理解。

6.2.2 锥体海洋工程结构冰载荷

1. 锥体结构静冰力

对于锥体结构的静冰力设计，目前主要基于 Croasdale、Frederking、Ralston 等理论模型，以及 Edwards-Croasdale、Kato、Hirayama-Obara 等实验模型。

1) 锥体结构静冰力的理论模型

● Croasdale 二维模型

具有一定速度的流冰接触到斜面结构时，冰板沿斜面上爬并在下边缘产生局部的撞击破坏，产生垂直于斜面的正压力以及平行于斜面的摩擦力，如图 6.2.4 所示。正压力和摩擦力可分解为作用于破坏面中心的垂直力 V 和水平力 H。

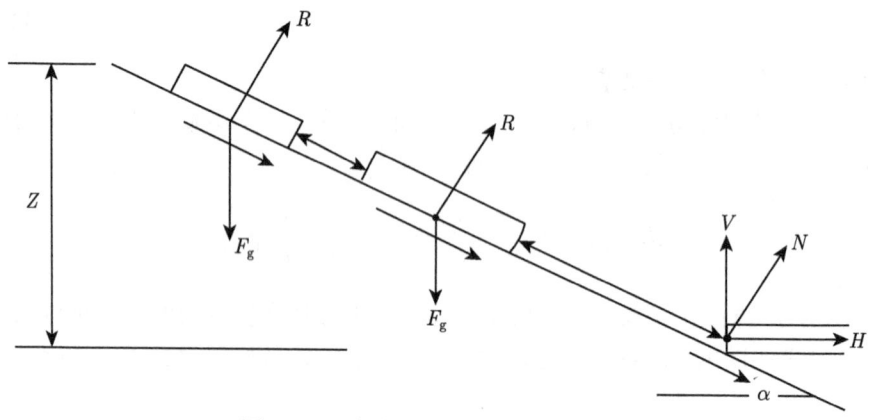

图 6.2.4　海冰与斜面结构的相互作用

Croasdale (1980) 根据相互作用关系和库仑摩擦定律，给出作用于冰板上的水平力 H 和垂直力 V 分别为

$$H = N\sin\alpha + \mu N\cos\alpha \tag{6.2.23}$$

$$V = N\cos\alpha - \mu N\sin\alpha \tag{6.2.24}$$

式中，μ 为冰与斜面结构间的摩擦系数；α 为斜面的水平倾角；N 为作用于斜面结构上的正压力。

假定冰板为作用在弹性基础上的梁，由弯曲理论推导出作用于单位宽度结构上的水平力为

$$\frac{H}{B} = 0.68\sigma_{\rm f}\left(\frac{\rho_{\rm w}gt^5}{E}\right)^{0.25} C_1 + Zt\rho_{\rm i}gC_2 \qquad (6.2.25)$$

式中，B 为斜面结构的水线宽度；$\sigma_{\rm f}$ 为海冰弯曲强度；$\rho_{\rm w}$ 和 $\rho_{\rm i}$ 分别为海水和海冰的密度；g 为重力加速度；t 为冰厚；E 为海冰弹性模量；Z 为斜面结构的干舷高度；C_1 和 C_2 为 α 和 μ 的函数，$C_1 = \dfrac{\sin\alpha + \mu\cos\alpha}{\cos\alpha - \mu\sin\alpha}$，$C_2 = \dfrac{(\sin\alpha + \mu\cos\alpha)^2}{\cos\alpha - \mu\sin\alpha} + \dfrac{\sin\alpha + \mu\cos\alpha}{\tan\alpha}$。

- Croasdale 三维模型

对相对于海冰特征长度较窄的结构，用二维模型计算作用于斜面结构上的载荷其误差较大，Croasdale (1984) 对上述二维模型进行了三维修正：

$$H_{\rm B(3D)} = H_{\rm B(2D)} \frac{D + \dfrac{\pi^2}{4}L_{\rm c}}{D} \qquad (6.2.26)$$

式中，$H_{\rm B}$ 为水平分力的破裂分量；D 为锥体结构的水线直径，当 $D \gg L_{\rm c}$ 时，破裂分量的三维值与二维值趋于一致；$L_{\rm c}$ 为海冰的特征长度，$L_{\rm c} = \left[\dfrac{Eh^3}{12\rho_{\rm w}g(1-\nu^2)}\right]^{0.25}$，$\nu$ 为海冰的泊松比。

在此基础上，Croasdale (1993) 又进行了深入、细致的分析研究，提出了补充和修正。在三维条件下，冰块达到锥体顶端所需的水平力可表示为

$$H = H_{\rm B(3D)} + H_{\rm p} + H_{\rm r} + H_{\rm l} + H_{\rm t} \qquad (6.2.27)$$

式中，$H_{\rm p}$ 为推动冰板穿过堆积冰区所需的力；$H_{\rm r}$ 为推动冰板穿过堆积冰区沿斜面上爬所需的力；$H_{\rm l}$ 为堆积冰下方的冰板在弯曲破坏前上举和剪切堆积冰所需的力；$H_{\rm t}$ 为使冰块翻转所需的水平力。

- Frederking 模型

Ralston (1977) 与 Frederking (1980) 系统地分析了海冰对窄体斜面结构作用破坏的力学机制，并给出了水平力 H 的三维理论方程：

$$\begin{aligned}H = &\frac{1}{3}\left[(1.16 + 0.0325\zeta) + (2.26 + 0.0825\zeta)\frac{a}{L_{\rm b}}\right]\sigma_{\rm f}t^2\tan\left(\frac{\beta}{2}\right)\zeta \\ &+ \rho_{\rm i}gt(0.76L_{\rm b} + 0.08a)\left[B + (0.76L_{\rm b} + 0.08a)\tan\left(\frac{\beta}{2}\right)\right]\zeta\end{aligned} \qquad (6.2.28)$$

式中，β 为楔角；L_b 为冰块的断裂长度；$a = \dfrac{B}{2\tan\left(\dfrac{\beta}{2}\right)}$；$B$ 为结构迎冰面宽度；

$$\zeta = \dfrac{\zeta_1}{\zeta_2} = \dfrac{\sin\alpha + \mu\cos\alpha}{\cos\alpha - \mu\sin\alpha}。$$

- Ralston 模型

Ralston (1977，1980) 对冰排与锥体结构进行了弯曲破坏过程的塑性极限分析，推导出了水平与垂直冰力的三维计算模型：

$$H = A_4\left[A_1\sigma_f t^2 + A_2\rho_w gtD^2 + A_3\rho_w gt\left(D^2 - D_T^2\right)\right] \tag{6.2.29}$$

$$V = B_1 H + B_2\rho_w gt\left(D^2 - D_T^2\right) \tag{6.2.30}$$

式中，D_T 为锥体直径；A_1、A_2 为依赖于 $k = \dfrac{\rho_w g D^2}{\sigma_f t}$ 的系数；A_3、A_4、B_1 与 B_2 为依赖于锥角 α 及海冰与锥面摩擦系数 μ 的系数。A_1、A_2 对应冰力的破坏分量，A_3 对应冰力的爬坡分量。

对于渤海的抗冰结构，锥体较窄且不高。因此，冰块上爬现象并不显著且冰力分量较小。水平冰力可只考虑冰的破坏分量，则式 (6.2.29) 变为

$$H = A_4\left(A_1\sigma_f t^2 + A_2\rho_w gtD^2\right) \tag{6.2.31}$$

A_1、A_2、A_4 的确定方法如下：

$$A_1 = \dfrac{1 + 2.711 p\ln p}{3(p-1)} \tag{6.2.32}$$

$$A_2 = 0.075\left(p^2 + p - 2\right) \tag{6.2.33}$$

$$A_4 = \dfrac{\tan\alpha}{1 - \mu g(\alpha, \mu)} \tag{6.2.34}$$

式中，p 为满足非线性方程 $p - \ln p + 0.083k(2p+1)(p-1)^2 = 1.369$ 的数值解，因此 p、A_1、A_2 均为 k 的函数；$g(\alpha,\mu) = \dfrac{0.5 + \dfrac{\alpha}{\sin(2\alpha)}}{\dfrac{\pi\sin\alpha}{4} + \dfrac{\mu\alpha}{\tan\alpha}}$。

Q/HSn 3000 标准与我国《港口工程载荷规范》(JTS 144-1-2010) 中的锥体结构静冰力设计均采用 Ralston 模型。ISO 19906 标准中给出了两种计算方法，分别为 Croasdale 二维模型和 Ralston 模型。其中的 Ralston 模型与 Q/HSn 3000

标准一致，但其公式形式发生了改变。在 ISO 19906 标准中，Ralston 模型给出的水平冰力分为破坏分量 H_b 和上爬分量 H_r。对于渤海导管架平台锥体结构，可只考虑海冰的破坏分量 H_b：

$$H_b = \frac{\sigma_f t^2}{3} \frac{\tan\alpha}{1 - \mu g_r} \left[\frac{1 + Yx\ln x}{x - 1} + G(x-1)(x+2) \right] \quad (6.2.35)$$

式中，主要参数的定义及单位与 Q/HSn 3000 标准一致，不一致的参数主要为：屈服常数 Y，特雷斯卡 (Tresca) 屈服准则中取 2.711，Johansen 屈服准则中取 3.422；$G = \dfrac{\rho_i g D^2}{4\sigma_f t}$，这里 ρ_i 为海冰密度，通常取 910 kg/m³；g_r 为锥体角度与摩擦系数的函数，$g_r = \dfrac{\sin\alpha + \dfrac{\alpha}{\cos\alpha}}{\dfrac{\pi}{2}\sin^2\alpha + 2\mu\alpha\cos\alpha}$；$x$ 为 G 和 Y 的函数，$x = 1 + \left(3G + \dfrac{Y}{2}\right)^{-0.5}$。

2) 锥体结构静冰力试验模型

- Edwards-Croasdale 模型

Edwards 和 Croasdale (1976) 给出了作用于锥体结构的水平冰力经验公式：

$$H = 1.6\sigma_f t^2 + 6.0\rho_w g D t^2 \quad (6.2.36)$$

式中，H 为冰排作用在锥体结构上的水平冰力；ρ_w 为海水密度；σ_f 为冰排的弯曲强度；t 为冰排的厚度；D 为锥体结构的水线直径；g 为重力加速度。等式右边第一项由冰排的破裂产生，第二项由冰块的爬坡产生。

- Kato 模型

Kato (1986) 假设作用在锥体结构上的冰力为海冰爬坡分量与破裂分量的总和，并通过模型试验统计得到如下冰力模型：

$$H = A_h \left(D^2 - D_T^2 \right) \rho_i g t + B_h \sigma_f t^2 \quad (6.2.37)$$

$$V = A_v \left(D^2 - D_T^2 \right) \rho_i g t + B_v \sigma_f t^2 \quad (6.2.38)$$

式中，系数 A_h、B_h、A_v 和 B_v 由以上两式通过模型试验数据的回归分析得出。

- Hirayama-Obara 模型

Hirayama 和 Obara (1986) 对静冰力进行了无量纲分析，得到了如下海冰与锥体结构相互作用的水平冰力模型：

$$H = 0.7\rho_i g t D^2 \zeta \frac{Z}{D} \frac{1 - \dfrac{Z}{D}\tan\alpha}{\sin\alpha} + 2.43\sigma_f t^2 \left(\frac{D}{L_c}\right)^{0.34} \quad (6.2.39)$$

等式右边第一项为冰的爬坡分力,第二项为冰的破裂分力。

3) 锥体结构静冰力公式对比

于永海和岳前进 (2000) 将五种代表性模型与试验数据进行了对比。结果表明,Ralston 模型与 Croasdale 模型适用于粗糙的锥面;Edwards-Croasdale 模型仅适用于摩擦系数很小的光滑锥面;Kato 模型与 Hirayama-Obara 模型的适用范围比 Edwards-Croasdale 模型略宽;Ralston 模型最稳定。

为了进一步说明各模型之间的差异,以如下冰条件为例:冰厚 0.8 m,弯曲强度 700 kPa,考虑其对一个水线处直径 1.5 m,锥顶直径 0.6 m,锥角 60°,摩擦系数 0.1 的锥体结构的静冰力。如图 6.2.5 所示的静冰力计算结果表明,不论是水平分力还是垂直分力,Hirayama-Obara 模型的静冰力最小,ISO 19006 标准的静冰力最大。

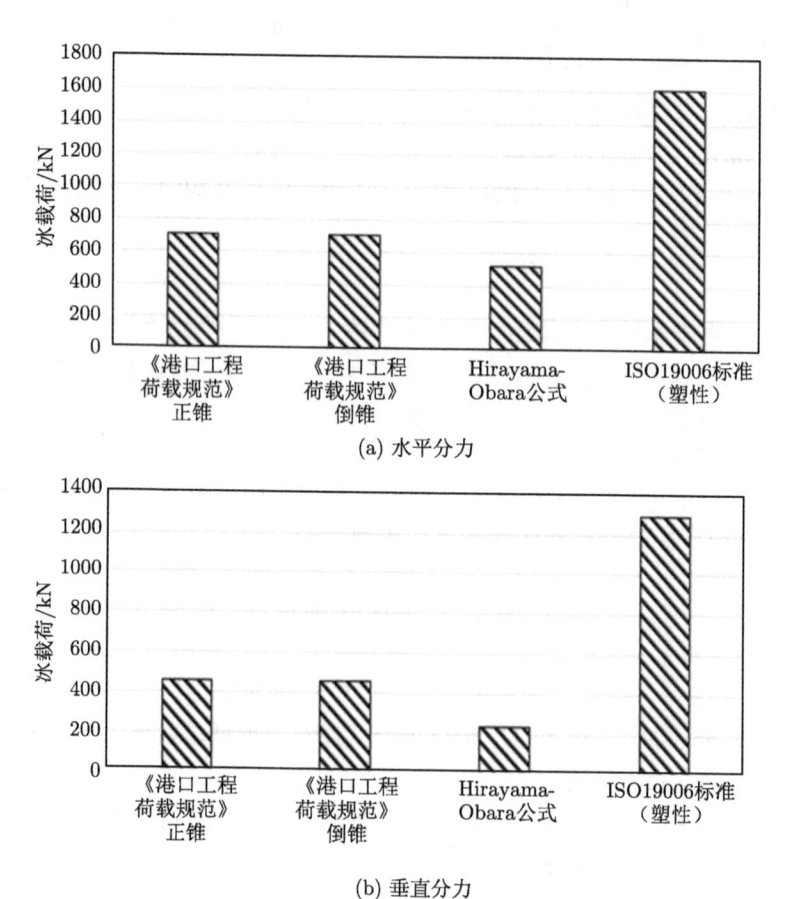

(a) 水平分力

(b) 垂直分力

图 6.2.5 锥体结构静冰力公式的计算结果对比

《港口工程载荷规范》、ISO 19006 标准都建立在理论分析的基础上，但《港口工程载荷规范》不适用于脆性断裂的冰力分析，ISO 19006 标准中的塑性方法不适用于脆性断裂的动冰力分析，而弹性模型基于二维斜面结构，但也对狭窄锥体进行了修正。Hirayama-Obara 模型中的无量纲参数 $\dfrac{D}{L_c}$ 反映了结构与海冰的主要参数影响，相比于其他模型，其更适用于渤海。

2. 锥体结构动冰力

对于锥体结构的动冰力设计，目前主要提出了反映冰力周期性的确定性冰力函数和反映冰力随机性的随机冰力函数。

1) 确定性冰力函数

海冰与锥体结构的相互作用具有一定周期性，由此导致的冰力也具有一定的周期性。Yue 和 Bi (2000)、岳前进等 (2001) 对锥体结构与海冰的相互作用过程及冰力变化进行了分析，并针对工程应用将冰力时程简化为图 6.2.6 所示的冰力函数。由此得出如下三参数的确定性冰力函数：

$$F(t) = \begin{cases} F_0\left(1 - \dfrac{t}{\tau}\right), & 0 \leqslant t < \tau \\ 0, & \tau \leqslant t < T \end{cases} \qquad (6.2.40)$$

式中，F_0 为冰力幅值；T 为冰力周期；τ 为海冰与锥体结构的作用时间。

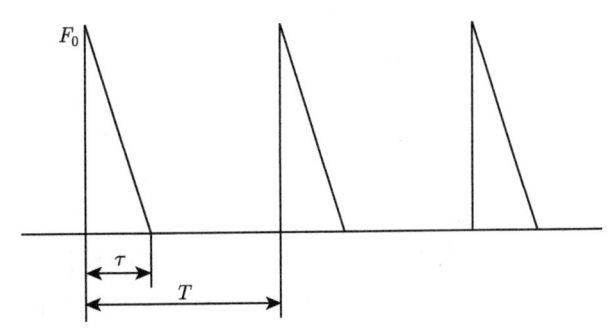

图 6.2.6　简化的确定性冰力函数 (Yue and Bi, 2000; 岳前进等, 2001)

由于海冰与锥体结构相互作用后完全卸载，所以动冰力幅值 F_0 就是锥体结构的最大静冰力，可参考静冰力设计模型进行确定。冰力周期即为海冰与锥体结构相互作用时发生弯曲破坏的周期，可由破坏长度与冰速决定，即

$$T = \dfrac{L_b}{v_i} \qquad (6.2.41)$$

式中，v_i 为冰速，主要受风与流的拖曳力控制，在短时间内可以认为是常数。因此破坏长度 L_b 是决定破坏周期的关键因素，其是冰厚、冰速等参数的函数，锥角、锥径、锥表面摩擦系数等也可对破坏长度产生显著影响。

海冰与锥体结构的作用时间 τ 为整个破坏过程所需的时间。岳前进等 (2001) 对压力盒数据进行分析后认为，对于渤海辽东湾 JZ20-2 油气作业区的锥体结构，作用时间 τ 可取整个冰力周期 T 的 1/3。

2) 随机冰力函数

海冰与锥体结构的相互作用是一个随机过程，引起的结构振动是典型的随机振动。目前得到的确定性冰力函数，其与随机载荷的作用结果差别很大，不能反映冰力作用的随机性，也不能用于分析结构的真实振动情况。为了更准确地模拟锥体结构上的冰力，需要对冰载荷的随机性进行分析，建立既能反映海冰作用机理，又能反映作用随机性的随机冰力函数。

将图 6.2.7 中的每个脉冲作用过程定义为一个冰力周期，将每个脉冲的峰值点作为一个周期的冰力幅值样本 $F(i)$，将冰力极值点之间的时间间隔定义为冰力的周期序列 $T(i)$。则随机的冰力时程可以简化为一系列具有随机冰力幅值 F_i 和冰力周期 T_i 的冰力脉冲。为了更好地模拟压力盒数据，将脉冲形式由确定性冰力函数中的直角三角形调整为等腰三角形。海冰与锥体结构的作用时间取冰力周期的 1/3（岳前进等，2001）。最终得到如图 6.2.8 所示的随机冰力函数。

一个周期内的冰力函数可由下式定义：

$$f_i(t) = \begin{cases} \dfrac{6F_{0i}}{T_i}t, & 0 < t \leqslant \dfrac{T_i}{6} \\ 2F_{0i} - \dfrac{6F_{0i}}{T_i}t, & \dfrac{T_i}{6} < t \leqslant \dfrac{T_i}{3} \\ 0, & \dfrac{T_i}{3} < t \leqslant T_i \end{cases} \quad (6.2.42)$$

式中，T_i 为第 i 个冰力周期大小；F_{0i} 为该周期内的冰力幅值。

在上式的基础上，任意时间长度的随机冰力函数可由下式拓展得到：

$$F(t) = \sum_{i=1}^{N} f_i\left(t - t_i^0\right) \quad (6.2.43)$$

式中，N 为需要建立的冰力周期个数。当 $i=0$ 时，$t_i^0=0$；当 $i>1$ 时，$t_i^0 = \sum\limits_{j=1}^{i-1} T_i$。

当冰力周期拓展为 N 个后，每个周期的冰力幅值 F_{0i} 和冰力周期 T_i 构成两个随机数列。

6.2 海洋工程结构冰载荷

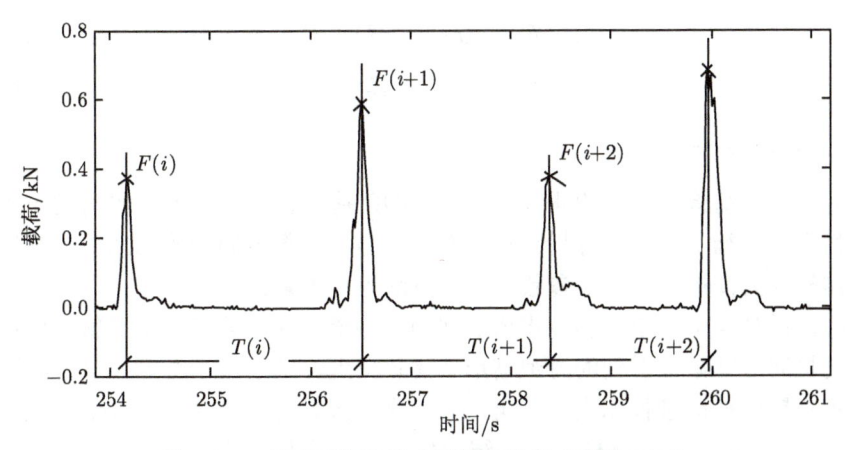

图 6.2.7 冰力周期与冰力幅值的定义 (屈衍, 2006)

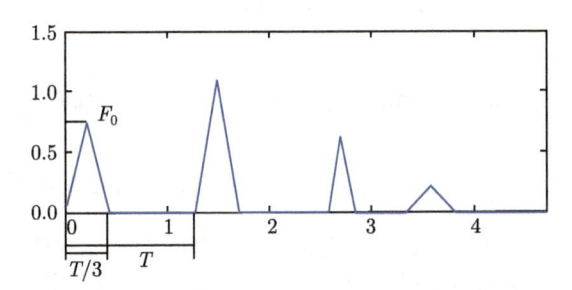

图 6.2.8 简化的随机冰力函数 (屈衍, 2006)

屈衍 (2006) 确定了随机冰力函数中冰力幅值和周期的随机分布为正态分布，即 $T_i \sim N(\bar{T}, \sigma_T^2)$，$F_{0i} \sim N(\bar{F}_0, \sigma_{F_0}^2)$。两者的概率密度函数分别为

$$p_T = f(T, \bar{T}, \sigma_T) = \frac{1}{\sigma\sqrt{2\pi}} e^{-\frac{(T-\bar{T})^2}{2\sigma_T^2}} \tag{6.2.44}$$

$$p_F = f(F, \overline{F_0}, \sigma_{F_0}) = \frac{1}{\sigma\sqrt{2\pi}} e^{-\frac{(F-\overline{F_0})^2}{2\sigma_{F_0}^2}} \tag{6.2.45}$$

式中，$\bar{T}$、σ_T、$\overline{F_0}$ 与 υ_{F_0} 分别为冰力周期和幅值的均值与标准差，可分别由下式确定 (许宁, 2011)：

$$\bar{T} = 13.72 \frac{t^{0.74}}{v_i D^{0.26}} \tag{6.2.46}$$

$$\sigma_T = 0.5\bar{T} \tag{6.2.47}$$

$$\bar{F}_0 = 15\sigma_{\mathrm{f}} t^{2.45} D^{-0.45} \tag{6.2.48}$$

$$\sigma_{\mathrm{F}_0} = 0.4\overline{F_0} \tag{6.2.49}$$

3. 锥体结构冰力谱

对于锥体结构冰力谱的研究,屈衍 (2006) 基于 JZ20-2 MUQ 平台的一系列冰力时程数据进行了冰力谱分析工作,并结合与冰力数据同步的海冰参数信息,对窄锥结构冰力谱形式以及谱参数的确定方法进行了讨论。

冰力谱是介于宽带谱和窄带谱之间的一种谱形式,只有一个峰值。这种谱形式与随机海浪理论中得到的海浪谱形式比较接近。基于这一特点,参考海浪谱分析理论对锥体结构进行冰力谱分析。海浪谱一般具有诺伊曼 (Neumann) 谱形式,因此可采用 Neumann 谱作为窄锥结构冰力谱的基本形式:

$$S(f) = \frac{A}{f^p} \exp\left(-B\frac{1}{f^q}\right) \tag{6.2.50}$$

Neumann 谱由高频与低频两部分曲线组成,其中的低频部分由 $\dfrac{A}{f^p}$ 表示,高频部分由 $\exp\left(-B\dfrac{1}{f^q}\right)$ 表示。参数 p 和 q 主要确定谱在高频及低频区域的形状,参数 A 和 B 主要影响谱曲线的位置与能量大小。载荷谱与冰力函数之间的关系反映在谱参数与冰力幅值和周期的联系上。通过建立谱峰频率、零阶谱矩与冰力参数之间的关系,即可将冰力参数引入 Neumann 谱中。最终得到的能够反映冰力谱特点的谱参数如下 (屈衍, 2006):

$$p = 3.5 \tag{6.2.51}$$

$$q = 0.64 \tag{6.2.52}$$

$$B = 5.47\bar{T}^{-0.64} \tag{6.2.53}$$

$$A = 10.88\overline{F_0}^2 \bar{T}^{-2.5} \tag{6.2.54}$$

将式 (6.2.51)~ 式 (6.2.54) 代入式 (6.2.50),得到以冰力参数表达的冰力谱形式:

$$S(f) = \frac{10.88\overline{F_0}^2 \bar{T}^{-2.5}}{f^{3.5}} \exp\left(-5.47\bar{T}^{-0.64}\frac{1}{f^{0.64}}\right) \tag{6.2.55}$$

上式与实测冰力自功率谱的对比如图 6.2.9 所示。结果表明,式 (6.2.55) 较好地反映了窄锥结构的冰力谱形式。

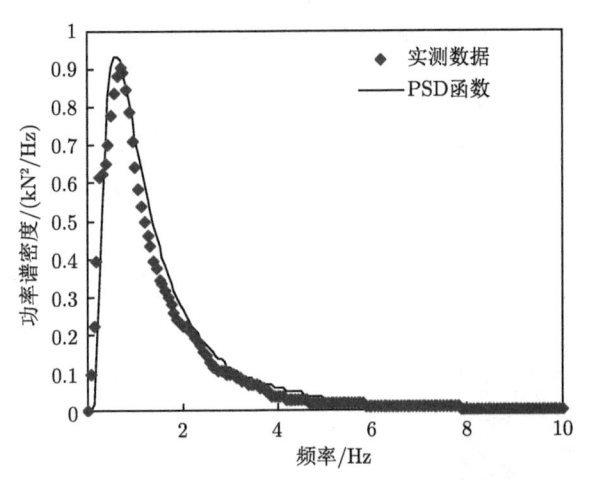

图 6.2.9　冰力谱公式与实测冰力自功率谱对比 (屈衍, 2006)

6.2.3　非规则结构的冰载荷

除直立结构和锥体结构外，其他具有非规则几何形态的海洋工程结构难以通过经验公式或理论模型给出相应的冰载荷设计方法，此时模型试验和数值方法均是有效的解决途径，其中数值方法具有周期短、成本低等方面的优势。近年来，海冰离散元方法为研究海冰破坏模式、结构冰载荷和结构冰激振动等工作提供了新的数值途径。下面以两种形式的海上单桩风机基础的抗冰型钢为例，简要介绍基于海冰离散元方法的非规则结构冰载荷设计。

1. 直立抗冰型钢的冰载荷

根据直立结构的冰载荷与冰激振动发生机理，吴泽和闫园园 (2016) 以海冰的同时破坏和结构的高压区为出发点对直立结构进行改进。在风机基础抗冰结构的概念设计中提出了直立式抗冰型钢，即在风机基础的设计水线周围安装三棱柱型的抗冰结构，如图 6.2.10 所示。其抗冰原理为：海冰与风机基础相互作用过程中，抗冰型钢首先与海冰发生挤压作用，使水平方向的海冰发生非同时破坏，进而在圆柱形桩腿上无法形成完整加载平面。此外，局部高压区也会被破坏，最终达到降低冰载荷效果。

这里采用海冰离散元方法计算直立式抗冰型钢的冰载荷。有无抗冰型钢情况下海冰与风机基础的相互作用过程的对比如图 6.2.11 所示。模拟结果表明，海冰在两种情况下均发生挤压破坏，且形成细小碎块，与现场观测结果一致。海冰与无抗冰型钢的风机基础相互作用时，存在一个完整的圆弧状冰力加载面；而在另一种情况下，圆弧状冰力加载面被抗冰型钢破坏。两种情况下的冰载荷时程的对比如图 6.2.12 所示，可见抗冰型钢虽然未从根本上改变海冰大面积压屈或挤压的破坏模式，但是对冰载荷的振幅具有一定的缩减作用。

(a) 现场照片　　　　　　　　　　　　　　(b) 计算模型

图 6.2.10　风机基础的直立式抗冰型钢

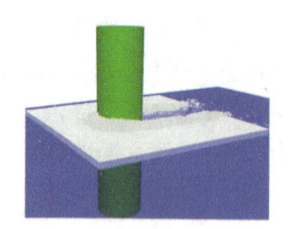

(a) 无抗冰型钢

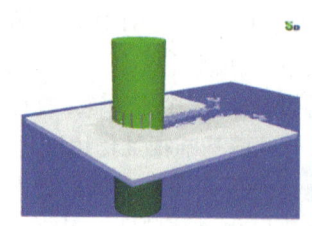

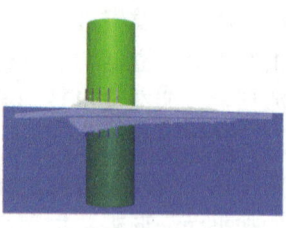

(b) 有抗冰型钢

图 6.2.11　有无抗冰型钢情况下海冰与风机基础的相互作用过程的对比

2. 下压式抗冰型钢的冰载荷设计

以渤海某风机基础下压式抗冰结构为研究对象而建立的计算模型如图 6.2.13 所示 (陈立, 2020)。该结构是在直立式抗冰型钢基础上进行的改进，通过改变海冰与风机基础相互作用时的破坏模式达到降低冰载荷的效果，由于其不会改变直

6.2 海洋工程结构冰载荷

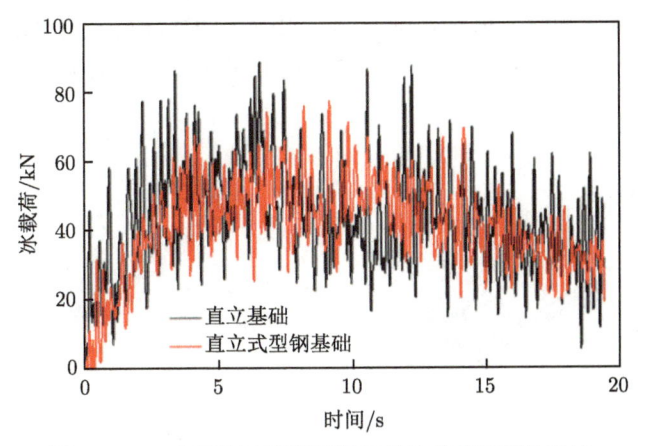

图 6.2.12 有无抗冰型钢情况下的冰载荷时程的对比

立塔筒的水线处直径,所以相比于抗冰锥体,该结构还可较好地控制波浪载荷的增加。根据海冰的破坏模式,将风机基础从下到上划分为编号为 $A \sim E$ 的海冰作用区域,从上述 5 个区域内各选取 1 个水位,再加上抗冰型钢与直立塔筒连接处的 2 个水位,最终确定的 7 种水线位置如图 6.2.13 所示。

(a) 现场照片　　　　　　　(b) 计算模型

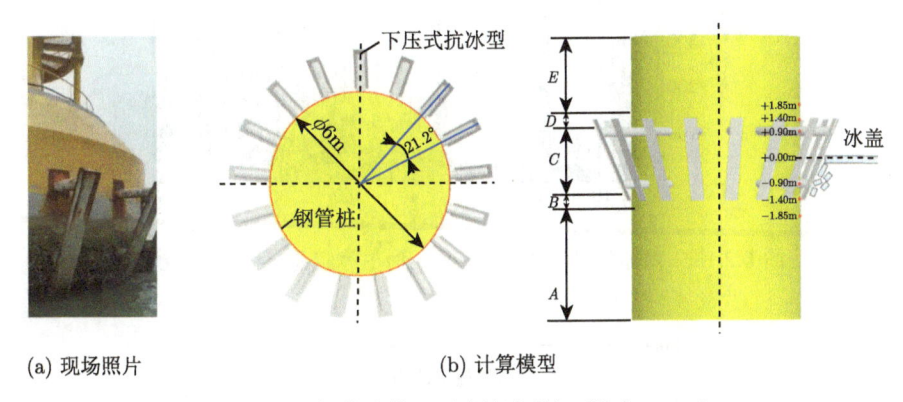

图 6.2.13　风机基础的下压式抗冰型钢 (陈立, 2020)

当水位为 0.00 m 时,海冰与风机基础的相互作用过程如图 6.2.14 所示,相应的冰载荷时程如图 6.2.15 所示。海冰作用于下压式抗冰型钢时主要发生弯曲破坏,抗冰型钢局部与海冰发生挤压破坏。对应于图 6.2.15 中的第 I 部分,冰载荷具有明显的加载和卸载过程,并且卸载时间间隔不等,这主要与不同的海冰断裂长度密切相关;对应于图 6.2.15 中的第 II 部分,冰载荷的卸载间隔明显减小或消失,表现为持续载荷形式。

当水位为 ±1.85 m、±1.40 m 和 ±0.90 m 时,同样考察了海冰的破坏模式及冰载荷的变化规律，风机基础在不同水位下的冰载荷峰值平均值和最大值如图 6.2.16 所示。在 C 区 (水位为 ±0.90 m, 0.00 m) 内，海冰发生弯曲破坏，风

(a) $t=40$ s

(b) $t=80$ s

图 6.2.14 海冰与风机基础的相互作用过程 (水位 0.00 m)

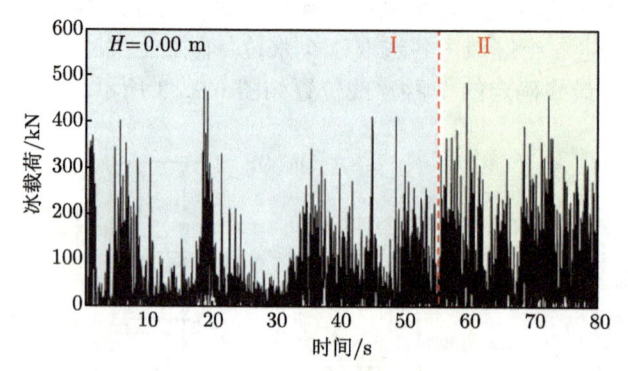

图 6.2.15 海冰与风机基础相互作用时的冰载荷时程 (水位 0.00 m)

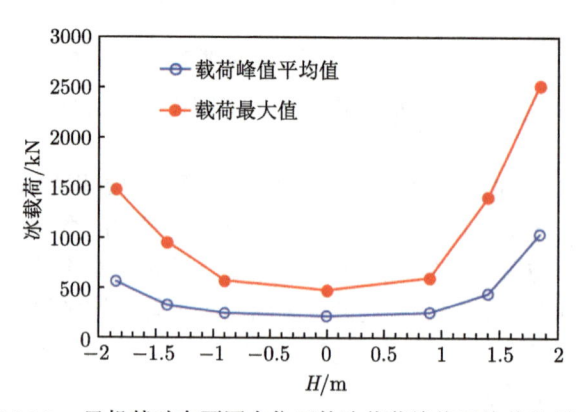

图 6.2.16 风机基础在不同水位下的冰载荷峰值平均值和最大值

机基础承受的冰载荷最小,平均水位下的最大值和峰值平均值最小;在 A 区与 E 区 (水位为 ±1.85 m) 内,海冰发生挤压破坏,风机基础承受的冰载荷最大;在 B 区与 D 区 (水位为 ±1.40 m) 内,海冰的挤压破坏与弯曲破坏同时存在,风机基础承受的冰载荷介于前两者之间。

6.3 船舶与海洋工程结构的抗冰性能

对船舶与海洋工程结构的冰载荷设计,是开展船舶结构冰区加强和海洋工程结构抗冰设计的重要前提,而后者为保证极地装备在寒区具有足够的抗冰性能奠定坚实基础。当前各国船级社的冰级规范,包括 CCS《钢质海船入级规范 2015》中均对船舶结构的冰区加强做出了详细规定。自工程界和科学界认识到冰载荷是寒区海洋工程结构设计的控制载荷以来,就一直从事着抗冰结构减振理论与措施的研究分析工作。安装抗冰锥体实际上是改变振源特性的一种减振策略,通过将海冰的破坏模式从直立结构前的挤压破坏转变为弯曲破坏,降低冰力的同时避免稳态自激冰力发生的条件,从而消除结构的稳态振动。此外,其他形式的海洋工程结构抗冰设计和减振策略也将在本节中加以介绍。

6.3.1 船舶结构的抗冰性能

CCS《钢质海船入级规范 2015》第 2 篇第 4 章第 2 节 "船体冰区加强要求"和第 3 篇第 14 章 "冰区航行的加强要求",除 B 冰级外,直接纳入《芬兰瑞典冰级规范》(FSICR),适用于存在当年冰水域操作的船舶;第 8 篇第 13 章 "极地航行船舶的补充规定",直接纳入 IACS 极地船舶规范 (IACS URI1、I2 和 I3),适用于极地开敞水域和任何存在多年冰水域航行的船舶 (中国船级社, 2016)。各等级冰区船舶所适用的航行水域、冰级附加标志、对应要求的规范章节以及具有破冰能力的船舶补充要求列于表 6.3.1。

表 6.3.1 CCS《钢质海船入级规范 2015》中对各等级冰区船舶的冰区加强规定 (中国船级社, 2015)

适用的冰区航行水域	冰级附加标志	对应要求的规范章节	具有破冰能力的船舶补充要求
极地开敞海域	PC1~PC7	第 8 篇第 13 章第 1~2 节	—
冬季波罗的海或其他相似冰况海域	B1*、B1~B3	第 2 篇第 4 章第 2 节	第 8 篇第 9 章
除大块固定冰外的漂流浮冰海域	B	第 2 篇第 4 章第 3 节	

为了与 "基于冰级规范的船舶冰载荷设计" 中的内容一脉相承,这里对 CCS《钢质海船入级规范 2015》中针对 PC1~PC7 级船舶的冰区加强规定进行介绍,

在此基础上进一步分析各冰级规范在冰区加强方面的区别和联系。

1. 基于 CCS《钢质海船入级规范 2015》的船舶结构冰区加强

下面分别概述规范中对外板和骨架的冰区加强要求以及对各船体分区内外板的腐蚀/磨耗增量要求。

1) 对外板的要求

外板所要求的最小厚度 t:

$$t = t_{\text{net}} + t_{\text{s}} \ (\text{mm}) \tag{6.3.1}$$

式中，t_{s} 为腐蚀和磨耗增量，mm；t_{net} 为抵抗冰载荷所需的板厚，mm，根据骨架的方向而定。

对于横骨架式外板，包括所有船底板，即位于 Bib、Mb 和 Sb 船体区中的外板，净厚度为

$$t_{\text{net}} = 500s \frac{\left(\dfrac{\text{AF} \cdot \text{PPF}_{\text{P}} \cdot P_{\text{avg}}}{R_{\text{eH}}}\right)^{0.5}}{1 + \dfrac{s}{2b}} \ (\text{mm}) \tag{6.3.2}$$

对于纵骨架式外板，当 $b \geqslant s$ 时，净厚度为

$$t_{\text{net}} = 500s \frac{\left(\dfrac{\text{AF} \cdot \text{PPF}_{\text{P}} \cdot P_{\text{avg}}}{R_{\text{eH}}}\right)^{0.5}}{1 + \dfrac{s}{2l}} \ (\text{mm}) \tag{6.3.3}$$

对于纵骨架式外板，当 $b < s$ 时，净厚度为

$$t_{\text{net}} = 500s \frac{\left(\dfrac{\text{AF} \cdot \text{PPF}_{\text{P}} \cdot P_{\text{avg}}}{R_{\text{eH}}}\right)^{0.5} \left[\dfrac{2b}{s} - \left(\dfrac{b}{s}\right)^2\right]^{0.5}}{1 + \dfrac{s}{2l}} \ (\text{mm}) \tag{6.3.4}$$

式中，s 为横骨架或纵骨架式船舶的肋骨间距，m；AF、PPF_{P} 和 P_{avg} 分别为船体区因子、峰值压力因子和设计载荷板范围内的平均压力，MPa；R_{eH} 为材料屈服应力，N/mm²；b 为设计载荷板的高度，m；l 为肋骨支撑构件的间距，m。

2) 对骨架的要求

横骨架或纵骨架式局部骨材的实际净有效剪切面积 A_{w} 按下式确定：

$$A_{\text{w}} = \frac{h t_{\text{wn}} \sin \varphi_{\text{w}}}{100} \ (\text{cm}^2) \tag{6.3.5}$$

式中，h 为加强筋的高度，mm；φ_{w} 为外板与加强筋之间的最小角度，(°)。

腹板净厚度 t_{wn} 按下式确定：

$$t_{wn} = t_w - t_c (\text{mm}) \tag{6.3.6}$$

式中，t_w 为腹板的建造厚度，mm；t_c 为从腹板和面板/折边的厚度中减去的腐蚀扣除量，mm。

如果附连带板的横剖面积超过该处骨材的横剖面积，则横骨架或纵骨架式骨材的实际净有效塑性剖面模数 Z_p 由下式确定：

$$Z_p = \frac{A_{pn}t_{pn}}{20} + \frac{h_w^2 t_{wn} \sin\varphi_w}{2000} + A_{fn}\frac{h_{fc}\sin\varphi_w - b_w\cos\varphi_w}{10} \; (\text{cm}^3) \tag{6.3.7}$$

式中，A_{pn} 为连接的外板净厚度，mm；h_w 为骨材腹板高度，mm；A_{fn} 为骨材面板/折边的净横剖面积，cm²；h_{fc} 为骨材量至面板/折边面积中心的高度，mm；b_w 为骨材腹板平面的厚度中心至面板/折边面积中心的距离，mm。

如果骨材的横剖面积大于附连带板面板/折边的横剖面积，则塑性中心轴位于距附连外板带板之上 z_{na} 的位置处，z_{na} 由下式给出：

$$z_{na} = \frac{100 A_{fn} + h_w t_{wn} - 1000 t_{pn} s}{2 t_{wn}}(\text{mm}) \tag{6.3.8}$$

横骨架或纵骨架式骨材的净有效剖面模数 Z_p 由下式给出：

$$\begin{aligned}Z_p = & t_{pn}s\left(z_{na} + \frac{t_{pn}}{2}\right)\sin\varphi_w + \left\{\frac{\left[(h_w - z_{na})^2 + z_{na}^2\right]t_{wn}\sin\varphi_w}{2000}\right.\\ & \left. + \frac{A_{fn}\left[(h_{fc} - z_{na})\sin\varphi_w - b_w\cos\varphi_w\right]}{10}\right\}(\text{cm}^3)\end{aligned} \tag{6.3.9}$$

对船底结构局部骨架、舷侧结构局部骨架，以及强肋骨和承受载荷的舷侧纵桁的具体要求，详见 CCS《钢质海船入级规范 2015》第 8 篇第 13 章第 2 节结构要求。

3) 腐蚀/磨耗增量

这里建议对所有冰级的船体壳板的所有外表面采取有效的保护措施，以防腐蚀以及浮冰造成的磨耗。用以确定外板厚度时所采用的腐蚀/磨耗增量值 t_s 列于表 6.3.2。

2. 各冰级规范在冰区加强方面的区别和联系

各规范对冰区加强范围的定义基本相同，但对于加强过渡区域作为边界条件对加强区域的影响程度，其判定方法和边界条件公式的定义有所不同。

表 6.3.2　外板的腐蚀/磨耗增量 (中国船级社, 2015)

船体分区	t_s/mm					
	已采取有效保护			未采取有效保护		
	PC1~PC3	PC4/PC5	PC6/PC7	PC1~PC3	PC4/PC5	PC6/PC7
艏部区 艏部过渡冰带区	3.5	2.5	2.0	7.0	5.0	4.0
艏部过渡下部区 船中和艉部冰带区	2.5	2.0	2.0	5.0	4.0	3.0
船中和艉部下部区 船底区	2.0	2.0	2.0	1.0	3.0	2.5

RS 规范对于结构加强的分区以及冰区加强结构的布置有较详细的说明。DNV-GL 规范建立在 IACS 规范体系之上,与 ABS 和 BV 规范类似。DNV 规范在结构加强分区方面比较复杂和特殊,而且关于艏部的加强范围比其他规范都大;虽然对破冰船的腐蚀厚度没有作出特别要求,但通过对结构加强构件尺寸的计算发现,其要求的外板厚度和骨材面积都远大于其他规范。ABS 规范与 BV 规范有共同的基础,在构件尺寸的计算上基本一致。从计算结果来看,在加强要求相似的情况下,其艏艉端构件的要求比 RS 规范更高一些,而船中构件要求较低。但在其他方面,两种规范之间有比较明显的不同:BV 规范在 IACS 规范的基础上针对结构加强分区等方面制定了专门的标准,更贴近于 RS 规范的体系。

综上所述,RS 规范基于自身体系专门针对破冰船结构特点提出了比较详细的要求,其构件的计算公式也基本是通过大量的试验得到的经验公式,因此比较适合指导破冰船的结构设计。ABS 规范、BV 规范及 DNV-GL 规范,其在 IACS 规范体系的基础上,对冰区加强分区、结构细则等方面提出了特殊要求,也具有重要的参考价值。而 DNV 规范对于冰区加强的范围较大,构件尺寸要求也比较高,可能会在一定程度上增加结构重量,因此已被逐步淘汰。

6.3.2　海洋工程结构的抗冰性能

海洋工程结构在冰载荷作用下的力学行为和失效模式是评价其抗冰性能的主要指标 (许宁, 2011)。其中,最受关注的失效模式有两种:一是结构在极值冰力下发生强度、刚度失效,甚至被推倒;二是结构在动冰载荷作用下发生冰激振动,引起疲劳损伤,严重时导致功能丧失 (王胜永, 2013)。

1. 抗冰锥体结构设计与抗冰性能

抗冰锥体是广泛应用于寒区海洋工程结构的减振措施。芬兰的灯塔、加拿大跨海大桥桥墩以及渤海冰区平台均安装了抗冰锥体。抗冰锥体的中心点通常位于平均海平面附近,锥体高度至少应能覆盖海冰磨蚀区内结构主体构造中重要的环形焊缝,通常可取冰区设计高水位以上 0.5 m 到设计低水位以下 1.0 m (周旋, 2014)。

渤海导管架平台抗冰锥体实用的锥角范围一般为 40°~65°，正、倒锥角最合理的搭配应是使正、倒锥体上的冰力相等。实践证明，目前更为有效的抗冰锥体是采用正、倒锥角非对称布置(正锥角大于倒锥角)的设计形式。同时可考虑在抗冰锥体与主体结构之间安装弹性阻尼构件降低动力效应。抗冰锥体各个构件的厚度需要通过计算校核其强度，并满足相应的构造要求(陈立, 2018)。

1) 抗冰锥体对冰力幅值的影响

国外学者对海冰作用于直立结构和锥体结构的冰力开展了大量试验(Relston, 1977; Hirayama and Obara, 1986; Edwards and Croasdale, 1976; Saeki et al., 1977)，冰力幅值的测量结果汇总于图 6.3.1。可以看出，在同等海冰条件下，作用于锥体结构上的冰力幅值约为直立结构的 1/3。

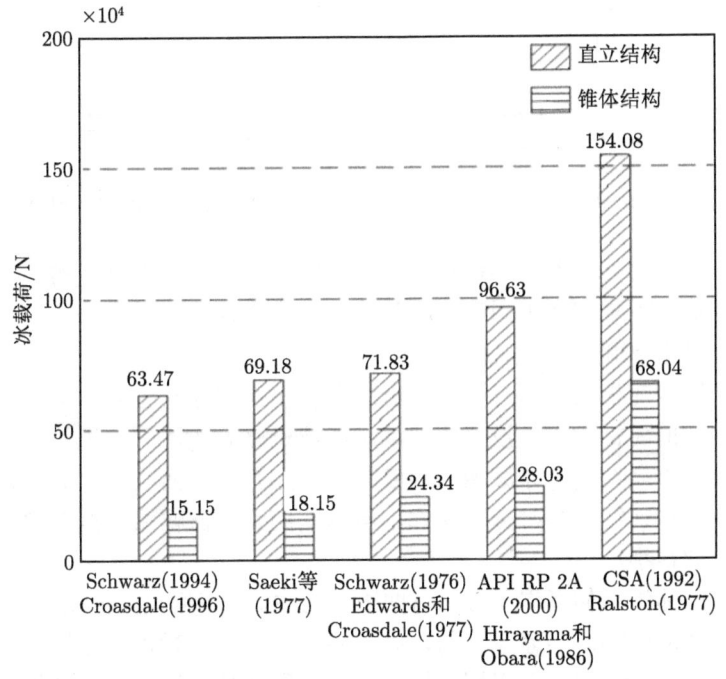

图 6.3.1 直立结构与锥体结构的静冰力幅值的对比 (王胜永, 2013)

图 6.3.2 为 JZ9-3 MDP 直立系缆桩和 JZ20-2 MUQ 锥体海洋平台上测得的冰力时程。在冰厚均为 0.15 m，冰速分别为 0.28 m/s 及 0.39 m/s 的相似冰况下，海冰在直立结构前持续挤压破坏，冰力未能在周期内完全卸载，造成直流冰力占整体交变冰力的主要部分；而海冰与锥体结构作用发生弯曲破坏过程中，冰力在破坏周期内完全卸载，因此冰力平均值较小。锥体结构和直立结构的冰力最大值分别为 1.43 kN 和 6.81 kN，前者是后者的 21%，说明极值冰力降低效果显著。进一步

的数据分析表明，锥体结构和直立结构的冰力均方根分别为 0.33 kN 和 0.42 kN，前者是后者的 78.6%，降低了 21.4%(许宁, 2011)。

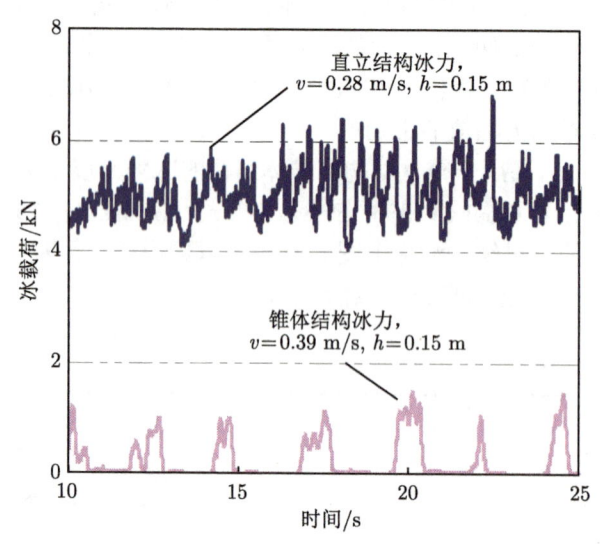

图 6.3.2　直立结构与锥体结构的动冰力幅值的对比 (王胜永, 2013)

总而言之，海冰与锥体结构相互作用时的冰力相比于直立结构，在静冰力和动冰力两种情况下都实现了同等冰况条件下的降低效果。

2) 抗冰锥体对随机动冰力的影响

对直立结构随机动冰力时程的分析结果表明：海冰与直立结构相互作用过程中，破坏周期的随机性大，没有规律性。在随机冰力作用下，虽然海冰破坏的各种频率成分对直立结构的冰激振动响应均会产生影响，而且其中的高频成分也可能引起直立结构连续的高阶振动模式，但这些高阶的微幅振动对结构及其附属设施的安全影响很小。

海冰与锥体结构相互作用时以弯曲破坏为主。破坏周期主要受冰速、冰厚、断裂长度等参数的影响。当冰厚均匀、冰速稳定时，冰力时程较有规律，周期性比较明显。当海冰的弯曲破坏周期与结构的自振周期相差较大时，锥体结构在随机冰载荷作用下主要发生受迫振动，冰激振动加速度幅值不大，对结构及其附属设施的安全威胁也很小。JZ20-2 MSW 平台在安装抗冰锥体前后测得的随机冰力时程如图 6.3.3 所示。

3) 抗冰锥体对冰激振动的影响

抗冰锥体的锥面参数、海洋工程结构动力特性等对海冰的弯曲破坏周期有一定影响，但其更倾向于受海冰自身参数 (冰厚、冰速等) 的影响。因而在大多数冰况下，安装抗冰锥体的海洋工程结构主要发生随机振动。海冰的弯曲破坏周期不再与结构的固有周期进行 "调制" 耦合而发生稳态振动。下面以 JZ20-2 MSW 平台和 JZ9-3 WHPE 平台为例，具体说明抗冰锥体的减振效果。

(a) 安装抗冰锥体前

(b) 安装抗冰锥体后

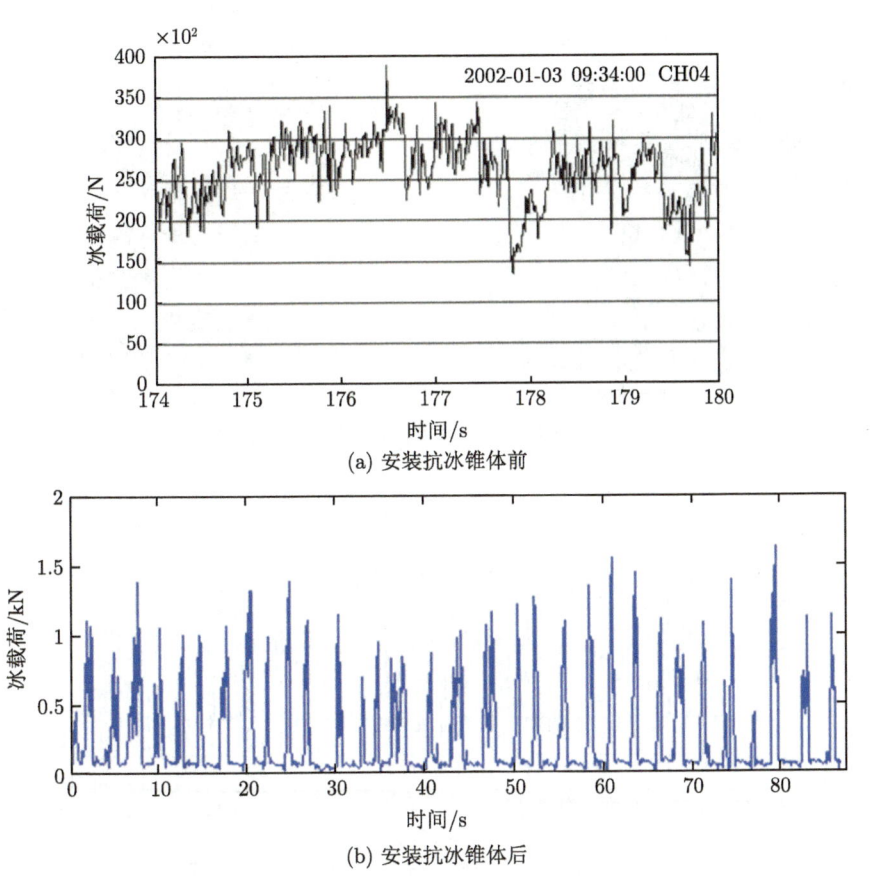

图 6.3.3　渤海 JZ20-2 MSW 平台安装抗冰锥体前后的随机冰力时程的对比 (王胜永, 2013)

- 渤海 JZ20-2 MSW 平台

JZ20-2 MSW 平台是 1997 年投产的三桩腿直立式导管架平台，如图 6.3.4(a) 所示。平台所处海域水深 16.5 m，上层甲板标高 14 m，海平面处直立桩腿直径 1.2 m，结构基频 1.36 Hz，导管架总质量 204 t，甲板模块质量 200 t。在 1999~2000 年的冬季测量中，该平台发生了如图 6.3.5(a) 所示的 17 次较为强烈的冰激稳态振动，引发了 2 次严重的险情事故 (张大勇等, 2006)：2000 年 1 月 29 日，一个天然气井的放空管突然断裂，导致高压天然气喷出；同年 2 月 7 日，一个单流阀的法兰螺母松动，致使天然气外泄。

大连理工大学岳前进研究团队对该平台的强烈振动进行了分析，确定其为最

· 316 ·　第 6 章　船舶与海洋工程结构的冰载荷设计和抗冰性能

危险的直立结构自激稳态振动，并提出在 3 个直立桩腿的海平面处安装抗冰锥体

(a) 安装抗冰锥体前 　　　　　　　　　(b) 安装抗冰锥体后

图 6.3.4　安装抗冰锥体前后的 JZ20-2 MSW 平台

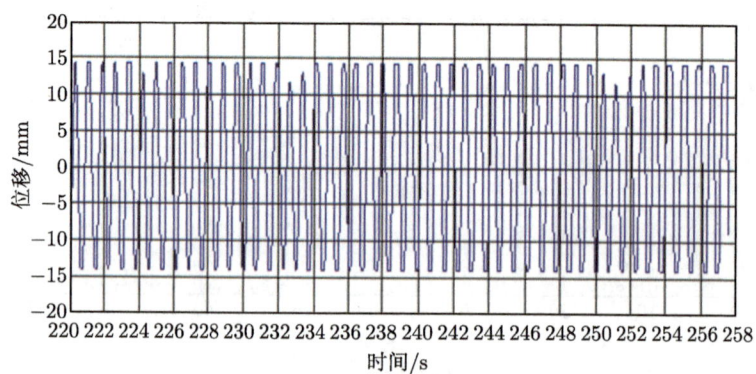

(a) 安装抗冰锥体前的稳态振动 (2000-01-28 22:57)

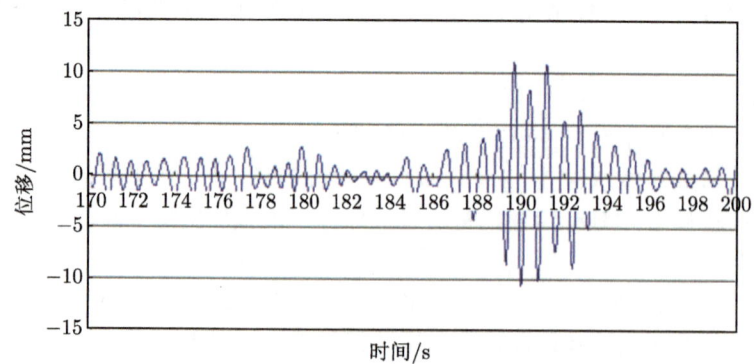

(b) 安装抗冰锥体后的随机振动 (2001-01-19 04:15)

图 6.3.5　渤海 JZ20-2 MSW 平台安装抗冰锥体前后冰激振动的对比 (王胜永, 2013)

6.3 船舶与海洋工程结构的抗冰性能

的改造方案，如图 6.3.4(b) 所示。该抗冰锥体采用正倒组合形式，最大锥径 4 m。安装抗冰锥体后，该团队于 2000~2001 年冰期对平台及上部管线设施的冰激振动开展了连续观测，并通过与安装抗冰锥体前的直立结构振动进行对比以评估减振效果。结果表明，渤海 JZ20-2 MSW 平台经受住了自投产以来最严峻的冰情考验，平台的冰激振动以图 6.3.5(b) 所示的随机振动为主，且振动幅值大大降低，说明安装抗冰锥体达到了消除自激稳态振动的目的。

- 渤海 JZ9-3 WHPE 平台

渤海 JZ9-3 WHPE 平台是一座于 2007 年投产的单桩桶基结构立管平台，如图 6.3.6 所示。平台所处水深不足 9 m，泥面以上结构总高度约为 18 m，平台总质量 113 t，其中甲板上部质量 30 t，水线位置直立桩腿直径 1.08 m，基频 6.2 Hz。岳前进等 (2011) 在该平台的首个冰期运行期间 (2007~2008 年冬季) 进行了冰激振动测量，在甲板上部安装加速度传感器监测平台振动信息。测量结果表明，该平台发生了强烈的稳态自激振动，对安全生产造成巨大威胁。

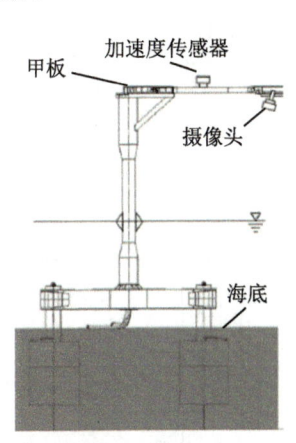

图 6.3.6　JZ9-3 WHPE 平台及其冬季冰激振动测量

根据渤海 JZ9-3 WHPE 平台参数和所处海域的环境条件，选用正倒组合形式的抗冰锥体对平台进行改造。抗冰锥体的几何构造和实物如图 6.3.7 所示。锥体高 4 m，可覆盖渤海典型潮差，上下锥面与水平面的夹角均为 60°，正倒锥体交界处最大直径为 3.5 m。改造完成后，继续对该平台进行冬季冰激振动监测。除通过甲板上部加速度传感器记录结构的冰激振动响应外，还在甲板下方安装摄像头同步记录冰情信息。

安装锥体前后的两个冬季冰情相似，冰期内每日平均最大冰厚均可达到 0.20 m。两个冬季每日冰激振动最大值的对比结果表明，安装抗冰锥体可显著降低冰激振动幅值，如图 6.3.8 所示。在改造前的 2007~2008 年冬季，平台的每日冰激振动最大值经常超过加速度传感器的设定量程 ±1.6 m/s^2；而在改造后的

2008~2009 年冬季，每日冰激振动最大值普遍在 0.50 m/s² 以下。在安装抗冰锥体前的直立结构上，稳态振动多次发生，最大振幅接近 1.50 m/s²，如图 6.3.9(a) 所示。抗冰锥体的安装避免了稳态振动的发生，结构振动以随机形式为主。2008~2009 年整个冰期测得的最大冰激振动幅值为 1.00 m/s²，如图 6.3.9(b) 所示。综上所述，针对 JZ9-3 WHPE 平台的抗冰锥体改造方案达到了消除稳态自激振动的预期效果。

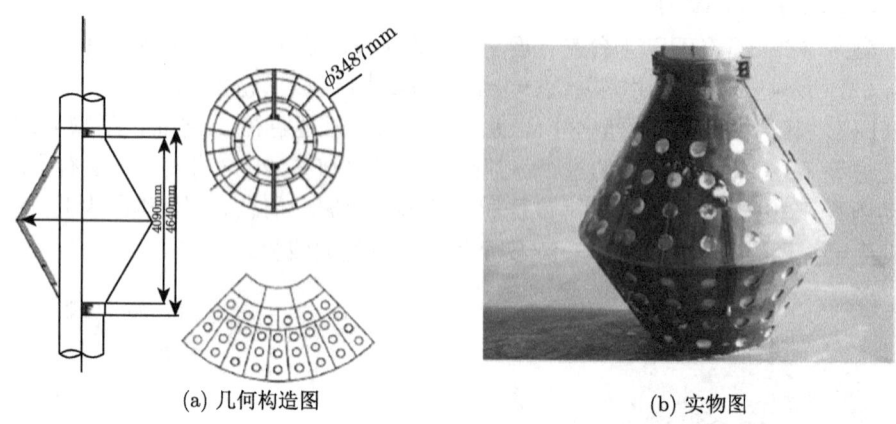

(a) 几何构造图　　(b) 实物图
图 6.3.7　渤海 JZ9-3 WHPE 平台的抗冰锥体

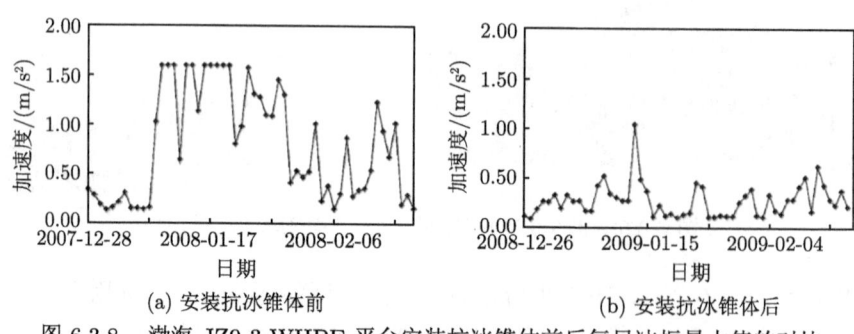

(a) 安装抗冰锥体前　　(b) 安装抗冰锥体后
图 6.3.8　渤海 JZ9-3 WHPE 平台安装抗冰锥体前后每日冰振最大值的对比
(岳前进等，2011)

2. 其他形式抗冰结构设计与抗冰性能

除抗冰锥体外，规则突起阵列和抗冰型钢作为其他形式抗冰结构的典型代表，也具有降低冰力幅值和消除稳态振动的抗冰效果。

1) 规则突起阵列

Gagnon (2016) 设计了如图 6.3.10 所示的具有规则突起阵列的高粗糙度表面，并开展挤压和摩擦试验研究其对冰激振动的减弱效果。结果表明，突起的形状和

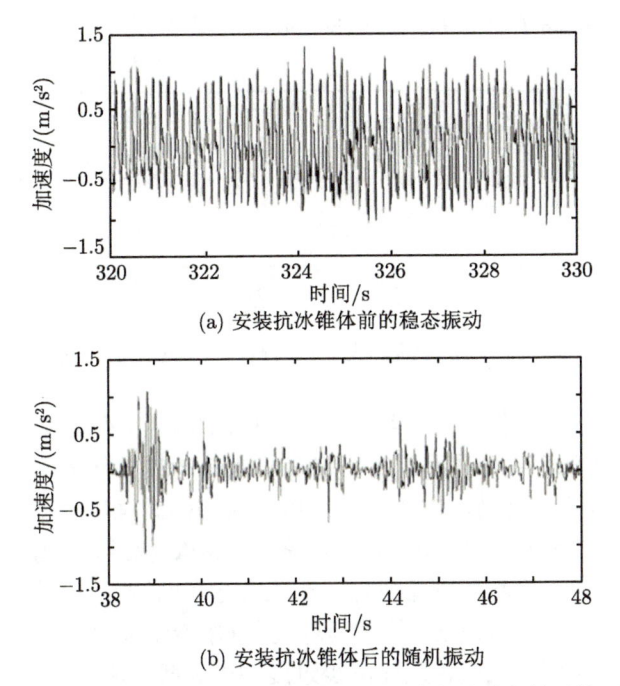

6.3 船舶与海洋工程结构的抗冰性能

(a) 安装抗冰锥体前的稳态振动

(b) 安装抗冰锥体后的随机振动

图 6.3.9　渤海 JZ9-3 WHPE 平台安装抗冰锥体前后冰激振动时程的对比 (岳前进等, 2011)

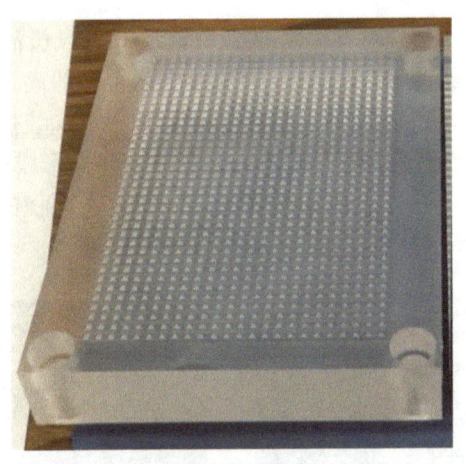

图 6.3.10　具有规则突起阵列的高粗糙度表面 (Gagnon, 2016)

阵列的间距是重要的影响因素, 方柱和方锥形突起的效果较好。如图 6.3.11 所示, 对于无突起的光滑表面, 其冰载荷时程表现出高振幅的锯齿形加载模式, 这种由海冰剥落事件所引起的现象是脆性挤压破坏的典型特征, 也是诱发结构产生冰激振动的重要原因。而在有规则突起阵列的粗糙表面, 锯齿相对较少且振幅显著降

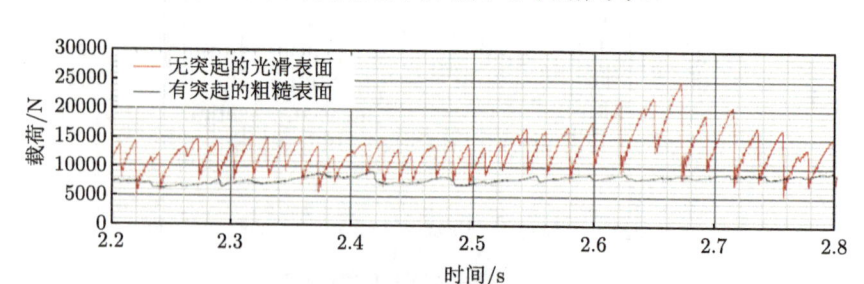

低，这是因为其提高了海冰的剥落速率并减小了剥落尺寸。

图 6.3.11　有无突起表面情况下的冰载荷时程对比 (Gagnon, 2016)

海冰的剥落事件是指一部分相对完整的海冰从接触区域迅速分离并破碎，导致锯齿形载荷急剧下降的过程。产生剥落的裂缝一般从海冰-结构接触区的中心区域成核 (Gagnon, 1998)。中心区域周围剥落的碎冰强度较低，只能承受低压；而剥落后剩下的 "硬区" 内的海冰相对完整，能够承受高压。因此，冰载荷时程中的每个锯齿都代表一次海冰剥落事件。在无突起表面情况下，锯齿形载荷的上升阶段存在显著的弹性应力积累，使其具有较高的振幅；而设置在 "硬区" 内的突起使剥落裂缝在该区域内成核，从而减少过度的循环载荷所导致的应力积累，最终起到降低冰载荷的效果。

2) 抗冰型钢

吴泽和闫园园 (2016) 通过模型试验研究了海上风机高桩承台基础周围直立式型钢的抗冰性能。结果表明，对于未安装抗冰型钢的高桩承台基础，冰排直接与其接触并向上隆起，进而发生大面积的压屈破坏。加装抗冰型钢后，接触位置处持续有碎冰被挤出；随后，挤压破坏又会在前方冰排形成一定范围的损伤场，同时由于迎冰面积较大，冰排会在结构前隆起，发生大面积的压屈破坏。部分试验现象如图 6.3.12 所示。

图 6.3.12　试验中观察到的冰排压屈破坏和挤压破坏模式 (吴泽和闫园园, 2016)

未安装抗冰型钢时的冰力极值和均值均随冰速的增大而呈现先上升后下降的

趋势；安装抗冰型钢后，冰力极值和均值随冰速的变化并没有呈现出较为明显的变化趋势，最大极值冰力较无抗冰型钢的情况缩减了43%，且在高冰速情况下的缩减效果较为明显。由此可见，抗冰型钢所导致的冰排破坏模式的变化使极值冰力出现的条件发生了改变。未安装抗冰型钢时，冰排的破坏模式以压屈为主，破坏时体现为延性行为，破坏强度随冰速的增大而呈现上升趋势，在延-脆转换区出现极值冰力；安装抗冰型钢后，冰排呈现"挤压-压屈"的混合破坏模式，这两种破坏模式相互影响，导致冰力受冰速的影响较小。

然而需要指出的是，抗冰型钢并未从根本上改变冰排在结构前的大面积压屈或挤压破坏模式。由于天然海冰的挤压强度远大于其弯曲强度，所以冰排发生挤压或压屈破坏所引发的冰力也远大于弯曲破坏。此外，由于冰排在结构前发生大面积压屈破坏时产生的碎冰尺寸较大，抗冰型钢之间过小的间距将不利于碎冰的漂移和清除，容易引发其在承台基础下方的堵塞和堆积，带来新的工程问题。所以，抗冰型钢仍存在继续优化的空间。

3. 抗冰结构的减振措施

除通过安装抗冰锥体改变振源特性的被动控制减振策略外，Määttänen (1987) 将端部隔振技术首次应用到波的尼亚湾的灯塔。利用耗能减振技术，Lee (1997) 在导管架斜撑上设置黏弹性阻尼器增加结构阻尼，从而减小结构振动响应；欧进萍等 (2000, 2002)、Ou 等 (2007) 为解决渤海油气平台的冰激振动问题，对设置黏弹性耗能器的减振方案进行了试验研究。利用动力吸振技术，王翎羽 (1996) 采用调谐液体阻尼器 (TLD) 对平台进行减振控制研究，并在 JZ20-2 MUQ 平台上进行了现场试验 (王翎羽等, 1996; Chen et al., 1999)；张力等 (2007) 参考二自由度强迫振动模型对适用于抗冰导管架平台的调谐质量阻尼器 (TMD) 进行了理论和室内模型试验研究。

虽然上述被动控制减振策略不需要外部能源，但是一般只对某种设定的载荷动态特征进行控制，缺乏跟踪和调节的能力，其效果明显依赖于输入激励的频谱特性和结构的动态特性，适用范围较窄。在抗冰结构主动控制减振策略研究方面，张春巍和欧进萍 (2002)、欧进萍等 (2002) 针对渤海油气平台冰激振动响应，对缩尺模型进行了主动质量阻尼器 (AMD) 的数值及试验研究；张纪刚等 (2005) 利用橡胶垫和磁流变阻尼器作为平台顶部隔振层，对冰激振动减振的有效性进行了半主动控制试验研究。

我国"十五"863 项目中的子课题"新型平台抗冰振技术"课题组针对渤海冬季浮冰引起的平台振动，从理论和试验角度对耗能减振 (磁流变阻尼器，图 6.3.13)、端部隔振 (隔振垫，图 6.3.14)、动力吸振 (调谐质量阻尼器和调谐液体阻尼器，图 6.3.15) 等海洋平台冰激振动控制策略进行了充分的适用性论证和有效性分析，并成功将端部隔振技术应用于 JZ20-2 NW 平台 (于骁, 2007)。

图 6.3.13　磁流变阻尼器及其安装位置 (于骁, 2007; 张力, 2008)

图 6.3.14　隔振垫及其安装位置 (于骁, 2007; 张力, 2008)

图 6.3.15　调谐质量阻尼器 (a) 和调谐液体阻尼器 (b) (于骁, 2007; 张力, 2008)

为适应渤海边际油田开发需要，我国于 2005 年建造了 JZ20-2 NW 新型简易抗冰平台，如图 4.1.17 所示。由于边际油田储量的限制，要求该平台用钢量少、造价低，同时又有很好的抗冰振性能，所以设计时考虑了多种降低冰激振动的措施,通过阻尼隔振技术减小甲板冰激振动的方法就是其中之一。该平台设计为上下两层甲板结构,在两层甲板之间安装了 8 个橡胶隔振垫用于隔离上下两层甲板之间的振动,在两层甲板之间还安装了 8 个磁流变阻尼器以增加结构振动耗能。

考虑到隔振垫对平台振动的影响,同时也为了验证减振及振动控制效果,于 2005~2006 年冬季在平台上下层甲板各布置 3 个用于测量加速度的拾振器,并利用 4 个位移计对上下层甲板之间的相对位移进行测量。由于隔振垫安装在上下层甲板之间,对比分析下层甲板无控时的加速度和上层甲板有控时的加速度,以考察隔振技术的效果,结果列于表 6.3.3。由于 2005~2006 年冬季冰情较轻,加之 JZ20-2 NW 平台采用了先进的抗冰技术,所以其振动并不剧烈。当冰力较小,即平台的振动较小时,隔振垫具有足够的水平刚度抵抗平台的振动,上下层甲板的相对位移较小,隔振的作用并未发挥;而在强冰力作用下,隔振垫能产生较大的水平位移 (上下层甲板的相对位移大),此时隔振垫起到了控制作用,减振效果良好 (于骁, 2007)。

表 6.3.3　JZ20-2 NW 平台振动控制效果 (于骁, 2007)

方向	相对位移/mm	发生时间	下层甲板加速度/(m/s^2)	上层甲板加速度/(m/s^2)	控制效果
X	31.3	2006-02-01	0.43	0.25	41.8%
Y	4.52		0.73	0.48	34.3%

6.4　小　　结

在船舶结构的冰载荷设计方面,本章对 IACS 极地船舶规范中涉及冰级、船体分区和设计载荷板的相关规定进行概述,明确了基于冰级规范的船舶冰载荷设计流程,在此基础上分析 RS、ABS、BV、DNV、FSICR 等各国冰级规范在冰载荷设计方面的区别和联系,进一步指出现行规范在冰载荷计算方法、冰级条件及航行工况方面的局限性;对 Lindqvist、Riska、Jeong 等基于冰层"破坏–转移"过程假设建立的平整冰区船舶冰阻力估算的经验方法,以及 Kashtelian、DuBrovin、Aboulazm 等基于全尺寸试验或模型试验数据建立的碎冰区船舶冰阻力估算的经验方法进行了详细介绍;从船–冰碰撞时在接触区域内产生的高压区、局部冰压力随接触面积增加而减小的尺度效应、"单峰""双峰""多峰" 等峰值载荷时程剖面、基于 event-maximum 方法和 up-crossing rate 方法确定的局部冰载荷概率分布等四方面阐明了船舶冰载荷的时空分布特性。在海洋工程结构的冰载荷设计方面,本章从基于规范和经验的静冰力计算公式、基于 Weierstrass 函数的动冰力时程模拟、引入脉动风速谱理论的挤压破碎冰力谱等三方面对直立结构的冰载荷设计,以及从静冰力的理论和实验模型、动冰力的确定性和随机冰力函数、参考海浪谱理论的具有 Neumann 谱形式的窄锥结构冰力谱等三方面对锥体结构的冰载荷设计进行了全面梳理；以直立式和锥体式型钢两种概念性抗冰结构为例，介绍了基于海冰离散元方法的非规则海洋工程结构的冰载荷设计。在船舶及海洋工程结构的抗冰性能方面，本章对 CCS《钢质海船入级规范 2015》中涉及船舶结构冰区加强的相关规定进行概述，在此基础上分析 RS、ABS、BV、DNV 等各国冰级规范在冰区加强方面的区别和联系；重点分析了海洋工程结构抗冰锥体在降低冰力幅值、将无规律冰力时程转变为周期性冰力时程、将自激稳态振动转变为随机振动等方面的显著效果；以规则突起阵列和抗冰型钢为例，说明了其他形式抗冰结构在降低极值冰力方面的工作原理和作用效果；综述了国内外学者在端部隔振、耗能减振、动力吸振等被动控制技术，以及主动、半主动控制技术在抗冰结构减振策略方面的代表性应用，如隔振垫、磁流变阻尼器、调谐质量阻尼器、调谐液体阻尼器、主动质量阻尼器等；详细阐述端部隔振技术在 JZ20-2 NW 平台上的成功应用，从加速度响应、相对位移、振动频率和相位、阻尼比等方面分析安装于上下层甲板之间的阻尼隔振结构的减振效果。

参 考 文 献

陈立. 2018. 海上风电单桩基础抗冰锥结构设计 [J]. 水力发电, 44(9): 93-96.

陈立. 2020. 海上风电单桩基础冰激振动及抗冰措施效果研究 [C]. 第 10 届全国冰工程会议, 盘锦, 中国.

韩端锋, 乔岳, 薛彦卓, 等. 2017. 冰区航行船舶冰阻力研究方法综述 [J]. 船舶力学, 21(8): 1041-1054.

贺福, 刘晖, 刘俊. 2021. 冰载荷空间分布对舷侧结构响应的影响 [J]. 船舶工程, 43(7): 13-17.

黄焱, 马高强, 孙剑桥. 2019. 船—冰碰撞载荷时间历程的模型试验研究 [J]. 振动与冲击, 38(4): 7-14.

欧进萍, 龙旭, 肖仪清, 等. 2002. 导管架式海洋平台结构阻尼隔振体系及其减振效果分析 [J]. 地震工程与工程振动, 22(3): 115-122.

欧进萍, 肖仪清, 段忠东, 等. 2000. 设置黏弹性耗能器的 JZ20-2 MUQ 平台结构冰振控制 [J]. 海洋工程, 18(3): 9-14.

屈衍. 2006. 基于现场实验的海洋结构随机冰荷载分析 [D]. 大连: 大连理工大学.

孙剑桥, 黄焱. 2021. 基于模型试验的船—冰碰撞载荷空间分布演变历程研究 [J]. 振动与冲击, 40(5): 16-23.

王翎羽. 1996. 利用深液 TLD 装置减小结构振动的研究 [J]. 海洋工程, 14(4): 76-82.

王翎羽, 金明, 陈星, 等. 1996. TLD 的减振原理及其在 JZ20-2 MUQ 平台减冰振中的应用研究 [J]. 海洋学报, 18(6): 106-113.

王胜永. 2013. 抗冰平台结构的性能设计分析与验证研究 [D]. 大连: 大连理工大学.

吴泽, 闫园园. 2016. 海上风机基础防冰实验与研究 [J]. 科技展望, 26(27): 75-76.

许宁. 2011. 锥体海洋结构的冰荷载研究 [D]. 大连: 大连理工大学.

于晓. 2007. 环境荷载激励下工程结构振动控制方法及实验研究 [D]. 大连: 大连理工大学.

于永海, 岳前进. 2000. 冰对锥体结构作用力的预测模型分析 [J]. 海洋学报, 22(3): 74-85.

岳前进, 毕祥军, 于晓, 等. 2001. 锥体结构的冰激振动与冰力函数 [J]. 土木工程学报, 36(2): 16-19.

岳前进, 许宁, 崔航, 等. 2011. 导管架平台安装锥体降低冰振效果研究 [J]. 海洋工程, 29(2): 18-24.

张春巍, 欧进萍. 2002. 海洋平台结构振动的 AMD 主动控制参数分析 [J]. 地震工程与工程振动, 22(4): 151-156.

张大勇, 岳前进, 李刚, 等. 2006. 冰振下海洋平台上部天然气管线振动分析 [J]. 天然气工业, 26(12): 139-141.

张纪刚, 吴斌, 欧进萍. 2005. 海洋平台冰振控制试验研究 [J]. 东北大学学报 (自然科学版), 35(S1): 31-34.

张力. 2008. 导管架海洋平台冰激振动控制的实验研究 [D]. 大连: 大连理工大学.

张力, 张文首, 岳前进. 2007. 海洋平台冰激振动吸振减振的实验研究 [J]. 中国海洋平台, 22(5): 33-37.

中国船级社. 2015. 钢质海船入级规范 2015[S]. 北京: 人民交通出版社股份有限公司.

中国船级社. 2016. 极地船舶指南 2016[S]. 北京: 人民交通出版社股份有限公司.

周旋. 2014. 冰区海上风机基础设计中的冰荷载研究初探 [J]. 能源与节能, (5): 62-64.

Aboulazm A F. 1989. Ship resistance in ice floe covered waters [D]. St.Johns: Memorial University of Newfoundland.

Chen X, Wang L Y, Xu J Z. 1999. TLD technique for reducing ice-induced vibration on platforms [J]. Journal of Cold Regions Engineering, 13(3): 139-152.

Croasdale K R. 1980. Ice forces on fixed rigid structures [C]. Proceedings of IAHR ice symposium, 64-66.

Croasdale K R. 1984. A method for the calculation of sheet ice loads on sloping structures[C]. Proceedings of IAHR ice symposium, 874-885.

Croasdale K R, Cammaert A B. 1993. An improved method for the calculation of ice loads on sloping structures in first year ice [C]. Proceedings of the 1st International Conference on Development of the Russian Arctic Offshore, St. Petersburg, Russia.

Daley C G. 2000. IACS unified requirements for polar ships: Background notes to design ice loads [R]. Technical Report Prepared for IACS Ad-hoc Group on Polar Class Ships, Transport Canada.

Daley C G. 2007. Re-analysis of polar sea ice pressure-area relationship [J]. Marine Technology, 44(4): 234-244.

Daley C G, Riska K. 1995. Conceptual framework for an ice load model [R]. PERD, National Energy Board, Calgary.

DuBrovin O V, Aleksandrov M, Moor R. 1970. Calculation of broken ice resistance based on model testing [R]. Translation Department of Navel Architecture and Marine Engineering, University of Michigan.

Edwards R Y, Croasdale K Y. 1976. Model experiments to determine ice forces on conical structures [C]. Symposium of Applied Glaciology International Glaciological Socialty, Cambridge, England.

Frederking R. 1980. Dynamic ice force on an inclined structure [M]//Tryde P. Physics and Mechanics of Ice. Berlin, Heidelbeng: Springer: 104-116.

Gagnon R E. 1998. Analysis of visual data from medium scale indentation experiments at Hobson's Choice Ice Island [J]. Cold Regions Science and Technology, 28: 45-58.

Gagnon R E. 2016. Phase II lab tests of the blade runners concept for reducing ice-induced vibration of structures [C]. Proceedings of the 23rd International Symposium on Ice, IAHR 2016, Ann Arbor, Michigan USA.

Gagnon R E, Andrade S L, Quinton B, et al. 2020. Pressure distribution data from large double-pendulum ice impact tests [J]. Cold Regions Science and Technology, 175(4): 103033.

Hirayama K, Obara I. 1986. Ice forces on inclined structures [C]. Proceedings of the 5th International Offshore Mechanics and Arctic Engineering, Tokyo, Japan.

IACS. 2007. Requirements concerning Polar Class [S]. London: IACS.

Jeong S Y, Choi K, Kang K J, et al. 2017. Prediction of ship resistance in level ice based on empirical approach [J]. International Journal of Naval Architecture and Ocean Engineering, 9(6): 613-623.

Jeong S Y, Lee C J, Cho S R. 2010. Ice resistance prediction for standard icebreaker model ship [C]. Proceedings of the 20th International Offshore and Polar Engineering Conference, Beijing, China.

Ji S, Liu S. 2012. Interaction between sea ice/iceberg and ship structures: A review [J]. Advances in Polar Science, 23(4): 187-195.

Jordaan I J. 2001. Mechanics of ice-structure interaction [J]. Engineering Fracture Mechanics, 68(17): 1923-1960.

Jordaan I J, Maes M A, Brown P W, et al. 1993. Probabilistic analysis of local ice pressures [J]. Journal of Offshore Mechanics and Arctic Engineering, 115(1): 83-89.

Kashtelian V I, Poznyak I I, Ryvlin A I. 1968. Ice resistance for ship motion [R]. Sudostroenie, Leningrad.

Kato K. 1986. Experimental studies of ice forces on conical structures[C]. Proceedings of the 8th IAHR Ice symposium.

Kujala P, Arughadhoss S. 2012. Statistical analysis of ice crushing pressures on a ship's hull during hull-ice interaction [J]. Cold Regions Science and Technology, 70: 1-11.

Lee H H. 1997. Stochastic analysis for offshore structures with added mechanical dampers[J]. Ocean Engineering, 24(9): 115-122.

Lee J, Kwon Y, Rim C, et al. 2016. Characteristics analysis of local ice load signals in ice-covered waters [J]. International Journal of Naval Architecture and Ocean Engineering, 8(1): 66-72.

Li C, Jordaan I J, Taylor R S. 2010. Estimation of local ice pressure using up-crossing rate [J]. Journal of Offshore Mechanics and Arctic Engineering, 132: 031501.

Lindqvist G. 1989. A straightforward method for calculation of ice resistance of ships [C]. Proceedings of Conference on Port and Ocean Engineering under Arctic Conditions, Lulea, Sweden, 722-735.

Määttänen M. 1987. Ten years of ice-induced vibration isolation in light-house [C]. Proceedings of Offshore Mechanics and Arctic Engineering, Houston, TX, USA.

Ou J P, Long X, Li Q S, et al. 2007. Vibration control of steel jacket offshore platform structures with damping isolation systems [J]. Engineering Structures, 29: 1525-1538.

Relston T D. 1977. Ice force design considerations for conical offshore structures[C]. Proceedings of the 4th International Conference on Port and Ocean Engineering under Arctic Conditions (POAC 77), Memorial University of Newfoundland, Canada.

Ralston T D. 1980. Plastic limit analysis of sheet ice loads structures [C]. Proceedings of IUTAM Symposium on Physics and Mechanics of Ice, Springer-Verlag, New York.

Riska K. 2018. Ice edge failure process and modelling ice pressure [J]. Philosophical Transactions of the Royal Society A: Mathematical, Physical and Engineering Sciences, 376(2129): 20170340.

Riska K, Kujala P, Vuorio J. 1983. Ice load and pressure measurements on board I. B. Sisu [C]. 7th International Conference on Port and Ocean Engineering under Arctic Conditions. Helsinki, Finland, 2: 1055-1069.

Saeki H, Hamanaka K, Ozaki A. 1977. Experimental study on ice force on a pile [C]. Proceedings of the 4th International Conference on Port and Ocean Engineering under Arctic Conditions (POAC77), Memorial University of Newfoundland, Canada.

Su B, Riska K, Moan T. 2010. A numerical method for the prediction of ship performance in level ice [J]. Cold Regions Science and Technology, 60: 177-188.

Sun J, Huang Y. 2020. Investigations on the ship-ice impact: Part 1. Experimental methodologies[J]. Marine Structures, 72: 102772

Sun J, Huang Y. 2021. Investigations on the ship-ice impact: Part 2. Spatial and temporal variations of ice load [J]. Ocean Engineering, 240: 109686.

Suominen M, Kujala P. 2014. Variation in short-term ice-induced load amplitudes on a ship's hull and related probability distributions [J]. Cold Regions Science and Technology, 106: 131-140.

Taylor R S, Jordaan I J, Li C, Sudom D. 2010. Local design pressure for structures in ice: Analysis of full-scale data [J]. Journal of Offshore Mechanics and Arctic Engineering, 132(3): 1-7.

Wells J, Jordaan I, Derradji-Aouat A, et al. 2011. Small-scale laboratory experiments on the indentation failure of polycrystalline ice in compression: Main results and pressure distribution [J]. Cold Regions Science and Technology, 65: 314-325.

Yue Q, Bi X. 2000. Ice-induced jacket structure vibrations in Bohai Sea [J]. Journal of Cold Regions Engineering, 14(2): 81-92.

Zhang G Y, Yang B Y, Jiang Y Y, et al. 2019. Ice resistance calculation in pack ice conditions [C]. Proceedings of the 14th International Symposium, PRADS 2019, Yokohama, Japan.